DU MÊME AUTEUR

Aux Éditions Gallimard

L'ÈRE DU VIDE (essais sur l'individualisme contemporain), Nrf essais et Folio essais n° 121, 1983.

L'EMPIRE DE L'ÉPHÉMÈRE (la mode et son destin dans les sociétés modernes, Bibliothèque des sciences humaines et Folio essais n° 170, 1987.

LE CRÉPUSCULE DU DEVOIR (l'éthique indolore des nouveaux temps démocratiques), Nrf essais et Folio essais n° 361, 1992.

LA TROISIÈME FEMME (permanence et révolution du féminin), Nrf essais, 1997.

LE LUXE ÉTERNEL (de l'âge du sacré au temps des marques), avec Elyette Roux, *Le Débat,* 2003.

Chez d'autres éditeurs

LES TEMPS HYPERMODERNES, avec la collaboration de Sébastien Charles, Grasset, 2004.

MÉTAMORPHOSES DE LA CULTURE LIBÉRALE (éthique, médias, entreprise), Liber, 2005.

nrf essais

Gilles Lipovetsky

Le bonheur paradoxal

Essai sur la société d'hyperconsommation

Gallimard

Lipovetsky, Gilles (1944-)
Sciences sociales ; sociologie ; capitalisme ; consommation ; esthétique ; mode de vie.

PRÉSENTATION

Une nouvelle modernité est née : elle coïncide avec la « civilisation du désir » qui s'est construite au cours de la seconde moitié du XXe siècle.

Cette révolution est inséparable des nouvelles orientations du capitalisme engagé dans la voie de la stimulation perpétuelle de la demande, de la marchandisation et de la multiplication indéfinie des besoins : le capitalisme de consommation a pris la relève des économies de production. En quelques décennies, l'*affluent society* a bouleversé les genres de vie et les mœurs, elle a entraîné une nouvelle hiérarchie des fins ainsi qu'un nouveau rapport aux choses et au temps, à soi et aux autres. La vie au présent a remplacé les attentes du futur historique et l'hédonisme, les militantismes politiques; la fièvre du confort s'est substituée aux passions nationalistes et les loisirs à la révolution. Sous-tendu par la nouvelle religion de l'amélioration continuelle des conditions de vie, le mieux-vivre est devenu une passion de masse, le but suprême des sociétés démocratiques, un idéal exalté à tous les coins de rue. Rares sont les phénomènes qui ont réussi à modifier si profondément les modes de vie et les goûts, les aspirations et les comportements du plus grand nombre en un laps de temps aussi court. On ne reconnaîtra jamais assez tout ce que l'homme nouveau des sociétés libérales « doit » à l'invention de la société de consommation de masse.

En apparence, rien ou presque n'a changé : nous évoluons

toujours dans la société du supermarché et de la publicité, de l'automobile et de la télévision. Pourtant, à compter des deux dernières décennies, un nouveau « séisme » est apparu qui a mis fin à la bonne vieille société de consommation en transformant tant l'organisation de l'offre que les pratiques quotidiennes et l'univers mental du consumérisme moderne : la révolution de la consommation a été elle-même révolutionnée. Une nouvelle phase du capitalisme de consommation s'est mise en place : elle n'est autre que la société d'hyperconsommation. Son fonctionnement et son impact sur les existences sont l'objet du livre que voici.

Le système fordien diffusant des produits standardisés a cédé le pas à une économie de la variété et de la réactivité dans laquelle non seulement la qualité mais aussi le temps, l'innovation, le renouvellement des produits sont devenus les critères de compétitivité des entreprises. En parallèle, la distribution, le marketing et la communication ont inventé de nouveaux outils en vue de la conquête des marchés. Tandis que se développe une approche plus qualitative du marché prenant en compte les besoins et la satisfaction du client, nous sommes passés d'une économie axée sur l'offre à une économie axée sur la demande. Politique de marque, « création de valeur pour le client », systèmes de fidélisation, poussée de la segmentation et de la communication : une révolution copernicienne est à l'œuvre qui remplace l'entreprise « orientée produit » par l'entreprise orientée vers le marché et le consommateur.

La nouvelle prédominance des marchés de la consommation ne s'exprime pas seulement dans les stratégies des entreprises mais aussi dans le fonctionnement global de nos économies. Ce ne sont plus les producteurs qui sont à l'origine de la récente flambée des prix du pétrole mais l'extrême vigueur de la demande, en particulier, américaine et chinoise. Au moment où s'intensifient les menaces de catastrophes écologiques, la thématique de la « consommation durable » rencontre un large écho, l'hyperconsommateur apparaissant comme un acteur à responsabiliser de toute urgence tant ses pratiques excessives déséquilibrent l'écosphère. On sait par ailleurs que les dépenses de consommation des ménages sont devenues le premier moteur de la croissance ; d'où l'impératif d'instaurer un climat général de confiance chez les acheteurs afin qu'en épargnant moins et en empruntant plus ils contribuent à une expansion économique forte, jugée primordiale. Quant à la croissance de l'économie mondiale, la voici qui repose en grande partie sur la consommation américaine, laquelle représente un peu moins de 70 % du PIB des États-Unis et près de 20 % de l'activité mondiale. La société d'hyperconsommation coïncide avec un état de l'économie marqué par la centralité du consommateur.

C'est ainsi qu'à une échelle plus large, le nouvel âge du capitalisme se construit structurellement autour de deux acteurs prépondérants : l'actionnaire d'un côté, le consommateur de l'autre. Le roi boursier et le client roi : cette nouvelle configuration de pouvoirs est au principe de la mutation de l'économie mondialisée. Par rapport au premier pôle, l'heure est à la recherche systématique d'une création de valeur très élevée pour les détenteurs du capital. Vis-à-vis du second, l'impératif est de marchandiser toutes les expériences en tout lieu, à toute heure et à tout âge, diversifier l'offre en s'adaptant aux attentes des acheteurs, réduire les cycles de vie des produits par la vitesse des innovations, segmenter les marchés, favoriser le crédit à la consommation, fidéliser le client par des pratiques commerciales différenciées. Tandis que triomphe le capitalisme globalisé, le salarié, les syndicats, l'État sont passés à l'arrière-plan, supplantés qu'ils sont désormais par la puissance des marchés financiers et des marchés de la consommation. La nouvelle économie-monde ne se définit pas seulement par la souveraineté de la logique financière : elle est aussi inséparable de l'essor d'une « économie de l'acheteur ».

À cet ordre économique où le consommateur s'impose comme le maître des horloges, correspond une profonde révolution des comportements et de l'imaginaire consommatoire. Un *Homo consumericus* de troisième type voit le jour, une espèce de turbo-consommateur décalé, mobile et flexible, largement affranchi des anciennes cultures de classe, imprévisible dans ses goûts et ses achats. D'un consommateur assujetti aux contraintes sociales du standing, on est passé à un hyperconsommateur à l'affût d'expériences émotionnelles et de mieux-être, de qualité de vie et de santé, de marques et d'authenticité, d'immédiateté et de communication. La consommation intimisée a pris la relève de la consommation honorifique dans un système où l'acheteur est de plus en plus informé et infidèle, réflexif et « esthétique ». Peu à peu s'évanouissent les anciennes limites de temps et d'espace qui encadraient l'univers de la consommation : nous voici dans un cosmos consommationniste en continu, désynchronisé et hyperindividualiste où plus aucune catégorie d'âge n'échappe aux stratégies de segmentation du marketing mais où chacun peut construire à la carte son emploi du temps, remodeler son apparence, façonner ses manières de vivre. L'heure est à la consommation-monde où non seulement les cultures antagonistes ont été éliminées, mais où l'ethos consumériste tend à réorganiser l'ensemble des conduites, y compris celles qui ne relèvent pas de l'échange marchand. Peu à peu, l'esprit de consommation a réussi à s'infiltrer jusque dans le rapport à la famille et à la religion, à la politique et au syndicalisme, à la culture et au temps disponible. Tout se passe comme si, dorénavant, la consommation fonctionnait comme un empire sans temps mort dont les contours sont infinis.

D'où la condition profondément paradoxale de l'hyperconsommateur. D'un côté, celui-ci s'affirme comme un « consommacteur », informé et « libre » qui voit son éventail de choix s'élargir, qui consulte des portails et des comparateurs de coût, exploite les aubaines du *low-cost*, agit en cherchant à optimiser le rapport qualité/prix. De l'autre, les modes de vie, les plaisirs et les goûts se montrent de plus en plus sous la dépendance du système marchand. Plus l'hyperconsommateur détient un pouvoir qui lui était inconnu jusqu'alors, plus le marché étend sa puissance tentaculaire ; plus l'acheteur est en état d'autoadministration et plus il y a d'extrodétermination liée à l'ordre commercial.

L'hyperconsommateur n'est plus seulement avide de bien-être matériel, il apparaît comme un demandeur exponentiel de confort psychique, d'harmonie intérieure et d'épanouissement subjectif, ce dont témoignent la floraison des techniques dérivées du Développement personnel ainsi que le succès des sagesses orientales, des nouvelles spiritualités, des guides du bonheur et de la sagesse. Le matérialisme de la première société de consommation est passé de mode : nous assistons à l'expansion du marché de l'âme et de sa transformation, de l'équilibre et de l'estime de soi alors même que prolifèrent les pharmacies du bonheur. Dans une époque où la souffrance est vide de tout sens, où les grands référentiels traditionnels et historiques sont épuisés, la question du bonheur intérieur « refait surface », devenant un segment commercial, un objet de marketing que l'hyperconsommateur veut pouvoir se procurer clés en main, sans effort, tout de suite et par tous les moyens. La croyance moderne selon laquelle l'abondance est la condition nécessaire et suffisante du bonheur de l'humanité a cessé d'aller de soi : reste à savoir si la réhabilitation de la sagesse ne recompose pas à son tour une illusion d'un autre genre. En réinvestissant la dimension de l'« être » ou de la spiritualité, le néo-consommateur est-il mieux engagé que ses prédécesseurs, dans la voie de la félicité ?

La civilisation consumériste se distingue par la place centrale qu'occupent les visées du bien-être et la recherche d'une vie meilleure pour soi-même et les siens. Les indices ne manquent pas qui laissent à penser qu'en ce domaine, la société d'hyperconsommation détient un certain nombre de cartes maîtresses. Prolongeant un mouvement séculaire, l'espérance de vie ne cesse de s'accroître : elle est maintenant de 76,7 ans pour les Français et de 83,8 ans pour les Françaises ; une petite fille née en 2001 a 50 % de chances de vivre au moins jusqu'à 100 ans. On vit plus vieux, en meilleure forme et en bénéficiant de meilleures conditions matérielles. Chacun est reconnu maître dans la conduite de sa vie ; les naissances sont choisies ; les comportements sexuels sont laissés aux libres inclinations des hommes et des femmes. La part du temps non travaillé représente dans les pays les plus développés entre 82 et 89 % de la durée totale du temps éveillé d'un individu. Le temps et l'argent consacrés aux loisirs sont en hausse constante. Les fêtes, les jeux, les loisirs, les incitations aux plaisirs envahissent l'espace de la vie quotidienne. Le temps n'est plus où Freud écrivait « le bonheur n'est pas une valeur culturelle » : il triomphe à présent, au royaume des idéaux supérieurs. La progression des salaires est-elle déficiente ? Le pouvoir d'achat est-il menacé ? Cela n'empêche pas 9 Français sur 10 de se déclarer heureux. Voilà qui apporte quelques démentis à tous les prophètes de malheur. Au moins, vu de haut, les contrées riches sont heureuses.

La mariée est-elle aussi belle que ce gros plan photographique le suggère ? L'immense majorité se dit heureuse, pourtant la morosité et le stress, les dépressions et les anxiétés forment un fleuve qui grossit de manière inquiétante. Majoritairement on se déclare heureux tout en pensant que les autres ne le sont pas. Jamais les parents ne se sont autant attachés à satisfaire les désirs des enfants, jamais le « trouble des conduites » (entre 5 % et 9 % des jeunes de 15 ans) et les maladies mentales de ceux-ci n'ont été aussi répandus : selon l'Inserm, un enfant sur huit souffre d'un trouble mental. Si le PIB a doublé depuis 1975, le nombre de chômeurs, lui, a quadruplé. Nos sociétés sont de plus en plus riches : pour autant un nombre croissant de personnes vivent dans la précarité et doivent faire des économies sur tous les postes de leur budget, le manque d'argent devenant un souci de plus en plus obsédant. Nous sommes de mieux en mieux soignés, ce qui n'empêche pas que les individus deviennent des sortes d'hypocondriaques chroniques. Les corps sont libres, la misère sexuelle est persistante. Les sollicitations hédonistiques sont omniprésentes : les inquiétudes, les déceptions, les insécurités sociales et personnelles grandissent. Autant d'aspects qui font de la société d'hyperconsommation la civilisation du *bonheur paradoxal*.

« Qui parle du bonheur a souvent les yeux tristes », écrivait Aragon. Faut-il donc donner raison au poète et aujourd'hui aux lectures paranoïaques de la consommation qui décèlent l'abîme derrière le spectacle radieux de l'abondance et de la communication ? Je me suis efforcé d'éviter pareille propension à la diabolisation. Bien sûr, le bilan humain et social de la société hypermarchande n'est pas vraiment flatteur, mais est-il négatif en tout point ? Si elle n'est pas le paradis, elle ne ressemble pas non plus à l'enfer de déréliction et de frustration dépeint par ses contempteurs attitrés. A-t-on progressé dans la voie du bonheur ? L'affirmer serait confondre indûment bien-être matériel et vie heureuse. Reste que l'hyperconsommateur peut accéder à des plaisirs toujours plus nombreux et fréquents, goûter aux jouissances innombrables des loisirs, des évasions et du changement. Si ces consommations ne sont pas synonymes de félicité, elles n'en sont pas moins, fréquemment, sources de réelles satisfactions. Contre la posture hypocrite d'une grande partie de la critique de la consommation, il faut reconnaître les éléments de positivité que comporte la superficialité consumériste. Qu'est-ce qui autorise à penser la consommation comme un domaine incapable d'apporter de vraies satisfactions ? On se trompe à assimiler les goûts de la facilité et de la légèreté, de l'évasion et du jeu à des besoins « inférieurs » : ils sont consubstantiels au désir humain. Ce sont sur eux, entre autres, que se greffe la spirale de l'hyperconsommation. Les excès préjudiciables de la consommativité ne suffisent pas pour déprécier dans son ensemble un phénomène dont les liens sont intimes avec la recherche de l'agréable et du divertissement. Avec bon sens, Aristote le signalait déjà : l'homme heureux a besoin de jouir sans difficulté de différents biens extérieurs.

Ajoutons que si les manifestations de la « mal-vie » se multiplient, les individus ont également plus d'occasions de pouvoir « rebondir » plus vite. La société d'hyperconsommation fonctionne comme une société de désorganisation psychologique qui se double de nombreux processus de « relance » ou de redynamisation subjective. Plus que jamais s'accélère la succession des hauts et des bas de la vie : mouvements de va-et-vient qui autorisent le pessimisme autant qu'un certain optimisme. Il y a sans doute plus d'espoir à placer dans cette accélération des données de l'existence que dans les promesses des nouveaux gourous de la sagesse.

Rien ne vient confirmer les vues des plus pessimistes qui analysent la société de la satisfaction totale et immédiate comme la voie qui prépare l'éclosion d'un « fascisme volontaire ». La vérité est que la société d'hyperconsommation est moins celle qui travaille à impulser un retour de bâton autoritariste que celle qui nous en protège. Et quelles que soient les menaces qui pèsent sur l'éducation et la culture, les capacités transcendantes, réflexives et critiques des sujets n'ont nullement été décapitées. Les raisons d'espérer ne sont pas caduques : malgré l'inflation des besoins marchandisés, l'individu continue de vivre pour autre chose que les biens matériels passagers. Les idéaux d'amour, de vérité, de justice, d'altruisme n'ont pas fait faillite : nul nihilisme complet, nul « dernier homme » ne se profile à l'horizon des temps hypermodernes.

Si le nouveau régime marchand n'est pas à mettre au pilori, il n'est pas non plus à encenser. Contemporain d'un acheteur conscientisé et « professionnalisé », il est également producteur d'un « mauvais infini », de comportements débridés et excessifs, d'une foule de désordres subjectifs et d'échecs éducatifs. D'un côté la société d'hyperconsommation exalte les référentiels du mieux-être, de l'harmonie et de l'équilibre ; de l'autre elle se donne comme un système hypertrophique et incontrôlé, un ordre boulimique qui porte à l'extrême et au chaos et qui voit cohabiter l'opulence avec l'amplification des inégalités et de la sous-consommation. Les ratés sont doubles : ils concernent aussi bien l'ordre subjectif des existences que l'idéal de justice sociale.

C'est ainsi que l'âge du bonheur paradoxal appelle des solutions elles-mêmes paradoxales. Il nous faut clairement *moins de consommation*, entendue comme imaginaire proliférant de la satisfaction, comme gaspillage de l'énergie et comme excroissance sans règle des conduites individuelles. L'heure est à la régulation et à la modération, au renforcement des motivations moins dépendantes des biens marchands. Des changements s'imposent afin d'assurer non seulement un développement économique durable mais aussi des existences moins déstabilisées, moins aimantées par les satisfactions consuméristes. Mais il nous faut aussi, à certains égards, *plus de consommation* : cela, pour faire reculer la pauvreté, mais aussi pour aider les personnes âgées et soigner toujours mieux les populations, mieux utiliser le temps et les services, s'ouvrir au monde, goûter des expériences nouvelles. Point de salut sans progrès de la consommation, fût-elle redéfinie par de nouveaux critères ; point d'espoir d'une vie meilleure si l'on ne remet pas en cause l'imaginaire de la satisfaction complète et immédiate, si l'on s'en tient au seul fétichisme de la croissance des besoins commercialisés. Le temps des révolutions politiques est achevé, celui du rééquilibrage de la culture consumériste et de la réinvention permanente de la consommation et des modes de vie est devant nous.

La société d'hyperconsommation commence sa carrière vers la fin des années 1970 et son cours ne va pas sans d'innombrables critiques. De toute évidence, celles-ci modifieront sa physionomie actuelle. L'après-société d'hyperconsommation est-il donc à l'ordre du jour ? À mon sens il n'en est rien, le scénario le plus probable étant son élargissement à l'échelle de la planète dans une époque qui ne dispose d'aucun système de rechange crédible : bientôt, ce sont des centaines de millions de Chinois et d'Indiens qui entreront dans la spirale de l'abondance des biens et services payants indéfiniment renouvelés. Qu'on ne s'y trompe pas : ni les protestations écologistes ni les nouveaux modes de consommation plus sobre ne suffiront à détrôner l'hégémonie croissante de la sphère marchande, à faire dérailler le TGV consumériste, à contrecarrer l'avalanche des nouveaux produits au cycle de vie de plus en plus court. Nous ne sommes qu'au début de la société d'hyperconsommation, rien pour l'heure n'étant en mesure d'arrêter ni même de freiner la fuite en avant de la marchandisation de l'expérience et des modes de vie.

Pourtant, tôt ou tard, le moment de son dépassement surviendra qui inventera de nouvelles manières de produire, d'échanger mais aussi d'évaluer la consommation et de penser le bonheur. Dans un avenir lointain, une nouvelle hiérarchie de biens et de valeurs verra le jour. La société d'hyperconsommation aura vécu, cédant le pas à d'autres priorités, à un nouvel imaginaire de la vie en société et du bien-vivre. Pour un meilleur équilibre ? Pour un plus grand bonheur de l'humanité ?

PREMIÈRE PARTIE

LA SOCIÉTÉ D'HYPERCONSOMMATION

« Société de consommation » : l'expression apparaît pour la première fois dans les années 1920, elle se popularise dans les années 1950-1960 et sa fortune reste entière de nos jours comme en témoigne son large usage dans le langage courant ainsi que dans les discours plus spécialisés. L'idée de société de consommation sonne maintenant comme une évidence, elle apparaît comme l'une des figures les plus emblématiques de l'ordre économique et de la vie quotidienne des sociétés contemporaines.

Il n'en demeure pas moins que des interrogations et des doutes à son endroit ont vu le jour, d'aucuns même n'ayant pas hésité à dresser son acte de décès. C'est ainsi qu'au début des années 1990, des observateurs signalent des changements significatifs dans les contrées démocratiques de l'abondance en crise : perte de l'appétit de consommer, désaffection pour les marques, attention accrue aux prix, recul des achats d'impulsion. Et si notre fin de siècle sonnait « la fin de la société de consommation », titre alors l'hebdomadaire *L'Express.*

D'autres types de considérations ont encore nourri la remise en cause de l'idéal-type de la *mass consumption society.* J'en évoquerai deux très brièvement. La première, insistant sur la révolution des technologies de l'information et de la communication a annoncé l'avènement d'une société d'un nouveau genre : celle des réseaux et du capitalisme informationnel prenant la relève du capitalisme de consommation. La seconde s'est appuyée sur les changements d'attitudes et de valeurs dont nos sociétés sont témoins. Après avoir mis l'accent sur le bien-être matériel, l'argent et la sécurité physique, notre époque donnerait la priorité à la qualité de vie, à l'expression de soi, à la spiritualité, aux préoccupations relatives au sens de la vie. D'un système culturel essentiellement matérialiste, nous serions passés à une *Weltanschauung* tendanciellement « post-matérialiste ». Société informationnelle, société post-matérialiste : ainsi verrait-on s'effacer peu à peu le sacre des « choses » dépeint autrefois par Georges Perec.

Si par « fin » de la société de consommation, on entend essoufflement des passions consuméristes et mise en échec de la marchandisation des besoins, l'idée, à coup sûr, ne résiste pas un instant à l'examen. Faut-il pour autant rayer d'un trait la thématique d'un « dépassement » de ce type de société et de culture ? Je ne le crois pas. J'ai au contraire la conviction que cette hypothèse est la bonne. Depuis plus d'une vingtaine d'années, les démocraties ont basculé dans une nouvelle ère de mercantilisation des modes de vie, les pratiques de consommation exprimant un nouveau rapport aux choses, aux autres et à soi. La dynamique d'expansion des besoins se prolonge mais chargée de nouvelles significations collectives et individuelles. C'est un consommateur du « troisième type » qui déambule dans les centres commerciaux géants, achète des marques mondiales, recherche des produits *light* ou bio, exige des labels de qualité, navigue sur les réseaux, télécharge de la musique sur le téléphone mobile. Sans qu'on y prenne garde et par-delà la familiarité d'une expression devenue consensuelle, l'ère de la consommation de masse a changé de visage, la voici entrée dans une nouvelle phase de son histoire séculaire.

Avènement d'une nouvelle économie et d'une nouvelle culture de consommation ne veut pas dire mutation historique absolue. L'après-société de consommation de masse doit s'entendre comme une rupture dans la continuité, un changement de cap sur fond de permanence. Le système post-fordien qui s'impose s'accompagne de profonds bouleversements dans les modes de stimulation de la demande, dans les formules de vente, dans les comportements et imaginaires de consommation. Il n'en demeure pas moins que ces transformations prolongent une dynamique économique commencée dès les dernières décennies du XIXe siècle et s'inscrivent dans le courant long de la civilisation individualiste du bonheur. Les industries et les services mettent en œuvre maintenant des logiques d'option, des stratégies de personnalisation des produits et des prix, la grande distribution s'engage dans des politiques de différenciation et de segmentation mais tous ces changements ne font qu'élargir la marchandisation des modes de vie, alimenter un peu plus la frénésie des besoins, pousser d'un cran la logique du « toujours plus, toujours nouveau » que le demi-siècle passé a déjà concrétisé avec le succès que l'on sait. C'est en ces termes que doit se penser la « sortie » de la société de consommation, une sortie par le haut, non par le bas, par hypermatérialisme plus que par postmatérialisme.

La nouvelle société qui voit le jour fonctionne à l'*hyperconsommation,* non à la « dé-consommation ».

1
Les trois âges du capitalisme de consommation

Si l'hypothèse d'une nouvelle étape historique de la civilisation consommationniste est juste, il est possible de proposer un schéma d'évolution de celle-ci fondé sur la distinction de trois grands moments. Est-il besoin de préciser que la « description » que j'en donne est des plus sommaires, le but poursuivi étant seulement d'embrasser d'un seul regard un phénomène complexe et séculaire, de mettre en perspective le sens des changements en cours en inscrivant le présent dans l'histoire longue de la civilisation de masse.

LA NAISSANCE DES MARCHÉS DE MASSE

Production et marketing de masse

Le cycle I de l'ère de la consommation de masse commence autour des années 1880 et s'achève avec la Seconde Guerre mondiale.

Phase I qui voit se constituer, en lieu et place des petits marchés locaux, les grands marchés nationaux rendus possibles par les infrastructures modernes de transport et de communication : chemins de fer, télégraphe, téléphone. En augmentant la régularité, le volume et la vitesse des transports vers les usines et vers les villes, les réseaux ferroviaires, en particulier, ont permis l'essor du commerce à grande échelle, l'écoulement régulier des quantités massives de produits, la gestion des flux de produits d'un stade de production à un autre [1] *.

Cette phase est contemporaine, également, de la mise au point de machines à fabrication continue qui, en élevant la vitesse et la quantité des flux, ont entraîné l'augmentation de la productivité avec des coûts plus faibles : elles ont ouvert la voie à la production de masse. À la fin des années 1880, aux États-Unis, une machine pouvait déjà fabriquer 120 000 cigarettes par jour : 30 de ces machines suffisaient pour saturer le marché national. Des machines automatiques permettaient à 75 ouvriers de produire chaque jour 2 millions de boîtes d'allumettes. Procter & Gamble fabriquaient 200 000 savons Ivory par jour. Des machines de ce type apparaissent également dans la production de la lessive, des céréales pour petit déjeuner, des pellicules photographiques, des soupes, du lait et autres produits en boîte. Les techniques de fabrication à processus continu ont ainsi permis de produire en très grandes séries des marchandises standardisées qui, emballées par petites quantités et sous nom de marque, ont pu être distribuées à échelle nationale, à prix unitaire très faible [2].

L'expansion de la production à grande échelle est également stimulée par la restructuration des usines en fonction des principes de « l'organisation scientifique du travail ». C'est dans le secteur de l'automobile que ceux-ci ont reçu leur application la plus large. Grâce à la chaîne d'assemblage mobile, le temps de travail nécessaire au montage d'un châssis du modèle « T » de Ford est passé de 12 heures 28 minutes en 1910 à 1 heure 33 minutes en 1914. L'usine de Highland Park sortait 1 000 voitures par jour. La vitesse accrue de la production ayant permis d'abaisser le prix de vente au point de ne plus représenter que la moitié de celui de son concurrent le plus proche [3], les ventes de véhicules à prix modérés ont connu un essor considérable.

Le capitalisme de consommation n'est pas né mécaniquement de techniques industrielles capables de produire en grandes séries des marchandises standardisées. Il est aussi

* Toutes les notes sont regroupées en fin d'ouvrage, p. 341.

une construction culturelle et sociale qui a requis l'« éducation » des consommateurs en même temps que l'esprit visionnaire d'entrepreneurs créatifs, la « main visible des managers ». Au fondement de l'économie de consommation se trouve une nouvelle philosophie commerciale, une stratégie en rupture avec les attitudes du passé : vendre la plus grande quantité de produits avec une faible marge bénéficiaire plutôt qu'une petite quantité avec une marge importante. Le profit, non pas par l'augmentation mais par la baisse du prix de vente. L'économie de consommation est inséparable de cette invention marketing : la recherche du profit par le volume et la pratique des bas prix [4]. Mettre les produits à la portée des masses : l'âge moderne de la consommation est porteur d'un projet de démocratisation de l'accès aux biens marchands.

La phase I illustre déjà cette dynamique, un ensemble de produits durables et non durables étant devenu accessible à un plus grand nombre de personnes. Ce processus, toutefois, est resté limité, la majorité des foyers populaires ayant des ressources trop faibles pour pouvoir acquérir les équipements modernes. Quelques chiffres illustrent les limites de cette démocratisation. Aux États-Unis, en 1929, on compte 19 automobiles pour 100 habitants et 2 pour 100 habitants en France et en Grande-Bretagne. En 1932, il y a aux États-Unis 740 aspirateurs, 1 580 fers à repasser et 180 fours électriques pour 10 000 personnes contre respectivement, en France, 120, 850, 8. L'usage des appareils électroménagers est longtemps resté, en France, associé au luxe : en 1954 encore, seuls 7 % des ménages sont équipés d'un réfrigérateur. La phase I a créé une consommation de masse inachevée, à dominante bourgeoise [5].

Une triple invention : marque, packaging et publicité

En développant la production de masse, la phase I a inventé le marketing de masse ainsi que le consommateur moderne. Jusqu'aux années 1880, les produits étaient anonymes, vendus en vrac et les marques nationales très peu nombreuses. Afin de contrôler les flux de production et de rentabiliser leurs équipements, les nouvelles industries ont conditionné elles-mêmes leurs produits en faisant de la publicité à échelle nationale autour de leur marque. Pour la première fois, des entreprises consacrent d'énormes budgets pour la publicité ; les sommes investies sont en augmentation très rapide : de 11 000 dollars en 1892, les dépenses publicitaires de Coca-Cola s'élèvent à 100 000 en 1901, 1,2 million en 1912, 3,8 millions en 1929 [6].

Standardisés, empaquetés dans de petits emballages, distribués sur les marchés nationaux, les produits vont dès lors porter un nom, celui que leur a attribué le fabricant : la marque. La phase I a créé une économie fondée sur une multitude de marques célèbres dont certaines ont conservé une place de premier plan jusqu'à nos jours. C'est au cours des années 1880 que sont fondées ou que deviennent célèbres Coca-Cola, American Tobacco, Procter & Gamble, Kodak, Heinz, Quaker Oats, Campbell Soup. De 1886 à 1920, le nombre de marques déposées en France passe de 5 520 à 25 000.

L'apparition des grandes marques et des produits conditionnés a transformé profondément la relation du consommateur au détaillant, celui-ci perdant les fonctions qui lui étaient jusqu'alors dévolues : désormais ce n'est plus au vendeur que se fie le consommateur mais à la marque, la garantie et la qualité des produits étant transférées sur le fabricant. En brisant l'ancienne relation marchande dominée par le commerçant, la phase I a transmué le client traditionnel en consommateur moderne, en consommateur de marques à éduquer et séduire notamment par la publicité. Avec la triple invention de la marque, du packaging et de la publicité est apparu le consommateur des temps modernes, achetant le produit sans l'intermédiaire obligé du commerçant, jugeant les produits d'après leur nom plutôt que d'après leur texture, achetant une signature en lieu et place d'une chose [7].

Les grands magasins

La production de masse s'est doublée de l'invention d'un commerce de masse impulsé par le grand magasin. En France, le Printemps est fondé en 1865 et Le Bon Marché en 1869 ; aux États-Unis, Macy's et Bloomingdale's deviennent des grands magasins avant et après les années 1870. Reposant sur de nouvelles politiques de vente agressives et séductrices, le grand magasin constitue la première révolution commerciale moderne inaugurant l'âge de la distribution de masse.

En premier lieu, les grands magasins ont mis l'accent sur la rotation rapide des stocks et une pratique de prix bas en vue d'un volume d'affaires élevé fondé sur la vente à grande échelle : en 1890, plus de 15 000 personnes se rendaient chaque jour au Bon Marché ; 70 000 clients le visitaient les jours de ventes spéciales. L'important désormais est la vitesse d'écoulement d'une quantité maximale de produits mais avec une marge bénéficiaire plus faible. En second lieu, ces nouveaux entrepreneurs ont considérablement accru la variété des produits proposés aux clients. En permettant l'entrée libre et les « rendus », en vendant à prix bas et fixes, en étiquetant les prix, le grand magasin rompt avec les traditions commerciales du passé, notamment avec le rituel coutumier du marchandage sur les articles [8]. Grâce à une politique de vente à bon marché, le grand magasin a transformé les biens autrefois réservés à l'élite en articles de consommation de masse destinés à la bourgeoisie.

En parallèle, par l'intermédiaire de leurs publicités, de leurs animations et riches décorations, les grands magasins ont enclenché un processus de « démocratisation du désir [9] ». En transformant les lieux de vente en palais de rêve, les grands magasins ont révolutionné le rapport à la consommation.

Style monumental des magasins, décorations luxueuses, dômes resplendissants, vitrines de couleurs et de lumière, tout est agencé pour éblouir la vue, métamorphoser le magasin en fête permanente, émerveiller le chaland, créer un climat compulsif et sensuel propice à l'achat. Le grand magasin ne vend pas seulement des marchandises, il s'emploie à stimuler le besoin de consommer, à exciter le goût des nouveautés et de la mode par des stratégies de séduction préfigurant les techniques modernes du marketing. Impressionner l'imagination, susciter le désir, présenter l'achat comme un plaisir, les grands magasins ont été, avec la publicité, les principaux instruments de la promotion de la consommation en art de vivre et emblème du bonheur moderne. Tandis que les grands magasins travaillaient à déculpabiliser l'acte d'achat, le shopping, le « lèche-vitrines » sont devenus une manière d'occuper le temps, un style de vie des classes moyennes [10]. La phase I a inventé la consommation-séduction, la consommation-distraction dont nous sommes les héritiers fidèles.

LA SOCIÉTÉ DE CONSOMMATION DE MASSE

C'est autour de 1950 que se met en place le nouveau cycle historique des économies de consommation : il se construit au cours des trois décennies de l'après guerre. Si cette phase a prolongé les processus inventés au stade précédent, elle n'en constitue pas moins une immense mutation dont on ne soulignera jamais assez la radicalité instituante d'une rupture culturelle.

L'économie fordienne

Marquée par une exceptionnelle croissance économique, par l'élévation du niveau de productivité du travail ainsi que par l'extension de la régulation fordienne de l'économie, la phase II s'identifie avec ce que l'on a appelé « la société d'abondance ». Multipliant par trois ou quatre le pouvoir d'achat des salaires, démocratisant les rêves de l'Eldorado consumériste, la phase II se présente comme le modèle pur de la « société de la consommation de masse ».

Si la phase I a commencé à démocratiser l'achat des biens

durables, la phase II a parachevé ce processus en mettant à la disposition de tous ou presque les produits emblématiques de la société d'affluence : automobile, télévision, appareils électroménagers. L'époque voit le niveau de consommation s'élever, la structure de consommation se modifier, l'achat de biens durables se répandre dans tous les milieux : en France, la part des dépenses de l'alimentation à domicile passe, dans le budget des ménages, de 49,9 % en 1950 à 20,5 % en 1980; entre 1959 et 1973, la consommation des biens durables progresse de 10,3 % par an en volume. En accomplissant le « miracle de la consommation », la phase II a fait apparaître un pouvoir d'achat discrétionnaire dans des couches sociales de plus en plus larges, pouvant envisager avec confiance l'amélioration permanente de leur moyen d'existence ; elle a diffusé le crédit et permis au plus grand nombre de se dégager de l'urgence du besoin strict. Pour la première fois les masses accèdent à une demande matérielle plus psychologisée et plus individualisée, à un mode de vie (biens durables, loisirs, vacances, mode) associé autrefois aux élites sociales.

La société de consommation de masse n'a pu s'épanouir que sous-tendue par une large diffusion du modèle taylorien-fordien d'organisation de la production qui a permis une exceptionnelle hausse de la productivité ainsi que la progression des salaires : de 1950 à 1973, l'accroissement annuel de la productivité du travail a été de 4,7 % dans les douze pays de l'Europe occidentale. Les maîtres mots dans les organisations industrielles deviennent : la spécialisation, la standardisation, la répétitivité, l'élévation des volumes de production. Il s'agit, grâce à l'automatisation et aux chaînes de montage de fabriquer des produits standardisés en très grande quantité. La « logique de la quantité » domine la phase II.

Ce n'est pas seulement la sphère industrielle qui se modernise à grande vitesse : la grande distribution également se restructure en intégrant dans son fonctionnement les mécanismes de rationalisation à l'œuvre dans le système productif fordien : exploitation des économies d'échelle, méthodes scientifiques de gestion et d'organisation du travail, division intensive des tâches, volume de ventes élevé, prix les plus bas possibles, marge bénéficiaire faible, rotation rapide des marchandises. L'expression « usine à vendre » date des années 1960 : elle révèle la poussée de la logique productiviste présente dans la distribution à grande échelle. Avec la formidable diffusion du libre-service, des supermarchés puis des hypermarchés, il ne s'agit plus seulement de vendre à prix bas mais de « casser les prix » en étant « moins cher que le moins cher [11] » : une formidable « révolution commerciale » accompagne la phase II.

La production et la consommation de masse appelaient une distribution de masse : le développement des grandes surfaces en libre-service et la pratique systématique du discount sont venus répondre à cette exigence. Le grand commerce connaît une croissance fulgurante : le premier supermarché s'ouvre en France en 1957 quand les États-Unis en comptaient déjà 20 000 : on en dénombre 2 587 en 1973 et 3 962 en 1980. Le premier hypermarché ouvre ses portes en 1963 sous l'enseigne Carrefour : on en compte 124 en 1972 et 426 en 1980. Expansion considérable du parc des grandes surfaces (supermarché, hypermarché) qui s'est traduite par la progression de leur part dans le chiffre d'affaires du commerce, celui de l'alimentaire en particulier : 20 % en 1974, 30 % en 1980.

Tout au long de la phase II, les prothèses marchandes envahissent la vie quotidienne en même temps que commencent à voir le jour des politiques de diversification des produits ainsi que des processus visant à raccourcir le temps de vie des marchandises, à les démoder par le renouvellement rapide des modèles et des styles. Le « complot de la mode », investissant désormais l'univers industriel, fait l'objet de nombreuses dénonciations. Bien que de nature essentiellement fordienne, l'ordre économique s'agence déjà partiellement selon les principes de la séduction, de l'éphémère, de la différenciation des marchés : au marketing de masse typique de la phase I, succèdent des stratégies de segmentation centrées sur l'âge et les facteurs socioculturels. C'est un cycle intermédiaire et hybride, combinant logique fordienne et logique-mode qui se met en place.

Un nouveau salut

Au cours de cette phase s'édifie à proprement parler la « société de consommation de masse » comme projet de société et but suprême des sociétés occidentales. Une nouvelle société naît, dans laquelle la croissance, l'amélioration des conditions de vie, les objets-phares de la consommation deviennent les critères par excellence du progrès. Accroître le PNB et augmenter le niveau de vie de tous fait figure d'« ardente obligation » : toute une société se mobilise autour du projet d'aménager un quotidien confortable et facile, synonyme de bonheur. Célébrant avec emphase le confort matériel et l'équipement moderne des foyers, la phase II est dominée par une logique économique et technique plus quantitative que qualitative. D'un côté la société de consommation de masse se présente, au travers de la mythologie de la profusion, comme utopie réalisée. De l'autre, elle se pense comme marche vers l'utopie exigeant toujours plus de confort, toujours plus d'objets et de loisirs.

Il y a quelque chose de plus dans la société de consommation que l'élévation rapide du niveau de vie moyen : l'ambiance de stimulation des désirs, l'euphorie publicitaire, l'image luxuriante des vacances, la sexualisation des signes et des corps. Voilà un type de société qui substitue la séduction à la coercition, l'hédonisme au devoir, la dépense à l'épargne, l'humour à la solennité, la libération au refoulement, le présent aux promesses du futur. La phase II s'affiche comme « société du désir », toute la quotidienneté se trouvant imprégnée d'imaginaire de bonheur consommatoire, de rêves de plage, de ludisme érotique, de modes ostensiblement jeunes. Musique rock, comics, pin-up, libération sexuelle, *fun morality*, design moderniste : la période héroïque de la consommation a juvénilisé, euphorisé, allégé les signes de la culture quotidienne. Au travers de mythologies adolescentes, libérationnistes et insouciantes de l'avenir, une profonde mutation culturelle s'est opérée.

La phase II est celle où s'effritent à grande vitesse les anciennes résistances culturelles aux frivolités de la vie matérielle marchande. Toute la machine économique s'y emploie à travers le renouvellement des produits, le changement des modèles et des styles, la mode, le crédit, la séduction publicitaire. Le crédit est encouragé afin d'acheter les merveilles du pays de Cocagne, de réaliser ses désirs sans attendre. Entre 1952 et 1972 l'investissement publicitaire français est multiplié au moins par cinq (en francs constants) ; de 1952 à 1973 les dépenses publicitaires américaines sont multipliées par trois. Au début des années 1960, tandis que la publicité gagne de nouveaux espaces, une famille américaine subit déjà quelque 1 500 messages par jour. C'est comme une époque hypertrophique de « création de besoins artificiels », de « gaspillage » organisé [12], de tentations omniprésentes et de stimulations effrénées des désirs qu'apparaît l'*affluent society*. Puissante dynamique de commercialisation qui a érigé la consommation marchande en style de vie, en rêve de masse, en nouvelle raison de vivre. La société de consommation a créé en grand, l'envie chronique des biens marchands, le virus de l'achat, la passion du nouveau, un mode de vie centré sur les valeurs matérialistes. Shopping compulsif, fièvre des objets, escalade des besoins, profusion et gaspillage spectaculaire : la phase II a moins agencé la « programmation bureaucratique du quotidien [13] » qu'elle n'a détraditionnalisé la sphère de la consommation ; elle a moins créé un environnement « climatisé » qu'elle n'a privatisé les modes de vie.

Tandis que s'accélère « l'obsolescence dirigée » des produits, la publicité et les médias exaltent les jouissances-minute affichant un peu partout les rêves de l'éros, du confort et des loisirs. Sous un déluge de signes légers, frivoles, hédonistes, la phase II a travaillé à délégitimer les normes victoriennes, les idéaux sacrificiels, les impératifs rigoristes au bénéfice des jouissances privées. Par là, elle a provoqué un basculement du temps faisant passer de l'orientation futuriste vers la « vie au présent » et ses satisfactions immédiates. Révolution du confort, révolution du quotidien, révolution sexuelle : la phase II est au principe de la « seconde révolution individualiste [14] » marquée par le culte hédoniste et psychologique, par la privatisation de la vie et l'autonomisation des sujets vis-à-vis des institutions collectives. Elle peut être considérée comme le premier moment de l'effacement de l'ancienne modernité disciplinaire et autoritaire, dominée par les affrontements et idéologies de classes.

Ce cycle est à son tour achevé. Depuis la fin des années 1970, c'est le troisième acte des économies de consommation qui se joue sur la scène des sociétés développées. Une page s'écrit qui invente un nouvel avenir à l'aventure individualiste et consumériste des sociétés libérales. Les chapitres qui suivent s'emploient à en fixer les contours et les enjeux.

2

Au-delà du standing : la consommation émotionnelle

Le constat est banal : au fur et à mesure que nos sociétés s'enrichissent, surgissent sans cesse de nouvelles envies de consommer. Plus on consomme, plus on veut consommer : l'époque de l'abondance est inséparable d'un élargissement indéfini de la sphère des satisfactions désirées et d'une incapacité à résorber les appétits de consommation, toute saturation d'un besoin s'accompagnant aussitôt de nouvelles demandes. D'où la traditionnelle question : à quoi tient cette escalade sans fin des besoins ? Qu'est-ce qui fait courir inlassablement le consommateur ?

Dans la foulée de Veblen, les sociologues critiques des années 1960-1970 se sont attachés à répondre à ces interrogations en déconstruisant l'idéologie des besoins, la consommation étant interprétée comme une logique de différenciation sociale. Point d'objet désirable en soi, point d'attrait des choses pour elles-mêmes mais toujours des contraintes de prestige et de reconnaissance, de statut et d'intégration sociale. Structure d'échange social sous-tendue par la logique du standing et des compétitions statutaires, la consommation en phase II est définie comme un champ de symboles distinctifs, les acteurs cherchant non tant à jouir d'une valeur d'usage qu'à afficher un rang, se classer et se surclasser dans une hiérarchie de signes concurrentiels [1]. Dans cette perspective, la course aux biens marchands n'est inépuisable que pour autant qu'elle s'arc-boute sur des luttes symboliques en vue de l'appropriation des signes différentiels. Ce sont les stratégies distinctives et les luttes de concurrence opposant les classes sociales qui sont au principe de l'excroissance gigantesque de la consommation et de l'impossibilité de parvenir à un seuil de saturation des besoins [2].

DE LA CONSOMMATION OSTENTATOIRE À LA CONSOMMATION EXPÉRIENTIELLE

Disons-le sans fard : la sociologie qui se voulait critique s'est montrée en retard d'une guerre en assimilant « l'effet Veblen » à l'épicentre de la dynamique consommatoire, au moment même où la valeur d'usage des objets prenait une consistance inédite, où les référentiels du confort, du plaisir et des loisirs commençaient à s'imposer comme des buts capables d'orienter les comportements du plus grand nombre. Déjà, en 1964, E. Dichter notait que le statut était devenu une motivation secondaire dans l'acquisition d'une voiture [3]. De fait, il en allait de même pour la télévision, les appareils électroménagers, les vacances, la plage dont la séduction ne peut être expliquée à partir du seul modèle de la distinction. La vérité est qu'à partir des années 1950-1960, accéder à un mode de vie plus facile et plus confortable, plus libre et plus hédoniste constituait déjà une motivation très importante des consommateurs. En exaltant les idéaux du bonheur privé, les loisirs, la publicité et les médias ont favorisé des conduites de consommation moins assujetties au primat du jugement de l'autre. Mieux vivre, jouir des plaisirs de la vie, ne pas se priver, disposer du « superflu » sont apparus de mieux en mieux comme des comportements légitimes, des finalités en soi. Le culte du bien-être de masse célébré par la phase II a commencé à miner la logique des dépenses en vue de la considération sociale, à promouvoir un modèle de consommation de type individualiste.

Il n'en reste pas moins vrai que, pendant tout ce cycle, la consommation a gardé un fort potentiel de prestige, les objets ne cessant pas d'être valorisés en tant que signes tangibles de réussite, preuves d'ascension et d'intégration sociale, vecteurs de considération honorifique. Les voitures américaines se chargent de chrome et d'ailerons aérodynamiques pour impressionner le regard, créer une image de supériorité sociale. De même qu'on est fier d'exhiber les objets comme emblèmes de standing, de même la publicité s'attache à vanter les produits en tant que symboles de rang social : ce sont des femmes maquillées, « classe » et élégantes, que mettent en scène les visuels publicitaires pour la voiture, le mixer ou l'aspirateur. Auscultant les comportements des fifties, V. Packard parle des « obsédés du standing [4] ».

Cette combinaison de deux logiques hétérogènes (course à l'estime/course aux plaisirs) révèle la spécificité composite de la phase II par rapport au cycle précédent lequel, ne connaissant qu'une diffusion limitée des biens durables industriels, s'est construit sous l'égide hégémonique de la consommation statutaire. Prolongeant le régime des dépenses pour la montre, la phase II est en même temps celle qui a érigé l'hédonisme en finalité légitime de masse, qui a transformé l'ambiance ou le style de la consommation en l'enveloppant d'un halo de légèreté et de ludisme, de juvénilité et d'érotisme. Juke-box, flipper, pin-up, scooter, rock'n'roll, tourne-disques, transistor, télévision, Club Méditerranée, siège « Djinn » d'aspect zoomorphe, design pop, jeans et minijupe, autant de produits certes très disparates mais qui, associés à la jeunesse ou à l'Éros, à la mobilité et à la liberté, à la provocation et au divertissement ont allégé, dynamisé l'imaginaire consommatoire. Le moment « lourd », emphatique et compétitif de la marchandise a reculé d'un cran au bénéfice d'une mythologie euphorique et ludique, frivole et juvénile. D'où la nature hybride de ce cycle se présentant, à l'échelle historique, comme une formation de compromis entre la mythologie du standing et celle du *fun*, entre la consommation démonstrative « traditionnelle » et la consommation hédoniste individualiste.

La consommation intimisée

Ce cycle est achevé. Le processus de réduction des dépenses pour s'attirer l'estime a pris une telle ampleur qu'on est conduit à poser l'émergence d'une nouvelle phase historique de la consommation. Dans la foulée de l'extrême diversification de l'offre, de la démocratisation du confort et des loisirs, l'accès aux nouveautés marchandes s'est banalisé, les régulations de classes se sont délitées, de nouvelles aspirations et de nouveaux comportements ont vu le jour. Tandis que se brouillent les habitus et particularismes de classes, les consommateurs se montrent plus imprévisibles et volatiles, plus à l'affût de qualité de vie, de communication et de santé, sont mieux à même de faire un choix entre les différentes propositions de l'offre. La consommation s'agence chaque jour un peu plus en fonction de fins, de goûts et de critères individuels. Voici venue l'époque de l'hyperconsommation, phase III de la marchandisation moderne des besoins et orchestrée par une logique désinstitutionnalisée, subjective, émotionnelle.

L'une des dynamiques enclenchées il y a un demi-siècle est devenue dominante : en période d'hyperconsommation, les motivations privées l'emportent de beaucoup sur les finalités distinctives. Nous voulons des objets « à vivre » plus que des objets à exhiber, on achète moins ceci ou cela pour parader, afficher une position sociale qu'en vue de satisfactions émotionnelles et corporelles, sensorielles et esthétiques, relationnelles et sanitaires, ludiques et distractives. Les biens marchands fonctionnaient tendanciellement comme des symboles de statut, ils apparaissent de mieux en mieux comme des services à la personne. Des choses nous attendons moins qu'elles nous classent vis-à-vis des autres, qu'elles nous permettent d'être plus indépendants et plus mobiles, de ressentir des sensations, de vivre des expériences, d'améliorer notre qualité de vie, de conserver jeunesse et santé. Naturellement les satisfactions sociales différentielles demeurent mais elles ne sont plus guère qu'une motivation entre beaucoup d'autres, dans un ensemble dominé par la recherche des bonheurs privés. La consommation « pour soi » a supplanté la consommation « pour l'autre » en phase avec l'irrésistible mouvement d'individualisation des attentes, des goûts et des comportements.

Les dépenses somptuaires, la course au standing, les comportements de mode se sont toujours arc-boutés sur des luttes de concurrence entre groupes ayant pour ambition de se classer et de se faire reconnaître. L'époque de l'hyperconsommation présente ceci de spécifique qu'elle a réussi à faire passer au second plan, parfois à expulser, la lutte des consciences autrefois centrale dans le champ de la consommation. Désormais, celui-ci offre un spectacle largement délivré de la dramaturgie qui était encore la sienne dans les années 1950, l'acquisition des choses et les pratiques de loisir se déployant en grande partie en dehors des logiques de rivalité statutaire. C'est une consommativité sans négatif ni enjeu interhumain, sans dialectique ni compétition majeure qui gagne des pans chaque jour plus larges de la consommation. Je ne vois pas de terme plus adéquat que celui d'hyperconsommation pour rendre compte d'une époque dans laquelle les dépenses n'ont plus pour moteur le défi, la différence, les affrontements symboliques entre les hommes. Lorsque les luttes de concurrence ne sont plus la clé de voûte des acquisitions marchandes, commence la civilisation de l'hyperconsommation, cet empire sur lequel le soleil de la marchandise et de l'individualisme extrême ne se couche jamais.

L'enjeu premier était d'être affilié à un groupe et de créer de la distance sociale. Qu'en reste-t-il à l'heure des nouveaux objets de communication accélérant les échanges interindividuels et rendant possibles les simulations du moi, à l'heure encore où explosent les demandes de santé, de divertissement et de mieux-être ? Ce n'est plus l'opposition entre l'élite des dominants et la masse des dominés ni celle entre les différentes fractions de classes qui organise l'ordre de la consommation, mais le « toujours plus » et le zapping généralisé, les boulimies exponentielles de soins, de communications et d'évasions renouvelées. C'est à présent la quête des bonheurs privés, l'optimisation de nos moyens corporels et relationnels, la santé illimitée, la conquête d'espaces-temps personnalisés qui sous-tendent la dynamique consumériste : l'âge ostentatoire des objets a été supplanté par le règne de l'hypermarchandise déconflictualisée [5] et post-conformiste. L'apogée de la marchandise ce n'est pas la valeur signe différentielle mais la valeur expérientielle, la consommation « pure » valant non comme signifiant social mais comme panoplie de services pour l'individu. La phase III est le moment où la valeur distractive l'emporte sur la valeur honorifique, la conservation de soi sur la comparaison provocante, le confort sensitif sur l'étalage des signes ostensibles.

Porté par cette vague de fond, le goût des nouveautés a changé de sens. Le culte du nouveau n'a rien de récent tant il est vrai qu'il s'est imposé dès la fin du Moyen Âge, à travers notamment l'émergence de la mode. Mais pendant des siècles, la norme du « tout nouveau tout beau » n'a guère dépassé les cercles restreints des privilégiés, sa valeur reposant en grande partie sur son pouvoir distinctif. Telle n'est plus la situation présente. D'abord, le goût du changement incessant dans la consommation n'a plus de limite sociale, il s'est diffusé dans toutes les couches et dans toutes les catégories d'âge ; ensuite, nous désirons les nouveautés marchandes pour elles-mêmes en raison des bénéfices subjectifs, fonctionnels et émotionnels qu'elles procurent. Aujourd'hui, la demande de renouvellement a pris le pas sur la demande du « minimum confortable technique » qui était en vigueur dans la phase II, la curiosité est devenue une passion de masse et changer pour changer, une expérience destinée à s'éprouver soi-même. L'amour du nouveau n'est plus tant porté par les passions conformistes que par les appétits expérientiels des sujets. On bascule dans l'univers d'hyperconsommation lorsque le goût du changement s'est répandu universellement, lorsque le désir de « mode » se déploie au-delà de la sphère vestimentaire, lorsque la passion du renouvellement a acquis une sorte d'autonomie reléguant au second plan les luttes de concurrence pour le statut, les rivalités mimétiques et autres fièvres conformistes.

D'où les nouvelles fonctions subjectives de la consommation. À la différence de la consommation à l'ancienne mode qui rendait visible l'identité économique et sociale des personnes, les actes d'achat dans nos sociétés traduisent avant tout des différences d'âge, des goûts particuliers, l'identité culturelle et singulière des acteurs, fût-ce au travers des produits les plus banalisés. L'aménagement des appartements exemplifie pareille évolution [6]. Il ne s'agit plus tant, en ce domaine, d'afficher un signe extérieur de richesse ou de réussite que de créer un cadre de vie agréable et esthétique « qui nous ressemble », un cocon convivial et personnalisé. Sans doute est-ce le résultat d'achats de produits standardisés mais chaque fois, ces derniers sont réinterprétés, arrangés en de nouvelles compositions exprimant une identité individuelle, l'important étant moins la valeur de standing que la valeur privée et unique du « chez-soi » rendue possible par une « consommation créatrice ». Je révèle, au moins partiellement, qui je suis, en tant qu'individu singulier, par ce que j'achète, par les objets qui peuplent mon univers personnel et familial, par les signes que je combine « à ma façon ». Dans un temps où les traditions, la religion, la politique sont moins productrices d'identité centrale, la consommation se charge de mieux en mieux d'une nouvelle fonction identitaire. Dans la course aux choses et aux loisirs et plus ou moins consciemment, *Homo consumericus* s'attache à donner une réponse tangible, fût-elle superficielle, à la question éternelle : qui suis-je ?

Consommation émotionnelle : l'idée a le vent en poupe chez les théoriciens et les acteurs du marketing qui vantent les mérites des démarches permettant de faire vivre aux consommateurs des expériences affectives, imaginaires et sensorielles. Ce positionnement porte le nom aujourd'hui de marketing sensoriel ou expérientiel. L'heure n'est plus à la froide fonctionnalité mais à l'attractivité sensible et émotionnelle. À la différence du marketing traditionnel qui mettait en valeur des arguments rationnels et la dimension fonctionnelle des produits, nombre de marques jouent maintenant la carte de la sensorialité et de l'affectif, des « racines » et de la nostalgie (le « rétromarketing »). D'autres mettent l'accent sur les mythes ou le ludisme. D'autres encore font vibrer la fibre citoyenne, écologique ou animalière. Des magasins sollicitent les sens à partir d'ambiance sonore, de diffusion d'odeur et de mises en scène spectaculaires. Partout le marketing sensoriel cherche à améliorer les qualités sensibles, tactiles et visuelles, sonores et olfactives des produits et des lieux de vente. Le sensitif et l'émotionnel sont devenus des objets de recherche marketing destinés d'une part, à différencier les marques au sein d'un univers hyperconcurrentiel, d'autre part à promettre une « aventure sensitive et émotionnelle » à l'hyperconsommateur en quête de sensations variées et de mieux-être sensible.

Ce que j'appelle « consommation émotionnelle » ne correspond que partiellement à ces produits et ambiances mobilisant explicitement les cinq sens. Elle désigne, bien au-delà des effets d'une tendance marketing, la forme générale que prend la consommation lorsque l'essentiel se joue entre soi et soi. Au plus profond, la consommation émotionnelle apparaît comme forme dominante lorsque l'acte d'achat, cessant d'être commandé par le souci conformiste de l'autre, bascule dans une logique désinstitutionnalisée et intimisée, axée sur la recherche des sensations et du mieux-être subjectif. La phase III signifie le nouveau rapport émotionnel des individus aux marchandises instituant le primat du ressenti, le changement de la signification sociale et individuelle de l'univers consommatoire qui accompagne la poussée d'individualisation de nos sociétés.

PASSION DES MARQUES ET CONSOMMATION DÉMOCRATIQUE

La consommation émotionnelle indique-t-elle donc la victoire de l'« être » sur le « paraître », de l'authentique sur le « look » inlassablement célébrée par les observateurs des tendances et la presse magazine ? C'est loin d'être aussi simple. Comment parler de dépérissement des apparences quand l'époque voit le triomphe des marques et de leur image ? Au vrai, à mesure que le consommateur se montre moins obsédé par l'image qu'il offre à l'autre, ses décisions d'achat sont davantage tributaires de la dimension imaginaire des marques. L'évolution de la publicité fournit une illustration éclairante de ce processus.

La publicité, en effet, est passée d'une communication construite autour du produit et de ses bénéfices fonctionnels, à des campagnes diffusant des valeurs et une vision mettant l'accent sur le spectaculaire, l'émotion, le second degré, de toute façon sur des signifiants dépassant la réalité objective des produits. Sur les marchés de grande consommation où les produits sont faiblement différenciés, c'est le « paraître », l'image créative de la marque qui fait la différence, séduit et fait vendre. Certaines marques ont ainsi réussi à acquérir une notoriété mondiale en « parlant » de tout, sauf de leur produit (Benetton). Nom, logo, design, slogan, sponsoring, boutique tout doit être mobilisé, redéfini, « relooké » afin de rajeunir le profil d'image, donner une âme ou un style à la marque. On ne vend plus un produit mais une vision, un « concept », un style de vie associé à la marque : désormais la construction de l'identité de marque se trouve au cœur du travail de la communication des entreprises. En phase III, l'impératif d'image s'est déplacé du champ sociétal à l'offre marketing. Ce n'est plus tant l'image sociale et son « m'as-tu-vu » qui importe, c'est l'imaginaire de la marque ; moins il y a de valeur statutaire dans la consommation, plus s'accroît le pouvoir d'orientation de la valeur immatérielle des marques.

Fétichisme des marques, luxe et individualisme

À ce point, une question ne peut manquer d'être posée. Comment concilier l'essor de la consommation émotionnelle avec le goût des marques que l'on observe tant chez les jeunes que chez les adultes des nouvelles classes fortunés [7] ? La question mérite qu'on s'y arrête non seulement parce que, de plus en plus, on achète une marque et non un produit, mais aussi parce que le phénomène peut sembler s'inscrire en contradiction avec une consommation dégagée du code des prestations symboliques. À prendre en compte l'actuel fétichisme des marques, sommes-nous contraints de reconduire le modèle de la consommation démonstrative chère à Veblen ?

Bien sûr le snobisme, le goût de briller, de se classer et de se différencier n'ont nullement disparu, néanmoins ce n'est plus tant le désir de reconnaissance sociale qui sous-tend le tropisme vers les marques supérieures que le plaisir narcissique de sentir une distance avec le commun en bénéficiant d'une image positive de soi pour soi. Les plaisirs élitistes ne se sont pas évaporés, ils ont été restructurés par la logique subjective du néo-individualisme créant des satisfactions davantage pour soi qu'en vu de l'admiration et de l'estime d'autrui. Ce qui importe n'est plus d'en « imposer » aux autres mais de confirmer sa valeur à ses propres yeux, d'être, comme le dit Veblen, « satisfait de soi [8] » : « L'Oréal parce que je le vaux bien. » De nos jours, l'engouement des marques s'alimente du désir narcissique de jouir du sentiment intime d'être une « personne de qualité », de se comparer avantageusement aux autres, d'être autre que la masse, sans que soient mobilisés pour autant la course à l'estime et le désir de provoquer l'envie de ses semblables.

C'est un nouveau rapport au luxe et à la qualité de vie que traduit le culte contemporain des marques. Dans les époques précédentes, les classes populaires et moyennes voyaient dans les marques de luxe des biens inaccessibles qui, destinés à la seule élite sociale, ne faisaient partie ni de leur monde réel ni même de leurs rêves. Par rapport à cette forme de culture une rupture s'est produite : l'acceptation du destin social a cédé la place au « droit » au luxe, au superflu, aux marques de qualité. La démocratisation du confort, la consécration sociale des référentiels du plaisir et des loisirs ont miné la traditionnelle opposition entre « goûts de nécessité » propres aux classes populaires et « goûts de luxe » caractéristiques des classes riches [9] en même temps que les morales de la résignation et de l'austérité. Dans la société démocratique d'hyperconsommation, chacun est enclin à prétendre à ce qu'il y a de meilleur et de plus beau, à porter ses regards vers les produits et marques de qualité. Tandis que les modes de socialisation n'enferment plus les individus dans des univers étanches, tout le monde considère avoir droit à l'excellence et aspire à vivre mieux dans les conditions les meilleures. C'est ainsi que, de plus en plus, les produits de qualité (alimentation, boisson, marques haut de gamme en tout genre) sont privilégiés par rapport à la quantité et aux « produits de nécessité ». L'attraction qu'exercent les marques les plus coûteuses traduit moins la continuité historique des stratégies distinctives que la rupture constituée par la formidable diffusion sociale des aspirations démocratiques-individualistes aux bonheurs matériels et au bien-vivre.

Valorisation de la qualité qui, au demeurant, ne donne lieu à aucune attitude systématique, même au sein des couches supérieures. Dans la société d'hyperconsommation, il n'est plus indigne de dépenser largement ici et d'économiser là, d'acheter tantôt en magasin sélectif, tantôt en hypermarché, les comportements décoordonnés ou éclectiques étant devenus légitimes. L'obligation de dépenser à des fins de représentation sociale a perdu de son ancienne vigueur : on achète des marques onéreuses non plus en raison d'une pression sociale mais en fonction des moments et des envies, du plaisir qu'on en escompte, beaucoup moins pour faire montre de richesse ou de rang que pour jouir d'un rapport qualitatif aux choses ou aux services. Même la relation aux marques s'est psychologisée, désinstitutionnalisée, subjectivisée.

Hyperconsommation et anxiété

Il y a plus. Dans ce contexte, l'achat d'un produit de marque n'est pas seulement une manifestation d'hédonisme individualiste, il vise aussi bien à répondre aux nouvelles incertitudes provoquées par la démultiplication des référentiels ainsi qu'aux nouvelles attentes de sécurisation esthétique ou sanitaire. Dans les époques antérieures, des modes de socialisation, des normes et des repères collectifs existaient qui distinguaient sans équivoque le haut et le bas, le bon goût et le mauvais goût, l'élégance et la vulgarité, le chic et le populaire ; les cultures de classe instituaient un univers clair et solide de principes et de règles fortement hiérarchisés et assimilés par les sujets. Cet ordre hiérarchique et hiérarchisant s'est disloqué ou désagrégé au bénéfice de systèmes dérégulés et pluriels, de classements flous et brouillés faisant reposer sur l'individu ce qui, jusqu'alors, reposait sur des règles et des styles de vie communautaires. Il en résulte des doutes et des craintes individuelles touchant les aspects de la consommation qui, autrefois, allaient de soi parce que organisés par les traditions de classe. Le culte des marques est l'écho du mouvement de détraditionnalisation, de la poussée du principe d'individualité, de l'incertitude hypermoderne enclenchée par la dissolution des coordonnées et attributs des cultures de classe. Moins les styles de vie sont commandés par l'ordre social et les sentiments d'appartenance de classe, plus s'imposent la puissance du marché et la logique des marques. Quand la mode est balkanisée et décentrée monte le besoin de repères et de références « reconnus » par les médias ou assurés par les prix ; quand les normes du « bon goût » se brouillent, la marque permet de rassurer l'acheteur ; quand se multiplient les peurs alimentaires sont privilégiés les produits labellisés « bio », les marques dont l'image est associée au naturel et à l'« authentique ». C'est sur fond de désarroi et d'anxiété grandissante de l'hyperconsommateur que se détache le succès des marques.

L'anxiété est également au principe du nouveau goût des jeunes adolescents pour les marques. S'il est vrai que la marque permet de différencier ou de classer les groupes, la motivation qui en sous-tend l'acquisition n'en est pas moins liée à la culture démocratique. Car arborer un logo, pour un jeune, ce n'est pas tant vouloir se hisser au-dessus des autres que ne pas paraître *moins que les autres*. Même chez les jeunes, l'imaginaire de l'égalité démocratique a fait son œuvre conduisant à refuser de présenter une image de soi entachée d'infériorité dévalorisante. C'est pourquoi, sans doute, la sensibilité aux marques s'affiche si ostensiblement dans les milieux défavorisés. Par une marque appréciée, le jeune sort de l'impersonnalité, il veut montrer non une supériorité sociale mais sa participation entière et égale aux jeux de la mode, de la jeunesse et de la consommation. Ticket d'entrée au modèle de vie « mode », c'est la peur du mépris et du rejet blessant des autres qui active la nouvelle obsession des marques. À l'heure de l'hyperconsommation, il faut appréhender ce phénomène comme l'une des manifestations de l'individualisme égalitaire ayant réussi à élargir ses exigences jusqu'à l'univers imaginaire des jeunes.

Comment parler d'individualisme lorsque les conformismes de groupe ont un relief beaucoup plus marqué que les exigences de qualité de vie ou de singularisation personnelle ? La vérité est qu'en achetant telle ou telle marque, l'adolescent fait un choix qui le distingue du monde de ses parents, il affirme des préférences et des goûts qui le définissent, il s'approprie un code. Si le logo revêt une telle importance c'est qu'il permet une appartenance revendiquée par le soi et non plus une appartenance reçue comme un destin social, familial ou autre. C'est en ce sens que l'achat d'une marque est vécu comme l'expression d'une identité tout à la fois clanique et singulière. Cette marque affichée en public, l'adolescent s'y reconnaît comme étant l'un des drapeaux de sa personnalité. Où l'on voit que l'opposition montée en épingle entre individualisme et « tribalisme » post-moderne est parfaitement artificielle et trompeuse : en dépit de sa dimension communautaire, la marque exhibée est subjectivisante, elle traduit, fût-ce dans l'ambiguïté, une appropriation personnelle, une recherche d'individualité ainsi qu'un désir d'intégration dans le groupe des pairs, un moi revendiquant, aux yeux de tous, les signes de son apparence.

PUISSANCE ET IMPUISSANCE DE L'HYPERCONSOMMATEUR

Tandis que l'univers consommatoire tend à se délivrer des affrontements symboliques, monte un nouvel imaginaire associé à la puissance sur soi, à la maîtrise individuelle des conditions de vie. Désormais les jouissances liées à l'acquisition des choses se rattachent moins à la vanité sociale qu'à un « plus-pouvoir » sur l'organisation de nos vies, à une puissance accrue sur le temps, l'espace et le corps. Pouvoir construire de façon individualisée son mode de vie et son emploi du temps, accélérer les opérations de la vie courante, augmenter nos capacités à entrer en relation, allonger la durée de la vie, corriger les imperfections du corps, quelque chose comme une « volonté de puissance » et sa jouissance d'exercer une domination sur le monde et sur soi se loge au cœur de l'hyperconsommateur.

Qu'est-ce qui séduit dans les nouveaux objets de consommation-communication (ordinateur, magnétoscope, fax, Internet, téléphone mobile, four à micro-ondes) si ce n'est leur capacité à ouvrir de nouveaux espaces d'indépendance personnelle [10], à alléger les pesanteurs de l'espace-temps ? Par le truchement des choses, nous cherchons moins l'approbation des autres qu'une plus grande souveraineté individuelle, une plus grande maîtrise des éléments de notre univers ordinaire. En phase III, la consommation fonctionne comme levier de « puissance plus », vecteur d'appropriation personnelle du quotidien : non plus théâtre de signes distinctifs mais technologie d'autonomisation des individus vis-à-vis des astreintes de groupe et des multiples contraintes naturelles. Ce ne sont plus tant les désirs de représentation sociale qui impulsent la spirale consommative que des désirs de gouvernement de soi-même, d'extension des pouvoirs organisateurs de l'individu.

C'est au moment où la volonté de pouvoir sur la direction de nos vies triomphe que les objets techniques symbolisant la puissance virile tendent à perdre leur aspect agressif et conquérant. En témoignent les nouvelles formes rondes et adoucies de l'automobile qui revalorisent les dimensions d'habitabilité et de confort, de détente et de sécurité. Et ce sont de plus en plus d'objets et d'environnements qui illustrent maintenant cette « féminisation » stylistique. Régression de la logique du standing, réduction de l'image virile des produits : deux manifestations d'une même culture hyperconsommative, plus émotionnelle que démonstrative, plus sensitive qu'ostensible. Les désirs de puissance individualiste ne progressent que de concert avec l'euphémisation des signes emblématiques de la domination.

Médicalisation de la consommation

Rien ne concrétise mieux le déclin de l'ethos de la consommation pour le prestige que l'évolution des demandes et des comportements se rapportant à la santé. La société d'hyperconsommation est celle dans laquelle les dépenses de santé se développent tous azimuts, progressant davantage que l'ensemble de la consommation [11]. *Homo consumericus* est de plus en plus tourné vers *Homo sanitas* : consultations, médicaments, analyses, traitements, toutes ces consommations donnent lieu à un processus d'emballement qui ne semble pas avoir de terme. En parallèle, les esprits sont envahis chaque jour un peu plus par les soucis de la santé, les conseils de prévention, les informations médicales : on ne consomme plus seulement des médicaments mais des émissions, des articles de presse grand public, des pages Web [12], des ouvrages de vulgarisation, des guides et des encyclopédies médicales. Voici la santé érigée en valeur première et apparaissant comme une préoccupation omniprésente presque à tout âge : guérir les maladies ne suffit plus, il s'agit maintenant d'intervenir en amont pour en détourner le cours, anticiper l'avenir, changer les comportements vis-à-vis des conduites à risques, faire preuve de bonne « observance ». En même temps, la compétence médicale s'étend à tous les domaines de la vie pour en améliorer la qualité. Tandis qu'un nombre croissant d'activités et de sphères de l'existence prend une coloration sanitaire, les biens de consommation intègrent de plus en plus la dimension de la santé : aliments, tourisme, habitat, cosmétiques, la thématique de la santé est devenue un argument décisif de vente. La phase III s'annonce comme le temps de la médicalisation de la vie et de la consommation.

Spirale des comportements préventifs, inflation des demandes de soins, fuite en avant des dépenses de santé :

autant de phénomènes qui montrent, sans aucune ambiguïté, à quel point le paradigme de la distinction est devenu peu opérant, incapable qu'il est de rendre raison d'une consommation excroissante centrée sur le seul individu, sa santé et sa conservation. Point de luttes symboliques et de profits de distinction : seulement la surveillance hygiéniste de soi, les peurs hypocondriaques, le combat médical contre la maladie et les facteurs de risque. L'hyperconsommation médicale constitue la pointe extrême de la tendance à la désymbolisation en vigueur dans la phase III : ne reste ici que la recherche de l'optimisation de la santé par l'auto-surveillance et les pratiques techno-scientifiques.

Ce règne d'*Homo medicus* a ainsi pour conséquence une *redramatisation* du rapport à la consommation. Non bien sûr sous la forme ancienne des rivalités statutaires mais comme angoisse grandissante se rapportant au corps et à la santé. Au nom de la religion de la santé, il faut toujours plus s'informer, consulter les professionnels, surveiller la qualité des produits, soupeser et limiter les risques, corriger nos habitudes de vie, retarder les effets de l'âge, subir des examens, faire des bilans. Finie l'époque heureuse et insouciante de la marchandise : le temps qui vient est celui de l'hypermarchandise médicalisée, réflexive et préventive, chargée de soucis et de doutes, exigeant toujours plus l'activité responsable des acteurs.

Il ne fait guère de doute que l'imaginaire contemporain de la consommation s'affirme sous le signe d'un « modèle d'alliance » réconciliant des divisions autrefois pleinement soulignées [13]. Encore faut-il ne pas omettre ou sous-estimer le renforcement simultané d'oppositions majeures (jeunesse/vieillesse, sain/malsain, minceur/grosseur, sécurité/risque, pollué/non pollué) qui accompagnent le culte de la santé. Sur ce plan, c'est moins la flexibilité et la conciliation qui domine que de nouvelles disjonctions porteuses d'un état de guerre et de mobilisation totale contre la maladie, la vieillesse, la pollution, l'obésité, les facteurs de risques. En réalité, la consommation n'a pas cessé d'être un champ de bataille : si le conflit interhumain recule, c'est au bénéfice d'une lutte médicale interminable et anxiogène. La pacification de la consommation est un trompe-l'œil : désormais le sentiment du danger et du risque est omniprésent, tout à la limite pouvant être perçu comme menaçant et appeler à la vigilance. En cycle III, l'insécurité, la défiance, l'anxiété quotidienne s'accroissent à proportion même de notre puissance à combattre la fatalité et allonger la durée de vie.

Maîtrise du corps et dépossession

Après la frénésie du standing, monte l'obsession de la santé. Si bien que notre plus grande indépendance vis-à-vis du paraître social a pour contrepartie l'intensification du pouvoir des normes et de l'expertise médicales. Le néo-consommateur ne cherche plus tant la visibilité sociale qu'un surcroît de maîtrise sur son corps par la voie des technologies médicales : manière de lutter contre la fatalité naturelle, la consommation tend à fonctionner comme un anti-destin. C'est ainsi que les visées narcissiques de l'hyperconsommateur ne se séparent plus de celles, plus techniciennes, de Prométhée. Un Prométhée enchaîné, faut-il ajouter, en ce que ses initiatives sont extrêmement limitées du fait de la puissance des normes et du dispositif médical. Le patient décide de consulter et de se soigner. Et c'est à peu près tout, quelles que soient l'extension des habitudes préventives, les rhétoriques du « consentement éclairé » et les nouvelles volontés de promouvoir le patient en acteur et partenaire de sa santé. Après quoi, c'est la machine technico-scientifique qui a les cartes en main et conduit les opérations en « excluant » très largement le sujet. D'un côté l'efficacité médicale étend les pouvoirs de l'homme sur sa vie, de l'autre elle crée un « consommateur sans pouvoir [14] ».

Nombre de comportements montrent qu'à présent le corps est considéré comme une matière à corriger ou transformer souverainement, comme un objet livré à la libre disposition du sujet. La chirurgie esthétique, les procréations *in vitro,* mais aussi la consommation de psychotropes en vue de la « gestion » des problèmes existentiels illustrent ce rapport individualiste au corps. Désormais les sujets veulent choisir leur humeur, contrôler leur vécu quotidien, se rendre maître des aléas émotionnels en faisant usage de médicaments psychotropes dont on sait que la consommation ne cesse de croître. À mesure que s'affirme le principe de souveraineté personnelle sur le corps, l'individu confie son sort à l'action de substances chimiques qui modifient ses états psychologiques « de l'extérieur », sans analyse ni travail subjectif, seuls comptant l'élimination immédiate des désagréments (fatigue, insomnie, anxiété), l'efficacité la plus rapide possible, le désir de produire des états affectifs « à la demande ». C'est par une consommation passive de molécules chimiques que se manifeste ici l'exigence de souveraineté individuelle. Si ces recours banalisés à la psychopharmacologie témoignent d'un désir individualiste de maîtrise du corps et de l'humeur, ils illustrent, en même temps, une certaine impuissance subjective, le sujet renonçant à tout effort personnel en se livrant à la toute-puissance de produits chimiques agissant sur lui, sans lui [15]. Les solutions à nos maux ne sont plus cherchées dans nos ressources intérieures mais dans l'action des technologies moléculaires qui, de surcroît, ne vont pas sans effet d'accoutumance. L'individu désireux de diriger ou de rectifier à sa guise son intériorité se transforme en individu « dépendant » : d'autant plus est revendiquée la pleine puissance sur sa vie, d'autant plus se déploient de nouvelles formes d'assujettissement des individus.

Un hypermatérialisme médical

La question de la médicalisation de l'existence présente l'intérêt de pouvoir mieux évaluer le rôle et la place des valeurs dites « post-matérialistes ». Une des tendances lourdes de nos sociétés coïncide avec la formidable expansion des techniques destinées non seulement à conserver et allonger la vie, mais aussi à améliorer la « qualité de vie », à résoudre de plus en plus de problèmes de l'existence quotidienne des plus jeunes comme des plus âgés. Sommeil, anxiété, dépression, boulimie, anorexie, sexualité, beauté, performances en tout genre, dans tous les domaines sont mobilisées de manière croissante les actions médicamenteuses et chirurgicales. En société d'hyperconsommation, la solution à nos maux, la recherche du bonheur se place sous l'égide de l'intervention technicienne, du médicament, des prothèses chimiques. Cela n'élimine nullement les approches psychothérapeutiques mais force est de constater que la « pharmacie du bonheur [16] » tend à en réduire leur ancienne centralité.

Comment ne pas voir, dans ces conditions, que c'est beaucoup plus l'hypermatérialisme scientifique et médical que les valeurs post-matérialistes qui commande notre époque ? Sans doute celle-ci est-elle témoin de nouvelles quêtes spirituelles mais la vérité est qu'on consomme de plus en plus des soins médicaux et autres « pilules du bonheur ». Comment parler de post-matérialisme lorsque l'ordre médico-pharmaceutique élargit sans cesse ses frontières, lorsque progresse à pas de géant la médicalisation de l'existentiel, lorsque de plus en plus de capitaux et d'intelligences sont mobilisés en vue de la conservation et de la maîtrise de la vie par la technoscience ? Les demandes spirituelles peuvent se manifester : elles sont un bien faible courant comparé à celles de la santé et de l'allongement de la vie. C'est le corps dans ce qu'il a de plus objectif [17] qui est massivement ausculté et traité et il ne fait aucun doute que demain, cette dynamique matérialiste sera encore plus affirmée avec les possibilités offertes par la génétique. La phase III n'est hyperconsommative que pour autant qu'elle est hypermatérialiste.

Autant de considérations qui autorisent à donner de la spirale des besoins une interprétation assez éloignée de celle proposée par les sociologies de la distinction. Boulimie de soins médicaux, demande sans fin d'autonomie personnelle et de divertissements : il apparaît clairement que l'engrenage des besoins ne trouve pas sa vérité ultime dans la dialectique des imitations et des prétentions de classes. Le phénomène a des causes autrement plus profondes : il résulte pour l'essentiel du croisement de deux dynamiques indéfinies inhérentes aux sociétés modernes. La première est celle de l'offre technique et marchande qui, n'étant plus encastrée dans des systèmes sociaux et religieux, peut innover et renouveler perpétuellement ses produits et ses services. La seconde renvoie à l'ordre social démocratique fondé sur l'individu égal et son droit au bonheur. À la racine sociale de la demande illimitée de consommation, il y a moins les luttes de concurrence pour le classement social qu'*Homo democraticus* tourné vers lui seul, libre de se faire et de se diriger. Tocqueville a montré comment la passion grandissante et universelle des jouissances matérielles devait être rattachée à l'âge de l'égalité, laquelle engendre le refus de la fatalité des appartenances sociales, des désirs insatiables, des envies et des insatisfactions permanentes. Cette logique égalitaire porteuse d'exigences sans fin s'intensifie de nos jours par l'intermédiaire de ces finalités que sont l'autonomie subjective, la santé, le bien-être, le divertissement, la communication et qui ont pour caractéristique d'être des axiomatiques sans territorialité fixe, repoussant toujours plus loin leurs frontières, ignorant toute saturation. Si une homologie fonctionnelle et structurale existe entre offre et demande, elle ne tient pas tant à « deux systèmes de différences [18] » qu'à deux ordres indéfinis (le marché, l'individu) constitutifs des sociétés délivrées de l'emprise du religieux et qui, de ce fait, peuvent entraîner l'escalade des changements, l'optimisation illimitée de nos ressources, l'extension infinie de nos besoins.

3

Consommation, temps et jeu

Frénésie consommative, mutilation de la vie : dans le sillon tracé par la critique marxiste de la religion, philosophes et sociologues n'ont pas manqué d'interpréter la propension à acheter comme un nouvel opium du peuple destiné à compenser l'ennui du travail parcellarisé, les défaillances de la mobilité sociale, le malheur de la solitude. « Je souffre donc j'achète » : plus l'individu est isolé ou frustré, plus il cherche des consolations dans les bonheurs immédiats de la marchandise. Ersatz de la vraie vie, la consommation n'exerce son emprise que pour autant qu'elle a la capacité d'étourdir ou d'endormir, de s'offrir en palliatif aux désirs déçus de l'homme moderne.

Il ne fait pas de doute que cette interprétation vise souvent juste. L'observation le montre chaque jour : on achète d'autant plus que l'on est en manque d'amour, le shopping permettant de combler un vide, réduire le mal-être dont on est la proie. Mais toute la question est de savoir si cette fonction consolatrice rend compte de bout en bout des passions consuméristes. Acheter, n'est-ce que chercher à oublier ? À mes yeux, la réponse est non : dans l'escalade des actes marchands, il y a plus et autre chose qu'une diversion à la « malvie ». En phase III, la consommation ne peut être tenue exclusivement pour une manifestation détournée du désir ou un dérivatif : si elle est une forme de consolation, elle fonctionne aussi comme un agent d'expériences émotionnelles valant pour elles-mêmes.

Disons-le sans détour, les critiques démystificatrices de l'idéologie des besoins se sont fourvoyées à vouloir exclure la dimension hédonistique de la consommation. Problématique qui conduisait par exemple Baudrillard à affirmer : « La consommation se définit comme exclusive de la jouissance. Comme logique sociale, le système de la consommation s'institue sur la base d'une dénégation de la jouissance [1]. » À mes yeux on ne saurait se tromper davantage sur la question, la consommation, dans nos sociétés, étant inséparable tant de l'idéal social hédoniste que des visées subjectives de plaisir. Mais de quel type de plaisirs s'agit-il ? Qu'est-ce qui est en jeu pour le sujet dans la course aux satisfactions marchandisées ? Il faut rouvrir le dossier d'*Homo consumans,* plus complexe, plus « métaphysique » qu'une première approche sociologiste ne l'a laissé entendre.

LA CONSOMMATION COMME VOYAGE ET COMME DIVERTISSEMENT

Hédonisme, loisir et économie de l'expérience

Rien n'illustre mieux la dimension hédonistique de la consommation que le rôle croissant des loisirs dans nos sociétés. On sait que les dépenses liées aux secteurs des loisirs, de la culture et de la communication occupent une place grandissante dans le budget des ménages : elles augmentent plus vite que la moyenne des consommations. Leur progression depuis les années 1950 est régulière : les ménages leur consacraient 6 % de leur revenu disponible en 1960, 7,3 % en 1980, 9,5 % en 1999. Encore ces chiffres ne traduisent-ils que très imparfaitement la réalité en ce que de nombreuses dépenses (repas de loisirs, restaurants, frais de résidence secondaire et d'automobile, dépenses de télécommunications), parfois très substantielles, ne sont pas enregistrées dans ce poste de budget [2]. De surcroît, le temps occupé par la musique et la télévision augmente sans cesse, les Français consacrant davantage de temps aux consommations audiovisuelles à la maison qu'au travail : quarante-trois heures par semaine en moyenne pour les personnes exerçant une activité professionnelle. À présent le temps dévolu aux loisirs et à la sociabilité représente 30 % du temps éveillé des plus de 15 ans et dépasse le temps affecté aux travaux domestiques [3].

Ce que l'on consomme à profusion, ce sont des fictions et des jeux [4], de la musique et des voyages. En 2001, chaque téléspectateur français a regardé 74 heures de film de cinéma et 262 heures de fiction télévisuelle. Le tourisme est devenu la première industrie mondiale : en 1998 le nombre de touristes s'élevait à 625 millions et des prévisions font mention de 1,6 milliard de personnes qui devraient effectuer au moins un voyage à l'étranger en 2020. Cette prépondérance des loisirs a conduit certains analystes à parler d'un nouveau capitalisme centré non plus sur la production matérielle mais sur le divertissement et les marchandises culturelles [5]. Déjà le secteur du tourisme représente plus de 11 % du PIB mondial et ce pourcentage pourrait doubler en 2008. En 2000, les entreprises culturelles dans le monde représentaient un chiffre d'affaires total de 515 milliards d'euros (source UNESCO) qui progresse près de deux fois plus vite que la moyenne des autres secteurs économiques. Aux États-Unis, les industries culturelles sont devenues le premier poste d'exportation, devant l'aéronautique et l'agriculture.

Parallèlement à l'augmentation des budgets et du temps consacrés aux loisirs, le marketing fournit de plus en plus un habillage expérientiel à l'offre hédonique. La phase III est contemporaine d'une explosion du nombre de parcs de loisirs : en France, 250 parcs d'attraction attirent 70 millions d'amateurs par an ; Disneyland Paris est devenu la première destination touristique européenne avec plus de 12 millions d'entrées annuelles. Près de 2 000 festivals spécialisés sont organisés chaque année qui drainent dans l'Hexagone un public évalué à plus de 5 millions de personnes. Les offres de week-end et d'évasions insolites se développent qui proposent nuits en igloo, cascades en voiture, conduite de char d'assaut, voyage en montgolfière, relooking du visage. Au-delà des équipements et des produits finis, les industries de loisir travaillent aujourd'hui sur la dimension participative et affective de la consommation en multipliant les occasions de vivre des expériences directes. Il ne s'agit plus seulement de vendre des services, il faut offrir du *vécu,* de l'inattendu et de l'extraordinaire capables de générer de l'émotion, du lien, des affects, des sensations. À la faveur de la phase III, la civilisation de l'objet a été remplacée par une « économie de l'expérience [6] », celle des loisirs et du spectacle, du jeu, du tourisme et de la distraction. C'est dans ce contexte que l'hyperconsommateur recherche moins la possession des choses pour elles-mêmes que la multiplication des expériences, le plaisir de l'expérience pour l'expérience, l'ivresse des sensations et des émotions nouvelles : le bonheur des « petites aventures » achetées forfaitisées, sans risque ni inconvénient.

Le tourisme organisé, les parcours d'escalade aménagés, les « parcours découverte » dans les arbres, les labyrinthes végétaux, les parcs d'attractions sont autant de dispositifs constitutifs de l'industrie de l'expérience. Les villes historiques deviennent des cités à thème afin de répondre aux besoins d'« authenticité » des touristes avides de dépaysement, d'ambiance et d'exotismes folkloriques. Dans certains parcs à thème sont reconstitués virtuellement ou matériellement des villes antiques, des réserves d'Indiens, des animaux disparus, des moments de notre histoire. D'autres recréent *indoor* des climats, des forêts tropicales, des tempêtes de neige, des milieux maritimes ; d'autres encore simulent des éruptions volcaniques ou des tremblements de terre. Nous avons basculé dans une industrie de l'expérience qui se concrétise dans une débauche de simulations, d'artifices hyperspectaculaires, de stimulations sensorielles destinées à faire éprouver aux individus des sensations plus ou moins extraordinaires, à leur faire vivre des moments émotionnels sous contrôle dans des environnements hyperréalistes, stéréotypés et climatisés. Succès des parcs à thème qui traduit la poussée de la marchandisation des loisirs en même temps que des appétits croissants d'évasion et de sensations, de régression et de renouvellement permanent des plaisirs. L'hyperconsommateur est celui qui attend de l'inattendu dans les environnements marchands programmés, qui recherche des univers « fous » ou féeriques, des expériences et des spectacles toujours plus hallucinants. Il veut se noyer dans un flux de sensations exceptionnelles en évoluant dans un espace-temps *fun*, théâtralisé, dépourvu de tout risque et de tout inconfort. Il s'agit d'accéder à une espèce d'état magique ou extatique entièrement déconnecté du réel, un état d'euphorie ludique dont le commencement et la fin, comme au cinéma, sont parfaitement minutés.

Point de perte des repères et de confusion du réel et de l'illusion : simplement l'enchantement qui résulte de l'excès spectaculaire et de l'excroissance des effets, l'émerveillement face à l'hypertrophie des artifices, le plaisir lié à un univers concret qui, intégralement « structuré » par l'imaginaire, lève les contraintes du réel dans le seul temps de la consommation. Une récréation enivrante où l'on s'amuse à croire que le faux est devenu vrai, que l'ailleurs est ici et l'autrefois remplace le maintenant.

La simulation n'est évidemment pas la seule voie qu'emprunte l'hédonisme expérientiel. Une autre logique est à l'œuvre dont témoignent les séjours chez les amis, la flânerie, le farniente, le bricolage, la cuisine, la décoration, les randonnées, le goût de la nature, les pratiques musicales et sportives. Autant d'activités qui expriment une logique d'auto-organisation individuelle du temps libre, le désir de l'hyperconsommateur de se réapproprier ses propres plaisirs, d'éprouver des expériences selon un mode plus personnel, non guidé, non orchestré par le marché [7]. D'un côté l'hyperconsommateur désire toujours plus de spectacles démesurés, d'artefacts inouïs, de stimulations hyperréelles ; de l'autre, il veut un monde intime ou « vrai » qui lui ressemble. S'il préfère parfois la simulation dirigée au hasard du réel, il s'attache plus encore à redécouvrir l'« authenticité » de la nature, à aménager ses loisirs de manière individualisée.

Il va de soi que dans pareil « capitalisme culturel », les attentes et les comportements hédonistes liés à la consommation sont primordiaux. Paul Yonnet conteste la définition du loisir mettant l'accent sur le critère hédonistique [8], mais je dois dire que son argumentation ne m'a pas vraiment convaincu. Sans doute, tel ou tel spectacle peut-il ne m'apporter aucun plaisir, mais cela ne suffit pas pour éliminer l'idée que la motivation principale des comportements de loisir soit l'attente d'une expérience de satisfaction. Il est vrai également que certaines personnes s'ennuient davantage durant le temps de loisir que dans leur activité de travail. Reste que c'est loin d'être le cas le plus fréquent, le plus grand nombre associant le loisir au plaisir-délassement et le travail à une obligation nettement plus fastidieuse. Quelle que soit l'expérience vécue des pratiques de loisir on ne peut nier que c'est en vue d'une satisfaction de type hédonique que les individus s'y adonnent, ce qui n'est généralement pas le cas du travail. On parle de « souffrance du travail » : où est l'équivalent dans la sphère des loisirs ? J'ajouterai que si une importante proportion de salariés souhaite pouvoir travailler moins, la majorité des personnes se sentent frustrées de ne pouvoir consommer davantage pendant leurs loisirs et leurs vacances.

L'achat-plaisir

Mais il ne suffit pas de souligner la nouvelle prépondérance du marché du divertissement. Car, de nos jours, même la consommation des biens matériels tend à basculer dans une logique expérientielle, le shopping en général baignant dans une atmosphère hédonistique et récréative. Il est vrai qu'un Français sur deux considère que les comportements d'achat ressemblent peu ou prou à une corvée, mais le même pourcentage assimile ceux-ci à un plaisir [9]. C'est ainsi qu'au moment où les centres commerciaux attirent les foules, le motif le plus souvent avancé par les visiteurs est le besoin de distraction. Au milieu des années 1980, les centres commerciaux étaient l'un des lieux où les adolescents américains passaient le plus de temps [10]. L'activité de consommation conçue comme mode de vie et source de plaisirs est née au XIXe siècle avec les grands magasins. En phase III, cet ethos s'est universalisé, il s'est élargi des femmes bourgeoises aux couches populaires et aux plus jeunes, le shopping faisant figure d'occupation ludique, de divertissement pour tous. Ce sont des pans entiers de la consommation qui sont devenus expérientiels, assimilables à une *shopping party*. La société d'hyperconsommation est celle dans laquelle la consommation se clive radicalement, s'ordonnant autour de deux axes antagonistes : d'un côté, l'achat corvée ou achat pratique ; de l'autre, l'achat hédonique ou achat fête, lequel concerne aussi bien les produits culturels que nombre de biens matériels (voiture, mode, mobilier, décoration, etc.).

Achat-plaisir, consommation expérientielle : comment l'achat peut-il être une activité récréative ? Comment peut-il fonctionner comme dérivatif ? Qu'est-ce qui fait de la consommation un divertissement ? Sans doute l'essor de la consommation hédoniste n'est-elle pas séparable des multiples stratégies commerciales. On a souvent souligné comment la publicité érotisait la marchandise, créait un environnement festif, un climat de rêves éveillés et de stimulation permanente de désirs. Cela se poursuit. L'heure est à la théâtralisation des points de vente, aux animations diverses, au « marketing expérientiel » ayant pour but de créer une ambiance de convivialité et de désirs, d'introduire du plaisir dans la fréquentation des lieux de vente. Tandis que les experts anglo-saxons parlent de *fun shopping*, les centres commerciaux et magasins nouvelle tendance se proposent de « réenchanter » les gestes et lieux d'achat [11], de « transformer les zones de temps contraint en zones de temps plaisir ». Mais si importantes soient-elles, ces stratégies de vente n'expliquent pas tout. La vérité est qu'il existe un lien intime, structurel, entre hyperconsommation et hédonisme : ce lien n'est autre que le changement et la nouveauté érigés en principe généralisé de l'économie matérielle comme de l'économie psychique.

La fièvre du changement perpétuel

Une des caractéristiques majeures des biens de consommation dans nos sociétés, c'est qu'ils changent et qu'on en change indéfiniment, l'offre ne cessant d'innover, de proposer de nouveaux produits et services. S'il est vrai que le lien de la consommation avec la nouveauté est à présent structurel, ses rapports avec le plaisir ne le sont pas moins dans la mesure où, comme l'écrivait Freud, « la nouveauté constitue toujours la condition de la jouissance [12] ». N'est-ce pas précisément cette puissance de nouveauté qui constitue l'un des grands ressorts attractifs de la consommation ? Qu'est-ce qui séduit dans l'acte d'achat de produits non courants si ce n'est, au moins en partie, l'émotion nouvelle, aussi minime soit-elle, qui accompagne l'acquisition d'une chose ? Il en va des objets comme des vacances : de même que le plus important pour le touriste est de partir, de « changer d'air », d'aller ailleurs, à la limite n'importe où, de même ce qui est visé à travers l'acte d'achat, c'est d'abord le plaisir de la nouveauté, le ravissement d'un semblant d'aventure. En phase III où les besoins de base sont satisfaits, l'acheteur valorise certes la valeur fonctionnelle des produits mais il se montre en même temps de plus en plus en quête de plaisirs renouvelés, d'expériences sensitives ou esthétiques, communicationnelles ou ludiques. C'est de l'excitation et des sensations qui sont vendues et c'est de l'expérience vécue que l'on achète, tout consommateur ressemblant peu ou prou à un « collectionneur d'expériences [13] » désireux qu'il se passe quelque chose ici et maintenant. C'est comme un processus d'intensification hédoniste du présent par le renouvellement perpétuel des « choses » qu'il faut penser la consommation en phase III. Une esthétique du mouvement incessant et des sensations fugaces commande les pratiques de l'hyperconsommateur.

Consommer, c'était se distinguer ; c'est de plus en plus « jouer », se délasser, connaître la petite joie de changer une pièce dans la configuration du décor quotidien. Ainsi la consommation n'est-elle plus tant un système de communication, un langage de signifiants sociaux qu'un *voyage*, un processus de dépaysement quotidien par le biais des choses et des services. Moins pis-aller ou « négation de la vie » que doping mental et zeste d'aventure, la consommation nous attire pour elle-même en tant que puissance de nouveauté et d'animation de soi. Un peu comme dans le jeu, la consommation tend à devenir à elle-même sa propre récompense. Les économistes notent l'essor de la consommation de loisirs mais, de fait, ce sont des pans entiers de la consommation qui fonctionnent comme les loisirs. Aujourd'hui dans *Homo consumans* il y a plus que jamais *Homo ludens*, le plaisir de la consommation se rapprochant de celui procuré par les activités de jeu [14]. Nul doute que cette capacité à créer de la distraction ludique et du mouvement « intérieur » ne soit l'un des grands facteurs alimentant l'escalade interminable des besoins.

LA CONSOMMATION, L'ENFANCE ET LE TEMPS

Rajeunir le vécu

D'où la nécessité de reconsidérer la fameuse question de l'aliénation d'*Homo consomator*. On a souligné à bon droit que la consommation moderne devait être analysée non comme un signe d'aliénation mais comme l'expression de la liberté humaine, l'instabilité que nous manifestons envers les marchandises étant l'une des manières qu'a le sujet de ne pas se perdre dans l'objet, de poser sa supériorité à l'égard de l'extériorité des choses [15]. Pourtant la subjectivité du néo-consommateur s'affirme moins dans le rapport à l'objet que dans le rapport de soi à soi. « Le spectacle, écrivait Debord, est le mauvais rêve de la société moderne enchaînée qui n'exprime finalement que son désir de dormir [16]. » N'y a-t-il donc que « passivité » et hypnotisme dans la consommation moderne ? La vérité est qu'il s'y trouve plus de mobilité et de négativité que de somnambulisme, le changement permanent des choses ayant pour but principal de nous « déchoséifier », d'ébranler la répétition du senti et du déjà-connu. Il faut interpréter l'appétit consumériste comme une façon certes banale, mais plus ou moins réussie, de conjurer la fossilisation du quotidien, d'échapper à la perpétuation du même par la recherche de petites nouveautés vécues. À travers l'acte de consommation c'est le rejet d'une certaine routine et de la chosification du soi qui s'exprime. L'hyperconsommation c'est la mobilisation de la banalité marchande, en vue de l'intensité vécue et de la vibration émotionnelle. Il y a encore de la subjectivité transcendante chez le consommateur nouvelle vague, son tropisme traduisant le désir de n'être pas tout à fait « englué » dans l'ordinaire des jours et le répétitif de la vie. Le modèle du néo-consommateur n'est pas l'individu manipulé et hypnotisé mais l'individu mobile, l'individu trajectoire zappant les choses dans l'espoir souvent déçu de zapper sa propre vie.

Où l'on voit que la consommation entretient des relations intimes avec la question du temps existentiel. Dans une époque de consommation émotionnelle, l'important n'est plus tant d'accumuler des choses que d'intensifier le présent vécu. Avide de mieux-être et de sensations renouvelées, le consommateur III est d'abord terrorisé par le « vieillissement » du senti, il cherche moins à occulter la mort qu'à lutter contre les temps morts de la vie. Les voyages, selon le dicton, forment la jeunesse : l'hyperconsommation, elle, a charge de « rajeunir » sans cesse le vécu par l'animation de soi et des expériences nouvelles : c'est un hédonisme des commencements perpétuels qui alimente la frénésie des achats. Vaneigem soutenait que la consommation nous condamne à un « vieillissement précoce [17] » : il est plus juste de dire qu'elle est habitée par le rêve d'une jeunesse éternelle, d'un présent toujours recommencé, toujours revivifié : là est le plus profond désir d'*Homo consumericus.* Une nouvelle lecture s'impose : le mouvement qui nous porte vers les satisfactions marchandisées est moins signe de dépossession de soi que désir de « renaissance » de soi via l'intensification du présent vécu.

Par quoi la consommation en cycle III peut s'apparenter à une mini-fête. Nul doute qu'un abîme sépare la fête traditionnelle de la consommation actuelle, celle-ci étant privée et marchande quand celle-là est collective et rituelle. Cela n'empêche pas que des similitudes existent. Tout comme la fête a charge symboliquement de redonner vie, après le chaos et la mort, au corps collectif, de même l'acte de consommation vise-t-il, dans la quête du nouveau, à redynamiser l'ici-maintenant, à exorciser l'usure du temps individuel, à réintensifier la durée. Si l'univers de la consommation est inséparable du rapport aux choses, c'est paradoxalement le souci du temps qui en constitue maintenant la motivation souterraine. Dans la trépidation des besoins il faut entendre l'écho de la quête d'une jeunesse émotionnelle indéfiniment ressuscitée.

Dans un texte déjà ancien, Lévi-Strauss notait que la consommation moderne faisait des Américains des sortes d'enfants toujours à l'affût de nouveautés [18]. À observer les parcs de loisirs, les jeux vidéo et télévisuels, les produits qui ressemblent à des jouets, force est de reconnaître que l'hypothèse se confirme de mieux en mieux chaque jour. D'un côté, l'Arcadie de la marchandise pousse les individus à se prendre en charge, s'informer, devenir gestionnaire adulte de leur vie. De l'autre elle fonctionne comme un agent d'« infantilisation » des adultes. Une des pentes de l'hyperconsommateur est moins de s'imposer comme un « grand » face à l'autre que de redevenir « petit ». C'est ainsi qu'on voit maintenant des adultes s'acheter des « nounours », porter des tee-shirts Barbie, circuler en roller et trottinettes, participer à des soirées où l'on chante les airs des émissions télévisées de leur enfance. Un nouveau marché se fait jour où les parfums intègrent les senteurs de colle blanche d'écolier, où les gels douche sont parfumés au chocolat, où l'on promotionne la « Jurassic tarte au Nutella ». À une plus large échelle, dans les parcs d'attraction, les adultes prennent plaisir à jouer à l'enfant qu'ils ont été. Si les vieux veulent ressembler aux jeunes, les jeunes adultes « refusent » de grandir : tandis que le marché de la « consommation régressive » se développe, le refus de grandir commence de plus en plus tôt, les jeunes adultes semblant vouloir vivre dans l'éternel prolongement de leur enfance ou de leur adolescence.

Comment interpréter pareil phénomène ? Philippe Muray, qui cultive l'hyperbole catastrophiste au nom de la fidélité au réel, n'a pas hésité à y reconnaître, carrément, une des formes de notre « nursery universalisée », le signe de décès des êtres humains historiques, un « moment capital de la mutation de l'humanité » soudainement devenue réinfantilisée, bébéphilique, indifférenciée, mélangiste, transfrontiériste, monstrueuse [19]. Rien de moins... Finie la différence entre les âges de la vie, notre époque étant engagée dans la guerre déjà victorieuse contre toutes les anciennes divisions, toutes les vieilles différenciations du monde adulte, historique et humain.

Mais où a-t-on vu qu'il y avait éradication des critères et des différences ? Car l'individu du régime infantophile sait tout de même qu'une petite différence existe entre principe ludique et principe de réalité ! Il y a beaucoup d'injustice caricaturale à prendre la partie pour le tout, le jeu pour la vie, la consommation pour l'existence. Le néo-adulte qui se défoule à Euro Disney ne retombe pas en enfance, il s'amuse à s'infantiliser, à suspendre le réel dans un espace-temps limité, il joue « à croire, à se faire croire ou à faire croire aux autres qu'il est un autre que lui-même. Il oublie, déguise, dépouille passagèrement sa personnalité pour en feindre une autre [20] ». Via la consommation, on joue avec les différenciations : on ne les abolit pas. Ce qui est présenté comme une figure de l'après-histoire n'est que le prolongement de la plus vieille propension de l'homme à « se déguiser, se travestir, porter un masque, jouer un personnage [21] ». Conduite de *Mimicry* qui ne fait pas plus disparaître les divisions sociales de l'âge [22] que les capacités à juger, critiquer et travailler des acteurs. Passons vite sur la petite plaisanterie de la « mutation anthropologique » qu'annonceraient la carnavalisation postmoderne, les bouffonneries et pitreries insignifiantes de notre monde lisse et dérisoire. Comme si les hommes n'avaient pas toujours trouvé du plaisir à jouer, simuler, changer d'apparence, se délasser, s'opposer au sérieux de la vie : rien n'est plus immémorial. Imitant l'enfant, le néo-consommateur ne fait que donner un nouveau visage à *Homo ludens* éternel. Et si comme le note Caillois, *Mimicry* a pour fin, au travers des masques, de « faire peur aux autres » on ne peut s'empêcher de sourire en constatant qu'elle continue à produire les mêmes effets, frappant d'épouvante le talentueux contempteur de la festivisation globalisée !

Nostalgie et désir d'insignifiance

L'individu n'est évidemment pas plus puéril qu'autrefois et aucun « bouleversement ontologique complet » n'a eu lieu. Ce n'est pas tant la régression psychologique qui triomphe que la consécration sociale de la jeunesse comme idéal de l'existence pour tous. Dans ce cadre culturel radicalement inédit, l'idéal de vie adulte, sérieuse et compassée s'éclipse au bénéfice de modèles légitimant les émotions ludiques voire infantiles. Lorsque la jeunesse et l'hédonisme fonctionnent comme des référentiels cardinaux, il n'y a plus de honte à afficher des goûts d'un autre âge, plus de honte à ce qu'ils se prolongent. Finis les stricts cloisonnements et assignations de comportements liés aux âges de la vie, finie du coup l'impatience des jeunes à s'affirmer adultes : il est devenu légitime de ne plus vouloir vieillir en restant, sur certains plans, un « grand enfant ».

Point de mutation de l'espèce humaine : mis à part les cas extrêmes du syndrome de Peter Pan, il ne s'agit que de retrouver, *à temps partiel*, des sensations heureuses éprouvées dans l'enfance, de recréer un univers de douceur et de plaisir, de ne renoncer à rien en juxtaposant des consommations aussi bien adultes qu'enfantines. L'hyperconsommateur n'acquiert pas seulement des produits high-tech pour communiquer en temps réel, il achète aussi des produits *affectifs*, faisant voyager dans le temps des émotions de l'enfance. Ceux-ci sont aujourd'hui systématiquement développés par le « rétromarketing » dont l'objectif est de promouvoir des marques affectives jouant sur la nostalgie des consommateurs. C'est ainsi que, bien au-delà des « adulescents », la consommation expérientielle nostalgique est devenue un large marché. Désormais les individus cherchent à retrouver les impressions de leur enfance à travers l'offre du marché ; ils jouent sans inhibition avec le passé, surfent sur les marques du passé et de tous les âges de la vie. Où l'on voit que la « consommation régressive » est d'abord le signe d'une culture hédoniste, ludique et juvénile, d'une époque où les achats sont réalisés en vue d'expériences subjectives. Nouvelle fièvre qui n'est rien d'autre qu'une des figures de l'ordre dérégulé, émotionnel, hyperindividualiste de la phase III.

Quoi qu'il en soit, c'est lorsque les hommes deviennent responsables de part en part de leur monde qu'ils se plaisent de plus en plus, paradoxalement, à « faire l'enfant ». Le retrait des dieux a moins conduit, au final, à l'affirmation triomphante du sujet qu'au droit à l'infantilisme pour tous, aux loisirs « passifs » et futiles ; il s'accompagne moins de l'abîme tragique du non-sens que de désirs de bains de jouvence, d'irréalité ludique, de déréalisation émotionnelle du sens. Si le cosmos de la rationalité instrumentale est témoin d'une poussée de « quête de sens », il l'est plus encore du besoin croissant d'oublier le sens, de s'évader de la vie courante dans des activités insignifiantes et gratuites qui « nous libèrent de l'œuvre de la liberté, nous rendent une irresponsabilité que nous vivons avec plaisir [23] ».

Ce n'est pas la légèreté de l'être qui est insoutenable, c'est de manière grandissante l'insécurité du monde libéral, l'excès des possibles, le poids du libre gouvernement de soi-même. Plus il y a de souci et de responsabilité de soi, plus s'affirme le besoin de légèreté vide, de délassement proche du « zéro effort », d'insouciance futile. Non pas aliénation du sujet mais usage de la liberté pour ne plus penser, sauter hors de soi et « rejeter le fardeau de son histoire [24] ». L'hyperconsommation ne fonctionne pas systématiquement comme un pis-aller, elle est ce qui offre à l'individu la jouissance de l'irresponsabilité et de la superficialité du jeu. Parcs de loisirs, jeux vidéo, travestissements électroniques du Moi, télé-réalité, trash-TV : quel est le poids réel du « souci du sens », comparé à l'escalade du consumérisme du sens, aux surenchères du spectacle-loisir, à l'excroissance des passions distractives et d'animation de soi ?

4

L'organisation post-fordienne de l'économie

La société d'hyperconsommation désigne la troisième étape historique du capitalisme de consommation. Celle-ci ne se caractérise pas seulement par de nouvelles manières de consommer mais aussi par de nouveaux modes d'organisation des activités économiques, de nouvelles manières de produire et de vendre, de communiquer et de distribuer. C'est tout le système de l'offre qui a changé de visage.

Il est largement admis que nous sommes témoins, depuis le dernier quart du XXe siècle, d'une restructuration du système capitaliste marqué d'un côté par la révolution des techniques de l'information, de l'autre par la globalisation des marchés et la dérégulation financière. Cependant, ces transformations macroscopiques n'expliquent pas tout, loin de là. Il s'est produit dans le même temps, au niveau des entreprises, des changements structurels dans l'approche du marché, dans les positionnements stratégiques, dans les modes de concurrence et les politiques de l'offre. Un autre modèle d'organisation fonctionne dont les principes se situent aux antipodes du système en vigueur dans les phases I et II. Segmentation des marchés, différenciation extrême des produits et des services, politique de qualité, accélération du rythme de lancement des produits nouveaux, prééminence du marketing, autant de nouvelles stratégies qui, heurtant de plein fouet le mode fordien d'organisation de la production, ont favorisé l'émergence de nouveaux modèles de consommation. Sur fond d'une offre pléthorique et variée, déstandardisée et accélérée, l'économie de la société d'hyperconsommation se distingue par la « redécouverte du client ». Le basculement qui s'est opéré est considérable : d'un marché commandé par l'offre, on est passé à un marché dominé par la demande.

Diversification galopante de l'offre qui va de pair avec la globalisation des entreprises, avec le rôle croissant des firmes multinationales : les ventes mondiales des 500 premières d'entre elles ont triplé entre 1990 et 2001, tandis que le PIB mondial augmentait de 50 %. La phase III est sous-tendue par l'ouverture des espaces économiques se concrétisant, notamment, par le changement d'échelle des opérations de fusion-acquisition, la course à la croissance externe, la concentration croissante des marchés, la fièvre de l'internationalisation. D'où l'essor d'entreprises gigantesques, riches de marques mondiales mobilisant parfois des budgets de communication de même ordre de grandeur que les dépenses attachées à la production industrielle. On évalue à 3 000 le nombre de ces grandes marques mondiales : c'est sur les ruines du capitalisme réglementé que s'élèvent de nouveaux géants, les hypermarques d'ambition mondiale à communication globale. D'un côté, la société d'hyperconsommation coïncide avec le triomphe de la variété et du « client roi » ; de l'autre, elle est contemporaine de l'unification mondiale des marchés et des gammes de produits au travers du développement des mégamarques ou hypermarques qui, présentes sur les cinq continents, reposent sur un marketing global, des produits et slogans, logos et imaginaires gérés de manière internationale et plus ou moins adaptée aux spécificités locales.

En outre, l'économie centrée sur les biens matériels s'est transformée en économie de service : l'ère de l'hypermarchandise est celle qui est dominée par les prestations immatérielles et la fourniture de services [1]. Dans les pays de l'OCDE, les services représentent maintenant les deux tiers de l'activité économique en valeur de production. Cette dynamique se retrouve, naturellement, dans la structure et l'évolution de la consommation, la part des services dans la consommation des ménages étant passée de 25 % en 1960 à 48,8 % en 2000.

La phase III apparaît comme le moment où les dispositifs post-fordiens se combinent avec la tertiarisation et l'individualisation galopante de la consommation.

L'ÉCONOMIE DE LA VARIÉTÉ

Les phases I et II se sont édifiées à partir de la fabrication en grande série de produits standardisés. C'est du modèle fordien-taylorien de l'organisation de la production qu'est sortie la société de consommation de masse. Sans doute, dès les années 1920, sont apparues des stratégies de segmentation du marché et de diversification des produits. General Motors a ainsi inauguré, sous l'impulsion de Sloan, une politique industrielle de différenciation en proposant diverses variantes de voitures conformément au principe : « une voiture pour chacun, selon ses moyens et selon ses besoins ». Pour autant, dans l'ensemble, les politiques de diversification sont restées limitées, largement dominées par les grandes séries standardisées.

La phase III apparaît au moment où les principes fordiens organisant la production des séries répétitives, présentent des signes d'essoufflement et se trouvent remis en cause. Afin de contrecarrer le ralentissement de la consommation lié à la saturation des marchés domestiques des biens de consommation durable et de mieux répondre aux besoins individualistes de différences, les industriels ont mis en œuvre de nouveaux modes de stimulation de la demande fondés sur la segmentation des marchés, la multiplication des références, la déclinaison de variantes de produits à partir de composants identiques. Le système de la production de masse a cédé le pas à une logique de prolifération de la variété.

Extension des gammes et production sur mesure

En 1970, une voiture était produite en 4 versions contre plus de 20, deux décennies plus tard [2]. En 1984, Bernard Hanon, P.-D.G. de Renault, déclarait déjà que la firme fabriquait, toutes options confondues, 200 000 voitures différentes [3]. Au cours de la phase II, le marché de la chaussure de sport était peu différencié : aujourd'hui Reebok peut offrir quelque 500 à 600 références. L'industrie de l'horlogerie illustre également l'avènement de l'économie de la variété : on estime à plus de 50 000 le nombre de modèles déposés par Swatch. Le Japon a porté à un point culminant la spirale de la diversification des produits industriels : dans les années 1990 plus de 300 nouvelles boissons non alcoolisées et plus de 200 modèles de Walkman étaient lancés chaque année sur le marché ; chaque mois, Seiko proposait en moyenne 60 nouveaux modèles de montre [4]. Le marketing de masse a été relayé par des stratégies de segmentation élargissant continûment la gamme des choix et des options, promouvant des séries plus courtes, ciblant plus spécifiquement des sous-ensembles du marché.

La dynamique d'individualisation des produits n'a pu s'effectuer que grâce à la haute technologie fondée sur la microélectronique et l'informatique. Les nouvelles technologies industrielles ont permis l'essor d'une « production sur mesure de masse » consistant à assembler de manière individualisée des modules préfabriqués. On a longtemps considéré le sur-mesure comme un créneau haut de gamme auquel seuls les nantis pouvaient accéder : aujourd'hui, il est possible de fabriquer des produits sur mesure au même coût que les produits standardisés. Renault et Peugeot proposent à leurs clients, sur Internet, de définir et de personnaliser leur voiture en choisissant, selon leurs goûts, la motorisation, la couleur, les options et ce, dans des créneaux grand public. Certains services offrent 20 000 sonneries et logos destinés à personnaliser les téléphones portables. Nike et Kickers ont lancé un service de personnalisation de leurs chaussures ; Barbie propose aux petites filles de « composer » elles-mêmes la poupée de leur choix. L'économie de la phase III a renversé la logique qui, organisant la production standardisée de masse, instituait la prépondérance de l'offre : il ne s'agit plus de produire d'abord pour vendre ensuite, mais de vendre pour produire, le consommateur final devenant une espèce de « donneur d'ordre » au producteur. En proposant une variété croissante, en multipliant les options assurant la *mass customization*, la phase III, où se déploie l'hypertrophie de l'offre, apparaît comme une économie dominée par la demande.

Ce qui est à l'œuvre dans l'univers des biens matériels l'est également dans la sphère des services comme en témoignent l'essor des politiques de segmentation tarifaire dans les transports ou les télécommunications, la multiplication des chaînes de télévision, les offres de voyages sur mesure. Depuis les années 1990, les compagnies ferroviaires et aériennes se sont ouvertes aux stratégies tarifaires différenciées. À la différence des formules classiques où le prix est fixe quel que soit le client, désormais les niveaux de tarification varient en fonction de la situation du marché, du moment de la réservation, de la période de l'année, du jour de la semaine ou de l'heure du transport. Politique de diversification tarifaire qu'exploitent à profusion aussi bien les agences de tourisme que les opérateurs de téléphonie fixe et mobile. Les formules à la carte, la différenciation des gammes de prix et des produits sont devenues les principes organisateurs de l'offre industrielle et des services.

Dans son ouvrage consacré à l'histoire du marketing, Richard S. Tedlow propose une périodisation analogue à celle qui est présentée ici mais interprétée sous un tout autre éclairage. À ses yeux, c'est dès les années 1950 que le capitalisme s'engage dans une ère de segmentation, qu'une nouvelle approche du marché voit le jour prenant en compte notamment les critères d'âge et les facteurs socio-culturels. À partir de cette époque, les grandes marques ne s'attachent plus à séduire tous les segments de la société mais des catégories particulières de consommateurs : au marketing de masse en vigueur depuis les années 1880 succède un marketing de segmentation [5].

Si les transformations repérées par Tedlow sont peu douteuses, il n'en demeure pas moins qu'en phase II — la phase III dans le schéma de Tedlow — la dynamique de segmentation est restée beaucoup plus « immatérielle » que matérielle, elle s'est manifestée clairement dans la publicité, beaucoup moins dans la fabrication des produits [6] et dans les stratégies de la grande distribution. Pour ainsi dire, la communication était « en avance » sur la production toujours dominée par les grandes séries de produits standardisés et sur la grande distribution (supermarché, hypermarché) engagée dans des mécanismes de rationalisation empruntés au monde de l'industrie de masse. Sur ce plan, c'est plus comme un prolongement par extension que comme une rupture qu'apparaît le passage de la phase I à la phase II, toutes deux mettant en œuvre les principes de l'organisation industrielle fordienne. Tout autre est la phase III en ceci qu'elle a fait entrer la production, la distribution et les services dans l'âge des options et différenciations surmultipliées.

Au processus de segmentation partielle typique de la phase précédente, succède une segmentation extrême, quasiment illimitée, visant des tranches d'âges et des groupes de plus en plus subdivisés, promouvant des besoins et des comportements de plus en plus différenciés, offrant des produits et des services de plus en plus ciblés, exploitant des niches spécifiques et des micro-marchés à durée de vie courte : préparation instantanée pour gâteaux destinés au segment des femmes mariées de 35 à 50 ans ayant des enfants (Procter & Gamble) ; cosmétiques pour femmes afro-américaines actives de 25 à 35 ans (Esthée Lauder) ; journée hebdomadaire de réduction des prix pour les clients de 62 ans et plus (magasins Duckwall-Alco). L'époque de l'hyperconsommation est inséparable de l'*hypersegmentation* des marchés.

L'essor des stratégies de diversification est souvent présenté comme le signe du triomphe du « client roi », de la prééminence du marketing sur la production, les entreprises s'attachant de mieux en mieux à répondre le plus précisément possible aux besoins de la demande, à produire du « sur-mesure de masse ». Mutation capitale qui peut être analysée comme la radicalisation de la logique-mode laquelle, seulement ébauchée dans la phase II, parvient maintenant à son apogée. Non plus seulement, la séduction des biens de confort mais, de surcroît, la logique de la variété, du renouvellement perpétuel, des différenciations marginales constitutives depuis des siècles de la mode vestimentaire. C'est bien le « système de la mode achevée » qui ordonne le fonctionnement marchand de la phase III [7] : une organisation mode dorénavant hypermoderne ou marketing.

LES RÉORIENTATIONS MARKETING DE LA GRANDE DISTRIBUTION

Les stratégies de différenciation et de segmentation ont également gagné l'univers de la distribution. C'est autour de l'argument « rationnel » du prix bas (le discount) et de l'efficacité maximale que s'est construite la grande distribution au cours de la phase II. Cette logique « quantitative », bien sûr, se perpétue mais en même temps se développent de nouvelles politiques commerciales qui, fondées sur une approche plus qualitative du marché, mettent l'accent sur les besoins, les attentes, les satisfactions plurielles des clients. Désormais, à l'exception notable du hard discount, l'objectif n'est plus seulement d'offrir les plus bas prix mais de fidéliser les clients en mettant en œuvre des stratégies en rupture avec le modèle fordien.

D'où une diversification plus marquée de la grande distribution, celle-ci s'attachant à développer la qualité d'accueil, l'information sur les produits, le réaménagement des rayons en « univers », l'assistance commerciale, la livraison à domicile, le voiturage des clients, les politiques de fidélisation. Tantôt sont privilégiés les moyens qui permettent de rendre moins désagréable l'« achat-corvée » : aménagement des horaires d'ouverture, formules de crédit, facilité d'accès, réduction de l'attente aux caisses. Tantôt est renforcé ce qui peut maximiser l'« achat-plaisir » : rotation rapide des collections, mise en scène des produits, animations diverses, qualité de l'environnement, bar et restaurant, qualité de l'assortiment. Autrefois focalisé par les stratégies sur le prix, la grande distribution commence à mettre au premier plan de ses priorités la satisfaction de la personne du client [8]. Dans la production comme dans la distribution, l'heure est à la différenciation de l'offre, au supplément d'âme apportée aux produits, à la satisfaction de clientèles ciblées, à la diversification croissante des concepts commerciaux et des services.

Si la phase II a été celle de la révolution du supermarché et de l'hypermarché, la phase III est celle de la montée en puissance des « grandes surfaces spécialisées » (Conforama, FNAC, Darty, Décathlon, Sephora, Ikea, etc.) qui proposent en libre-service un assortiment de produits moins large mais plus profond que celui des généralistes. Née dans les années 1970, la formule se développe à un rythme soutenu à partir des années 1980; dès les années 1990, la croissance de leur chiffre d'affaires est supérieure à celle des hypermarchés. Les GSS réalisaient en 2004 41 % du marché du jardinage, 66 % du sport, 41 % du gros électroménager, 56 % de la téléphonie.

Ces enseignes ont ceci de caractéristique qu'elles offrent une spécialisation de l'assortiment chargée d'un principe de cohérence : univers du bricolage, du sport, de la culture, de la beauté. Par là, c'est un univers de besoin, parfois un « style de vie » qui est vendu en même temps que des produits. Une formule sans doute appelée à se développer dans la mesure où elle se trouve en résonance avec l'hyperconsommateur « professionnel » et réflexif, davantage sensible aux critères de technicité et à la thématique de la « qualité », davantage capable également d'interpréter l'information et de comparer les offres.

En phase également avec l'hyperconsommateur émotionnel, sont les nouveaux types de magasins qui s'emploient à renforcer la composante plaisir de l'acte d'achat, à faire vivre aux consommateurs des expériences affectives et sensorielles. Certaines chaînes de librairies (Chapters, Virgin) aménagent maintenant des bars, des fauteuils, des petits salons qui apportent aux lieux de vente une dimension de convivialité. D'autres magasins s'attachent à réenchanter leurs espaces en créant une atmosphère de rêves, de poésie ou de jeu, en mettant en scène l'univers des enfants (Apache) et de la nature (Animalis, Nature & Découvertes), du sport (Andaska, Citadium) et des produits anciens (Résonances), en spectacularisant les lieux de vente selon les principes du *fun shopping*. En quoi ils renouent avec l'ancienne démarche « féerique » des grands magasins. Sous l'impulsion du marketing expérientiel, la logique-mode (séduction, animation, fantaisie, décoration, ludisme) s'est emparée des espaces de vente, transformant ceux-ci en lieux d'attraction, en « ambiances » émotionnelles et esthétiques.

En cycle de consommation III, la stratégie des prix « cassés » ne correspond plus aux attentes de différents segments de clients : il s'agit de faire des magasins, des « lieux de vie » aptes à stimuler l'achat festif. Après l'environnement minimaliste et hyperfonctionnel des « usines à vendre », l'heure est au *retailtainment*, à l'« hyperenvironnement » de la marchandise, fait de mise en scène de concepts et de produits, d'écrans vidéo, d'habillage musical, de qualités sensorielles et décoratives. Voilà l'espace commercial à son tour restructuré par la forme-mode et les stratégies à finalité émotionnaliste.

LA COURSE À L'INNOVATION

La tendance à la personnalisation des produits et des services se déploie dans une économie où s'impose la prééminence de l'innovation sur la production. Au cours des deux cycles antérieurs, la compétitivité des entreprises reposait sur l'accroissement de la productivité du travail, l'abaissement des coûts, l'exploitation des économies d'échelle. Sur les nouveaux marchés mondialisés, la réalisation de gains de productivité ne suffit plus, c'est de plus en plus par la réactivité, par le lancement de produits nouveaux — soit véritable saut de performance [9] soit simple repositionnement de produits — que se construit l'avantage compétitif et se réalise la croissance des ventes.

Marx puis Schumpeter ont mis en lumière le fait que le capitalisme était un système fondé sur le changement des méthodes de production, sur la découverte de nouveaux objets de consommation et de nouveaux marchés. Plus systématique que jamais, le processus de « destruction créatrice » inhérent au capitalisme est passé à une vitesse supérieure : dans le cosmos de l'hypermarchandise, la création réelle ou fictive de nouveaux produits s'impose comme le nouvel impératif catégorique du développement, un de ses outils marketing les plus puissants. D'où l'importance des activités et budgets de recherche et développement engagés en particulier par les entreprises multinationales. En 2002, le budget de R&D de celles-ci représentait la moitié des 677 milliards de dollars investis mondialement dans ce secteur. Désormais quelques sociétés transnationales (Ford, Daimler-Chrysler, Siemens, Toyota, Pfizer) ont des budgets de R&D comparables à ceux de certains pays importants, soit plus de cinq milliards de dollars.

Même en période de ralentissement de la croissance, les entreprises hésitent à réduire drastiquement les dépenses consacrées à la recherche et au développement. Lorsque la conjoncture est maussade, celles-ci, certes, se ralentissent mais nombre d'entreprises ne sacrifient plus leurs budgets et ce, parce que plus une entreprise innove et met sur le marché des produits nouveaux, plus la croissance de son chiffre d'affaires, de sa productivité et de sa valeur boursière est importante. De nos jours, les secteurs en croissance sont ceux où le rythme des renouvellements et d'innovation des produits est le plus élevé. Les nouveaux produits sont devenus une des clés de la croissance des entreprises : en phase III, l'innovationnisme a supplanté le productivisme répétitif du fordisme.

L'inflation des nouveautés

L'évolution des rythmes et impératifs d'innovation est impressionnante. En 1966, 7 000 produits nouveaux faisaient leur apparition sur les linéaires des supermarchés américains : ils sont 16 000 de nos jours avec un taux d'échec de 95 %. Chaque année, 20 000 produits nouveaux grande consommation sont proposés aux Européens, le taux d'échec étant de 90 % [10]. En 1995 Sony a commercialisé quelque 5 000 nouveaux produits. L'institut de sondages Nielsen a calculé qu'autour des années 1990 il naissait, en moyenne, 100 nouvelles références alimentaires *par jour* dans le monde. Entre 2000 et 2004, PSA a lancé 25 nouveaux modèles répartis entre Peugeot et Citroën. On est passé, sur le marché mondial, de 34 lancements de nouveaux parfums en 1987 à 300 en 2001. En phase II, une grande marque lançait traditionnellement, sur le marché français, un nouveau parfum tous les sept ans; aujourd'hui, c'est chaque année que chaque grande marque introduit sur le marché un, voire plusieurs parfums nouveaux [11]. Cette fièvre de renouvellement a fortement accru la demande de dénominations au point d'amener une véritable inflation de noms de marques : 50 000 marques sont déposées en France chaque année. Au total, ce sont 900 000 noms de marques qui sont déposées à ce jour.

Dans le secteur de l'habillement dominé désormais par la grande distribution, les collections bi-annuelles traditionnelles ont cédé le pas à 10 ou 12 collections dans les entreprises américaines les plus en pointe [12]. Une marque comme Zara renouvelle ses modèles toutes les deux semaines en produisant quelque 12 000 designs par an, différenciés selon les pays. Même Lacoste réalise 2 défilés par an pour présenter ses nouvelles collections. Les sous-vêtements n'échappent plus au rythme de lancement de la mode : Calvin Klein renouvelle ses gammes de lingerie tous les mois. Reebok sort une collection de chaussures tous les trois mois. L'économie de l'hypermarchandise coïncide avec la course effrénée au renouvellement accéléré des produits et modèles.

Les industries culturelles obéissent à la même loi « frénétique » du nouveau et du périssable. On souligne souvent la domination d'un oligopole de quelques majors, les mégafusions, l'accélération de la concentration des groupes qui accompagnent la libéralisation des échanges économiques et la financiarisation accrue de ce secteur. 85 % des enregistrements de musique vendus dans le monde sont produits par 4 grands groupes; les 15 premiers groupes audiovisuels représentent près de 60 % du marché mondial des programmes; 7 majors américains du cinéma accaparent 80 % du marché mondial. Mais ce haut degré de concentration des industries culturelles ne doit pas cacher l'autre grand phénomène que constituent la variété croissante des produits et la réduction de la durée de leur cycle de vie. L'ère de la globalisation est moins modelée par les processus de standardisation et d'homogénéisation que par l'explosion de la diversité, les impératifs de vitesse, la dynamique des flux permanents.

Afin de minimiser les risques face à l'incertitude du succès et de répondre à une demande imprévisible, les industries culturelles ne cessent de démultiplier leur offre de produits. Aux États-Unis, le nombre de livres publiés a augmenté de plus de 50 % au cours des dix dernières années ; plus de 100 000 livres sont publiés chaque année : 135 000 en 2001. Depuis 1980, les États-Unis ont publié 2 millions de titres contre 1,3 million pendant les cent ans précédents. Le mouvement n'épargne pas la France où il s'est publié, en 2004, quelque 60 000 titres de livres contre 25 000 en 1980. Chaque rentrée littéraire voit un déluge de titres envahir les librairies : 667 romans pour le seul automne 2004, soit plus du double de ce qu'offrait la rentrée 1997. La dynamique de prolifération annexe également l'industrie du cinéma. Alors qu'en 1976 Hollywood réalisait 138 films, sur la période 1988-1999 le nombre moyen annuel de longs métrages produits s'est élevé à 385 ; en 2001, les États-Unis ont commercialisé 445 films, porno exclu. Du fait de cette dynamique de surproduction, le nombre de films sortis dans les salles en France a pu augmenter de 40 % en dix ans, passant de 395 en 1995 à 560 en 2004.

L'offre pléthorique, les exigences de rentabilité rapide, les puissantes machines promotionnelles ont entraîné une réduction de la durée de vie des produits culturels. Le temps court s'est emparé, à son tour, du rythme des œuvres de l'esprit. De plus en plus, le livre devient un produit à circulation ultrarapide dans les rayons des librairies. À présent un tiers des 550 salles parisiennes proposent un nouveau film toutes les semaines. En 1956, les films obtenaient près de 50 % de leurs recettes en trois mois d'exploitation ; aujourd'hui l'essentiel des résultats est réalisé en deux semaines pour un échec et en six ou dix semaines en cas de succès [13]. Partout la financiarisation des industries culturelles, l'offre surabondante, la demande labile des hyperconsommateurs ont entraîné le raccourcissement du temps de vie des œuvres, la rotation accélérée des stocks, une espèce de culture en « flux tendu ». Industries du divertissement, marketing généralisé, obsession des synergies : la culture en phase III fonctionne de plus en plus comme un placement financier devant obéir à l'obligation de rétribution du capital engagé, un produit marchand « comme les autres » ou à peu près comme les autres. En dépit des combats menés au nom de la protection de la « diversité culturelle », l'économie de l'hypermarchandise voit se répandre irrésistiblement la logique du marché dans toutes les branches d'activité, un capitalisme médiatique dominé par la montée de la vitesse et du jetable accéléré.

L'économie de la vitesse

L'accélération de l'obsolescence des produits est présente dans tous les secteurs. Un très grand nombre de produits ont une durée de vie qui n'excède pas deux ans; on estime que celle des produits high-tech a été diminuée de moitié depuis 1990; 70 % des produits vendus en grande surface ne vivent pas plus de deux ou trois ans; plus de la moitié des nouveaux parfums disparaissent au bout de la première année. Le renouvellement extrêmement rapide de l'offre mais aussi les demandes de consommations plus émotionnelles et labiles sont à l'origine de cette escalade. Pour stimuler la consommation, les acteurs de l'offre ne cherchent plus à produire des articles de mauvaise qualité : ils renouvellent plus vite les modèles, ils les « démodent » en proposant des versions plus performantes ou légèrement différentes. Il s'agit de séduire par la nouveauté, de réagir avant les concurrents, d'accélérer le lancement des produits, réduire les délais de conception et de mise sur le marché des produits nouveaux. Depuis les années 1990, la plupart des décideurs du monde industriel déclarent que l'état de la concurrence les a contraints à raccourcir le temps de conception et de développement des nouveaux produits. À la fin des années 1970, il fallait à Chrysler quatre ans et demi pour élaborer un nouveau modèle d'automobile : ce laps de temps a été ramené à moins de deux ans. Xerox a réussi à diviser par deux le temps nécessaire à développer ses nouveaux produits. À l'heure de l'internationalisation de l'économie, la concurrence par les coûts n'est plus suffisante ; la compétitivité requiert l'intensification des vitesses de réaction et de créativité. On passe de la concurrence à l'hyperconcurrence, lorsque le temps court des cycles d'élaboration, l'accélération de l'innovation, la vitesse de renouvellement des produits deviennent des paramètres de la performance économique.

Bien sûr, les processus de réduction du temps dans la vie économique ne sont nullement nouveaux. Ils sont au cœur de l'organisation taylorienne de l'entreprise. Mais dans ce dispositif, gain de temps signifiait vitesse des débits, réduction du temps de chaque opération du processus de production. Ce système promouvant une temporalité linéaire, homogène, standardisée est de plus en plus compromis : il se trouve remplacé par la valorisation d'une temporalité discontinue qu'illustrent la rapidité d'implantation sur les marchés, la recherche de vitesse dans les cycles, la course à l'innovation [14]. Le défi n'est plus tant de produire en masse et en continu que d'assurer l'entrée plus rapide des produits sur le marché, répondre à la demande avant les concurrents. Dans les économies post-fordiennes de la phase III, la place essentielle revient à la réactivité, à la conception, à l'innovation rapide des produits.

Chrono-concurrence

À l'heure des gains de conceptivité et d'innovativité, le facteur temps est devenu à ce point crucial que s'impose le concept de « chrono-concurrence ». Dans ce contexte de réduction du temps pour parvenir sur le marché, les entreprises, de plus en plus, annoncent à l'avance la commercialisation des nouveaux produits. La Smart a été annoncée plus de quatre ans avant son lancement, la Xsara Picasso, un an avant sa « sortie » ; Sony a annoncé la Play Station 2 un an à l'avance. Aux États-Unis et en Grande-Bretagne, de 40 à 50 % des produits sont annoncés à l'avance. En France, 60 % des voitures et des jeux vidéo font l'objet d'une annonce préalable.

Cette stratégie vise à construire la notoriété du produit et de la marque, à affecter les ventes des produits concurrents, à créer le désir, à favoriser le niveau des ventes dès le lancement : 1 million d'exemplaires de la Play Station 2 ont été vendus au Japon lors du premier week-end de sa commercialisation [15]. En même temps, ce type de pratique raccourcit la durée de commercialisation des produits de la gamme, les consommateurs attendant la sortie du nouveau produit plutôt que d'acheter ce qui existe sur le marché. Ce ne sont plus seulement les vitrines étincelantes qui déclenchent les furies consommatoires, ce sont les nouveaux produits annoncés des mois et des années avant leur commercialisation. En cycle III, l'hyperconsommateur ne consomme plus seulement des choses et des symboles, il consomme ce qui n'a pas encore de concrétisation matérielle.

IMAGE, PRIX ET QUALITÉ

Parallèlement aux principes de différenciation et de renouvellement des produits, l'exigence de la qualité a modifié fondamentalement l'organisation de la production et des services. La phase II a souvent été assimilée à une économie fondée sur le « complot de la mode », la dégradation de la qualité, les vices de constructions volontaires [16]. Si le cosmos III de la marchandise moderne accélère encore la logique-mode de la production, il n'en a pas moins transformé son économie en ce qu'il a réussi à combiner impermanence perpétuelle et principe de qualité. Sous l'aiguillon de la concurrence, les industriels se sont donné pour objectif le « zéro défaut » et la « qualité totale », partout se sont exprimées des exigences croissantes en matière de durabilité, de sécurité, de fiabilité des produits. Loin d'être considérée comme un coût, la qualité apparaît comme un investissement, un vecteur décisif de la compétition économique. On bascule dans le cycle de l'hypermarchandise lorsque les objets industriels bon marché parviennent à atteindre des niveaux de qualité proches de ceux des produits haut de gamme. La mise au rebut des articles n'est plus provoquée par la médiocrité de la fabrication mais par l'économie de la vitesse, par des produits nouveaux, plus performants ou répondant à d'autres besoins.

Où l'on voit les limites du principe présenté parfois comme l'ultime vérité de l'économie globalisée : « des marques, pas des produits [17] ». Sans doute, pareil positionnement stratégique est-il pertinent dans les secteurs de l'habillement, des parfums et des cosmétiques. Mais ailleurs? Ce qui vaut pour les chaussures de sport ou les jeans ne vaut pas pour les produits réalisés par les industries automobiles, pharmaceutiques ou électroniques. Ce n'est pas une mauvaise politique de communication qui a terni récemment l'image de Mercedes auprès des consommateurs, mais une politique de qualité déficiente qui s'est soldée par le rappel de 1,3 million de véhicules en 2005. La thèse est trompeuse qui assimile la phase III à l'éclipse du produit, comme si la valeur immatérielle avait réussi à réduire à rien ou presque rien la valeur fonctionnelle. Dorénavant la qualité s'impose comme une condition nécessaire pour survivre sur les marchés. Il n'est pas vrai que « tout est dans l'image » : parce qu'il est inséparable de la recherche de l'excellence technicienne, des contrôles qualité, de la performance des produits, l'univers de l'hypermarchandise ne peut évidemment pas être réduit aux jeux de l'image de marque.

En même temps, la phase III enregistre le succès des médicaments génériques, des marques de distributeurs, des magasins maxi-discount, des premiers prix, des compagnies *low cost.* À présent les magasins de hard-discount sont fréquentés par deux consommateurs sur trois et un cinquième de la consommation est réalisée en dehors des marques. Loin que la fabrication de l'imaginaire de marque absorbe tous les efforts, on voit les secteurs des biens de consommation courante engagés dans un travail systématique de suppression des coûts de marketing et de mercandising. Si le haut de gamme accroît ses parts de marché, il en va de même de l'entrée de gamme. Il faut cesser de véhiculer l'idée selon laquelle seules jouent les politiques de communication et d'image. La phase de l'hypermarchandise est celle où le discount ne cesse de croître, où les grandes marques font face, sur certains marchés de grande consommation, à une concurrence inconnue jusqu'alors : celle par des prix toujours plus bas. Produire des marques et des images de marque plutôt que des marchandises ? Cette lecture de la société d'hyperconsommation passe étonnamment sous silence la pression sur les prix, la formidable expansion des marques de distributeurs, des produits sans marque vides de valeurs immatérielles [18]. Jusqu'où va le marketing de l'image lorsque se déchaîne la concurrence par les prix, lorsque les publicités martèlent sur tous les prospectus : « pourquoi payer si cher ? »

Montée en puissance des marques de distribution et du *low cost* qui ne contredit pas mais au contraire exprime le moment de l'hyperconsommation expérientielle. Car le néo-acheteur ne veut pas moins consommer, il veut obtenir autant pour moins cher. Il ne tourne pas le dos à la qualité, le marché rendant possible une offre de produits éco de qualité égale à des produits de marque vendus parfois deux à trois fois plus cher. Il n'a pas honte de payer moins cher, l'achat « malin » devenant valorisant, marque d'intelligence. Pour beaucoup de consommateurs, ce n'est pas l'image du produit qui importe : c'est d'abord le prix et le fait de pouvoir accéder, grâce à cet achat, à une expérience sensorielle, émotionnelle, relationnelle.

Si le phénomène discount ne cesse de s'amplifier, cela ne tient pas seulement à la montée de la précarité et de la pauvreté, mais aussi, paradoxalement, à l'escalade des besoins, des désirs de loisirs, d'évasion et de communication, lesquels entraînent l'obligation de faire des arbitrages dans les budgets : on économise sur l'alimentaire pour pouvoir dépenser en téléphonie, voyages ou vidéo. Si le *low cost* progresse, c'est en raison de la démocratisation des goûts du voyage. La sensibilité aux prix de l'hyperconsommateur traduit moins l'esprit d'économie et le repli sur les biens de première nécessité que l'extraordinaire poussée de la demande de biens « superflus ». Celui qui visite un magasin discount n'est pas un sous-consommateur mais un hyperconsommateur qui contrôle certaines dépenses ici afin de pouvoir accéder, là, à des plaisirs diversifiés, à des consommations ludiques, communicationnelles et émotionnelles. Ce n'est pas la toute-puissance du logo qui triomphe mais la force des valeurs hédonistes, le goût du changement, le désir généralisé de participer à la société-mode.

Hyperpublicité et hypermarques

Il n'en demeure pas moins que la course à l'innovation et aux lancements ne peut se passer des stratégies de communication destinées à faire vendre, augmenter la notoriété, construire l'image de marque. Même si, aujourd'hui, la publicité ne résume pas à elle seule la communication, elle reste irremplaçable en tant que levier de notoriété et ne cesse pas de mobiliser, sur des marchés saturés, des budgets de plus en plus importants. Dans les années 1980, les dépenses de publicité ont triplé au plan mondial. En France, elles ont augmenté de 80 %, soit trois fois plus que le PIB. En trente ans, les dépenses publicitaires américaines ont été multipliées par dix. Entre 1985 et 1998, les dépenses en sponsoring des grandes sociétés ont été multipliées par sept. Dans le cas de certaines superproductions hollywoodiennes, les dépenses commerciales peuvent être supérieures aux budgets de production. D'autres industries signalent l'inflation des budgets de promotion. Si en 1985, Dior dépensait 40 millions de dollars pour lancer un parfum, aujourd'hui les lancements de ce type sont évalués à 100 millions de dollars. Du milieu des années 1980 à la fin des années 1990, les dépenses publicitaires de Reebok ont été multipliées par quinze. Les dépenses de promotion engagées par Nike sont aussi élevées que celles liées à la fabrication des baskets. Partout la phase III se signale par l'explosion des budgets de communication exigés par l'intensification de la concurrence, la ressemblance des produits, les impératifs de rentabilité rapide et élevée.

La hauteur des investissements en communication n'est pas le seul phénomène significatif. On assiste, depuis les années 1980-1990, à un *aggiornamento* de la publicité qui se restructure selon les mêmes principes que ceux qui ont fait éclater les organisations fordiennes. Voilà la publicité annexée à son tour par les logiques de diversification et de renouvellement perpétuel, caractéristiques de la société d'hyperconsommation.

D'abord de nombreuses campagnes s'éloignent de la mise en valeur répétitive du produit en privilégiant le spectaculaire, le ludique, l'humour, la surprise et la séduction des consommateurs. La publicité dénommée « créative » est l'expression de ce changement. Il ne s'agit plus tant de vendre un produit qu'un mode de vie, un imaginaire, des valeurs déclenchant une émotion : c'est une *relation affective* avec la marque que s'emploie à créer de plus en plus la communication. Les visées de la persuasion commerciale ont changé : il ne suffit plus d'inspirer confiance, de faire connaître et mémoriser un produit : il faut parvenir à mythifier et *faire aimer* la marque. Aux stratégies mécanicistes ont succédé les stratégies émotionnalistes en concordance avec l'individualisme expérientiel.

D'autre part, de même que les marchés sont de plus en plus segmentés, de même la publicité morcelle-t-elle ses campagnes, se fragmente-t-elle en multiples exécutions et styles diversifiés. À la publicité répétitive succède une publicité reposant sur la créativité et le renouvellement fréquent des campagnes, cela afin de capter l'attention de l'hyperconsommateur « blasé », sursaturé de messages. Aujourd'hui, les films publicitaires doivent se renouveler tous les 6 ou 8 mois. Coca-Cola a fait tourner 17 films en 1997 contre un seul en 1986. Depuis 1995, Levi's a lancé 2 à 3 films par an. Il existe 500 annonces Absolut Vodka combinant unité et différences [19]. Il en va de la communication comme des produits et services : vitesse et variété s'imposent comme les nouveaux impératifs des hypermarques.

Ce n'est pas un totalitarisme publicitaire qui avance mais une *hyperpublicité* spectaculaire et décalée, onirique et complice; hyperpublicité ironique qui se regarde elle-même, joue avec elle-même et le consommateur. Un nouvel âge de pub s'impose qui, s'alignant sur les principes de la mode (changement, fantaisie, séduction) est en phase avec l'acheteur émotionnel et réflexif de la phase III. La puissance des images qui contribue à édifier les grandes marques n'institue pas un ordre tyrannique mais l'univers des *marques-stars* planétaires : l'époque de l'hyperconsommation coïncide avec le triomphe de la marque comme mode et comme monde.

5

Vers un turbo-consommateur

La phase III de l'économie de masse naît au moment où les ménages parviennent à un fort taux d'équipement. Si dès les années 1960, aux États-Unis, les marchés commencent à être saturés ce n'est, en France, que vers la fin des années 1970 que la technologisation de la vie quotidienne se généralise dans tous les groupes sociaux. En 1954, 8 % des familles ouvrières possédaient une automobile, 0,8 % un téléviseur, 3 % un réfrigérateur, 8 % une machine à laver. En 1975, ces pourcentages s'élevaient respectivement à 73 %, 86 %, 91 %, 77 %. À la fin de la décennie, plus des deux tiers des ménages sont bien ou très bien équipés en gros électroménager. Sur ces marchés, la consommation atteint son point de saturation.

Pour stimuler la demande, les entreprises ont incité au pluri-équipement des ménages. Jusqu'alors, Robert Rochefort l'a bien souligné, prévalait une logique de consommation de type « semi-collective [1] » fondée sur l'équipement du foyer : un téléphone, une télévision, une voiture par famille. La phase III s'est affranchie de cette logique, la consommation étant de plus en plus centrée sur l'équipement des individus composant un même ménage. La proportion des ménages possédant deux voitures est passée de 11,4 % en 1973 à près de 30 % à la fin des années 90. On comptait en 1981, 10 % des foyers possédant au moins deux récepteurs de télévision ; ils étaient plus de 40 % en 1999. De plus en plus, le multi-équipement en chaînes hi-fi, appareils photo, téléphones devient la règle. Bientôt ce sera le cas des ordinateurs domestiques. Pluri-équipement qui, indéniablement, permet un desserrement des contrôles familialistes, une plus grande indépendance des jeunes, davantage de gouvernance de soi au quotidien. En un mot, des pratiques de consommation plus individualisées. Ce qui conduit R. Rochefort à soutenir la thèse selon laquelle la « consommation individualiste » n'a vraiment décollé qu'à partir du milieu des années 70 et surtout 80 [2]. Peut-on le suivre sur ce point ? Comment penser historiquement le lien entre consommation moderne et autonomie individuelle ? Maintenant qu'une nouvelle phase de régulation des sociétés marchandes a pris corps, vers quel destin se trouve emporté le néo-consommateur ?

LA CONSOMMATION DISCRÉTIONNAIRE DE MASSE

L'escalade individualiste des pratiques de consommation qui accompagne la démultiplication des objets à la disposition des sujets est aujourd'hui manifeste. Il n'en demeure pas moins que la consommation individualiste a commencé sa carrière historique bien avant les années 1980 : dès les années 1950 et surtout 1960, le processus est enclenché. Ce n'est pas le pluri-équipement des foyers qui a fait naître soudainement, mécaniquement, le « consommateur individualiste », c'est tout un ensemble de facteurs, au premier desquels figurent la diffusion des objets (automobile, télévision, électroménager), le développement des industries culturelles, les transformations de la grande distribution, la nouvelle classe adolescente, le culte rendu aux jouissances privées, aux nouveautés et aux loisirs : autant de phénomènes constitutifs de la phase II dans son ensemble.

Avec l'économie de consommation massive et l'élévation du niveau de vie qui marquent les « Trente Glorieuses », ce ne sont plus des minorités bourgeoises mais le plus grand nombre qui dispose d'un « pouvoir d'achat discrétionnaire », d'un revenu dépassant le minimum requis pour subvenir aux strictes nécessités. Acheter ce qui fait plaisir et non plus seulement ce dont on a besoin n'est plus l'apanage des couches privilégiées mais peu à peu des masses elles-mêmes. La dimension du choix, les motivations individuelles, les facteurs psychologiques vont exercer une influence de plus en plus déterminante, les ménages étant en mesure de consommer au-delà de la simple couverture de leurs besoins physiologiques [3]. C'est avec la « société affluente » que la consommation est entrée dans l'âge de l'individualisation et de la psychologisation de masse. Comme le souligne R. Castel, il s'est produit une « quasi-mutation anthropologique du rapport salarial », l'ouvrier accédant à un « nouveau registre de l'existence », celui de la consommation, du « désir », d'une certaine forme de liberté « dont la condition sociale de réalisation est le décollage par rapport à l'urgence du besoin [4] ». Le superflu, la mode, les loisirs, les vacances sont devenus des désirs et des aspirations légitimes dans tous les groupes sociaux [5]. Les goûts pour les biens durables favorisant la privatisation de la vie (télévision, automobile) vont faire fureur. C'est non pas dans les années 1980 mais quelque vingt ou vingt-cinq ans plus tôt que l'univers de la consommation a commencé à être remodelé, à très grande échelle, sous le signe de l'individu, de ses aspirations et de ses bonheurs privés.

La révolution du libre-service

D'autres facteurs que le revenu discrétionnaire ont contribué, en phase II, à instituer un cosmos individualiste de consommation. Il s'agit des transformations survenues dans le secteur de la grande distribution. Celle-ci n'a pas seulement transposé dans sa sphère les mécanismes productivistes à l'œuvre dans l'appareil productif fordien [6] et favorisé la diffusion des biens de consommation dans l'ensemble de la population, elle a bouleversé, via le supermarché et l'hypermarché [7], les pratiques et l'imaginaire de l'acte d'achat. S'employant à offrir, concentré sous un même toit, un large éventail de produits de grande consommation à prix bas, la grande distribution a inventé une technique de vente révolutionnaire : le *libre-service*[8], peut-être l'un des dispositifs les plus emblématiques de la deuxième moitié du XXe siècle et qui deviendra peu à peu le modèle dominant des comportements individuels dans des secteurs de plus en plus larges de la vie, que ce soit la vie familiale, politique, syndicale ou religieuse[9].

Libre service : par ce biais, le processus de dépersonnalisation de la relation commerciale amorcé par les grands magasins avec le prix fixe et affiché franchit une nouvelle étape en ce que le contact entre l'offre et la demande est direct, délivré de la médiation du vendeur. Logique de dépersonnalisation qui fonctionne également comme moyen d'autonomisation du consommateur. Voici en effet le client livré à lui seul, indépendant, libre de choisir, de prendre son temps, d'examiner les produits, d'acheter sans subir les pressions du commerçant. On ne lui vend plus, il achète.

Sans doute, les supermarchés et les hypermarchés ont-ils brisé le ravissement de la marchandise qui faisait l'attrait des grands magasins. Il n'en reste pas moins qu'avec le libre-service c'est une nouvelle stratégie de séduction qu'a mise en œuvre la grande distribution, une séduction fondée non plus sur la mise en scène féerique des produits et du lieu de vente mais sur l'autonomie du consommateur. La séduction de la phase II ne se limite pas au mythe euphorique de la consommation, au spectacle de la profusion, à l'ambiance de prodigalité festive et de sollicitude entourant les marchandises[10], elle tient aussi à des dispositifs qui, éliminant diverses contraintes commerciales, ont ouvert l'espace de l'indépendance et de la mobilité individuelles. Par le libre-service, la grande distribution a rendu possible des pratiques et un imaginaire de liberté individuelle, un univers d'achat marqué par le principe de libre disposition de soi, elle n'a pas seulement fonctionné comme un agent de démocratisation de la consommation, elle a contribué, à son niveau, à l'individualisation des pratiques d'achat, des goûts et des exigences.

L'hédonisme consommatoire

La phase II ne se réduit pas à la diffusion de masse des biens de confort. Elle a créé en même temps une culture quotidienne dominée par la mythologie du bonheur privé et les idéaux hédonistes [11]. La société de l'objet se présente comme civilisation du désir vouant un culte au bien-être matériel et aux plaisirs immédiats. Partout s'exhibent les félicités de la consommation, partout résonnent les hymnes aux loisirs et aux vacances, tout se vend en promesses de bonheur individuel. Mieux-vivre, « profiter de la vie », jouir du confort et des nouveautés marchandes apparaissent comme des droits de l'individu, des fins en soi, des préoccupations quotidiennes de masse. Toute une culture se déploie qui invite à goûter les plaisirs de l'instant, à jouir du bonheur ici et maintenant, à vivre pour soi-même ; elle ne prescrit plus le renoncement, elle fait scintiller en lettres de néon le nouvel Évangile : « Achetez, jouissez, c'est la loi et les prophètes. » Telle est la société de consommation dont l'ambition affichée est de libérer le principe de jouissance, d'arracher l'homme à tout un passé de manque, d'inhibition et d'ascétisme. Non plus des injonctions disciplinaires et rigoristes mais la sollicitation des désirs matériels, la célébration des loisirs et de la consommation, l'incantation perpétuelle aux bonheurs privés. La phase II correspond à la mise sur orbite d'un individualisme de masse, hédoniste et consumériste.

Hédonisme individualiste qui s'est concrétisé dans de nouvelles pratiques de consommation, celle-ci étant devenue une des préoccupations principales des individus. Forte augmentation des dépenses de loisir (elles sont multipliées par 3,5 entre 1949 et 1974), passion des vacances [12], recul de la morale de l'épargne et développement de l'endettement des ménages [13], essor des achats impulsifs [14], goût du changement et fluctuations rapides des préférences, des modes et des « tubes » : l'individu-consommateur est déjà en place. Il n'est pas possible de ramener la consommation des « Trente Glorieuses » à une consommation familiale ou « semi-collective » arc-boutée sur les dépenses d'équipement de base des foyers (logement, cuisine, voiture, poste de télévision). C'est passer sous silence ce qui en constitue un des traits essentiels, à savoir la généralisation des pratiques de loisirs librement choisies en fonction des goûts et des aspirations de chacun. Avec l'essor du temps libre, des loisirs, des vacances, s'est diffusé le goût des activités ludiques, la revendication d'un temps pour soi, de moments de vie centrés sur les désirs individuels. La phase II a impulsé une *fun morality* fondée sur la priorité aux plaisirs de l'instant et de l'individu, sur les rêves d'évasions distractives, sur la passion des voyages, de la mer, du soleil. Le temps pour soi, les séquences de vie propres à l'individu ont gagné droit de cité.

La montée d'une consommation émancipée de la logique familialiste est particulièrement visible au travers de ce qu'Edgar Morin appelle « la classe d'âge adolescente [15] » inséparable de publications, de films, de stars, de modes vestimentaires et musicales spécifiquement jeunes. Tandis que l'argent de poche devient une pratique plus courante [16], une proportion importante de jeunes sont équipés d'un électrophone [17] et peuvent écouter sur les transistors qui se généralisent [18] la musique de leur choix dans laquelle ils se reconnaissent. À rebours d'une consommation semi-collective c'est bien davantage « l'individu-auditeur [19] » qui apparaît dans les années 1950 et se généralise dans les années 1960. Le microsillon, le marché de masse du disque [20], le transistor et le tourne-disque, les émissions de radio ciblant le public jeune (*Salut les copains*, *Pop club*, etc.) ont sonné le glas de l'écoute collective au profit de processus d'appropriation individuelle de la musique. La consommation individualiste corrélative de la culture de masse est fille de la phase II.

LE TURBO-CONSUMÉRISME

Il n'en demeure pas moins que pendant toute cette période, les modes de consommation sont restés largement structurés par les habitus de classes et l'équipement semi-collectif des foyers. C'est cela qu'a fait éclater la phase III, laquelle apparaît comme celle qui, élargissant sans cesse la gamme des choix personnels, affranchit les conduites individuelles des encadrements collectifs et développe l'individualisation des biens d'équipement. Pour le conceptualiser en une formule, la phase III représente le passage de l'âge du choix à l'âge de l'*hyperchoix*, du mono-équipement au multi-équipement, du consumérisme discontinu au consumérisme en continu, de la consommation individualiste à la consommation *hyperindividualiste*.

La consommation hyperindividualiste

Dès la fin des années 1970, tandis que la technologisation moderne des foyers est quasiment généralisée, se développe leur pluri-équipement signifiant le passage d'une consommation ordonnée par la famille à une consommation centrée sur l'individu. Les effets de cette multiplication des objets personnels sont importants, chacun pouvant, de cette manière, organiser sa vie privée à son propre rythme, indépendamment des autres. Téléphones portables, micro-ordinateurs, multiplication des écrans de télévision, des chaînes hi-fi et appareils photos numériques : le multi-équipement et les nouveaux objets électroniques de la phase III ont entraîné une escalade dans l'individualisation des rythmes de vie, un hyperindividualisme consommatoire se concrétisant dans des activités désynchronisées, des pratiques domestiques différenciées, des usages personnalisés de l'espace, du temps et des objets, cela à tout âge et dans tous les milieux.

Des objets tels que le téléphone portable, le répondeur téléphonique, le congélateur, le micro-ondes, le magnétoscope ont ceci en commun qu'ils permettent aux individus de construire de manière autonome leur propre espace-temps. L'heure est à l'hyperindividualisation de l'utilisation des biens de consommation, aux décalages des rythmes à l'intérieur de la famille, à la désynchronisation des activités quotidiennes et des emplois du temps. Sur ses drapeaux, la société d'hyperconsommation peut écrire en lettres triomphantes : « À chacun ses objets, à chacun son usage, à chacun son rythme de vie. »

Toutes les sphères de la consommation enregistrent frontalement cette formidable poussée d'individualisation. À cet égard, l'évolution des comportements alimentaires est particulièrement exemplaire. Tandis que l'offre est plus variée et plus exotique, les menus, les horaires, les lieux du repas relèvent de choix beaucoup plus personnels que de règles collectives : nous voici à l'heure de la déstabilisation du système des repas et de l'alimentation déstructurée [21]. Même le rapport à la mode se subjectivise, les adultes achetant ce qu'ils aiment, ce qui « leur va » et non plus la mode pour la mode — cela, il est vrai, à la différence notable des jeunes adolescents. Ce qui définit la phase III, c'est le moindre pouvoir directif des règles collectives, la personnalisation croissante des pratiques quotidiennes, la plus grande latitude des acteurs vis-à-vis de leur classe d'appartenance. Les aspirations croissantes à l'autonomie et au mieux-vivre, le surchoix et la différenciation de l'offre marchande, tous ces facteurs ont rendu possible un usage de plus en plus personnalisé des biens de consommation en même temps qu'une immense dérégulation de la consommation s'articulant autour du référentiel de l'individu.

Le conso-voyageur

Le stade III n'institue pas seulement le règne des rythmes de vie à la carte, il s'accompagne de nouvelles offres et demandes relatives aux espaces-temps de la consommation.

Tandis que la mobilité s'intensifie et que les individus ont de moins en moins de temps à consacrer à leurs courses, on voit les lieux de transit commencer à ressembler à de petits ou grands centres commerciaux. C'est ainsi que les aéroports deviennent des lieux d'hyperconsommation avec leur lot de boutiques, duty-free, fitness-center, piscine, hôtels, restaurants. Au Japon, les gares ressemblent plus à des centres commerciaux qu'à des lieux où l'on prend le train. En France, des responsables de la SNCF parlent de « faire pénétrer la ville dans la gare » : dans cette perspective la surface commerciale de la gare Saint-Lazare devrait atteindre 10 000 mètres carrés en 2008. La gare de Leipzig a créé une zone commerciale de 30 000 mètres carrés sur trois étages et comprenant 140 magasins. En ville et sur les autoroutes, les stations-service ont généralisé les mini-markets où l'on trouve boissons, produits frais et semi-frais, journaux et jouets : désormais les recettes liées au carburant ne représentent plus que 50 % du chiffre d'affaires des points de vente sur autoroute [22]. Des magasins d'alimentation, d'habillement, de fleurs sont également implantés dans les couloirs du métro. Même les hôpitaux sont concernés par le commerce de transit. Les « non-lieux [23] » sont en train de devenir des zones commerciales remplies de produits basiques mais aussi de marques, de produits culturels, d'articles de luxe.

En phase I et II les consommateurs se déplaçaient pour se rendre dans les magasins ; en phase III c'est le commerce qui vient à eux, aménageant ses lieux de vente en fonction des horaires de fréquentation et des flux de passage. Nous assistons à la transformation progressive des espaces monofonctionnels autrefois en sous-régime consommatif en aires hypermarchandes polyfonctionnelles : le chiffre d'affaires au mètre carré dans les aéroports est maintenant supérieur à celui des grandes surfaces et les magasins en gare ont un rendement supérieur à celui des commerces de centre-ville [24]. À un espace-temps discontinu se substitue une sorte de continuum spatio-temporel commercial. Partout, l'heure est à l'optimisation marchande des lieux de passage et de transport, à la disparition des espaces vides de marques, à la conquête d'un espace-temps continu de la consommation de produits et de services.

Une mutation s'est opérée : alors que la phase II était centrée presque exclusivement sur les prestations techniques (faciliter le transport, par exemple), la phase III ne cesse de diversifier et multiplier l'offre de services aux voyageurs. Le passager n'est plus seulement celui qui prend le train, l'avion ou la voiture, il est un hyperconsommateur à attirer, occuper et distraire. Déjà, en 2000, l'enseigne Coop a lancé sur la ligne de chemin de fer Zurich-Berne un magasin proposant un assortiment de quelque 900 articles de première nécessité. Bientôt sur rail et dans le ciel, le télé-achat sera à la disposition des voyageurs. La compagnie Virgin a introduit des jeux d'argent sur ses lignes asiatiques. L'Airbus A380 pourrait contenir des machines à sous. La phase III voit se multiplier les services sans rapport avec le voyage, l'objectif visé étant de commercialiser le temps, de structurer le temps par une surconsommation, une *consommation dans la consommation.*

Le train et l'avion étaient avant tout des moyens de transport rapide : ils sont de plus en plus conçus comme des « paquebots de croisière » et des « TGV communiquants » dont l'enjeu est le « voyager mieux » grâce à une multitude de services multimedia axés autour du divertissement, des jeux et de l'information. Sur les lignes de TGV, les passagers auront un accès haut débit à Internet; un serveur permettra de regarder des films, d'écouter de la musique, de se détendre avec des jeux vidéo, de lire des livres électroniques. Les compagnies aériennes offrent toujours plus de prestations à leurs clients : musique et films à la demande, jeux virtuels, connexion Internet, TV en direct et bientôt liaison GSM [25]. Les responsables marketing des compagnies aériennes réfléchissent à de nouveaux services : coiffeurs, salle de sport, sauna, espace enfant, mini-magasin. Pour fidéliser les clients et l'emporter sur les concurrents dans un marché dérégulé, il faut dorénavant toujours plus de confort, toujours plus de services, toujours plus de distractions. D'entreprises de transport, on passe au multiservice aux voyageurs. Il ne s'agit plus tant d'aller plus vite que de faire passer plus rapidement le temps vécu du voyage et permettre une meilleure maîtrise subjective du temps. Les conquêtes techniciennes centrées sur le raccourcissement du temps objectif ne suffisent plus : l'époque de l'hyperconsommation expérientielle est celle qui privilégie une approche plus qualitative du temps de transport, celle qui vise, par la consommation, à faire oublier que les voyages dans l'espace prennent du temps.

La consommation en continu

Une même évolution marque l'organisation temporelle de la consommation. À présent la radio et la télévision fonctionnent non-stop ; nombre de sociétés de service adoptent le 24 heures sur 24, 7 jours sur 7 ; les nocturnes commerciales se multiplient ; le parc des distributeurs automatiques ne cesse de s'accroître qui permettent les achats en continu [26]. Tandis que les vacances se morcellent et s'échelonnent dans le temps, les agences de voyages étalent leurs offres sur l'année entière. Les livraisons à domicile et à toute heure de plats cuisinés se développent avec succès. Les salles de cinéma proposent des séances aussi bien à 10 heures du matin qu'à minuit. Le code du travail, en France, prévoit que le dimanche est le jour du repos obligatoire, mais les dérogations sont nombreuses et certains grands distributeurs ouvrent malgré tout leur porte, jouant la politique du fait accompli. Un peu partout, en Europe, les législations sur les horaires d'ouverture des commerces s'assouplissent. C'est au démantèlement des anciennes règles encadrant les temps de la consommation marchande que nous assistons, celle-ci ne devant plus connaître « idéalement » de moments d'interruption ou de pause.

On n'ignore pas que nombre d'institutions (syndicats, associations familiales, groupes de quartier, Églises) tentent de s'opposer à la ville intégralement dévolue à la consommation. Il n'en demeure pas moins qu'à présent plus d'1 Français sur 2 est favorable à l'ouverture des magasins le dimanche. Tandis que se desserrent les législations coercitives des horaires et des jours, on voit se dessiner une sorte de continuum temporel consommationniste dégagé des rythmes codés du passé. Ce qui est à l'œuvre est un processus d'agencement d'un univers hyperconsumériste en flux tendu, fonctionnant non-stop jour et nuit, 365 jours par an. De même que le capitalisme déréglementé et globalisé est devenu « turbo-capitalisme [27] », de même est-on témoin de l'émergence d'un « turbo-consumérisme » structurellement affranchi des encadrements spatio-temporels traditionnels.

Après la diffusion des biens marchands dans tout le corps social (phase II), la phase III travaille à dilater l'organisation temporelle de la consommation en allongeant les horaires et les jours d'ouverture des magasins, en éliminant progressivement les temps « vides » ou « protégés », en livrant les jours fériés et la vie nocturne à l'ordre du marché. Tandis qu'on parle de « tourisme nocturne », la nuit devient un secteur économique à part entière, le chiffre d'affaires de celui-ci ayant doublé depuis le milieu des années 1990. Dans certaines mégapoles d'Amérique ou du Japon, supermarchés et librairies, restaurants et salles de sport sont souvent ouverts à toute heure du jour et de la nuit. Certaines enseignes démarrent maintenant les soldes le jour J à minuit. Après les robots-vidéo club, les supérettes automatiques et réfrigérées (YaTooPartout, Casino 24), ouvertes à toute heure du jour et de la nuit, sont en pleine expansion [28]. En 2005, 5 000 librairies ont organisé aux États-Unis une *Midnight Magic Party* à l'occasion de la sortie du dernier tome des aventures d'Harry Potter ; en Grande-Bretagne plus d'un millier de librairies ont ouvert la nuit pour le lancement du livre. Un immense territoire s'ouvre aux stratégies du marketing : il n'est autre que le temps de la nuit. Investissant l'espace nocturne, l'économie hypermarchande abolit tous les temps de pause, construit une ville ouverte en continu à la consommation, institue la commercialisation illimitée des échanges, 24 heures sur 24, 7 jours sur 7. La société d'hyperconsommation, loin de ruiner le système du désir et de la consommation [29], s'emploie, non sans succès, à le maintenir de plus en plus *éveillé,* en élargissant son régime temporel.

La logique du turbo-consumérisme trouve son accomplissement parfait sur les réseaux électroniques grâce aux achats en ligne. Si, au cours de la phase I et II, le client s'est émancipé de l'emprise du vendeur, en phase III, le cyberconsommateur s'affranchit de toutes les entraves spatiotemporelles, n'étant plus obligé de se rendre physiquement sur un lieu de vente et pouvant passer commande, en tout lieu et à toute heure, à une machine et non plus à une personne. Levée des barrières liées à l'espace mais aussi à l'accès à l'information : grâce aux sites comparateurs de prix, l'internaute peut s'informer en temps réel sur les produits et les services, les comparer à toute heure du jour et de la nuit avant de faire le choix adapté à ses besoins. C'est un système d'informations sans limite, sans contrainte de temps et de lieu qui spécifie l'époque turbo-consumériste.

Un turbo-consumérisme polychronique

Dans ce contexte d'éclatement des encadrements spatio-temporels de la consommation, s'affirment de nouveaux comportements marqués par l'exigence d'efficacité et de rapidité, par le souci obsessif de gagner du temps. Tandis que la grande majorité des consommateurs souhaitent passer moins de temps à faire leurs achats, les caisses rapides et les distributeurs automatiques se multiplient. Pour ne pas perdre de temps, de plus en plus de Français font leur course à l'heure du déjeuner et souhaitent pouvoir accéder à des commerces dans les espaces de transport (gare, métro, aéroport, station-service). La restauration rapide touche une clientèle grandissante. Les industries agroalimentaires proposent un éventail croissant de produits d'utilisation rapide, de plats cuisinés, d'aliments tout préparés. Décathlon vient de lancer une nouvelle tente de camping qui, une fois sortie de sa housse, se déplie toute seule en « deux secondes ». L'hyperconsommateur est cet individu pressé pour qui le facteur temps est devenu un référentiel majeur ordonnant l'organisation du quotidien. À l'obsession de l'honorabilité sociale par les symboles marchands, succède la compulsion de gagner du temps. Nous sommes au moment où l'économie de temps apparaît plus importante que l'économie théâtrale des signes, au moment où la course contre le temps l'emporte sur la course à l'estime.

Dans un environnement restructuré par les nouvelles technologies de l'information et de la communication, l'hypervitesse, l'accessibilité directe, l'immédiateté s'imposent comme de nouvelles exigences temporelles. On installe des bornes de retrait ultrarapide des billets de transport et des écrans informant en temps réel des délais d'attente dans les lieux de transport. SMS, photo numérique, TV à la demande, lecteur DVD, e-mail : l'habitude se répand de l'instantanéité des échanges et des résultats, chacun voulant pouvoir communiquer et être joint, voir et acheter vite, partout et à tout moment. L'époque des « heureuses patiences » où l'expérience de l'attente était un élément de bonheur recule au bénéfice d'une culture de l'impatience et de la satisfaction immédiate des désirs. « Je fais une photo : je la vois, je la transmets, je l'efface » : le plaisir se marie ici avec l'expérience de l'instantanéité. Dans la civilisation de l'hyperinstant, les services 24 heures et 1 heure chrono se multiplient, la part des voyages décidés en dernière minute et des réservations tardives s'accroît : c'est le temps du zéro délai, du « ce que je veux, quand je veux, où je veux », le turbo-consommateur voulant obtenir tout, tout de suite, n'importe quel jour, à n'importe quel moment. Tandis que prolifèrent les offres et demandes en temps réel, *Homo consumans* devient allergique à la moindre attente, dévoré qu'il est par le temps compressé de l'immédiateté et de l'urgence [30].

L'acharnement à comprimer le temps a été interprété comme l'un des signes de l'avènement d'une nouvelle condition temporelle de l'homme, marquée par la sacralisation du présent, par un « présent absolu », autosuffisant, de plus en plus détaché du passé et de l'avenir. Envahissant le quotidien, gagnant l'ensemble des activités humaines, l'ordre du temps précipité fait disparaître, nous dit-on, la distance et le recul nécessaire à la pensée, détruit les univers symboliques, enferme l'homme dans l'immédiateté activiste [31]. Nouveau modèle de notre relation au temps, l'urgence est présentée comme le « métatemps social » de la phase III [32].

Le turbo-consommateur est-il donc devenu un malade de l'urgence, prisonnier de la dictature du « temps réel » ? Autant l'irruption d'une culture de l'instantanéité est une idée peu contestable, autant il convient d'en montrer les limites, le temps compressé n'ayant nullement réussi à absorber la totalité de nos énergies. Il est vrai que l'hyperconsommateur montre un souci évident de faire plus et plus vite, il ne supporte pas de perdre du temps, veut l'accessibilité des produits, des images et de la communication à toute heure du jour et de la nuit. Mais en même temps, on assiste à la prolifération de désirs et de comportements dont l'orientation vers les plaisirs sensoriels et esthétiques, le mieux-être, les sensations corporelles expriment la valorisation d'une temporalité lente, qualitative et sensualiste. « *Slow food* », écoutes musicales, balades à pied, randonnées, spas et hammams, méditations et relaxations : contre la *fast live*, les loisirs lents rencontrent un large écho. C'est ainsi qu'on est témoin du goût de la flânerie, des sorties le soir au restaurant, du farniente à la plage ou aux terrasses des cafés. Point de temporalité uniformément urgentiste mais un système composé de temporalités profondément hétérogènes : au temps opérationnel s'oppose le temps hédoniste, au temps corvée le temps récréatif, au temps précipité le temps décompressé des jeux et spectacles, de la détente, de tous les moments centrés sur les jouissances sensuelles et esthétiques. Le régime du temps dans la société d'hyperconsommation n'a rien d'unidimensionnel ; il est au contraire paradoxal, désynchronisé, hétéroclite, polyrythmique. C'est sous le signe d'une consommativité polychronique que s'organise la phase III.

Si les contraintes de vitesse s'intensifient, ne perdons pas de vue, néanmoins, le rôle primordial que joue l'acteur individuel, le « consommacteur » qui, sans cesse, adopte des stratégies individuelles, fait des choix et des arbitrages personnels, accélérant ici pour dégager du temps libre là. Gagner du temps n'est pas seulement une obligation déterminée par le dehors ; ce peut être aussi une stratégie destinée à mieux profiter d'autres moments de la vie. Le temps de l'instantanéité se répand mais son « despotisme » est loin d'être total, l'hyperconsommateur étant en mesure d'aménager à la carte son emploi du temps, d'adopter des rythmes différenciés selon les situations et les moments. D'un côté, le sentiment d'asservissement au temps accéléré se généralise ; de l'autre, se développent le temps libre, les temps pour soi et à soi, l'individualisation des manières de gérer le temps personnel, la dissociation des rythmes de vie, les pratiques où l'on accepte de perdre du temps, où l'on prend le temps de s'occuper de soi.

Pris dans la fuite accélérée de la temporalité, le turbo-consommateur se trouve-t-il enfermé dans le seul temps de l'immédiateté et par là, privé de distance symbolique et utopique ? Vit-il dans un état d'apesanteur temporelle délesté de tout lien avec le passé ? L'idée est fragile au moment où triomphent le culte du patrimoine, la passion de « l'authentique », des objets chargés de sens et de légendes. Le turbo-consommateur a-t-il perdu tout intérêt envers le futur ? Comment concilier cette thèse avec la montée des consommateurs « engagés » se souciant de l'avenir de la planète et cherchant à donner sens à leurs achats en privilégiant les produits équitables et solidaires ? La vérité est que plus s'affirme l'impératif de célérité et plus s'expriment les considérations éthiques, les postures critiques vis-à-vis des marques et de la consommation « irresponsable ». Loin que s'éclipsent les idéaux normatifs, on les voit actifs dans de nouveaux territoires, ceux de la consommation en particulier. À cet égard, le turbo-consumérisme doit être moins présenté comme un ordre faisant disparaître le recul des sujets que comme une dynamique favorisant la mise à distance du présent, la responsabilisation éthique du consommateur.

L'effet Diva

Si l'idéal-type du turbo-consommateur s'impose, c'est aussi en ce que la phase III a déstabilisé en profondeur les anciens modèles de classe, les codes symboliques différentiels qui structuraient, depuis le fond des âges, les pratiques et les goûts individuels. Nous voici, pour la première fois, dans un système marqué non par la disparition des différences de condition mais par l'évanouissement des contraintes et des habitus de classes. Au turbo-capitalisme déréglementé correspond un système de consommation dérégulé, un turbo-consumérisme émancipé des cultures de classes.

Encore au début de la phase II, dans les classes populaires, domine le sentiment d'appartenance à un même monde social structuré par des repères et un style de vie homogènes. Tout un ensemble d'attitudes et de rappels à l'ordre, de quolibets et de plaisanteries sont en vigueur qui ont charge de s'opposer aux tentatives de franchir les frontières de classe, à l'ambition de se distinguer en s'identifiant à d'autres groupes. « Elle se prend pour qui ? », « c'est pas naturel de... », « d'où elle sort [33] ? » : le groupe exerce, non sans succès, des pressions et des contraintes symboliques construisant un fort conformisme de classe. Dans cet univers cloisonné par l'antagonisme entre « eux » et « nous », s'habiller, habiter, manger, boire, se divertir sont des activités régulées par les manières de classe, des modes de vie spécifiques, des différences d'habitus. Tous les agents d'une même classe et toutes les pratiques d'un même agent, écrit Bourdieu, présentent une « affinité de style », un « air de famille », une « systématicité » résultant de l'habitus social [34]. C'est à cette organisation collective de la consommation qu'a mis fin la phase III.

Une mutation s'est opérée : dans le cadre de la société d'hyperconsommation, on n'achète plus nécessairement ce qu'achètent ceux qui nous sont proches socialement, l'éclatement des sentiments et des impositions de classe ayant ouvert la possibilité de choix particuliers et la libre expression des plaisirs et goûts personnels. Au « à chacun sa place » exprimant la primauté du groupe social, se substitue un principe de légitimité adverse : « chacun fait ce qui lui plaît ». La question centrale n'est plus d'« être comme les autres » mais « que choisir ? » dans l'offre pléthorique du marché : le principe d'autonomie est devenu la règle d'orientation légitime des conduites individuelles. Le turbo-consumérisme se définit par le décontrôle social de l'acheteur, par son émancipation vis-à-vis des obligations symboliques de classe. Par là, le droit à construire notre mode d'existence comme « bon nous semble » ne rencontre plus d'autre obstacle que le niveau du pouvoir d'achat. À présent, c'est l'argent dont on dispose, plus que la classe d'origine qui fait la différence dans les genres de vie. Tandis que les décisions se déplacent du groupe vers le sujet singulier, le style d'existence ne regarde plus que l'individu. Délivré de l'obligation de se mouler dans un style de vie préformé et spécifique, le turbo-consommateur apparaît comme cet acheteur mobile qui n'a plus aucun compte à rendre à qui que ce soit.

Bien sûr, en nombre de domaines, les choix et les pratiques de consommation peuvent toujours être rapportés à la classe sociale d'appartenance. Et nulle homogénéisation des genres de vie ne se profile à l'horizon, les différences des revenus recomposant de toute évidence de fortes disparités dans les manières de consommer et de se divertir. Mais si les styles de vie ne convergent nullement, il n'en demeure pas moins que ne cesse de reculer la puissance organisatrice des habitus. De plus en plus, la spécificité des styles de vie des classes s'amenuise : désormais les idéaux de bien-être, de voyages, de nouveautés, de minceur sont partagés par tous. Le goût des marques et de la mode se déploie chez les adolescents de tous les groupes sociaux; la passion des jeux, des spectacles, de la musique gagne toutes les couches. Les inégalités économiques se creusent, les aspirations consuméristes se rapprochent; les pratiques sociales divergent, le système référentiel est identique. Si l'ordre social est clivé, l'univers symbolique des normes est homogène. C'est ainsi que déclinent les anciennes étanchéités de classe et l'enfermement des individus dans leur groupe d'origine. L'hétérogénéité sociale saute aux yeux, mais plus rien n'en fonde culturellement la reproduction, chacun ayant gagné le droit au superflu, à la consommation, au mieux-vivre. Ce qui définit la phase III, ce n'est pas l'homogénéisation sociale, c'est le moindre pouvoir directif des modèles des classes, la latitude des acteurs vis-à-vis des normes collectives et des habitus, l'individualisation des choix consommatoires.

La conséquence de cette détraditionnalisation des classes est qu'il devient difficile de prévoir les dépenses de consommation à partir de la place occupée dans l'ordre social. Désormais, à revenu égal, les façons de consommer divergent notablement, les décisions d'achat relevant moins de critères socio-professionnels « durs » que de goûts personnels, de critères d'âge ou de sexe. De plus en plus, les arbitrages de chacun ne coïncident plus exactement avec la classe d'appartenance. Tandis que s'étiolent les identités et les sentiments d'appartenance de classe, les choix de consommation, de moins en moins déterminés unilatéralement par l'habitus et de plus en plus par l'offre marchande et médiatique, ont pour caractéristiques d'être largement imprévisibles, décoordonnés, désunifiés. Errance imprédictible qu'on peut appeler « effet *Diva* », en référence au film de Jean-Jacques Beineix, dans lequel un jeune postier de condition modeste vit dans un loft baroque, se montre épris d'opéra et dispose d'un matériel d'enregistrement musical professionnel. D'un système mécaniste, on est passé à un système probabiliste ou indéterminé, l'hyperconsommateur ressemblant à une « particule élémentaire » aux parcours « chaotiques » : c'est une consommation désinstitutionnalisée, à géométrie variable, qui marque la phase III. D'où ce profil du turbo-consommateur, décrit si souvent comme flexible et nomade, volatile et « transfrontière », éclectique et fragmenté, zappeur et infidèle.

La consommation balkanisée

Si le cycle du turbo-consumérisme est contemporain de l'affaiblissement des encadrements de classes, il ne l'est pas moins d'un phénomène qui, pour être de moindre ampleur, est tout autant significatif de l'époque : la communautarisation de la consommation dont les modes de jeunes offrent l'illustration la plus frappante. Nous voici à l'âge de la consommation en réseaux, décoordonnée et balkanisée, décentrée et éparpillée en néo-clans regroupés autour de goûts et d'intérêts spécifiques, de genres de vie, de modes musicales, vestimentaires ou sportives. Dans les cycles antérieurs, la division en classes et l'opposition du supérieur et de l'inférieur constituaient les principes organisateurs de l'ordre consommatif, celui-ci s'ordonnant de haut en bas, à partir de repères consensuels. Cette époque est maintenant derrière nous. Le moment III va de pair avec l'éclatement de cette logique pyramidale au bénéfice d'un modèle horizontal ou en réseaux, fragmenté et polycentré, dans lequel les micro-groupes identitaires se juxtaposent dans un espace hétérogène de goûts, d'esthétiques et de pratiques. Après l'âge centralisé, l'âge multipolaire et dispersé de l'hyperconsommation où les différenciations s'effectuent à partir d'une multiplicité de critères, qu'ils soient d'âge, de musique, de sports, de projets de vie, d'ethnicité, d'orientation sexuelle.

En dépit des forts courants mimétiques et conformistes qui structurent ces micro-groupes, ceux-ci n'en sont pas moins représentatifs du turbo-consumérisme, en raison notamment du caractère fluide, instable, individualiste qui est le leur. Plus rien ne ressemble aux configurations rigides et étagées d'autrefois ; dans ces communautés on y « entre » et on en « sort » à loisir, par recherche identitaire, adhésions et choix personnels éphémères, aux antipodes de l'imposition « mécaniste » des temps antérieurs : la communautarisation hypermoderne ne s'inscrit pas à contre-courant de la culture de l'individu autonome, elle en est l'une des figures paradoxales. Morcelé, dérégulé, volatile, l'âge qui s'annonce institue un communautarisme sous-tendu par le souci d'affirmation de soi, une consommation en patchworks claniques portée par la vague d'individualisation des acteurs.

L'enfant hyperconsommateur

La société d'hyperconsommation ne voit pas seulement se déliter les cultures de classes, elle est contemporaine de la promotion d'un même modèle consumériste-émotionnel-individualiste dans toutes les classes d'âge. D'un côté, les manières de consommer sont de plus en plus marquées par les différences d'âge ; de l'autre, il n'est plus aucune catégorie d'âge — fût-ce la première enfance — qui ne participe à part entière à l'ordre consommationniste. À compter des années 1920, la publicité s'est engagée dans la voie de l'exaltation de la jeunesse, cependant que les choix et décisions d'achat restaient dévolus pour l'essentiel aux parents conformément à la culture traditionnelle fondée sur l'autorité souveraine des parents et l'obéissance inconditionnelle des enfants. Ce n'est qu'avec les années 1950-1960 que les jeunes adolescents, via la pratique de l'argent de poche, des publicités et produits culturels qui leur étaient destinés ont commencé à émerger comme consommateurs « autonomes » et cible commerciale spécifique. La phase III a encore poussé d'un cran cette logique, l'enfant ou le pré-adolescent exerçant une influence de plus en plus importante sur les achats effectués par les parents eux-mêmes : il est devenu un acheteur-décideur par son argent de poche en même temps qu'un prescripteur d'achats par le nouveau rôle qu'il joue à l'égard des parents [35]. Parce que le modèle autoritariste est disqualifié, l'enfant aujourd'hui communique ses préférences, exprime des demandes, donne son opinion à propos des choix parentaux. L'enfant « muet » fait partie d'une époque révolue : dans la situation actuelle, il choisit, émet des vœux, donne son avis à l'occasion des courses, les parents prenant en compte ses désirs et lui transmettant un style de consommation finalisé par le plaisir. Nous voici à l'âge de l'enfant hyperconsommateur, écouté, ayant le droit de faire ses propres choix, disposant d'une parcelle de pouvoir économique, contrôlant directement ou indirectement une partie des dépenses des ménages.

Il ne s'agit plus comme en phase I de venir à bout des coutumes ancestrales mais de permettre l'expression des désirs subjectifs en favorisant les comportements autonomes des plus jeunes par l'intermédiaire des achats et de l'argent de poche : de nos jours, la consommation est pensée comme instrument de plaisir, d'éveil et de développement de l'autonomie de l'enfant. Simultanément, elle relève, côté parents, d'une logique expérientielle étant, pour l'essentiel, un moment de joie procuré par le spectacle du plaisir des enfants. La phase III est ce cosmos où prévaut la « consommation-amour », la consommation-fête des plus petits comme des plus âgés. À l'heure où s'épanouit « l'enfant-roi » informé, décideur et prescripteur, la consommation apparaît comme un moyen pour « acheter la paix » dans la famille, une manière de se faire pardonner de trop longues absences en même temps qu'un droit de l'enfant fondé sur le droit au bonheur, aux plaisirs, à l'individualité.

Power Age

Les changements ne sont pas moins remarquables si l'on considère la classe d'âge dénommée, depuis les années 1990, senior, c'est-à-dire les plus de 50 ans. Représentant quelque 30 % de la population totale, disposant d'un pouvoir d'achat qui s'est notablement accru, ayant moins de bouches à nourrir, les papy-boomers réalisent près de la moitié des dépenses liées à la consommation ; une voiture neuve sur deux est achetée par eux ; le marché des seniornautes progresse deux fois plus vite que la moyenne ; ils pèsent 31 % dans le chiffre d'affaires de l'industrie du tourisme américain. Ajoutons que du fait de l'allongement de la durée de vie et de leur poids démographique croissant leur importance économique va inévitablement progresser dans les décennies à venir. La phase III est contemporaine du *Power Age*, l'ère dominée par les seniors métamorphosés en hyperconsommateurs émotionnels de produits et services.

L'époque où les retraités étaient épuisés avec peu d'années à vivre, où les grands-parents se contentaient de garder leurs petits-enfants est révolue. Élevés dans la société de consommation, les seniors voyagent, partent à l'autre bout du monde, visitent les villes et les musées, prennent des cours d'informatique, font du sport, veulent paraître « moins que leur âge ». La boulimie consumériste n'est plus arrêtée par l'âge : la génération du papy-boom se montre avide d'évasions distractives, de mieux-être, de qualité de vie associée à la consommation de produits diététiques, aux plaisirs du tourisme, aux soins cosmétiques. On les disait réfractaires aux changements : aujourd'hui, les 50-64 ans sont aussi bien équipés que leurs cadets en lecteur DVD, appareil photo et caméscope numérique ; ils rattrapent leur retard en équipement d'ordinateur et sont de plus en plus prêts à essayer de nouvelles marques et de nouveaux produits en particulier dans le domaine de l'alimentation visant à améliorer l'état de santé.

L'avancée en âge rimait avec lenteur et inactivité, fidélité aux marques et sous-consommation : elle est devenue une période de vie marquée par l'hédonisme et la suractivité consommative. À présent le retraité représente une figure parfaite de l'individu hyperconsommateur, dégagé de l'impératif de travail, seulement absorbé par les préoccupations du corps et de la santé, des voyages et des sorties, des plaisirs privés et familiaux. Même ridé, Narcisse reste Narcisse cherchant à séduire, à vivre pleinement le présent bien qu'en proie aux angoisses de la fin de vie. Désormais Narcisse senior cherche dans la consommation à se conserver en bonne forme et bonne santé mais aussi à participer au mouvement de la vie sociale, « rester dans le coup », prendre du bon temps et oublier la marche du temps. En phase I et II, la consommation a contribué à éradiquer les traditions sociales « archaïques » ; dorénavant, elle est mobilisée pour réduire le sentiment intime du vieillissement. Plus encore que dans d'autres tranches de vie, l'hyperconsommation senior fonctionne comme une espèce de thérapie quotidienne, comme une manière de conjurer le sentiment d'inutilité, l'angoisse de la solitude et du temps qui passe.

La phase II a inauguré les stratégies de segmentation du marché, mais ce marketing générationnel était essentiellement tourné vers la jeunesse. Les personnes âgées étaient systématiquement négligées, mises hors circuit par des politiques commerciales ayant peur de vieillir l'image de marque de leurs produits. Ceci est en train de changer, la phase III voyant émerger, avec plus ou moins de relief, un marketing à destination des seniors. Le mouvement est loin de ressembler à un raz-de-marée : 95 % des investissements publicitaires, en France, visent les jeunes et la ménagère de moins de 50 ans. Il n'en demeure pas moins qu'une mutation est en cours : on communique sur la « cible » senior, la tranche d'âge qui était objet d'exclusion de la part du marketing commence à gagner droit de cité, apparaissant comme une nouvelle « mine d'or », le grand marché de l'avenir.

Il y a quelques années, les seniors faisaient figure de population uniforme commercialement acquise. Désormais il s'agit de les séduire et de les fidéliser en construisant une communication spécifique, en proposant des produits en adéquation avec leurs situations et leurs besoins propres. Le marché des prothèses, des services personnalisés, des livraisons à domicile va se développer. On compte aux États-Unis quelque 50 000 sites Web s'adressant aux seniors ; des chaînes d'hôtel et des agences de voyage offrent des réductions ou des services particuliers aux plus de 60 ans. Les marques cosmétiques (Roc) lancent des campagnes publicitaires centrées sur le rajeunissement du visage en promettant « dix ans de moins » aux femmes quinquagénaires. Des images publicitaires réunissent le grand-père et le petit-fils, des hommes et des femmes de 60 ans font leur apparition dans les spots commerciaux. Des enseignes recrutent des employés seniors, considérant que les clients de plus de 50 ans préfèrent être en contact avec des vendeurs du même âge. Tout comme se développe une forte subdivision du marché des « jeunes » (bébé, enfant, préado, adulescent, jeune adulte), de même le senior marketing divise ses cibles en « masters », « libérés », « paisibles », « grands aînés » : c'est un marketing hypersegmenté qui construit les nouveaux marchés des troisième et quatrième âges, parachevant ainsi l'ordre turbo-consumériste. En phase III, plus aucun âge ne doit échapper aux filets du marketing, plus aucune limite ne doit arrêter l'expansionnisme commercial : de même que le temps de l'hyperconsommation est continu, 24 heures sur 24, 365 jours sur 365 jours, de même les individus seront appelés, sous peu, à devenir des turboconsommateurs tout au long de la vie, de 1 à 100 ans.

Le règne du papy-boom annonce-t-il donc la fin de la culture « anti-vieux », la disparition de la dictature du jeunisme ? La phase III institue-t-elle le régime tolérant et pluraliste de tous les âges ? Prenons garde à ne pas confondre une logique commerciale avec la culture vécue quotidienne : s'il est vrai que l'époque de l'ostracisme des « vieux » est achevée, cela ne signifie nullement que le jeunisme s'estompe. C'est l'inverse qui est vrai, car si les seniors deviennent plus visibles dans la publicité, ils désirent de plus en plus rester jeunes et séduisants, sexuellement actifs, « être comme tout le monde », parfois « refaire leur vie ». Le succès des produits de soins et de la chirurgie esthétique illustre éloquemment ce processus : c'est lorsque le jeunisme médiatico-publicitaire devient moins outrancier qu'il triomphe dans les comportements et les aspirations de chacun. Tandis que la société et le marché tendent à reconnaître les seniors, ce sont eux-mêmes qui veulent de plus en plus se sentir jeunes, éprouver de nouvelles émotions en tout genre, réduire les stigmates de l'âge. Le jeunisme ne meurt nullement : il s'intériorise au plus profond des êtres. La phase III ne dérégule les espaces-temps de la consommation que sous les auspices d'un jeunisme subjectivisé, élargi, décliné à l'infini, s'étendant jusqu'à l'extrême limite où disparaît la capacité d'autonomie individuelle.

ENTRE MESURE ET CHAOS

Si le modèle qui s'impose est bien celui du turbo-consommateur, il est difficile de souscrire aux affirmations selon lesquelles nous serions témoins d'un changement radical de logique par rapport aux années 1980. Selon ces thèses, une époque nouvelle voit le jour, marquée par l'avènement du « consommateur entrepreneur » substituant le familial à l'individuel, la solidarité à l'égoïsme, l'essentiel à l'inutile, le durable à l'éphémère [36]. Fini le consommateur individualiste, voici venu le temps du consommateur « expert » et responsable. Soyons clair : pour être justes et précises, les descriptions de ce néo-consommateur ne réussissent pas à accréditer l'idée d'un dépassement de l'« individualisme triomphant ». L'interprétation est trop réductrice qui assimile celui-ci à l'ostentation du Moi et au désir de ne pas être confondu avec les autres. La logique de l'individu va bien au-delà des passions égotistes, tant il est vrai qu'elle se caractérise par l'affranchissement des conduites personnelles vis-à-vis des encadrements collectifs ainsi que par la montée en puissance des cultes du divertissement, du mieux-être et de la santé. Il est indéniable que les imaginaires de la consommation se sont transformés, mais ces changements ne signifient nullement qu'ils soient porteurs d'une inversion de logique consommative. La discontinuité n'est que de surface, ce à quoi nous assistons n'étant que l'accentuation, sans doute irréversible, de la dynamique du principe d'individualité.

En veut-on des preuves ? Elles foisonnent. Qu'y a-t-il de plus expressément individualiste, voire de narcissique, que les nouvelles préoccupations relatives à la santé, au corps, et à l'apparence ? Il y a autant sinon plus de motivation individualiste dans la croissance des consommations de santé que dans les dépenses destinées à attirer le regard de l'autre. Comment, sur ce plan, justifier l'idée d'« un virage à cent quatre-vingts degrés » du consommateur [37] lorsque se banalisent la chirurgie esthétique, le refus des signes de l'âge, les pratiques d'entretien et de forme, les désirs de souveraineté personnelle sur le corps ? L'éphémère recule-t-il ? Le cycle de vie des produits ne cesse de raccourcir. Le fait que se développent les secteurs de l'éducation, des voyages, de la communication, du bien-être corporel et mental signifie-t-il que le futile est derrière nous ? Ce n'est pas vraiment ce que suggèrent les jeux vidéo, les « chats », les travestissements électroniques du Moi, le besoin de communiquer pour communiquer, la télé-réalité, les parcs de loisirs à thème. Force est de constater que le turbo-consommateur se rapproche autant de ce qui est essentiel à la vie que de ce qui est le plus frivole. Médicalisation de l'existence, spirale des loisirs, jeux, zapping des produits : en quittant les années 80, le TGV individualiste n'a pas ralenti sa course, il l'a accélérée.

Les consommateurs attentifs aux causes humanitaires, soucieux de labels verts et de produits éthiques se montrent-ils plus solidaires ? Mais si la tendance à la consommation « citoyenne » est indéniable, en quoi fait-elle sortir de la constellation de l'individu, autrement dit des engagements de type optionnel, minimal et indolore ? Elle signifie surtout que l'individualisme n'est pas synonyme d'égoïsme absolu : il peut être compatible avec l'esprit de responsabilité, avec le souci de certaines valeurs, fût-ce selon un régime à géométrie variable, « sans obligation ni sanction [38] ».

Consommateur « professionnel » et consommateur anarchique

L'idée d'*Homo consumans* gérant ses activités de façon « professionnelle », s'engageant dans la voie d'une « vie maîtrisée », véhicule trop l'image lisse d'un consommateur rationnel et équilibré. La considération du tableau d'ensemble dévoile des traits autrement plus contrastés. D'un côté, notre époque célèbre la responsabilité individuelle et les comportements de prévention, elle voue un culte à la santé, à l'équilibre intime, à la qualité de vie. La multiplication des informations et l'élévation du niveau d'instruction de la population ont, sans aucun doute, favorisé la « professionnalisation » des activités consommatoires. Mais de l'autre, on observe une foule de phénomènes synonymes, au contraire, d'excès et de dé-contrôle de soi : *fashion victims*, achats compulsifs, surendettement des ménages, « accrocs » aux jeux vidéo, cyberdépendances, toxicomanies, pratiques addictives en tout genre, anarchie des comportements alimentaires, boulimies et obésités. C'est autant un individualisme débridé et chaotique qu'un consommateur « expert » se prenant en charge de manière responsable qui s'annonce.

Le relâchement des contrôles collectifs, les normes hédonistes, le sur-choix, l'éducation libérale, tout cela a contribué à agencer un individu détaché des fins communes et qui, réduit à ses seules forces, se montre souvent incapable de résister aux sollicitations du dehors comme aux impulsions du dedans. Ainsi est-on témoin de tout un ensemble de comportements déstructurés, de consommations pathologiques et compulsives. Partout la tendance au dérèglement de soi accompagne la culture de libre disposition des individus livrés au vertige d'eux-mêmes dans le supermarché contemporain des modes de vie. À mesure que s'amplifie le principe de pleine puissance sur la direction de sa vie, les manifestations de dépendance et d'impuissance subjectives se développent à une allure grandissante. Ce qui se joue sur la scène contemporaine de la consommation c'est autant Narcisse libéré que Narcisse enchaîné.

Le stade III a mis sur orbite un consommateur largement affranchi des impositions et rites collectifs. Mais cette autonomie personnelle porte avec elle de nouvelles formes de servitude. S'il est moins assujetti aux valeurs conformistes, il est davantage tributaire du règne monétisé de la consommation. Si l'individu est socialement autonome, le voici plus que jamais dépendant de la forme marchande pour la satisfaction de ses besoins. Pris un à un les actes de consommation sont moins dirigés socialement mais globalement la puissance d'encadrement de l'existence par le marché s'accroît. L'emprise générale de la consommation sur les modes de vie et les plaisirs s'amplifie d'autant plus qu'elle impose moins de règles sociales contraignantes.

6

*Le fabuleux destin d'*Homo consumericus

La consommation de masse ne s'est pas élevée sur un sol vierge. C'est contre tout un ensemble d'usages, de mœurs et de mentalités pré-modernes qu'elle s'est imposée puis diffusée. Cette époque de modernisation-rationalisation opérant sur fond de son contraire est achevée, l'antagonisme qui existait entre les normes modernes de la consommation et les « traditions » ayant maintenant disparu. La phase III peut être présentée comme le moment où la commercialisation des modes de vie ne rencontre plus de résistances culturelles et idéologiques structurelles, où tout ce qui subsistait d'opposition a cédé devant les sirènes de la marchandise. Sonne l'heure où toutes les sphères de la vie sociale et individuelle sont, d'une façon ou d'une autre, réorganisées conformément aux principes de l'ordre consumériste.

Le constat de la généralisation du mode marchand de la satisfaction des besoins n'est pas nouveau, des théoriciens importants [1] ayant souligné, dès la phase II, cette réorganisation de fond de la société capitaliste. Tout indique cependant qu'une nouvelle étape a été franchie. La société d'hyperconsommation signifie bien plus que l'extension sans fin de la sphère de l'économie politique, elle désigne le stade où le non-économique lui-même se trouve investi par la forme consumériste désormais globalisée. Le moment premier de l'économie politique généralisée est dépassé : nous voici à l'heure du consumérisme sans frontières, de la *consommation-monde,* cette scène historique où non seulement les échanges sont réglés par le marché mais où même ce qui n'est pas commercialisé est saisi par l'ethos consumériste. Dans la société de marché qui organise la phase III, la figure du consommateur s'observe à tous les étages de la vie sociale, elle s'immisce partout, dans tous les domaines, qu'ils soient économiques ou hors économie : elle se présente comme le miroir parfait dans lequel se déchiffre la nouvelle société des individus.

D'où quelques redoutables questions. Quels sont, au final, les effets sur l'homme de la consommation-monde tentaculaire ? Y a-t-il, malgré tout, des sphères « protégées » de cette nouvelle forme de « colonisation » ? Comme on le sait, les mises en garde relatives au déchaînement de la mercantilisation de la vie ne manquent pas. Un certain nombre y voient un terrorisme effroyable, un totalitarisme nouveau style dépersonnalisant et abêtissant les êtres. D'autres pointent la fin prochaine des valeurs transcendantes et des formes de la sociabilité. D'autres encore s'alarment à l'idée que la marchandise puisse parvenir à étouffer les sentiments humains les plus élevés. Faut-il leur donner raison ? L'avenir de la société d'hyperconsommation peut-il être appréhendé autrement que comme un scénario catastrophe ?

LA CONSOMMATION-MONDE

La consommation sans frein

La propension à se porter acquéreur des nouveautés marchandes n'a rien de spontané. Pour qu'advienne le consommateur moderne il a fallu, en phase I et II, arracher les individus aux normes particularistes et locales, déculpabiliser l'envie de dépenser, dévaloriser la morale de l'épargne, déprécier les productions domestiques, il a fallu inculquer de nouveaux modes de vie en liquidant les habitudes sociales qui résistaient à la consommation marchande. C'est en se débarrassant des comportements traditionnels, en ruinant les normes puritaines, en faisant tomber en déshérence les cultures paysannes et ouvrières que s'est construite la planète de la consommation de masse. Au XIXe siècle, les grands magasins ont inventé le « shopping » comme nouvelle occupation distractive et créé le besoin irrésistible de consommer dans les classes bourgeoises. Plus tard le célèbre « *five dollars day* » de Ford est pensé comme la possibilité pour l'ouvrier d'accéder au statut de consommateur moderne. Dans les années 1920, la publicité aux États-Unis s'est donné pour tâche de façonner un consommateur adapté aux nouvelles conditions de la production en grandes séries. Le système du crédit au cours de ces mêmes années puis dans l'après-guerre a permis de développer une nouvelle morale et une nouvelle psychologie dans laquelle il n'était plus nécessaire d'économiser d'abord pour acheter ensuite. Nul n'en disconviendra : le succès est total, le « dressage » à la consommation moderne ayant réussi au-delà de toutes les espérances.

Il n'y a plus en effet de normes et de mentalités s'opposant frontalement au déferlement des besoins monétisés. Toutes les inhibitions, tous les remparts « archaïques » ont été liquidés ; seuls restent en piste la légitimité consumériste, les incitations aux jouissances de l'instant, les hymnes au bonheur et à la conservation de soi. Le premier grand cycle de rationalisation et de modernisation de la consommation est terminé : plus rien n'est à abolir, tout le monde étant déjà formé, éduqué, adapté à la consommation illimitée. Commence l'ère de l'hyperconsommation quand les anciennes résistances culturelles sont tombées, quand les cultures locales ne constituent plus des freins aux goûts des nouveautés. La phase III est cette civilisation où le référentiel hédoniste s'impose comme une évidence, où la publicité, les loisirs, les changements perpétuels du cadre de vie sont « entrés dans les mœurs » : le néo-consommateur ne se déploie plus sur fond de culture antinomienne [2].

La spiritualité consumériste

Même la religion ne constitue plus un contre-pouvoir à l'avancée de la consommation-monde. À la différence du passé, l'Église ne met plus en avant les notions de péché mortel, elle n'exalte plus ni le sacrifice ni le renoncement. Le rigorisme et la culpabilisation se sont fortement atténués en même temps que les anciennes thématiques de la souffrance et de la mortification. Tandis que les idées de plaisir et de désir sont de moins en moins associées à la « tentation », la nécessité de porter sa croix sur terre s'est effacée. Il ne s'agit plus tant d'inculquer l'acceptation des épreuves que de répondre aux déceptions à l'égard des mythologies séculières qui n'ont pas réussi à tenir leur promesse et d'apporter la dimension spirituelle nécessaire à l'épanouissement complet de la personne. D'une religion centrée sur le salut dans l'au-delà, le christianisme est passé à une religion au service du bonheur intramondain mettant l'accent sur les valeurs de solidarité et d'amour, sur l'harmonie, la paix intérieure, la réalisation totale de la personne [3]. Où l'on voit que nous sommes moins témoins d'un « retour » du religieux que d'une réinterprétation globale du christianisme lequel s'est ajusté aux idéaux de bonheur, d'hédonisme, d'épanouissement des individus, diffusés par le capitalisme de consommation : l'univers hyperbolique de la consommation n'a pas été le tombeau de la religion mais l'instrument de son adaptation à la civilisation moderne du bonheur terrestre.

Lorsque domine une conception intramondaine et subjective du salut, monte, en parallèle, la marchandisation des activités religieuses et parareligieuses [4], les individus ayant besoin de trouver « à l'extérieur » des moyens pour consolider leur univers de sens que la religion institutionnelle ne réussit plus à construire [5]. Nulle part le phénomène n'est aussi manifeste que dans la « nébuleuse mystique-ésotérique » et les réseaux se revendiquant du « New Age ». Dans cette mouvance se multiplient les librairies spécialisées et les salons d'exposition, toute une offre commerciale faite d'ateliers avec gourou, de centres de développement personnel et spirituel, stages de zen et de yoga, ateliers sur les « chakhras », consultations en « médecine spirituelle », cours d'astrologie et de numérologie, etc. Tandis que les ouvrages de religion et les romans spirituels connaissent de grands succès de librairie, nombre d'éditeurs investissent ce nouveau « créneau » porteur. Dans la société d'hyperconsommation, même la spiritualité s'achète et se vend. S'il est vrai que la réactivation post-moderne du religieux exprime un certain désenchantement à l'égard du matérialisme de la vie quotidienne, il n'en demeure pas moins que le phénomène est de moins en moins extérieur à la logique marchande. Voilà la spiritualité devenue marché de masse, produit à commercialiser, secteur à manager et promouvoir. Ce qui constituait un contre-feu au déchaînement de la marchandise s'est métamorphosé en levier de son élargissement. La phase III est celle qui voit s'estomper le fossé entre *Homo religiosus* et *Homo consumericus.*

En même temps, sur fond d'affaiblissement des capacités organisatrices des institutions religieuses, la tendance lourde est à l'individualisation du croire et de l'agir, à l'affectivisation et relativisation des croyances. Aujourd'hui, même la spiritualité fonctionne en libre-service, à l'expression des émotions et des sentiments, aux quêtes animées par le souci du mieux-être personnel conformément à la logique expérientielle de la phase III. C'est de plus en plus la recherche de la réalisation psychologique du sujet qui se trouve au centre tant des expériences des croyants proprement dits que des nouvelles « religions sans Dieu [6] ». Ce qui fait la valeur de la religion n'est plus sa position de vérité absolue mais la vertu qu'on lui attribue de pouvoir favoriser l'accès à un état supérieur d'être, à une vie subjective meilleure et plus authentique [7]. Naturellement — est-ce utile de le souligner — croire n'est pas consommer : s'inscrivant dans la continuité d'une tradition, recherchant l'« essentiel », le divin et le sens de la vie, l'esprit de foi ne peut se confondre avec l'esprit pragmatique du consumérisme. Il n'en reste pas moins vrai que la réaffirmation contemporaine du religieux se trouve marquée par les traits mêmes qui définissent le turboconsommateur expérientiel : participation temporaire, incorporation communautaire libre, comportements à la carte, primat du mieux-être subjectif et de l'expérience émotionnelle. Sur ce plan, *Homo religiosus* apparaît davantage comme la continuation d'*Homo consumericus* par d'autres moyens que sa négation. Il ne s'agit évidemment pas de résorption du religieux dans la consommation : simplement nous assistons à l'extension de la formule du supermarché jusque dans les territoires du sens, à la pénétration des principes de l'hyperconsommation à l'intérieur même de l'âme religieuse.

L'hyperconsommateur saisi par l'éthique

L'éthique constitue un autre « secteur » de pointe de la consommation-monde. Bien sûr, le marché des produits équitables et verts est encore balbutiant : 1 % à 5 % de la consommation totale selon les pays. Cependant, depuis 2001, le commerce équitable enregistre une importante progression en volume, en diversité de produits ainsi qu'en notoriété. De plus en plus de consommateurs déclarent être sensibilisés aux produits issus du commerce équitable ; une importante proportion de consommateurs européens affirment être disposés à payer plus cher si le produit respecte des normes écologiques ou éthiques ; selon l'Institut Mori, seul un quart des consommateurs se disent indifférents à ces critères. 18 % des Britanniques et 14 % des Néerlandais ont déjà boycotté des produits en fonction de critères « citoyens ». Dans nos sociétés, on ne consomme plus seulement des « choses », des films et des voyages, on achète des « produits éthiques » et écologiques. Autre temps, autres motivations : aux militants politiques font suite les nouveaux consommateurs « engagés » friands de labels éthiques et de produits de sens associés à la défense des enfants, des affamés, des animaux, de l'environnement, des victimes en tout genre. C'est sous les auspices de la consommation « correcte », de la dépense citoyenne, écologique et socialement responsable que s'agence la phase III.

Simultanément, la marchandise « responsable » a pour complément une consommation d'actions humanitaires, l'essor des galas médiatisés de la bienfaisance de masse avec ses stars et ses jeux, ses rires et ses pleurs, ses déluges d'appels et de dons. L'hyperconsommateur expérientiel plébiscite les méga-shows de la bonté, les témoignages poignants, le rock caritatif, les vedettes au service de la solidarité, le tout baignant dans une ambiance festive et interactive. Le stade terminal de la consommation s'accomplit dans le sacre de la *valeur éthique,* instrument d'affirmation identitaire des néo-consommateurs et génératrice d'émotions-minute pour les spectateurs des marathons philanthropiques.

Au festival de l'objet se surajoute maintenant la consommation citoyenne et la fête des bons sentiments. Exit les « eaux glacées du calcul égoïste », place au caritatisme du bonheur donné et reçu en direct et en gros plan. Finies les rivalités symboliques de l'échange-don sauvage, notre potlatch à nous est féerique, consensuel et compassionnel, c'est celui de la bonté totale, du don consommé et mass-mediatisé, promis, expédié et zappé. Après la consommation démonstrative des classes riches, les surenchères du Bien cathodique. Il n'y a plus d'antagonisme entre hédonisme et désintéressement, individualisme et altruisme, idéalisme et spectaclisme, consumérisme et générosité, notre époque a brouillé ces anciennes frontières pour le plus grand bonheur de l'hyperconsommateur sentimentalo-médiatique, mobilisé épisodiquement et à distance.

Le consumérisme sans frontière

La dynamique de la consommation-monde ne s'arrête pas là. Ce sont toutes les grandes institutions sociales qui se trouvent reformatées, « revues et corrigées » par le turbo-consumérisme. Le couple ? Il se désinstitutionnalise et se privatise devenant plus contractuel, plus instable, chacun se voulant autonome et cherchant à préserver sa disponibilité dans un engagement pensé comme résiliable. Baisse de la nuptialité, augmentation des unions libres, progression du divorce, précarité des liens : la famille n'échappe plus tout à fait aux stratégies temporaires, individualisées, contractualisées de l'individu-consommateur. Le rapport à la politique ? Tandis que s'accroît la volatilité électorale, un grand nombre de citoyens montrent une adhésion plus flottante aux partis politiques, s'orientent plus individuellement, changent de vote selon la nature et les enjeux des élections : le vote-stratège du consommateur politique tend à remplacer le vote de classe à l'ancienne mode. Le syndicalisme ? Ici encore gagne le lien temporaire et distancié, l'adhérent étant progressivement devenu un simple cotisant, un « client » traitant l'organisation syndicale comme une institution ordinaire : à l'engagement identitaire qui prévalait il y a peu encore a succédé un rapport de type utilitariste [8].

Où faut-il placer les frontières de la consommation-monde au moment où le consumérisme gagne des domaines aussi divers que la sexualité et la procréation, le sperme et les ovules, la spiritualité et la culture, le sport et l'école ? Tandis que l'on demande aux services publics de se comporter comme des entreprises du secteur concurrentiel, même les retraites sont confiées ou en voie de l'être, aux compagnies d'assurances et aux fonds de pension au nom de l'intérêt des consommateurs, des usagers et retraités. Le fait est là : avec l'essor de la société de marché, l'univers du client ou de l'usager devient le paradigme dominant, une espèce de « phénomène social total ». Nous sommes à l'heure où, dans toutes les sphères, s'imposent peu ou prou le principe du libre-service et l'éphémérité des liens, l'instrumentalisation utilitariste des institutions, le calcul individualiste des coûts et des bénéfices.

Qu'est-ce à dire sinon que le marché est devenu, bien au-delà des transactions économiques, le modèle et l'imaginaire régissant l'ensemble des rapports sociaux, sinon encore que le consommateur se présente comme la figure prédominante du sujet social. L'émancipation des acteurs vis-à-vis des impositions collectives, le recul de l'État, l'extension de la sphère marchande à des sphères qui en étaient autrefois exclues ont généralisé dans tous les domaines la logique des options personnelles, les rapports contractualisés et temporaires, la perspective du client, la recherche du meilleur rapport qualité-prix et de la maximisation des avantages. La phase III peut être définie comme la société où la forme-consommation apparaît comme le schéma organisateur des activités individuelles, où l'ethos du consumérisme restructure toutes les sphères, y compris celles qui sont extérieures à l'échange payant. Une nouvelle figure emblématique de l'individu a pris corps : elle n'est autre que celle de l'hyperconsommateur globalisé.

LA CONSOMMATION RÉFLEXIVE

La phase II de la consommation de masse s'est accompagnée de virulentes dénonciations de la marchandisation des besoins et de la programmation des modes de vie. Les courants gauchistes, la jeunesse rebelle, l'écologie radicale sont partis en guerre contre les pseudos besoins, la consommation illusoire des objets, le gaspillage des richesses. Toute une génération a fustigé le règne de la passivité et du conditionnement généralisé au nom de la liberté totale, de la créativité, de la jouissance passionnelle.

Cette phase, manifestement, a vécu, l'esprit révolutionnaire n'ayant pas résisté aux charmes de l'Éden consumériste. Une nouvelle culture s'est édifiée qui substitue aux rêves de la discontinuité historique le culte de l'épanouissement subjectif, de la qualité de la vie, de la santé infinie. Cela signifie-t-il la disparition de toute opposition au monde de la marchandise, le triomphe d'une humanité totalement intégrée, sans discordance ni antagonisme ? Pas le moins du monde. Loin que s'impose un univers marqué par l'approbation généralisée des conditions de vie, nous sommes témoins d'une sorte de démocratisation du dissentiment, la critique du monde consumériste étant devenue la chose du monde la mieux partagée. Quel domaine est encore à l'abri des lamentos et des protestations du consommateur ? On s'élève contre la colonisation publicitaire de l'espace public ; on s'inquiète des ondes néfastes propagées par les téléphones portables et les fours à micro-ondes ; on déplore la disparition de la saveur des aliments ; on se révolte contre les aliments transgéniques et les produits polluants ; on se plaint des plages surpeuplées et de la défiguration des paysages ; on maugrée contre les nouvelles incivilités téléphoniques, les hordes de touristes, la laideur des hypermarchés ; on accuse la télévision de faire de nous des demeurés et la publicité de nous transformer en troupeaux de Panurge. À mesure que l'ordre marchand envahit les habitudes de vie, les désapprobations et insatisfactions se multiplient, tout le monde étant devenu peu ou prou critique d'un monde que personne, au fond, ne veut substantiellement autre. C'est bien la « société unidimensionnelle » (Marcuse) qui triomphe, sauf qu'elle ne signifie en aucune manière disparition des forces oppositionnelles et identification complète des individus avec l'existence qui est la leur. C'est même l'inverse : il y a d'autant plus de posture critique que l'adhésion au *statu quo* est plus profonde.

De la vitrine à la conscience

Ce qui caractérise la société de consommation, écrivait en 1970 Baudrillard, « c'est l'absence de "réflexion", de perspective sur elle-même... il n'y a plus que *de la vitrine* où l'individu ne se réfléchit plus lui-même, mais s'absorbe dans la contemplation des objets/signes multipliés [9] ». Comment ne pas voir l'écart avec le moment III lequel génère — quoique non exclusivement et non régulièrement — distanciation et méfiance des sujets? De même que s'intensifie l'autonomisation des individus vis-à-vis des grandes institutions collectives, de même y a-t-il une plus grande distance vis-à-vis des marques et des produits de consommation. Ce qui ne veut pas dire désaffection mais réflexivité accrue du consommateur disposant désormais d'une masse d'informations et de connaissances médiatico-scientifiques pour effectuer ses achats. Tout ce qui était vécu immédiatement et sans distance est devenu plus problématique, s'accompagne d'évaluation et de vigilance, de besoin d'information, de savoir et d'expertise, parfois de défiance. À l'heure des nouveaux risques alimentaires et de l'obsession sanitaire, *Homo consumericus* ne cesse de convoquer *Homo scientificus* pour s'orienter et choisir en « connaissance de cause », minimiser l'action des substances nocives, mettre en œuvre des stratégies de prévention des risques. En phase III, acheter ne va plus sans savoir, sans recul informé, sans délibération « savante ». Fin de l'époque de la marchandise insouciante et innocente : nous voici au stade réflexif[10] de la consommation érigée en problème, objet de doute et d'interrogation. Le cycle III désigne l'avènement de la consommation comme monde et comme problème, comme tracas et comme conscience réfléchie.

Ainsi le « stade du miroir » a-t-il été remplacé par le « stade du spéculatif » de la consommation, celui où les comportements d'achat s'effectuent à la lumière des connaissances « savantes » véhiculées par les médias. Transformation qui participe de plain-pied de la nouvelle planète des individus. Dans une époque où les hommes ont de plus en plus le sentiment que la maîtrise de leur existence collective leur échappe, c'est autour des modes de vie que s'intensifient les interrogations et attitudes critiques. En changeant ses habitudes, en faisant des choix « éclairés », le néo-consommateur se pose en acteur libre qui évalue les risques et discrimine les produits. La « prise de parole[11] » n'est pas seulement une réaction engendrée par des expériences de consommation décevantes ou présentées comme dangereuses, elle est l'une des voies qu'emprunte l'individu pour affirmer sa subjectivité autonome et son identité personnelle. Au travers du rejet et des choix pris en conscience, le consommateur expérimente une manière d'être sujet dont l'autonomie se concrétise dans la prudence, le discernement, la capacité à changer et à remettre en cause l'existant. Il ne s'agit pas d'une simple défense contre le monde extérieur mais d'un instrument d'appropriation individuelle d'une partie du monde dominé par le marché. Ce qu'on pourrait appeler le « cogito hyperconsommatif » apparaît comme l'une des expressions de l'escalade individualiste, une manière de construire un pouvoir personnel sur un territoire d'extrême proximité au moment où les grands projets collectifs ont perdu leur ancienne puissance de mobilisation.

L'hyperconsommation comme destin

Tandis que la réflexivité consommative tend à se généraliser, les flèches lancées contre le déferlement des besoins ont changé de direction. L'écologie radicale et politique qui, dans les années 1960-1970, prônait l'austérité volontaire et l'« autolimitation des besoins » a laissé place aux demandes de protection de l'environnement, à l'agro-écologie, à la gestion durable des ressources de la Terre. Aux utopies de la rupture ont succédé les appels à la sauvegarde du « patrimoine commun de l'humanité », aux mots d'ordre « mangez mieux, consommez sain », les éloges du *slow food.* Ce qui compte avant tout c'est la défense des grands équilibres planétaires, la production de marchandises recyclables, la réconciliation de l'économie et de l'écologie. La protestation globalisante et manichéenne s'est muée en outil de réflexivité pragmatique faite de contestations ponctuelles, de sensibilisation aux urgences de l'heure, d'appels à une modification « réaliste » et nécessaire des pratiques productives, des politiques publiques et des modes de consommation. Après les passions révolutionnaires, le principe de précaution et la sagesse évaluatrice des risques majeurs : l'époque n'est plus à la redéfinition complète des besoins et encore moins au culte de la vie frugale mais à l'éco-consumérisme, aux labels verts, à l'écologie industrielle [12]. Bio-produits, développement durable, écosystème industriel : l'écologie ne constitue plus un contre-pouvoir à l'économie marchande, elle fonctionne comme instrument de son recyclage, vecteur d'une offre plus respectueuse des grands équilibres de la nature. S'il est indéniable que la sensibilité écologique demeure une nébuleuse constituée de courants divergents, il n'en demeure pas moins qu'elle travaille à créer un « supplément d'âme », à « conscientiser » la production et la consommation. Moins il y a d'utopie révolutionnaire, plus s'accroît la réflexivité de la consommation-monde repeinte en couleur verte.

Pour autant, la radicalité critique n'a pas baissé les armes : les antimondialisations défraient la chronique et la McDonaldisation de la planète fait plus que jamais figure de grand Satan [13]. Retour à la case départ ? Il n'en est rien. Les nouveaux activistes proclament « le monde n'est pas une marchandise », les anathèmes font florès, mais c'est moins la consommation-monde qui est visée que les déréglementations de l'« horreur économique ». L'ultralibéralisme, les oukases du FMI sont mis au pilori, mais l'objectif poursuivi est de faire entrer les pays en développement dans l'âge du bien-être matériel. La destruction des plants de maïs transgéniques, les appels en faveur de la taxe Tobin ou de l'annulation de la dette des pays pauvres, tout cela ne constitue pas des déconstructions du monde consumériste mais des demandes de régulations et d'« humanisation » de la mondialisation. Si nombre d'aspects de l'hyperconsommation sont mis au banc des accusés et si les anti-consommation militent contre la voiture, la télévision ou la publicité, force est de constater que plus aucun modèle crédible de société alternative n'est à notre disposition : nous avons la posture de la dénonciation radicale, l'espoir et l'organisation pratique d'un autre monde en moins. Le gadget et le ludique ont pris la relève des perspectives de révolutionner réellement l'organisation marchande des modes de vie [14]. C'est comme un *destin* irrésistible qu'avance la consommation-monde.

On a analysé avec pertinence ce « réarmement de la critique » comme une protestation « essentiellement morale » qui, portée par la nouvelle prééminence idéologique du droit des individus, « participe en profondeur de ce qu'elle refuse en surface [15] ». J'ajouterai que cette forme paradoxale de participation à la société contemporaine ne se nourrit pas seulement du sacre des droits de l'homme mais aussi des aspirations et finalités nées des développements de la consommation de masse. Refus de l'uniformisation planétaire, offensive contre les OGM, croisade contre les marques et la publicité, tout cela s'alimente des idéaux de bonheur et de qualité de vie, d'hédonisme et de mieux-être que seul le capitalisme de consommation a réussi à diffuser à grande échelle [16]. Si la nouvelle radicalité est fille de son temps, c'est qu'elle s'est alignée sur les normes de l'hyperconsommation qu'elle ne cesse de vilipender.

DES LIMITES DE LA MARCHANDISATION

Le stade III signifie le moment où la sphère commerciale devient hégémonique, où les forces du marché envahissent la presque totalité des aspects de l'existence humaine. On peut comprendre, dans ces conditions, l'urgence qu'il y a à s'interroger sur le type d'être humain et de vie sociale que façonne ce que certains appellent le nouveau « totalitarisme marchand ». Si le processus de marchandisation n'est pas contenu, le risque n'est-il pas immense que dépérissent la sociabilité, la confiance sociale, l'empathie, toutes les valeurs et les sentiments qui définissent notre humanité ? Que vont devenir les liens communautaires, les relations fondées sur l'affection, l'amour et le dévouement dans des sociétés qui ne connaissent plus que les échanges tarifés ? La nature humaine n'est-elle pas menacée quand la plupart de nos relations deviennent monétaires et contractuelles [17] ? Il se pourrait ainsi qu'à l'ombre du consumérisme euphorique se prépare une nouvelle humanité ou « post-humanité » cauchemardesque.

D'aucuns l'affirment déjà haut et fort : le monde dans lequel nous vivons n'a plus rien à voir avec le passé, l'ère de la consommation-monde ayant réussi à créer un état d'immanence totale où n'existent plus que les passions de la sécurité, de la santé et de la jouissance festive, où l'individu n'a plus de substance existentielle, vit sans dedans ni intériorité dans un temps entièrement positivé, expurgé de toute imprévisibilité, de tout risque, des conflits et antagonismes qui faisaient l'histoire [18]. La phase III a-t-elle donc réussi à faire triompher définitivement l'« homme-masse », cet « homme médiocre » dénoncé par Ortega y Gasset, incapable d'effort, d'exigence, de dépassement de soi et qui, gâté par l'histoire, se contente d'être ce qu'il est dans une perpétuelle immanence [19] ? Je n'en crois rien.

Même le « dernier homme » que pourrait représenter l'hyperconsommateur s'attache à faire mieux, à « s'accroître », à vivre pour autre chose que la sécurité et les divertissements. La lutte pour la reconnaissance, les désirs de transcendance de soi n'ont nullement été balayés : passion du risque et de l'exploit, volonté du travail bien fait, goût de la création intellectuelle, artistique ou entrepreneuriale, désir du pouvoir, autant de phénomènes qui révèlent que tout, en phase III, ne se ramène pas à la logique du consommable. Sous le règne de la positivité du bien-être, travaille toujours la négativité humaine, le désir de vaincre et de gagner, l'aspiration à se surpasser. Bien que l'expérience marchande occupe une part de plus en plus importante de notre temps, le rapport à soi et aux autres ne se réduit pas à des activités consuméristes. Se dépasser, réussir ce que l'on entreprend, surmonter les épreuves, inventer, créer, toutes ces passions que Nietzsche associait à l'idée de volonté de puissance sont au final inchangées. « La lutte pour la puissance, l'ambition d'avoir “plus” et “mieux” et “plus vite” et “plus souvent”... la force immense qui veut se dépenser et créer [20] » pour s'accroître, pour dominer, pour la « sensation d'un maximum de puissance », rien de tout cela n'a disparu. À mesure que la consommativité étend son emprise, les exigences de dépassement de soi, celles d'être estimé et de s'estimer soi-même par ce que l'on réalise, ne cessent de se réaffirmer. L'existence humaine n'a pas été prise en charge de bout en bout par l'ordre marchand et hédoniste : nous ne sommes pas devenus les consommateurs de notre propre vie.

Rapports marchands et sociabilité

Si la volonté de se surpasser n'est pas en péril, qu'en est-il du rapport aux autres, des passions et des formes de la sociabilité ? Dès la phase II, les penseurs critiques ont avancé l'idée que la consommation spectaculaire devait se comprendre comme « l'organisation systématique de la défaillance de la faculté de rencontre », comme une « communication sans réponse » générant un « autisme généralisé [21] ». L'ordre despotique de la consommation n'est autre que celui qui institue l'unilatéralité de la communication, une relation sociale abstraite interdisant toute forme de réciprocité entre les êtres : la télévision c'est ainsi « la certitude que les gens ne se parlent plus, qu'ils sont définitivement isolés face à une parole sans réponse [22] ». La problématique de la désocialisation systématique s'est encore renforcée avec le développement des réseaux et des nouvelles technologies de l'information qui substitueraient progressivement les interactions virtuelles à l'ancienne vie en société. Des études affirment que l'utilisation d'Internet « diminue le cercle des relations sociales proches et lointaines, augmente la solitude, diminue légèrement la quantité du support social [23] » : en 2001, sur les 13 millions d'adolescents américains, 2 millions préféraient communiquer avec leurs amis via le Réseau plutôt qu'en leur présence. Le monde qui vient serait celui des communautés virtuelles dont l'effet est de détruire la communauté réelle, la rencontre directe, le lien collectif.

Il est indéniable que la télévision, la voiture, les loisirs ont contribué à provoquer l'abandon de tout un ensemble de lieux de rencontres aussi divers que les bistrots de quartier, la messe, le lavoir. Mais cela signifie-t-il que le goût de la sociabilité et des échanges interhumains ait été annihilé ? La réalité observable ne confirme pas ce schéma. Le temps consacré à la télévision ou à la vidéo augmente mais, en parallèle, on constate une tendance à la hausse — fût-elle légère — de la fréquentation des musées, théâtres, cirques, lieux d'exposition ou de patrimoine. Le nombre d'entrées au cinéma décline mais la fréquentation des parcs de loisirs et la participation aux spectacles de rue et aux festivals s'accroît [24]. Les bistrots de quartier disparaissent mais une nouvelle génération de cafés « spécialisés » (bars à bière, à vin, à karaoké, cyber-café, etc.) voit le jour. Les jeunes communiquent par SMS mais ils aiment se retrouver entre eux pour discuter, aller au cinéma, faire des achats, manger un hamburger. Le foyer tend à devenir un espace propice pour y passer son temps libre, néanmoins les sorties le soir chez les amis sont plus fréquentes qu'autrefois. Plus largement, un nombre croissant de Français déclarent préférer aux loisirs domestiques les loisirs qui les amènent à sortir de chez eux [25].

Contrairement à une idée rebattue, la société d'hyperconsommation n'est pas synonyme de *cocooning* et de « confinement interactif généralisé ». L'équipement audiovisuel des foyers n'a nullement supprimé le besoin d'être au contact du « monde » et de rencontrer ses amis. On est très loin de la société dite « fortement communicante mais faiblement rencontrante [26] » : c'est au contraire le goût du *live*, le désir de sortir, de « voir du monde », de participer à de grands rassemblements festifs qui paraissent représenter les tendances les plus significatives. À observer la floraison des clubs et associations, rien ne permet d'affirmer qu'à l'avenir on rencontrera de moins en moins l'autre dans un état croissant de « solitude interactive ». La diffusion sociale des nouveaux objets de communication va-t-elle inverser cette orientation ? La vérité est que ce sont les individus les mieux équipés en nouvelles technologies qui « sortent » le plus et rencontrent le plus de monde [27]. De récentes études ont montré que les relations virtuelles ne menacent pas les relations personnelles : elles les complètent, les individus qui utilisent fréquemment les services d'Internet continuant d'entretenir des relations hors ligne ou cherchant à élargir leur horizon de rencontres réelles. Évitons le cliché du déclin de la vie sociale : pour l'heure il n'y a pas de réel péril concernant les inclinations à la sociabilité, le développement du virtuel et des médias ayant plus de chances de renforcer l'importance vécue des contacts directs que de les déprécier. Si les relations de voisinage s'affaiblissent ce n'est pas au bénéfice de la claustration domestique mais d'une « sociabilité élargie » plus sélective, plus éphémère, plus émotionnelle, autrement dit mise au diapason de l'ethos hyperconsommatif.

Annihilation des valeurs ?

La consommation-monde abolit-elle la confiance sociale, l'altruisme et l'empathie ? Nul doute que l'on voit s'exprimer, dans nos sociétés, une large défiance envers les responsables politiques et les élites économiques. Certains observateurs signalent la diffusion inquiétante du cynisme dans le corps social, une proportion importante de la population, notamment parmi les plus jeunes et les plus défavorisés, ayant la conviction que « les gens sont foncièrement mauvais [28] ». Si, de surcroît, on prend en compte l'augmentation des incivilités, des délinquances et autres activités criminelles [29], le tableau d'ensemble est indéniablement peu réjouissant.

Cependant, d'autres raisons autorisent à se montrer moins pessimiste. Car la « décomposition des valeurs » a des limites : les droits de l'homme, les libertés publiques et individuelles, l'idéal de tolérance, le rejet de la violence, de la cruauté, de l'exploitation des plus faibles, autant de principes qui n'ont pas fait naufrage. Même si l'esprit de sacrifice et l'idéal de « vivre pour autrui » ne sont plus guère professés, on ne peut assimiler la culture d'hyperconsommation au degré zéro des valeurs et des comportements altruistes. Les sentiments d'empathie et les gestes de solidarité sont-ils des espèces en voie de disparition ? Comment comprendre, dans ce cas, la multiplication des associations et des bénévoles [30] ? En dépit de toutes les formes d'indifférence à l'autre qui existent, nos sociétés favorisent davantage l'identification à autrui que sa ruine. Les facultés compassionnelles, le sens de l'indignation, les actes d'entraide et de solidarité, tout cela n'a pas été éradiqué : on assiste seulement à l'essor d'une générosité circonstancielle, émotionnelle, indolore [31]. Toujours réceptif au malheur d'autrui, toujours désireux de se sentir utile aux autres, le « cœur » de l'individu hyperconsommateur n'a pas cessé de battre : il est rythmé d'une autre manière.

La sentimentalisation du monde

Faillite de tout idéal ? Absorption de tous les aspects de l'existence par l'échange payant ? Il suffit de considérer la question de l'amour pour apercevoir très vite le point où le processus marchand trouve ses limites. Contrairement à ce que pouvaient penser certains matérialistes du XIXe siècle, l'amour comme valeur, loin de décliner, continue d'être placé sur un piédestal. Dans les films, les chansons, les romans, la presse, partout l'amour se présente comme un idéal supérieur, la quintessence de la vie, l'image la plus emblématique du bonheur. « Désentimentalisation » du monde ? Jamais le couple n'a autant été fondé sur le sentiment, jamais l'idée de « bon mariage » n'a autant exclu le mariage d'intérêt. Et qu'y a-t-il de plus prioritaire, de plus impératif pour nous que l'affection parentale ? Bien que les questions d'argent soient omniprésentes dans le quotidien, une autre logique, antinomique parce que affective, « désintéressée », extérieure à la valeur marchande, ne cesse de bénéficier d'une immense légitimité, de modeler nos attentes, de réguler nos vies. On ne fait pas que consommer de l'amour dans les mass media, nous y *croyons*, nous lui reconnaissons une valeur suréminente, nous organisons-désorganisons des pans entiers de notre existence en fonction des mouvements du cœur. Un axe majeur de la vie demeure foncièrement hétérogène aux forces du marché : tout à l'évidence n'a pas été colonisé par la valeur d'échange. C'est même cette dimension qui constitue ce qui fait pour nous la plus grande richesse, le relief le plus intense de la vie privée. Cette part hors marché n'est ni résiduelle ni archaïque. C'est tout le contraire : plus s'élargit la commercialisation des modes de vie et plus s'affirme la valeur du pôle affectif dans la sphère privée. L'univers de la consommation-monde ne met pas fin au principe de l'affectivité sentimentale, il le consacre en tant que valeur supérieure, corrélative de la culture de l'individu qui, aspirant à l'autonomie personnelle, refuse les régulations institutionnelles du temps privé. C'est ainsi que la culture de l'amour se généralise dans la proportion même où s'intensifie tout à la fois la dynamique de l'individu et celle de la marchandisation des besoins [32].

Légèreté et fragilité

Ces analyses n'ont pas pour but de blanchir la phase III de la consommation. Qu'on se rassure, je n'ignore pas tout à fait les menaces qu'elle fait planer sur nous. Simplement je m'attache à les penser en évitant les facilités de la dénonciation apocalyptique. Quels sont les effets de la consommation-monde ? Où va-t-on ? De quels malheurs sommes-nous la proie ? À la « révolution des espoirs » portée par la phase II, a succédé la conscience des « dégâts du progrès », la suspicion à l'égard des nouvelles technologies, la crainte de la dégradation du niveau de vie. Si la société d'hyperconsommation a réussi à neutraliser les luttes symboliques qui orchestraient les actes de consommation, elle ne cesse de reproduire de nouvelles conflictualités entre l'homme et les choses, l'homme et lui-même, l'homme et le social. Derrière les lumières de la légèreté consumériste grimacent toujours les angoisses du mal-être, du « dur désir de durer », de la lutte pour la vie et la survie. Alors même que nos sociétés sont plus riches et plus puissantes que jamais, rebondissent les craintes de l'exclusion et des restrictions, les obsessions de l'âge, de la santé et de la sécurité : l'humanité, au final, se montre toujours aussi vulnérable et fragile.

À l'horizon se profile non pas l'annihilation des valeurs et des sentiments mais plus prosaïquement la dérégulation des existences, la vie sans protection, la fragilisation des individus. La société d'hyperconsommation est contemporaine de la spirale de l'anxiété, des dépressions, des carences de l'estime de soi, de la peine à vivre. On se rappelle le mot de Woody Allen : « Dieu est mort, Freud est mort et moi-même je ne me sens pas très bien » : chacun a de plus en plus de mal à assumer les difficultés de la vie, chacun a le sentiment que la vie est plus lourde, plus chaotique, plus « impossible » alors même que les conditions matérielles progressent. Tandis que rayonne l'euphorie du bien-être, chacun a, plus ou moins, le sentiment de n'avoir pas vécu ce qu'il aurait voulu vivre, d'être mal compris, d'être en marge de la « vraie vie ». Si le plus grand nombre, dans les sondages, se déclare heureux, tout le monde, à intervalles plus ou moins réguliers, se montre inquiet, morose, insatisfait de sa vie privée ou professionnelle. La civilisation qui s'annonce n'abolit pas la sociabilité humaine, elle détruit la tranquillité avec soi et la paix avec le monde, tout se passant comme si les insatisfactions vis-à-vis de soi progressaient proportionnellement aux satisfactions procurées par le marché. Un pas en avant, un pas en arrière : la gaieté, la légèreté de vivre ne sont pas au rendez-vous du progrès. Toujours plus de satisfactions matérielles, toujours plus de voyages, de jeux, d'espérance de vie : pourtant cela ne nous a pas ouvert en grand les portes de la joie de vivre.

DEUXIÈME PARTIE

PLAISIRS PRIVÉS, BONHEUR BLESSÉ

Toute la vie des sociétés surdéveloppées se présente comme une immense accumulation des signes du plaisir et du bonheur. Des vitrines rutilantes de marchandises aux publicités rayonnantes de sourire, du soleil des plages aux corps de rêves, des vacances aux divertissements médiatiques, c'est sous les traits d'un hédonisme radieux que s'affichent les sociétés opulentes. Partout s'élèvent les cathédrales dédiées aux objets et aux loisirs, partout résonnent les hymnes au mieux-vivre, tout se vend en promesses de volupté, tout s'offre en surchoix et en musique d'ambiance diffusant un imaginaire de Cocagne. Dans ce jardin des délices, le bien-être est devenu Dieu, la consommation son temple, le corps son livre saint.

Si ce constat ne soulève pas d'immenses problèmes, il n'en va pas de même de son interprétation. Depuis un demi-siècle, la « révolution des besoins » a suscité les lectures les plus contradictoires qui soient. Si l'on se concentre sur l'essentiel, cinq grands modèles paradigmatiques se détachent qui commandent l'intelligibilité du plaisir et du bonheur dans nos sociétés. Je les ramène ici à leur plus extrême épure, chacun d'eux étant patronné par une figure mythologique emblématique.

Selon une première thèse, les sociétés consommationnistes s'apparentent à un système de stimulations sans fin des besoins qui creuse d'autant plus la déception et la frustration que résonnent davantage les invitations au bonheur à portée de main. Fièvre compulsive, mécontentement, morosité : la nouvelle Arcadie génère une insatisfaction insurmontable, son originalité étant de produire la misère subjective dans l'opulence matérielle. La société qui exhibe le plus la fête du bonheur est celle dans laquelle on manque le plus : son principe n'est autre que *Pénia* (pauvreté).

Un second modèle interprète le cosmos des besoins surmultipliés comme déchaînement du principe hédonistique, exacerbation de la vie des sens, prévalence des désirs de jouissance ici et maintenant. En rupture avec les anciennes normes du productivisme bourgeois, l'époque se signale par la promotion de l'instant vécu, par une culture centrée sur le ludisme de la chair, les effervescences festives, la quête des sensations et des extases en tout genre. Le laborieux Prométhée est à bout de souffle : l'âge qui vient propulse *Dionysos* mû par ses désirs de paroxysmes, d'ivresses et de délires.

Aux antipodes de ce modèle, une autre école de pensée reconnaît dans la culture contemporaine le prolongement et l'accentuation des anciennes valeurs puritaines hostiles aux jouissances sensibles. L'hédonisme des mœurs est un faux-semblant, le monde qui nous régit est en réalité activiste et performatif, ses maîtres mots étant compétition, excellence et urgence. Adieu les voluptés vagabondes, tout n'est plus que déploiement de puissance, exploitation maximale des potentiels, dépassement de soi. Au fronton de la société de performance s'inscrit, en lettres numérisées, le nom héroïque de *Superman*.

Si l'on suit un quatrième modèle, l'ère de l'abondance crée moins un climat de légèreté et de bienveillance que l'exaspération des conflits interhumains, les tourments de l'envie, le déplaisir à contempler le succès et le bonheur des autres. Loin d'apprivoiser les passions humaines, la civilisation du bien-être exacerbe les sentiments de haine et de jalousie, la rivalité et les compétitions envieuses entre égaux. La sollicitude marchande est l'illusion qui cache la guerre venimeuse de chacun contre tous, la joie mauvaise à voir briser la félicité des autres. On peut appeler ce modèle *Némésis*, du nom de la déesse grecque personnifiant la vengeance et chargée de frapper la prospérité éclatante, l'excès de bonheur chez les mortels.

Enfin, un dernier modèle s'est construit en insistant sur la privatisation des existences enclenchée par la civilisation consumériste. Brisant l'emprise organisatrice des grandes institutions, provoquant la déroute des utopies de l'histoire et des morales sacrificielles, les sociétés de consommation ont impulsé une individualisation extrême des modes de vie et des aspirations. Pendant plus de deux siècles, le processus moderne d'émancipation de l'individu s'est opéré par le droit et la politique, la production et la science ; le second XXe siècle a prolongé cette dynamique par la consommation et les moyens de communication de masse. Effondrement des pratiques traditionnelles, départicipation et décroyance, vie à la carte, surinvestissement des jouissances privées : une nouvelle culture s'agence dans laquelle le consumérisme, les cultes du corps et du psychologisme, les passions d'autonomie et d'accomplissement individuels ont fait du rapport de soi à soi une dimension dotée d'un exceptionnel relief. *Narcisse* en est la figure emblématique.

Tel est l'état des lieux. Reste maintenant à s'interroger sur l'adéquation des modèles aux faits observables, à évaluer la fécondité de ces fils d'Ariane en les confrontant aux changements survenus dans la phase III. Où nous mène la course effrénée au bonheur privé ? Nous condamne-t-elle à subir en permanence le supplice de Tantale ? La culture qui s'agence se dessine-t-elle sous les espèces du sensualisme débordant ou de la désincarnation des jouissances ? Civilisation de l'efficacité généralisée ou libération du plaisir des sens ? Nouveau *carpe diem* ou escalade de la peine à vivre ? Mieux : ces couples d'opposition sont-ils réellement pertinents ? Et qu'en est-il de tous ces obstacles au bonheur que sont la frustration, la déception, l'envie ? On répète après Saint-Just que le bonheur est une idée neuve en Europe, mais comment le penser lorsque l'utopie politique devient évangile ou conditionnement sanitaire, culte rendu au mieux-être, aux loisirs et aux divertissements ? D'où vient, en même temps, que l'amélioration continuelle des conditions de vie matérielle n'entraîne nullement la réduction du « malaise dans la civilisation » ? Le paradoxe majeur le voici : les satisfactions vécues sont plus nombreuses que jamais, la joie de vivre piétine, voire recule ; le bonheur semble toujours aussi inaccessible alors que nous avons, au moins en apparence, davantage d'occasions d'en cueillir les fruits. Cet état ne nous rapproche ni de l'enfer ni du paradis : il définit simplement le moment du bonheur paradoxal dont on voudrait s'attacher ici à peindre les ombres mais aussi les lumières.

7

Pénia : jouissances matérielles, insatisfaction existentielle

La civilisation matérialiste n'a jamais cessé de faire l'objet d'innombrables critiques émanant de familles de pensées les plus diverses. Les courants chrétiens traditionnels l'ont accusé de ruiner la foi et les obligations religieuses. Les « républicains », à commencer par Rousseau, s'en sont pris au luxe et aux commodités de la vie, coupables de corrompre les mœurs et les vertus civiques. Les rationalistes ont fustigé la futilité de la mode, le superflu et le gaspillage des sociétés d'abondance. Les penseurs aristocratiques ou élitistes ont exprimé tout le mépris que leur inspire une culture « vulgaire » faisant triompher les passions les plus médiocres. Les théoriciens marxistes, quant à eux, ont lancé leurs flèches contre le capitalisme de l'opulence assimilé à un nouvel opium des masses, à une machine économique productrice de faux besoins, de passivité aliénante et de solitude impuissante.

À ces critiques « externes » se sont ajoutées des critiques « internes » dénonçant l'imposture du bonheur marchand, l'incapacité des sociétés riches à contenter réellement les hommes. Car, promettant le paradis des jouissances de l'avoir, le monde de la marchandise ne cesse en réalité d'orchestrer les frustrations, manques et déceptions du plus grand nombre. L'euphorie est à l'affiche, la désolation des êtres progresse chaque jour un peu plus. Opulence matérielle, déficit du bonheur; prolifération des biens consommables, spirale pénurique : la société d'hyperconsommation est celle où les insatisfactions croissent plus vite que les offres de bonheur. On consomme plus mais on vit moins ; plus se déchaînent les appétits d'acquisition et plus se creusent les dissatisfactions individuelles. Désarroi, désappointement, désillusion, désenchantement, ennui, nouvelle pauvreté : l'univers marchandisé aggrave avec méthode le mal de l'homme, le plaçant en état d'insatisfaction irréductible. Par où, Pénia s'érige en figure emblématique de l'hyperconsommateur, en symbole du « tragique » de l'opulence.

Mais de quelle tragédie s'agit-il au juste ? Dans quelle mesure l'individu contemporain est-il écrasé par l'excroissance des objets et des divertissements ? Tandis que sont tirées de nouvelles salves à l'encontre de la culture commerciale et que sont héroïsés les « casseurs de pub », il n'est pas inutile de revisiter Pénia en essayant de repérer de plus près les contours de la « malédiction de l'abondance ».

DE LA DÉCEPTION

Au cours de la phase II, les meilleurs observateurs notaient déjà que l'élévation du niveau de vie, au lieu de s'accompagner de joie et d'enthousiasme, générait plutôt morosité et insatisfaction du plus grand nombre. Ce constat est toujours d'actualité. Comment en rendre raison ? Pourquoi le consommateur des contrées opulentes éprouve-t-il des sentiments de frustration et de mécontentement croissants ? Pourquoi la joie de vivre d'*Homo consumericus* ne suit-elle pas la même pente que celle du bien-être matériel ?

Sur ces questions, la thèse fameuse de Scitovsky ne manque pas d'intérêt. Quelles sont les forces qui poussent le consommateur à se désintéresser d'un bien ou d'un service pour en acquérir d'autres, s'interroge l'économiste américain ? Pour une grande part, cela tient, avance-t-il, au désir de tenter des expériences variées, au besoin de changement et de nouveauté, celle-ci constituant l'une de nos sources principales de satisfaction [1]. Le fait est bien connu : la banalité ennuie, il nous faut, pour jouir au maximum des choses, de l'inhabituel, de la surprise, un certain degré d'inattendu. Scitovsky est l'un des rares théoriciens de la consommation à avoir pris au sérieux les questions du plaisir et de l'ennui : en donnant toute son importance au besoin de nouveauté comme force motrice fondamentale d'*Homo consumans,* il a réussi avec talent à sortir la réflexion des sentiers battus des problématiques de la distinction sociale.

Scitovsky distingue le plaisir comme « bien positif » du confort comme « bien négatif » résultant de l'élimination de l'inconfort. Dans cette perspective, le manque de confort est posé comme ce qui doit précéder le plaisir : il faut avoir froid pour goûter la chaleur du feu de bois, il faut ressentir la faim pour apprécier une bonne table. L'homme est ainsi fait qu'il lui est impossible de vivre dans un confort complet en jouissant en même temps d'un maximum de plaisir. Le conflit est donc inévitable entre plaisir et confort, le premier exigeant pour être ressenti que le second ne soit pas total. D'où le dilemme devant lequel se trouve le consommateur : soit le plaisir au détriment du confort, soit un confort parfait mais au détriment du plaisir. Bien sûr, les commodités matérielles de la vie procurent au départ de l'agrément, mais assez vite celles-ci tombent dans le domaine de la routine, ce dont on jouit régulièrement devenant chaque fois un peu moins attrayant. Confort et plaisir, loin de se confondre, s'excluent l'un l'autre.

L'antagonisme du confort et du plaisir acquiert dans les sociétés développées un relief particulier dans la mesure où celles-ci privilégient systématiquement le confort matériel, la fonctionnalité, le gain de temps, l'élimination des efforts physiques. Par là, de nouvelles habitudes s'installent, qui poussent les individus à passer de la recherche du plaisir à l'évitement de la souffrance. Dans ces conditions, le consommateur moyen vit non tant en vue de la satisfaction qu'apportent les biens de confort que pour éviter les inconvénients résultant de leur abandon. À l'instar d'un toxicomane, le consommateur moderne se trouve en état de dépendance vis-à-vis du confort : c'est le désir d'éviter la gêne et la frustration provoquées par l'interruption d'une habitude qui le motive beaucoup plus qu'une demande de satisfaction supplémentaire [2]. Nous bénéficions certes des facilités techniciennes mais c'est au prix d'une réduction de l'intensité des plaisirs, notre vie confortable étant pauvre en satisfactions positives. Aux yeux de Scitovsky, se trouve là une des raisons expliquant le fait que l'élévation du bien-être s'accompagne d'une faible modification du bonheur des consommateurs.

Cette contradiction entre confort et plaisir trouve une illustration exemplaire aux États-Unis où l'esprit puritain des origines se perpétue. En effet, le travail et l'acquisition de l'argent sont plus valorisés que les jouissances de la vie ; la frivolité, les valeurs esthétiques, la décoration d'intérieur, les saveurs relevées, la vie culturelle sont l'objet d'une méfiance persistante. En Amérique, c'est la recherche du confort qui commande l'attitude du consommateur : les agréments de la vie et la maximisation des satisfactions n'y sont pas les buts primordiaux de l'existence [3].

En même temps la fabrication en série crée des produits standardisés et monotones qui offrent peu de stimulations variées. L'architecture fonctionnelle dessine des villes peu attrayantes ; le mobilier est dépourvu de charme ; les plats préparés sont fades ; les programmes de télévision sont ennuyeux par trop de similitude. Autant de phénomènes qui signalent l'inaptitude de l'économie américaine à procurer une proportion suffisante de nouveautés et de stimulations ; d'où une « structure de consommation appauvrie », une augmentation de la redondance génératrice d'ennui et de monotonie [4]. Telle est cette « économie sans joie » qui échoue à donner le plaisir maximum, à élever le bonheur des consommateurs.

Consommation et déception

A. Hirschman a prolongé cette analyse en mettant l'accent sur la déception posée comme élément constitutif de l'expérience humaine. Parce qu'il est dans la nature de l'homme d'être insatisfait et impossible à contenter et parce que tout un ensemble de biens marchands se montrent incapables d'apporter le genre de satisfactions que l'on attend d'eux, les expériences de consommation sont à la source de nombreuses déceptions. Dans cette perspective, l'important est de déterminer les potentiels plus ou moins grands de déceptions et de satisfactions qui caractérisent les différentes catégories d'acquisitions marchandes. À cet égard, Hirschman note que les « biens véritablement non durables » (le boire et le manger) ont ceci de remarquable qu'ils procurent des plaisirs intenses, indéfiniment renouvelables tout en étant particulièrement résistants à la déception. En revanche, nombre de biens durables (chauffage automatique, équipements de salle de bains, réfrigérateur, etc.) sont éminemment propices à la déception en ce qu'ils n'occasionnent des plaisirs qu'au moment de l'acquisition ou de la première mise en marche : après quoi, ils n'assurent plus qu'un confort sans joie. Ils vont de soi, on n'y pense plus. De même les services (santé, éducation, loisirs) exposent à la déception en particulier du fait de la dégradation de leur qualité moyenne ou d'une qualité inférieure aux espérances [5].

En proie à ces insatisfactions, comment les consommateurs réagissent-ils ? Une première attitude consiste bien sûr à chercher de nouveaux objets de consommation. Une seconde, à s'en prendre plus à soi-même qu'aux services, à l'instar des patients en situation de traitement psychothérapique inefficace : la déception vis-à-vis de soi-même se substitue alors à celle causée par les produits. Une troisième voie existe qui conduit à remettre en question les données sociales et politiques existantes au moyen du combat et de l'action publique : c'est « la prise de parole » selon l'expression employée par Hirschman [6].

La vocation du concept de déception n'est pas seulement d'apporter un éclairage sur les expériences privées de consommation, elle est aussi de rendre plus intelligible les oscillations de tendance qui se manifestent dans les comportements collectifs. Comment expliquer le fait que nos sociétés soient témoins de brusques changements de préférence par rapport à l'axe privé/public ? Pourquoi, après un cycle dominé par la recherche du bonheur privé, voit-on se développer une période marquée par les passions publiques? Hirschman avance l'hypothèse que les basculements de la sphère privée vers l'arène publique peuvent s'expliquer, au moins partiellement, à partir de la déception que rencontrent les consommateurs. Frustrés de plaisirs, mécontents, contrariés, les consommateurs se détournent de la poursuite du bonheur privé et s'orientent vers l'action publique [7]. En adhérant à un mouvement de protestation, en se mobilisant pour une cause collective, les individus recherchent une autre voie du bonheur censée leur éviter les frustrations d'une existence purement égoïste et privée.

Si stimulantes soient-elles, ces analyses soulèvent nombre de questions. Quelle place occupe réellement la déception dans l'expérience du consommateur hypermoderne? Est-il vrai qu'elle se répande dans la proportion où se diffusent les biens durables? Nul n'en disconviendra : nombre de ces biens ne procurent plus de plaisirs après les premiers temps d'utilisation. Mais sont-ils sources de déception? On me permettra d'en douter. Rares en fait sont les individus qui en veulent à ces biens au motif qu'ils n'apporteraient que du confort et presque aucun plaisir. La vérité est plutôt qu'on n'y prête plus attention, ce qui n'a rien à voir. Peu de mauvaise humeur et d'amertume : simplement l'accoutumance vaguement indifférente du consommateur.

Somme toute, l'acquisition de biens durables laisse derrière elle un sillage étonnamment faible de déceptions et de frustrations. Le phénomène est remarquable, tant il tranche avec l'esprit général de l'époque : qu'est-ce qui, en effet, de nos jours n'est pas objet de suspicion et de protestation? Dorénavant, les citoyens se déclarent massivement désappointés par les partis politiques, l'État, les syndicats, l'entreprise, le travail, les médias. En revanche les biens durables échappent pour l'essentiel à ces mouvements d'humeur. Quand le mécontentement existe et il existe, il ne tient pas tant à la contradiction entre confort et plaisir qu'à la situation financière du consommateur, à l'insuffisance du pouvoir d'achat, à l'obligation de se restreindre. L'insatisfaction majeure résulte non pas d'un excès de confort qui étouffe le plaisir mais de l'hypoconsommation et des privations qui s'ensuivent.

La déception vis-à-vis des « choses » est plus superficielle que profonde ; elle est surtout un phénomène plus rhétorique qu'émotionnel [8]. Même aux plus belles heures de la contre-culture, seule une petite minorité s'est détournée des jouissances matérielles. Au bout du compte, il n'y a jamais eu de réel moment de désaffection ou d'hostilité massive envers les activités de consommation marchande. Pendant que l'idéologie dominante maudissait à grands cris le fétichisme de la marchandise, les aspirations consuméristes poursuivaient allégrement leurs cours.

Si le consommateur de produits durables éprouve au total peu de sentiments de déception c'est que le rapport à l'objet utilitaire s'accompagne d'une attente limitée, ponctuelle, n'embrassant pas le tout de l'existence. Nul n'a jamais vraiment imaginé qu'un objet puisse changer la vie et être la clé du bonheur. De l'acquisition des choses on espère un confort supplémentaire et des instants de plaisir : rien de plus. Du coup, le décalage entre l'attente et la réalité, même s'il existe, est rarement porteur de déception abyssale.

Un second facteur explique pourquoi les individus se détournent si peu de l'univers des marchandises. C'est que dans nos sociétés, le système des objets est structuré de fond en comble par la logique-mode, autrement dit par les principes de diversification marginale et de renouvellement perpétuel. Même si les changements ne sont pas toujours des plus spectaculaires, il n'en demeure pas moins que l'univers des biens de consommation fonctionne comme un système de nouveautés permanentes. C'est parce qu'« il se passe toujours quelque chose » de nouveau que l'offre marchande est capable de procurer plus d'expériences de plaisir que de lassitude. Il faut relativiser l'antinomie du confort et du plaisir : considéré globalement, l'âge du confort consumériste ne cesse d'offrir de la stimulation par le biais du changement, des possibilités d'expériences de plaisir et de « voyages » liés à la nouveauté incessante des produits. Les critiques de la société du bien-être de masse ont souvent mis en avant les questions de la « pseudo-jouissance » (Debord), de la frustration et de l'anxiété : ils ont trop négligé sa puissance de nouveautés en tant que source de satisfactions bien réelles. La structure de mode de l'hyperconsommation empêche d'y reconnaître l'ennemi de la stimulation et du plaisir repéré par les théoriciens de la déception et de l'économie sans joie. C'est moins le choc de la déception qui est ressenti que l'excitation et la satisfaction d'éprouver des changements toujours renouvelés dans nos modes de vie. Scitovsky a bien mis en lumière le besoin de nouveauté qui anime le néo-consommateur : il a peut-être sous-estimé la capacité des économies hyperdéveloppées de répondre à cette attente.

Et demain ? D'une part, les objets ont tendance à offrir une plus grande fiabilité et de meilleures qualités techniques, ce qui tarit l'une des sources de la déception. D'autre part, l'informatique et l'électronique permettent de plus en plus de mettre au point des objets procurant des émotions et des plaisirs renouvelés pour autant que le consommateur se trouve en situation d'activité et d'interactivité, de recherche et d'échange : la part de la stimulation l'emporte du coup sur celle du confort dit passif. C'est ainsi qu'avec l'essor des « objets de communication » le potentiel de déception des objets durables a plus de chance de décroître que de progresser.

Les nouveaux vecteurs de la déception

Ces réflexions n'ont pas pour but de défendre la thèse évidemment fausse selon laquelle le consommateur, miraculeusement, serait protégé de l'épreuve de la déception. Celle-ci bien sûr existe et même à très grande échelle : simplement elle ne se laisse plus penser dans le cadre fixé par Hirschman. Il est remarquable en effet que les déceptions sont moins suscitées, de nos jours, par les biens durables que par les biens fongibles, en particulier par l'alimentation. À preuve les plaintes qui se multiplient contre les aliments industrialisés, contre les fruits et les légumes sans saveur. Et les repas pris au restaurant sont loin de toujours susciter l'enthousiasme. On sait par ailleurs combien les régimes d'amaigrissement sont souvent suivis de déception en raison des reprises de poids. Dans les sociétés où l'excès de poids est vécu comme un drame épouvantable, où les pratiques de régime se répandent, le rapport à l'alimentation devient une source permanente d'anxiété, de découragement, de sentiment d'échec personnel. La place privilégiée qu'occupaient, il y a peu encore, les produits alimentaires en matière de résistance à la déception a disparu : les voici, à présent, davantage porteurs d'amertume et de déconvenue que les objets techniques.

Ajoutons que les biens collectifs et les expériences de consommation dans l'espace public occasionnent plus fréquemment des déceptions que l'utilisation des biens privés. En témoignent les encombrements automobiles, les nuisances sonores, la pollution atmosphérique. Mais aussi les paysages défigurés par l'urbanisme, les côtes bétonnées, les plages surpeuplées et polluées, les lieux touristiques envahis par les visiteurs, les conversations téléphoniques indélicates dans les lieux publics. Faut-il en conclure que les coûts du bien-être l'emportent sur les avantages, les désagréments sur les satisfactions? Si cette appréciation fait problème, c'est qu'elle ne distingue pas suffisamment le rapport aux biens privés et le rapport aux biens publics. Au vrai, seule la consommation des autres et ses effets nous indisposent; le confort privé dont nous jouissons s'accompagne, lui, d'un large sentiment de satisfaction. Jouissance privée, inconfort public, voilà ce qu'éprouve de plus en plus le consommateur de la phase III.

Mais c'est surtout du secteur tertiaire que naissent les plus fréquentes déconvenues de l'hyperconsommateur. Rien d'étonnant à cela, la société post-industrielle se caractérisant par l'évolution d'un système dominé par la production de biens matériels à une économie de services. Moins l'achat de biens matériels est décevant, plus l'accès aux services l'est. Cela, parce que ce qui est acheté implique le rapport à des personnes, la qualité plus que la quantité, le vécu émotionnel plus que la stricte fonctionnalité. Dans nos sociétés, le conflit ne se situe pas entre confort et plaisir mais entre l'attente d'une satisfaction et un service jugé médiocre. L'hyperconsommateur souffre moins d'absence de stimulations que de prestations ne correspondant pas à ses exigences de qualité, à ses désirs de sensations et d'évasions, de formation et de distraction.

Il est significatif qu'aujourd'hui les griefs portent beaucoup plus sur le système scolaire ou les services médicaux que sur les objets. Les parents d'élèves sont nombreux qui se plaignent du manque d'autorité des maîtres, de l'hétérogénéité des classes, de l'absentéisme des enseignants, du niveau « qui baisse ». En parallèle, nombre de patients se déclarent insatisfaits des médecins, des médicaments et des soins qu'ils reçoivent. Ils protestent contre les délais d'admission dans les hôpitaux, ils déplorent la mauvaise qualité des soins offerts dans les services d'urgence, l'absence de dialogue avec leur médecin, le manque d'« efficacité » des médicaments psychotropes ; ils se trouvent mal informés en matière de prévention et se regroupent parfois en mouvement de consommateurs pour défendre leurs droits. Tel est ce qu'on appelle « le paradoxe de la santé » : jamais le niveau de santé n'a été aussi élevé, jamais les doutes et les insatisfactions ne se sont autant exprimés.

Dans le domaine de la culture, le potentiel de déception est aussi particulièrement élevé. Au cours de la phase II, les observateurs fustigeaient la dégradation de la qualité des objets, le déficit de style, la médiocrité fonctionnelle des marchandises sérielles. De nos jours, la critique des programmes de télévision supplante de beaucoup celle du gadget et du supermarché ; on critique davantage le déferlement publicitaire que la mode elle-même. Un large public porte un jugement négatif sur la capacité des médias à traiter les problèmes importants et à rendre compte objectivement des faits. On se désole de la futilité de la presse *people*, de la multiplication des livres insignifiants, de l'état du débat intellectuel devenu atone. Les musiques jeunes (rap, techno) suscitent rejet et ennui chez les adultes. On assiste, en même temps, à de violentes polémiques liées à l'art contemporain présenté comme triomphe de l'imposture, du vide, du « n'importe quoi [9] ». En phase III, les produits de sens nourrissent infiniment plus le désappointement des consommateurs que les produits utilitaires.

Revenons à la télévision. On sait que depuis l'apparition de la télécommande, le zapping est devenu une pratique aussi régulière que générale. Sans doute les téléspectateurs zappent-ils pour éviter la publicité, mais ils le font aussi pour chercher « autre chose », trouver un programme qui les captive davantage. Comment ne pas reconnaître dans ce phénomène, l'expression de l'insatisfaction, de la déception, de l'irritabilité dont le public est la proie ? Si le changement de chaîne est aussi fréquent, c'est qu'un sentiment d'ennui domine peu ou prou le spectateur, c'est qu'une déception, certes sans grande profondeur mais néanmoins réelle, se loge quasi structurellement dans le rapport au petit écran.

Cette situation est inédite. Dans les sociétés traditionnelles, la vie matérielle était difficile, souvent source d'appréhensions et de colères (obsession de la disette, peur de mourir de faim, révoltes contre la surcharge fiscale) mais l'ordre culturel, fortement intériorisé, ne suscitait nul rejet, nulle lassitude. À bien des égards, cette configuration s'est inversée : désormais, d'autant plus se multiplient les satisfactions matérielles, d'autant plus progressent les déceptions culturelles.

Vie professionnelle, vie sentimentale, vie ratée

Mais la consommation est-elle le meilleur angle d'observation pour appréhender la déception hypermoderne ? Assurément non. C'est dans d'autres sphères qu'elle se déploie avec le plus d'intensité : la vie professionnelle et la vie affective en constituent les vecteurs principaux.

Du fait de la dérégulation du marché du travail et de la précarisation des emplois, la sphère professionnelle est à l'origine d'une marée montante de sentiments d'insécurité, de désarrois, de doutes sur soi. Mais la nouvelle donne libérale n'explique pas à elle seule ces phénomènes de démoralisation : la culture consumériste y a sa part. Parce qu'elle a brisé les identités et les cultures de classes tout se reporte sur la responsabilité individuelle : par là, les mises hors jeu du monde du travail sont de plus en plus ressenties comme des déficiences et des échecs personnels. Livré à lui seul, l'individu désenclavé vit comme une affaire personnelle ce qui est une réalité économique et sociale. L'époque voit s'affirmer l'individualisation de l'échec social, toutes les enquêtes montrant combien le chômage obsède les consciences individuelles, remet en question l'identité personnelle et sociale. Ce qui autrefois était vécu comme un destin de classe est vécu comme une humiliation, une honte individuelle. C'est ainsi qu'au cœur de la planète bien-être monte le sentiment d'être inutile au monde, d'avoir été « utilisé » puis « jeté », d'avoir tout échoué.

Parallèlement, les thématiques de la frustration professionnelle et de la souffrance au travail prennent un relief nouveau. Désormais, les cadres eux-mêmes, en grand nombre, expriment leur malaise et se déclarent mécontents, « détachés » de l'entreprise, trahis dans la confiance qu'ils plaçaient en elle, frustrés en ce qui concerne leur aspiration à se réaliser. D'autres se plaignent d'un climat d'urgence, d'un niveau de stress élevé, d'une pression considérable aux résultats qui nuit au travail bien fait, à « l'ambiance », à la qualité des relations interpersonnelles. Il y a plus : tandis que les niveaux de formation s'élèvent, on assiste à une forte recrudescence des emplois non qualifiés, des « petits boulots » — à ce jour, ils représentent près de 25 % de l'emploi salarié en France — sans grand intérêt, faiblement rémunérés, soumis au régime de la précarité et de la flexibilité et pourvus parfois par des diplômés. Jobs ingrats, offrant peu de possibilités de promotion qui nourrissent souvent des sentiments de frustration et de nouvelles formes de souffrances. Crainte du licenciement, harcèlement moral, pauvreté des tâches, scepticisme vis-à-vis de l'entreprise, manque de reconnaissance : le fossé se creuse entre les attentes individualistes d'accomplissement subjectif et le vécu professionnel. Sous les promesses de bonheur de l'entreprise du « troisième type » se cache le continent noir de l'anxiété, de la déception, des blessures de soi. Comment ne pas voir que les déconvenues occasionnées par la consommation sont bien faibles comparées à celles qui assaillent l'homme au travail. L'arbre ne doit pas cacher la forêt : « l'économie sans joie », c'est l'univers professionnel qui l'incarne au premier chef.

Déception professionnelle qui se double d'un raz-de-marée de déceptions de nature communicationnelle, sentimentale et familiale. Car la précarisation touche aussi bien la vie de couple que la vie professionnelle. Essor des séparations, spirale des divorces, conflits liés à la garde des enfants, difficultés à communiquer : le processus d'individualisation s'accompagne d'attentes plus vives dans la vie de couple en même temps que d'une prolifération de conflits et de déceptions intimes : alors que le sentiment fonde exclusivement le couple, les ruptures, les crises relationnelles, les désillusions deviennent le lot de tous [10]. Ainsi va le bonheur paradoxal : plus s'expriment les exigences de proximité émotionnelle et de communication intense et plus les déceptions ponctuent les existences individuelles.

En diffusant dans tout le corps social l'idéal de réalisation de soi, la société d'hyperconsommation a exacerbé les discordances entre le désirable et l'effectif, l'imaginaire et le réel, les aspirations et le vécu quotidien. Parce que les modes d'existence se détraditionnalisent, parce que les vies personnelles et professionnelles deviennent incertaines et précaires, les occasions de se sentir amer, de douter de soi, de porter un jugement négatif sur sa vie se multiplient : désormais l'individu est voué à connaître de façon plus ou moins régulière l'expérience du sentiment d'échec personnel. Celle-ci, naturellement, n'est pas le propre de l'époque : tout laisse à penser néanmoins que la civilisation hypermoderne, renvoyant toujours plus l'individu à lui seul, fournit davantage d'occasion d'en ressentir les affres. L'explosion des dépressions et des anxiétés, les symptômes de dégradation de l'estime de soi signalent la nouvelle vulnérabilité de l'individu inséparable de la civilisation du bonheur. Les regards négatifs sur soi, les remises en cause de la valeur de son existence présente, le sentiment d'avoir raté sa vie, constituent de plus en plus l'une des pentes de l'individualisme réflexif : là se trouve l'échec du bonheur paradoxal.

Les théoriciens de la société de consommation ont stigmatisé à l'envi l'enfer des désirs matérialistes, l'imposture du bonheur marchand, le non-accomplissement dans le consommable. Le moment est venu de revenir sur ces thèses. Car si « tragique » il y a, il se trouve moins, pour la plupart, dans l'esclavage des choses que dans le rapport de plus en plus difficile à soi et aux autres. De fait, on est moins écrasé par la consommation que renvoyé à soi ; les jouissances matérielles sont réelles et diverses mais elles ne se multiplient que parallèlement aux frustrations existentielles, aux doutes et insatisfactions à l'égard de soi. L'échec n'est pas celui du consommateur, il concerne l'individu-sujet et son existence intime. Ironie de l'époque : la civilisation de l'hypermarchandise a moins créé l'aliénation aux choses qu'elle n'a accentué les désirs d'être soi, la division de soi à soi et de soi à l'autre, la difficulté d'exister comme être-sujet.

DÉSIRS, FRUSTRATIONS ET PUBLICITÉ

Déception, frustration : dans les procès intentés au cosmos consumériste, la publicité occupe comme l'on sait une place de premier rang. « Matraquant » les consommateurs, créant des besoins superflus, relançant continûment de nouveaux désirs d'acquisition, identifiant le bonheur aux biens marchands, la publicité est accusée non seulement de manipuler-standardiser-crétiniser les êtres mais aussi d'être un piège diabolique creusant indéfiniment l'insatisfaction des individus. Spectacle euphorique, elle contribue à propager une misère psychologique chronique des êtres ; sous son règne, Pénia est propulsé à son point culminant.

Cette puissance de frustration systématique s'appuie sur une nouvelle configuration du pouvoir de l'offre économique. La thèse de la « filière inversée » chère à Galbraith en fournit le modèle paradigmatique. J'en rappelle brièvement les termes. Dans les économies opulentes, il ne s'agit plus seulement de produire des marchandises, il est impératif de programmer les besoins, d'arracher les achats à la fantaisie des goûts individuels et des hasards en s'emparant à grande échelle de la demande elle-même. Contrôler la sphère des besoins, mettre le consommateur en condition, lui enlever le pouvoir de décision pour le transférer à l'entreprise, telle est la fonction de la publicité. Étouffant le consommateur sous un déluge d'images du bonheur, lui promettant santé et beauté, la publicité est ce qui crée et recrée les besoins que l'appareil productif cherche à satisfaire. Dirigé par les techniques de persuasion, le consommateur est dépossédé de toute vraie autonomie : c'est l'offre et la communication marchande qui détiennent désormais le pouvoir souverain [11].

Ce modèle théorique a connu son heure de gloire dans la phase II. Debord dénonçait l'essence totalitaire des figures de la « société du spectacle » ; Henri Lefebvre parlait de « société terroriste » et de « quotidienneté programmée [12] » ; Marcuse stigmatisait les « besoins imposés » et la « satisfaction répressive ». Avec l'essor de la société d'hyperconsommation, ces réquisitoires ont-ils perdu de leur virulence ? On les voit plutôt reprendre de la vigueur dans la foulée des critiques de la mondialisation et de McWorld. Aujourd'hui François Brune assimile la publicité à une « pieuvre » totalitaire. Selon Benjamin R. Barber, le développement explosif de la publicité reflète et renforce le nouveau totalitarisme des marchés [13]. D'autres n'hésitent pas à faire état d'un « fascisme soft », se saisissant de toutes les dimensions de la vie. Un peu partout des voix s'élèvent contre la « tyrannie des marques » dont le ressort principal est le « conditionnement » publicitaire. La publicité apparaît toujours non seulement comme la clé de lecture des mécanismes de frustration caractéristiques des nouvelles sociétés marchandes, mais aussi comme le symbole des institutions réussissant à s'emparer des hommes, à remodeler leur style d'existence.

Ces attaques sont-elles justifiées ? On voudrait ici s'employer à les réexaminer. Comment penser la place de la publicité à l'heure de la consommation-monde ? Quelle puissance accorder à la machine publicitaire tant sur l'organisation des modes de vie que sur les satisfactions et insatisfactions du néo-consommateur ?

La publicité prométhéenne

L'histoire de la publicité se rattache structurellement au développement de la société industrielle et de la consommation de masse. L'âge d'or de l'affiche commerciale commence au milieu du XIXe siècle et c'est autour de 1880 que sont engagées les premières grandes campagnes nationales de marques orchestrées par des agences spécialisées et destinées à écouler les produits fabriqués en très grande série.

Une étape nouvelle est franchie à partir des années 1920. Tandis que les supports se multiplient, les annonces exploitent des thématiques et des registres inédits qui sont toujours en vigueur de nos jours : éloge de la femme moderne, maquillée et séductrice, culte de la réalisation de soi, du confort et des loisirs, sacralisation de la jeunesse. Si la publicité apparaît comme l'outil permettant d'augmenter le chiffre d'affaires des entreprises, on lui attribue également la fonction d'acculturer les masses à la société de consommation naissante en diffusant un nouveau mode de vie centré sur l'acquisition des produits marchands. Faire tomber les coutumes anciennes, effacer les styles de vie ruraux et particularistes, chasser les vieux préjugés, l'enjeu est d'éduquer les masses à la dépense consommationniste, homogénéiser les mentalités et les pratiques, rationaliser les goûts et les attitudes. En excitant les désirs de consommation, en déculpabilisant le goût de dépenser, la publicité s'est donnée pour ambition de réorganiser de fond en comble les modes de vie traditionnels : elle a créé une nouvelle culture quotidienne fondée sur une vision mercantilisée de la vie [14].

Par quoi la publicité se présente comme un dispositif d'essence moderniste isomorphe aux visées révolutionnaires de la politique affirmant le plein pouvoir de la société sur elle-même et son droit à se définir, s'organiser sans recours à un principe extérieur à elle-même. De même que l'État moderne s'est donné le droit de réexaminer la société, de la reconstruire de bout en bout rationnellement et indépendamment de tout fondement transcendant, de même la publicité s'est ingéniée à arracher les modes de vie à l'héritage traditionaliste. Souveraineté du peuple, pouvoir publicitaire : dans les deux cas, s'est concrétisé le même processus d'autonomisation vis-à-vis des puissances normatives reçues du passé ancestral. Et de même qu'il y a eu, au nom du pouvoir de la volonté générale, croissance de l'autorité politique, de même y a-t-il eu montée en puissance de la « main visible des managers », du pouvoir économique sur la société. Partout, paradoxalement, la société disposant d'elle-même a été témoin de la dilatation des pouvoirs visant à construire un ordre collectif radicalement nouveau, voire un homme nouveau. Ce processus de détraditionnalisation et de rationalisation de la vie sociale définit l'entreprise publicitaire, en phase I et II, comme un pouvoir de type prométhéen constructiviste parallèle aux projets politiques et révolutionnaires modernes.

Extension du domaine publicitaire

Qu'en est-il au stade de l'hypermarchandise ? Par nombre d'aspects cette mainmise de la publicité sur la société n'a fait que s'amplifier. Non d'ailleurs sans que s'observent de notables glissements dans l'ordre des stratégies de communication. On sait en particulier que la publicité au sens strict du terme ne représente plus que le tiers des dépenses de communication des entreprises, celles-ci privilégiant maintenant ce que l'on appelle le « hors médias » : opérations promotionnelles, relations publiques, mécénat, sponsoring, marketing direct et relationnel. Ce déplacement de centre de gravité a conduit parfois à évoquer l'émergence d'une « société post-publicitaire ». C'est pourtant au même moment que le déferlement publicitaire bat son plein, devenant de plus en plus ostensible et ambitieux dans ses visées. Quel espace échappe encore à la présence des marques lorsqu'elles sont visibles sur les vêtements et les écrans d'ordinateurs, lorsqu'elles s'infiltrent dans les conversations téléphoniques, lorsqu'elles colonisent les lieux publics aussi bien que les lieux privés ? Les campagnes de promotion étaient nationales, elles visent dorénavant un marché planétaire cannibalisé par les grandes marques et les normes de la marchandise-spectacle. Recul de la publicité « classique » ? Sans doute, à condition de préciser que la croissance des dépenses publicitaires mondiales est supérieure d'un tiers à celle de l'économie mondiale ; aux États-Unis, elles ont été multipliées par quatre entre 1979 et 1998. Le résultat est qu'un individu regarde à présent, nous assure-t-on, plus de 2500 publicités par jour. L'âge du turbo-consumérisme est inséparable de l'inflation ou de l'excroissance publicitaire, du monde comme marque et comme représentation : il coïncide avec la disparition des espaces dépourvus de signes commerciaux[15].

En parallèle les visées de la publicité se montrent plus ambitieuses ; celle-ci ne se contente plus d'être le faire-valoir des produits, la voici qui exalte des visions du monde, qui délivre des messages, des valeurs et des « idées » en vue de la fidélisation des clients : « Just do it » (Nike), « Be yourself » (Calvin Klein), « Think Different » (Apple). Elle affichait autrefois la face radieuse de la marchandise ; on la voit mettre en scène la guerre, le sida, la peine de mort, le respect de l'environnement, le racisme, les droits de l'homme. Il ne s'agit plus seulement de stimuler des besoins et des réflexes conditionnés, mais de créer des liens émotionnels avec la marque, la promotion de l'image devenant plus importante que celle du produit. Expansion de la publicité sociétale et des visions de marques qui conduit ses ennemis à dénoncer une nouvelle forme de machination commerciale s'apparentant au totalitarisme par sa volonté de prendre possession de l'espace mental lui-même.

Comment douter de la puissance croissante de la publicité au vu de l'évolution des comportements relatifs au corps ou à la mode ? Les féministes frappent juste lorsqu'elles signalent la montée de la « tyrannie de la beauté » (minceur, jeunesse) véhiculée par les publicités cosmétiques, les magazines féminins, les images des top models. De là, l'anxiété ou l'insatisfaction grandissante des femmes vis-à-vis de leur corps, l'obsession de la « ligne », l'essor des produits de soins. La question de l'alimentation est également concernée : aujourd'hui les nutritionnistes s'en prennent à la publicité l'accusant de déséquilibrer les comportements alimentaires des enfants et de favoriser les excès de poids. « Despotisme » publicitaire qu'illustrent encore les *fashion victims,* les comportements des adolescents et même des enfants vis-à-vis des marques de vêtements ou de sport : les jeunes ne veulent plus des produits mais des marques dont le succès a partie liée avec la force de frappe publicitaire. Les traditions sont épuisées ; nous avons la publicité et son pouvoir de promouvoir des normes consommatives, d'influencer un nombre croissant de comportements individuels et collectifs.

Au stade III, la publicité s'immisce dans tous les interstices de la vie, inonde tous les continents, s'empare de tous les référentiels, joue de tous les registres. Même si le « hors médias » restructure les politiques de communication, il n'en demeure pas moins que la publicité apparaît plus omniprésente et intrusive que jamais, non seulement du fait de l'expansionnisme des marques mais aussi en raison des politiques de synergie commerciale et de l'allongement du temps moyen passé devant l'écran de télévision. À cet égard, l'important n'est pas tant que la publicité classique soit supplantée par d'autres stratégies de communication mais que se déploie un processus de promotion tous azimuts des marques faisant entrer la *forme* ou la logique publicitaire — bien au-delà en effet de la publicité canonique — dans une dynamique diversifiée, ininterrompue, hypertrophique.

L'illusion de la toute-puissance

La formidable expansion des marques a entraîné des salves sévères à l'encontre de ce qui est présenté comme un « fascisme culturel » analogue au contrôle orwellien de l'espace mental et culturel. Disons-le nettement : autant l'idée d'un pouvoir grandissant du marketing est juste, autant celle d'un pouvoir de type « totalitaire » est à refuser. Si l'initiative appartient par la force des choses à l'offre — on ne peut choisir que ce qui existe déjà — on ne doit pas en conclure que le consommateur est un pantin fabriqué de toutes pièces par les experts en communication. Assimiler l'hyperconsommateur à un individu « hypnotisé », passif, malléable à merci est une profonde erreur. Quelle que soit la puissance des moyens de persuasion, *Homo consumericus* reste un acteur, un sujet dont les goûts et les intérêts, les valeurs et les prédispositions filtrent les messages auxquels il est exposé. S'il faut récuser l'idée d'un pouvoir démiurgique de la publicité c'est que le consommateur trie et sélectionne les sollicitations qui l'assaillent, ne prêtant attention qu'à ce qui est en résonance avec ses intérêts, ses attentes, ses préférences [16]. L'amateur de plages bretonnes est peu réceptif aux visuels célébrant les stations alpines ; si vous n'aimez pas le whisky, aucune affiche ne vous convaincra jamais d'en acheter. La publicité propose, le consommateur dispose : elle a des pouvoirs, elle n'a pas tous les pouvoirs [17]. Et si elle génère de la frustration, c'est seulement dans les limites de ce qui correspond aux goûts du consommateur.

Soit dira-t-on, mais la puissance décuplée de la publicité n'en est pas moins manifeste au travers d'une multitude de phénomènes. À preuve l'ampleur sociale des compulsions d'achat ainsi que la spirale des ménages surendettés : en 2003, on estimait à 500 000 le nombre de ménages surendettés faisant l'objet d'une procédure et 1,5 million de familles étaient en situation de surendettement. En même temps, 1 consommateur sur 2 reconnaît céder régulièrement au plaisir de l'achat « coup de cœur » ; 30 à 60 % des articles achetés dans les supermarchés et les centres commerciaux sont des achats impulsifs [18]. Montée des faillites personnelles, « fièvre acheteuse », shopping « boulimique », achats impulsifs, autant de « pathologies » qui ne sont pas sans lien avec les sollicitations de la publicité et les sentiments d'urgence qu'elle prodigue. Telle serait la « tyrannie » de l'ordre publicitaire qui, propageant une culture de la satisfaction immédiate des désirs, parviendrait à déstructurer l'organisation psychique des consommateurs, à désarmer l'homme face à l'attente et à la frustration, à le priver de distance entre son être et les séductions marchandes.

Cette lecture « paranoïaque » de la publicité doit être remise en cause. La publicité institue-t-elle le règne frénétique de l'immédiateté et de la consommativité irrépressible ? Comment comprendre dans ce cas qu'en Europe le taux d'épargne des ménages se maintient à un niveau relativement élevé : de l'ordre de 16 % du revenu disponible [19] ? Ce qui, au demeurant, a conduit certains économistes et responsables politiques à déplorer non une consommation débridée mais son insuffisance ! Raz-de-marée des dépenses addictives ? On évalue les acheteurs compulsifs à 4 % de la population générale [20]. La France compte plus de 23 millions de ménages mais le nombre de familles surendettées faisant l'objet d'une procédure est de l'ordre de 500 000. N'est-ce pas par millions qu'ils devraient se compter si la publicité avait la surpuissance dont on la crédite ? Précisons d'ailleurs que les nouvelles faillites civiles ne peuvent s'expliquer par les seules incitations marchandes : on considère que plus de 60 % des surendettés en France le sont non à cause d'une surconsommation de crédits mais d'accidents survenus dans la vie (chômage, maladie, divorce, veuvage, séparation). Au surendettement « actif » sanctionnant un usage immodéré du crédit, succède de plus en plus un surendettement « passif » déclenché par des événements extérieurs funestes. « Orgies » de consommation, fringales d'achat, sentiment de « ne pas vivre sans acheter », désirs incontrôlables provoquant des catastrophes financières, tous ces phénomènes sont bien réels : force pourtant est d'observer qu'ils sont loin de se présenter comme un séisme général submergeant les terres de l'hyperconsommation.

Le remarquable, finalement, n'est pas tant l'escalade des pulsions d'achat immaîtrisées que les limites dans lesquelles elles se déploient. L'inquiétude de l'avenir, la fragilité du marché de l'emploi, l'épargne de précaution, la question du financement des retraites ont manifestement plus de poids sur les comportements que les incitations publicitaires à consommer sans attendre. Si les troubles du contrôle des impulsions d'achat, indéniablement, se développent, ils restent malgré tout des phénomènes aux dimensions sociales réduites. À l'évidence le principe de réalité a résisté aux sirènes de la marchandise : le « déraisonnable » publicitaire ne constitue pas le tombeau de la « rationalité » à géométrie variable de l'hyperconsommateur. Contrairement à une idée reçue, le pouvoir de la publicité et de l'offre en général à entraîner des appétits incontrôlables de consommation n'est nullement hyperbolique. Il n'est pas question de nier l'influence exercée par la publicité : évitons simplement de l'assimiler à la toute-puissance de Big Brother.

En dépit de tout son arsenal séductif, l'emprise de la publicité sur les âmes reste, au bout du compte, réduite. Est-il besoin de rappeler que les religions et les grandes idéologies politiques ont réussi avec autrement plus de succès à rendre « fou » le désir, à diriger à l'extrême les comportements privés et collectifs. Parce qu'elle se montre impuissante à façonner de bout en bout les goûts et les aspirations, à déséquilibrer massivement le « réalisme » des consommateurs, la publicité s'apparente plus à un pouvoir modéré qu'à une domination totalitaire [21].

La publicité-reflet

Non seulement la publicité en phase III n'est pas toute-puissante, mais à bien des égards son rôle historique et social est à la baisse. Un nouvel âge de la publicité s'est mis en place qui s'éloigne chaque jour un peu plus de son moment héroïque. Le nouveau tient en ceci que la publicité fonctionne en territoire conquis, ne trouvant plus en face d'elle de réels modèles de vie antagonistes : la voici dégagée de l'impératif de dresser les masses à la satisfaction marchande des besoins. Il n'y a plus à arracher les populations aux normes de socialisation hétérogènes au système de la marchandise, à leur inculquer le désir des loisirs, du confort et des nouveautés. Tout cela s'impose maintenant comme une évidence : « alphabétisées » dans le langage des biens marchands, nourries au lait de la marchandise-spectacle, les masses sont d'emblée consuméristes, spontanément éprises d'achats et d'évasions, de nouveautés et de mieux-vivre. Par où la publicité a cessé d'être un agent d'invention d'un style d'existence radicalement nouveau.

À un travail d'éradication des coutumes ancestrales, succède un processus de reproduction élargie d'attitudes déjà à l'œuvre : la « pub-cause » a cédé le pas à la « pub-expression-intensification » des demandes sociales consuméristes. Il ne s'agit plus d'inculquer un nouvel ethos, de moderniser à marche forcée les comportements, mais seulement de promouvoir des marques et de gagner des parts de marché dans un cosmos ultraconcurrentiel entièrement pénétré de consumérisme. La société d'hyperconsommation ou la fin du temps de la publicité avant-gardiste à ambition herculéenne. De là ce constat paradoxal : d'un côté la puissance d'influence de la publicité est de plus en plus grande, de l'autre elle est de plus en plus faible.

Les tendances à l'œuvre dans la publicité contemporaine signalent également le reflux de son ancienne dimension pédagogique et constructiviste. Le modèle classique de la publicité — la fameuse *copy strategy* — consistait à marteler un message qui vantait les bénéfices fonctionnels ou psychologiques d'un produit. Dans ce dispositif, le consommateur était assimilé à un sujet passif à « conditionner » par la répétition de slogans simples et brefs. Bien qu'encore d'actualité, cette logique se trouve maintenant en concurrence avec de nouvelles publicités prenant en compte l'apparition de l'hyperconsommateur éduqué à la consommation, saturé de produits qui se ressemblent, souvent allergique au matraquage publicitaire. D'où de nouvelles orientations : de faire-valoir du produit qu'elle était, la publicité devient, ici et là, spectacle créatif jouant sur une multitude de nouveaux registres : le second degré, le pastiche, le détournement, l'impertinence, les modes du moment, l'émotionnel, la dérision, la provocation. Par quoi la publicité hypermoderne cherche moins à célébrer le produit qu'à innover, émouvoir, distraire, rajeunir l'image, interpeller le consommateur [22]. L'objectif n'est plus de diriger mécaniquement ou psychologiquement un consommateur ravalé au rang d'objet mais d'établir une relation de connivence, jouer avec le public, lui faire partager un système de valeurs, créer une proximité émotionnelle ou un lien de complicité. De même que dans l'art moderne, le regardeur s'impose comme le coauteur de l'œuvre, de même la publicité créative fait appel à un public plus actif, plus complice, éduqué dans la culture médiatique. Tout un pan de la publicité joue avec elle-même comme elle joue avec le produit et le consommateur-acteur. Le stade « primitif » ou behavioriste de la publicité est à bout de souffle : nous assistons à l'essor de son moment ironique, réflexif, émotionnel.

Les adversaires de la publicité se déchaînent au motif qu'elle s'emploie, dans ses ultimes tendances, à diffuser des valeurs et des messages de sens, à l'égal d'un système totalitaire. La charge est forte, l'argumentation fragile. Où y a-t-il domination despotique quand le marketing des valeurs ne fait que s'aligner sur l'idéologie triomphante des droits de l'homme, de la moralité minimale ou de l'écologie ? Prise de contrôle de la culture par le branding ? On en est loin, la publicité n'exaltant que ce qui fait consensus [23]. Plus la communication se veut créative et sociétale et plus elle met en scène des systèmes référentiels qu'elle n'a pas constitués en propre, déjà consacrés par le corps social. La publicité hypermoderne apparaît plus comme une caisse de résonance que comme un agent de transformation sociale et culturelle. Elle éduquait le consommateur, elle le reflète. Le Léviathan publicitaire est une illusion qui cache un pouvoir ayant cessé d'inventer de nouvelles façons de vivre.

La publicité, naturellement, cherche à stimuler les désirs de consommation, mais elle n'y parvient qu'en surfant sur les tendances de l'époque. Les marques, c'est vrai, sont de plus en plus au cœur de la vie quotidienne, au point que les enfants eux-mêmes pensent et s'orientent en termes de marques. Mais dire que la culture commerciale est omniprésente ne signifie pas qu'elle soit omnipotente et créatrice de culture. Nike a réussi à élever Michael Jordan au rang de star mondiale, mais ce succès s'est construit sur fond de passions collectives pour la compétition sportive. La marque n'a rien inventé en matière de style de vie : elle s'est contentée de vedettariser une figure répondant aux goûts du sport-spectacle. Dans les années 1920, la publicité a magnifié la jeunesse contre l'autorité traditionnelle de la famille. Aujourd'hui, ce sont les marques qui sont contraintes de rajeunir leur image pour être en phase avec les consommateurs. Contrairement aux apparences, la publicité s'adapte plus à la sensibilité sociale qu'elle n'impose de nouvelles voies. Plus s'accroît son pouvoir d'incitation, plus elle est à l'écoute de la société et moins elle a de puissance démiurgique.

Au demeurant, les comportements de l'hyperconsommateur mettent à mal la thématique des pleins pouvoirs du marketing et de la publicité. Car jamais les consommateurs ne se sont montrés aussi méfiants, volatiles, infidèles aux marques. Le goût généralisé des nouveautés, l'hyperchoix, l'émiettement des modes, la saturation des besoins primaires, tout cela a développé le zapping, la mobilité, les amours et désamours en matière de marques. Même les marques cultes sont victimes de désaffection, de rejets parfois rapides et ce, en dépit de budgets considérables affectés à la communication. L'époque des méga-marques mondiales est aussi celle de leur vulnérabilité liée à l'instabilité croissante du turbo-consommateur. Tout comme les grandes organisations politiques et religieuses enregistrent le choc de la fluidité des appartenances, des croyances et des pratiques, de même les marques subissent de plus en plus les désirs erratiques du néo-consommateur. La phase III repose moins sur un consommateur hypnotisé par la magie des marques que sur un consommateur distancié et nomade. Si ce changement ne signifie pas souveraineté du consommateur, au moins permet-il de vider de sa substance le paradigme de la toute-puissance publicitaire.

TRAGÉDIE DE LA SURCONSOMMATION ?

À compter des années 1960, une thématique rencontre un large écho auprès des intellectuels : il s'agit de la fameuse

« malédiction de l'abondance ». Les anathèmes lancés contre la société affluente fleurissent, se nourrissant de l'idée selon laquelle la « mécanique infernale » des besoins condamne le consommateur à vivre dans un état de manque perpétuel, à voir reculer la quiétude et la jouissance véritable au profit d'une dissatisfaction chronique. Enfermé dans l'univers des choses, éprouvant une soif inextinguible de jouissances et de nouveautés, désirant toujours plus que ce qu'il peut s'offrir, le néo-consommateur est l'esclave d'un jeu à bilan négatif dans lequel les insatisfactions ne font que s'approfondir. À peine un besoin est-il comblé qu'un nouveau surgit, relançant le sentiment de privation et la paupérisation psychologique. C'est ainsi que la société du désir nous éloigne d'autant plus de l'état de plénitude qu'elle démultiplie les occasions du plaisir. Misère de l'abondance, hantise de Pénia : sous l'Éden de la profusion se cache un nouveau tonneau des Danaïdes orchestrant la frustration illimitée de tous. Un néo-tragique s'est emparé de nos vies : le tragique de « la satisfaction perpétuellement insatisfaite [24] ».

Le contexte économique et social a changé, l'idée d'« horreur » consumériste se poursuit. Celle-ci se trouve régulièrement exprimée avec plus ou moins de violence dans la presse, dans les courants anti-publicitaires, dans les mouvements New Age, chez les intellectuels consommophobes : elle est surtout devenue un réflexe intellectuel qui se déclenche quasi automatiquement au contact du stimulus « société de consommation ». Est-elle juste pour autant ? Et jusqu'où ? Est-il vrai que l'hyperconsommateur se trouve condamné, tel Tantale, à subir éternellement le supplice des jouissances qui se dérobent, à vivre dans un état de frustration insurmontable ?

Méfions-nous de l'ivresse des concepts et du penchant facile au catastrophisme. Il suffit de se reporter aux expériences de la vie quotidienne pour mettre sérieusement à mal la problématique du « tragique » de la consommation. En période de surconsommation, on rêve toujours, nous dit-on, à ce qu'on ne possède pas, à ce qui est plus beau et plus cher : au lieu du contentement, chacun souffre de ne pas pouvoir accéder aux biens dont jouissent les autres. Est-ce aussi sûr ?

Ne pas posséder une somptueuse villa conduit-il à ne pas aimer l'appartement dans lequel on vit ? À qui fera-t-on croire que les marques de luxe rendent le consommateur plus modeste, insatisfait de ce qu'il possède ? Ne pas rouler en BMW n'empêche nullement le plaisir de changer de voiture. Les agences de tourisme peuvent afficher des voyages féeriques : ne pas avoir les moyens de se les offrir ne rend pas pour autant les vacances insupportables. Avec un budget plus réduit, les touristes vont ailleurs, moins loin, dans des sites moins mythiques, sans que cela gâche le moins du monde le bonheur des vacances. Il faut refuser l'idée de malédiction attachée à la surconsommation : une satisfaction réelle est évidemment possible, y compris dans un état de survoltage des besoins. Et si sentiment de privation il y a, force est de constater qu'il est loin de se présenter systématiquement sous le signe de l'insurmontable.

L'observation commune en témoigne : le plaisir n'exige pas, pour être éprouvé, des choses ou des êtres aux qualités exceptionnelles. Où a-t-on vu qu'un homme ou une femme se sentait frustré(e) dans sa vie amoureuse parce que son ami (e) ne ressemblait pas à un top model ou à un génie ? Il suffit que l'autre ait, à nos yeux, quelque charme, pour que la séduction s'exerce : le plaisir, alors, est entier. Il en va de même dans l'expérience de la consommation : la satisfaction est bien sûr possible hors du cadre de ce qui est le plus beau et le plus cher. Car c'est beaucoup plus la nouveauté et les changements qui procurent la satisfaction du consommateur que la valeur marchande ou la qualité intrinsèque des produits. L'acquisition d'un produit nouveau, fût-il de valeur limitée, donne plus de satisfaction que l'expérience d'un cadre de vie supérieur mais répété et inchangé. C'est ainsi que le consentement peut être complet avec la conscience de la relativité de ce que nous possédons ou acquérons. Il n'est pas vrai que la vie dans l'*affluent society* prenne systématiquement des allures de supplice de Tantale : l'idée que la privation catastrophique est le lot de l'hyperconsommateur n'est qu'une illustration parmi d'autres des visions catastrophiques de la modernité.

On sait que l'appétit de consommer ne connaît pas de limites, les besoins s'étendant systématiquement avec l'augmentation des ressources. Le fait est indéniable mais l'intéressant, faut-il ajouter, est qu'en même temps les désirs des consommateurs ne vont généralement guère très au-delà de ce qu'ils peuvent plausiblement espérer pouvoir acquérir. Depuis plus de trente ans, les enquêtes le confirment : quel que soit le niveau de leurs ressources, les individus considèrent comme décent un revenu dépassant d'un tiers environ leurs revenus effectifs [25]. D'un côté, cet écart entre le réel et le désirable peut être jugé important; d'un autre côté il est manifestement faible. Car pourquoi les individus ne désirent-ils pas 100 ou 1 000 fois plus que ce que leurs revenus leur permettent? C'est la preuve que si l'offre abondante crée un manque élargi, celui-ci ne s'identifie pas à un puits sans fond. Les marchandises ont beau faire miroiter des paradis illimités, les désirs des consommateurs, au total, ne sont pas hyperboliques; les insatisfactions peuvent être récurrentes, elles ne rendent pas pour autant le présent « invivable » ou catastrophique, les aspirations restant, grosso modo, dans les limites du « possible ». L'ajustement des niveaux d'aspirations aux circonstances définit mieux l'hyperconsommateur que l'excroissance de Pénia.

Le manque, l'agir et les autres

Une école sociologique a vu dans cet ajustement des besoins aux ressources disponibles la force des inculcations sociales, l'incorporation par les individus de goûts et d'appréciations de classes qui inclinent à faire de nécessité vertu, à aimer finalement ce que l'on a, à entretenir un rapport réaliste au possible [26]. Ce modèle explicatif a sa part de vérité. Mais il n'épuise pas la question en particulier dans une époque marquée par la dissolution des habitudes de classes, la réduction de la soumission à la nécessité, la diffusion sociale des aspirations aux loisirs, au bien-être, au luxe. Aussi faut-il relancer la question : pourquoi, dans une civilisation de provocation permanente du désir, le sentiment de manque ne présente-t-il pas une ampleur disproportionnée ? Pourquoi l'escalade des besoins ne se double-t-elle pas d'une fuite en avant vertigineuse de Pénia ?

Pour la plupart d'entre nous, en dépit des désirs d'argent de plus en plus exprimés, c'est moins l'acquisition des choses que le rapport à soi et aux autres qui conditionne nos plus grands bonheurs et nos plus grands malheurs. Ce sont les autres, beaucoup plus que les choses, qui suscitent les passions les plus immodérées, les joies mais aussi les douleurs les plus vives. Rappelons que dans les sondages, les Européens placent les enfants, le couple, la famille, l'amour en tête des éléments composant le bonheur. Il est vrai que le manque d'argent est de plus en plus cité comme étant une entrave majeure au bonheur ; il n'en reste pas moins que son impact sur nos existences a souvent moins de force que les relations que nous entretenons avec les « proches » (couple, enfants, soucis des parents âgés). À l'évidence *Homo felix* ne se confond pas avec *Homo consumans* : le désir des choses est loin d'avoir colonisé de bout en bout les idéaux et les buts de l'existence. Si le manque matériel — une fois les besoins « primaires » couverts — ne crée pas un sentiment de frustration insupportable c'est parce que la valeur reconnue aux liens interpersonnels, à la vie relationnelle et affective, continue d'exercer une emprise considérable. Par quoi, le rapport à l'autre est tout à la fois ce qui peut dresser les plus grands obstacles au bonheur et ce qui empêche les choses de creuser l'abîme de l'insatisfaction.

Tous les grands philosophes modernes ont insisté sur la transcendance du désir. Pascal notait que nous aimons moins les choses que le chemin qui y mène ; dans la philosophie hégélienne, le désir humain est défini comme négativité et désir d'être reconnu par l'autre ; Nietzsche récusait l'utilitarisme au nom de la « volonté de puissance ». Là est l'autre clé du problème. Qu'on ne s'y trompe pas, l'idéal des hommes ne se réduit pas à acquérir-posséder-jouir des choses ; ce qu'ils désirent aussi c'est agir, lutter, transformer le donné, réaliser quelque chose qui leur procure une image positive d'eux-mêmes. Cela se concrétise aussi bien dans des

« œuvres » quotidiennes « modestes » (travail, organisation de l'espace domestique, éducation des enfants, activité sportive ou militante) que dans des projets plus ambitieux. Pourquoi les hommes politiques, les grands capitaines d'entreprise, les artistes célèbres ne se contentent-ils pas de savourer paisiblement leur succès et continuent-ils, jusqu'à leur dernier souffle, de lutter, d'investir, de créer ? C'est que l'individu ne se satisfait pas d'une vie confortable : il a besoin de faire, construire, se dépasser, réussir le mieux possible ce qu'il entreprend. L'obsession consumériste n'a nullement ruiné l'exigence anthropologique de l'Activité ou du Faire, sources de reconnaissance sociale et d'estime de soi. L'espèce d'adaptation que nous manifestons à l'endroit de l'« avoir » n'est pas sans lien avec l'essence activiste du désir. C'est parce que agir-lutter-faire-transformer-réussir-se surpasser constitue un besoin humain indépassable, source de satisfactions et de mobilisation de soi, que les insuffisances du niveau de vie ne virent généralement pas au cauchemar : les priorités du Faire viennent relativiser ou compenser les frustrations de l'Avoir.

On a trop chargé la barque du « malheur de l'abondance ». Contrairement à ce qui a été martelé à l'envi, les satisfactions matérielles l'emportent sur les dissatisfactions. C'est ailleurs que les nuages noirs s'accumulent. Car on subit moins les tourments de la consommation obsessive que ceux de la vie affective, intime, professionnelle. Les frustrations liées à la consommation sont limitées, celles relatives à l'existence subjective et intersubjective s'aggravent, les sentiments de manque les plus exprimés portant sur la communication, l'amour, la réalisation professionnelle, la reconnaissance, le respect, l'estime de soi. Dans les temps hypermodernes, Pénia se concrétise moins dans la soif inaltérable des objets que dans la difficulté d'être, moins dans le rapport aux choses que dans les infortunes de la relation aux autres et à soi.

PAUVRETÉ ET DÉLINQUANCE : LA VIOLENCE DU BONHEUR

Les analyses qui précèdent s'appliquent pour l'essentiel aux classes moyennes intégrées sur le marché du travail. Mais qu'en est-il dans les autres couches sociales, en particulier celles qui, frappées par la précarité, sont victimes des nouvelles formes de pauvreté ? À l'évidence un autre éclairage est requis. Lorsque des millions de personnes vivent au-dessous du seuil de pauvreté ou dans des conditions économiques très fragiles [27], le modèle de « l'aisance perpétuellement insatisfaite », cher aux discours critiques de la phase II, montre cruellement ses limites. Si la société d'hyperconsommation se signale par une escalade de recherches d'expériences marchandes émotionnelles et distractives, elle est aussi contemporaine de l'épreuve du « presque rien » et de la peur du « toujours moins ». La phase III n'est pas assimilable à la disparition du réel dans la simulation de toutes choses, mais à la juxtaposition très réelle de la prolifération des marchandises et de l'exclusion de la consommation ; elle est contemporaine de la conjugaison des besoins grandissants avec le manque croissant des ressources quasi élémentaires de toute une partie de la population. Dans ces conditions, Pénia ne saurait être la métaphore d'une pénurie luxueuse et de la fuite en avant des besoins : elle désigne l'apparition d'un paupérisme qui, pour être d'un nouveau genre, n'installe pas moins le tragique de la consommation sur des bases autrement plus réalistes.

Au cours de la phase II, la prospérité économique, le plein-emploi et l'État-providence semblait pouvoir assurer la libération à l'égard de la misère grâce à l'élévation générale du niveau de vie. Même si la grande pauvreté subsistait, celle-ci apparaissait comme un phénomène résiduel, l'image dominante étant que « la marée montante mettait à flot tous les bateaux ». Cette thèse de la moyennisation ou de l'embourgeoisement de la société a été mise à mal par l'accroissement des inégalités des revenus et de la nouvelle paupérisation de masse résultant des bouleversements socio-économiques des deux dernières décennies du XXe siècle. Dans ce contexte, Pénia « revient » douloureusement sur terre, son nouveau régime étant marqué par une vie précaire, l'extrême difficulté à « joindre les deux bouts », le recours à l'assistance sociale. On est très loin, du coup, du climat de « l'enfer climatisé » et de la quiétude miraculeuse du pays de Cocagne. Tandis que les uns baignent dans une atmosphère de consommativité effrénée, les autres connaissent la dégradation de leur niveau de vie, des privations incessantes sur les postes les plus essentiels du budget, le ras-le-bol de la galère quotidienne, l'humiliation ressentie à être secouru par l'aide sociale. Si cauchemar de l'hyperconsommation il y a, il ne se lit ni dans « la montée de l'insignifiance » ni dans la soif inextinguible des acquisitions marchandes : il se repère dans la dégradation des conditions matérielles, le découragement des restrictions, la consommation *a minima* cependant que le quotidien continue d'être bombardé de sollicitations chatoyantes. L'enfer ce n'est pas la spirale interminable de la consommativité, c'est la sous-consommation des populations fragiles au sein d'une société d'hyperconsommation.

Exclusion, consommation et individualisation

La pauvreté et la vulnérabilité de masse en vigueur dans nos sociétés se manifestent sous des traits inédits. Jusqu'alors le paupérisme concernait des groupes sociaux traditionnellement stables et identifiables, parvenant à subsister grâce aux solidarités de voisinage. Cette époque est révolue, les populations invalidées de la société post-industrielle ne constituant plus à proprement parler une classe sociale déterminée. Chômeurs de longue durée, mères seules travaillant à temps partiel, jeunes sans qualification en quête de petits boulots, allocataires du revenu minimum d'insertion, c'est comme une nébuleuse sans cohésion de situations et de cheminements particuliers que se présente le paysage de l'exclusion hypermoderne. Dans cette constellation de dimensions plurielles, ne se trouve ni conscience de classe, ni solidarité de groupe, ni destin commun mais des trajectoires et des histoires personnelles, très diversifiées. Résultant de processus de disqualification ou d'invalidation sociale, de parcours et de difficultés individuels, les nouveaux « désaffiliés [28] » surgissent dans une société qui, pour être extrêmement inégalitaire, n'en est pas moins, dans le même temps, hyperindividualiste, autrement dit dégagée du cadre culturel et social des classes traditionnelles.

Il n'existe plus de sous-culture analogue à celle des ghettos et de la pauvreté traditionnelle. Même exclue de l'univers du travail, la population des *inner cities* et des banlieues disqualifiées partage les valeurs individualistes et consuméristes des classes moyennes, le souci de personnalité individuelle et de réalisation de soi. Les jeunes, en particulier, valorisent la dimension personnelle de leur consommation (vêtements, musique, loisirs), les signes aptes à les distinguer de leurs groupes de pairs. Désormais, même les moins privilégiés veulent vouloir accéder aux signes emblématiques de la société d'hyperconsommation et témoignent d'aspirations et de comportements individualistes, fût-ce dans l'obéissance à la mode [29]. À mesure que se désagrège l'intégration par le travail ou l'école, que s'épuisent les identités de classe et les grands mouvements collectifs, c'est par le *look* et les signes de la consommation que cherchent à s'affirmer les jeunes des quartiers déshérités. La consommation est, dans les conditions présentes, ce qui construit une grande part de leur identité : lorsque les autres voies de la reconnaissance sociale font défaut, « claquer du fric » et consommer s'imposent comme des finalités prééminentes.

Médiatrice de la « vraie vie », la consommation est également investie comme ce qui permet d'échapper au mépris social et à l'image négative de soi. L'obsession de la consommation, observable de nos jours jusque dans les populations placées aux marges, n'indique pas seulement la puissance sans précédent de la marchandisation des modes de la vie, mais aussi l'intensité nouvelle des frustrations à l'égard des standards de vie dominants, de même qu'une exigence élargie de considération et de respect typique de l'individualisme expressif sous-tendu par la phase III : il importe de plus en plus, pour l'individu, de ne pas être infériorisé, atteint dans sa dignité. C'est ainsi que la société d'hyperconsommation est marquée autant par la progression des sentiments d'exclusion sociale que par l'accentuation des désirs d'identité, de dignité et de reconnaissance individuelle.

D'un côté, les normes et les valeurs consuméristes sont massivement intériorisées par les jeunes des grandes cités de banlieue. De l'autre, la vie précaire et la pauvreté empêchent de participer pleinement aux activités de consommation et de loisirs marchands. De cette contradiction résulte une poussée des sentiments d'exclusion et de frustration en même temps que des comportements de type délinquants. Ne connaissant que l'échec scolaire et la précarité, les jeunes des quartiers « difficiles » se détournent du travail, ils tendent à justifier la petite délinquance, le vol et les « combines » comme des moyens faciles pour se procurer de l'argent et participer aux modes de vie dominants martelés par les médias. Pourquoi aliéner sa vie et sa liberté dans un travail qui rapporte si peu ? Méprisant la condition ouvrière et la culture du travail, rejetant la politique et le syndicalisme, les jeunes « marginalisés » construisent leur identité autour de la consommation et du « fric », de la frime et de la magouille [30]. Sans doute, ce que l'on appelle « la galère » se déploie-t-elle sur fond de chômage de masse et d'éclatement des anciennes cultures populaires et politiques, mais ces phénomènes ne sont pas séparables de l'essor de la culture consommationniste qui a très fortement contribué, d'une part, à dissoudre les consciences de classe et l'autorité familiale, d'autre part, à impulser une nouvelle intolérance aux frustrations. C'est la conjonction de ces séries de phénomènes qui se trouve au principe de la déculpabilisation et de la banalisation de la délinquance dans les zones sociales de l'exclusion. Si les déviances juvéniles sont l'une des conséquences de la faillite des mouvements sociaux, elles sont aussi le résultat d'un monde social déstructuré et privatisé par l'empire de la consommation marchande, par de nouveaux modes de vie centrés sur l'argent, la vie au présent, la satisfaction immédiate des désirs. Privés de repères et d'horizon, frustrés par leur mode d'existence, déstabilisés par la déficience de l'éducation parentale qui touche tous les milieux mais surtout les couches sociales frappées par le chômage et le choc des cultures, les jeunes des cités revendiquent la délinquance comme une manière de vivre normale dans un univers perçu comme une jungle, dans laquelle ils ne peuvent vivre « comme tout le monde ».

Une des ironies de l'époque est que les exclus de la consommation sont eux-mêmes des espèces d'hyperconsommateurs. Privés de vraie participation au monde du travail, en proie au désœuvrement et à l'ennui, les individus les moins nantis recherchent des compensations dans la consommation, dans l'acquisition de services ou de biens d'équipement, fût-ce parfois au détriment de ce qui est le plus utile [31]. C'est ainsi que certains ménages peuvent s'abonner à la télévision payante cependant qu'ils ne peuvent pas payer leur facture d'électricité. En Grande-Bretagne, deux enfants sur trois dans les milieux défavorisés ont la télévision dans leur chambre. Les pressions et les attitudes consuméristes ne s'arrêtent pas aux frontières de la pauvreté, elles se répandent maintenant dans toutes les couches sociales, y compris celles qui vivent de l'assistance sociale. D'un côté, la phase III est une formidable machine de socialisation par la consommation ; de l'autre, elle désorganise les comportements de catégories entières de la population incapables de s'adapter à la pauvreté et de résister aux sollicitations de l'offre marchande.

Confinées dans la maison par manque de ressources financières, ces populations passent souvent de longues heures devant la télévision : plus de 10 % des personnes de la couche sociale la plus faible passent plus de cinq heures par jour devant le petit écran. Hyperconsommateurs de séries, de films, de jeux d'argent, les groupes économiques très fragiles sont également, par la même occasion, hyperconsommateurs de publicités commerciales. Dans ces conditions, les moins nantis sont d'autant plus exclus de la consommation qu'ils sont surexposés aux images et aux messages marchands. En phase III, les « *have nots* » ne se sentent pas seulement pauvres parce qu'ils sous-consomment des biens et des loisirs, mais aussi parce qu'ils sur-consomment les images du bonheur marchand.

À ce point de l'analyse, on peut faire l'hypothèse que c'est par cette voie « heureuse », incitative, publicitaire, que la télévision a le plus d'impact sur la violence des jeunes et non comme on l'affirme parfois, par l'inflation médiatique des scènes de sang. Rappelons que les enfants américains voient en moyenne 40 000 spots par an. Aux heures de grande écoute les chaînes de télévision américaines diffusent plus de quinze minutes de publicité par heure. Partout les jeux d'argent font rêver à une vie fortunée, partout films et séries mettent en scène les modes de vie des classes moyennes. Comment pareille surexposition aux images de l'argent et de la consommation heureuse pourrait-elle ne pas accroître le malaise des exclus, exacerber les désirs et les frustrations des jeunes les plus démunis ? C'est moins la pléthore des images violentes qui incite à la violence réelle que l'écart entre le réel et ce qui est spectacularisé comme modèle idéal, le fossé entre l'exhortation à la consommation et les pannes réelles de celle-ci [32]. S'il est vrai, comme l'affirme George Gerbner, que la télévision fabrique une « violence heureuse » c'est-à-dire une violence rapide, indolore, conçue pour ne pas déranger en aboutissant à une fin heureuse, il est vrai également que la télévision de la phase III est aussi le medium qui expose les plus vulnérables à la violence des images du bonheur consumériste.

Précarité et individualisme sauvage

C'est dans ce contexte que s'observe une recrudescence des violences ou plus exactement de certaines violences. Alors que la phase II a été une période d'expansion des vols, la phase III, en Europe comme aux États-Unis, se signale par une forte croissance des délits et crimes violents : en France le taux des violences a plus que doublé entre 1985 et 2001. Si le taux des homicides ne s'est guère modifié depuis le début des années 1970, en revanche les vols avec violences, les coups et blessures volontaires, les viols déclarés, le racket et la violence en milieu scolaire, les déprédations et destructions des biens ont connu une spectaculaire augmentation à partir des années 1980. Flambée de violences qui ressortit, pour l'essentiel, à une criminalité d'exclusion coïncidant avec l'essor du chômage et de la précarité de masse. Aux États-Unis, la poussée criminelle a été portée en grande partie par les jeunes Noirs des milieux déshérités se livrant une guère sanglante en vue du marché de la drogue. En Europe et en France où le taux d'homicides est trois fois inférieur à celui des États-Unis, les violences n'en sont pas moins corrélées avec la dégradation du marché de l'emploi et l'essor de la pauvreté frappant de plein fouet toute une fraction de la jeunesse [33]. Sans travail, exclue, frustrée de ne pouvoir se procurer les biens auxquels elle aspire, Pénia est entraînée sur la pente de la délinquance violente.

Au cours de la phase II, Perec évoquait la « tragédie tranquille » de la société de consommation. Cette page s'est refermée. En cycle III, c'est un drame d'une tout autre nature que vit Pénia : dur, hyperréaliste, le tragique dont nous sommes témoins coïncide avec la spirale des violences physiques, le rallongement des peines de prison, l'augmentation de la population carcérale.

La nouvelle précarité et l'aggravation des inégalités sociales n'expliquent pas tout, loin de là. On sait que, pour l'essentiel, le développement de la violence contemporaine est dû aux mineurs et aux jeunes adultes des milieux déshérités : depuis la fin des années 1970, le nombre de mineurs mis en cause pour actes de violences a été multiplié par quatre. Il est difficile de ne pas rattacher ce fait directement au délitement des familles, à la perte de l'autorité parentale, aux déficiences de l'éducation d'où résultent une érosion du sens des limites, des règles et des interdits, une jeunesse davantage livrée à elle-même et qui, dépossédée de repères, montre une moindre capacité à supporter les frustrations et les contraintes. La congruence des phénomènes est frappante : parallèlement à la déstructuration des encadrements collectifs et à la désinstitutionnalisation de la famille, on assiste à la dérégulation des conduites des mineurs. La spirale de la violence juvénile traduit l'éclatement du contrôle familial et des régulations communautaires ainsi qu'une nouvelle économie psychique se caractérisant par le manque de limites symboliques, la levée des inhibitions, l'abaissement du seuil de tolérance à la frustration : autant de dysfonctionnements qui sont intimement liés à la société libérale d'hyperconsommation. L'affaiblissement des régulations sociales et familiales et l'individualisation des jeunes mènent ainsi à cette situation : des mineurs délinquants plus jeunes et plus violents dans une société marquée par le sentiment d'insécurité et les demandes de répression plus sévère.

Les violences qui se répandent ne sont plus seulement une conséquence mécanique des déstructurations libérales, elles sont aussi l'un des moyens que les jeunes des quartiers relégués mobilisent pour s'affirmer, s'imposer aux autres, compenser leurs échecs scolaires, gérer leur infériorité sociale. À mesure que les régulations familiales et communautaires se dissolvent, les individus ont à s'autodéfinir, à construire leur identité en choisissant leurs modèles de référence alors même que l'ordre économique leur impose chômage et existence précaire. Chez certains, l'individualisme se concrétise dans l'auto-interrogation, dans les revendications identitaristes et la réappropriation subjective de la tradition. Chez d'autres, il s'incarne dans la violence comme manière de se donner un statut, « être quelqu'un », exister à tout prix aux yeux des autres et de soi. Dans la société d'hyperconsommation, la violence ne se construit plus sur un mode traditionaliste : elle fonctionne tantôt comme une stratégie instrumentale d'acquisition de biens marchands, tantôt comme un vecteur de singularisation personnelle retournant un échec en valorisation de soi. Lorsque les perspectives d'avenir sont fermées, lorsque la participation au mode de vie dominant fait défaut et lorsque baisse le niveau de tolérance aux frustrations, la violence permet de transformer le « désespoir » en affirmation subjective, en « carte d'identité » source de considération et de gratification dans certains milieux.

Moyennant quoi, il n'y a pas à distinguer deux profils d'individus hypermodernes mais au moins trois. Parallèlement à « l'individualisme par excès » et à « l'individualisme par défaut [34] », la phase III voit monter ce qu'on pourrait appeler un individualisme *sauvage*, c'est-à-dire déviant et transgressif qui combine logique du manque (pauvreté, situation d'échec, insatisfaction de soi) et logique d'excès, logique de frustration et logique « d'héroïsation », pulsion de haine et stratégie utilitaire. L'individualisme sauvage ne coïncide évidemment pas avec l'individualisme des gagnants disposant des ressources de l'indépendance, mais il ne se réduit pas non plus à l'individualisme négatif ou subi. Ce dernier se pose en victime tandis que l'individualisme sauvage cherche des modes d'action illégitime et d'affirmation de soi pour conjurer l'image ou la condition de victime. L'un appelle la compassion ou la solidarité ; l'autre conduit à des demandes d'ordre et de répression. Même dans les zones d'invalidation sociale, existe une certaine surenchère individualiste faite d'activisme brutal, de défi, de mise en danger qui excède la position de « l'individu par défaut ».

Misère matérielle, misère intérieure

N'ayant généralement pas été socialisés dans des conditions d'existence misérable, ayant incorporé les normes et les principes du bien-être marchandisé, les plus mal lotis vivent de manière particulièrement rude le fait d'être précipité dans la précarité économique, d'avoir à se priver sur tout, d'être à la merci du moindre aléa. Sans espoir de s'en sortir, se demandant constamment comment réduire leurs dépenses, réduits à galérer pour assurer le plus élémentaire, des millions de personnes vivent non dans la misère extrême de l'insuffisance alimentaire et du « rien » mais dans l'extrême incertitude des lendemains, avec l'anxiété de ne pas pouvoir payer le loyer ou les charges afférentes, d'être dans l'incapacité de rembourser les emprunts, de tomber toujours plus bas. Moins que jamais la pauvreté ne se réduit à l'insuffisance des ressources financières, elle est aussi ce qui dégrade le rapport à soi et à la vie en général, en favorisant l'anxiété, la dépressivité, le manque d'estime de soi. Empêchant toute anticipation, la pauvreté matérielle se vit comme manque d'autonomie et de projet, obsession de la survie, sentiment d'échec et de chute sociale. Dans la société d'hyperconsommation, la précarité creuse le désarroi psychologique, le sentiment d'avoir raté sa vie. Pour les classes mobiles et socialisées par le travail, les frustrations proprement matérielles sont à la baisse, pour ceux « d'en bas » elles s'aggravent, générant le sentiment de vivre une vie « qui n'est pas une vie ». C'est cela la violence de la civilisation du bonheur, son nouveau chemin de croix.

En même temps la nouvelle précarité se vit comme une crise identitaire, une expérience humiliante et déprimante. Dans les sociétés libérales dominées par la dynamique d'individualisation et délivrées des promesses de la lutte de classes, le chômage a changé de sens : n'étant plus assimilé à un destin de classe, il renvoie à un échec ou à une insuffisance personnelle accompagnée fréquemment d'auto-stigmatisation. En perdant leur logement ou en étant obligées de résider dans une cité délabrée ayant une mauvaise renommée, les personnes éprouvent des sentiments de honte, de dévalorisation de soi. De même la dépendance à l'égard des services d'action sociale se traduit souvent par un sentiment de déchéance et d'humiliation [35]. À l'angoisse des découverts bancaires et de ne plus joindre les deux bouts, s'ajoute enfin chez beaucoup de parents la culpabilité de ne pouvoir offrir une vie décente et normale à leurs enfants. Plus les conditions matérielles générales s'améliorent, plus s'intensifie la subjectivisation-psychologisation de la pauvreté. Dans la société d'hyperconsommation, la situation de précarité économique n'engendre pas seulement à grande échelle des épreuves nouvelles de privations matérielles, elle répand une souffrance morale, la honte d'être différent, l'auto-dépréciation des individus, une réflexivité négative. La résurgence de la misère extérieure ne progresse qu'en parallèle avec la misère intérieure ou existentielle. C'est de manière convergente que l'individualisation, l'hyperconsommation et la précarisation de l'emploi engendrent Pénia non seulement indigent mais blessé, disqualifié, infériorisé aux yeux de lui-même. Si pour les uns, la phase III signifie avoir toujours plus et vivre plus, pour les défavorisés, elle crée, au contraire, le sentiment de vivre moins et d'être moins.

AFFLICTIONS ET RENAISSANCE

Faisant le bilan humain de la phase II, Fourastié notait déjà, dans un livre fameux, que l'insatisfaction, le « ras-le-bol », la morosité étaient devenus les traits majeurs de l'homme moyen des sociétés prospères. Gavé de biens de consommation mais seul et instable, celui-ci sait désormais « qu'il est plus difficile d'être heureux en étant riche qu'en étant pauvre [36] ».

Manifestement la phase III a encore accentué ces ombres du bonheur. À preuve, l'ampleur des inquiétudes relatives à l'emploi et à l'avenir, le foisonnement des frustrations du cœur, la déferlante des détresses et autres souffrances intérieures. Le prix à payer du bien-être de masse est lourd, tout se passant comme si les mécontentements et la mal-vie progressaient au même rythme que l'enrichissement des nations.

Rien ne révèle mieux les dégâts subjectifs de la civilisation du bonheur que la formidable expansion des troubles psychiques. Le paradoxe est à souligner : voilà une société où plus de 90 % des individus se déclarent heureux ou très heureux et où, en même temps, les dépressions et les tentatives de suicide, les anxiétés et consommations de médicaments psychotropes se répandent à la manière d'un torrent inquiétant. Selon une enquête épidémiologique dont les résultats ont été publiés en 2004, 11 % des Français ont connu récemment un épisode dépressif, 12 % ont déclaré avoir souffert d'anxiété généralisée au cours des six derniers mois, 7,8 % disent avoir déjà fait une tentative de suicide dans leur vie [37]. Le taux de dépressifs a été multiplié par quatre entre 1970 et 1980 et par sept entre 1970 et 1996 [38]. Et plus de 11 % de la population adulte sont des utilisateurs réguliers d'un médicament psychotrope. Le fait est là : plus triomphe la consommation-monde, plus se multiplient les désorganisations de la vie mentale, la souffrance psychologique, la peine à vivre.

Le malheur intime et professionnel en phase III a été rattaché au cosmos hypercompétitif dont le propre est de rendre l'individu toujours plus responsable de lui-même. Dans un temps marqué par l'affaiblissement des encadrements collectifs et l'exigence partout martelée de devenir soi, acteur de sa vie, responsable de ses compétences, la tâche d'être sujet devient harassante, dépressive, de plus en plus difficile à assumer[39]. De là découleraient la floraison des déséquilibres psychiques, la cascade des sentiments d'insuffisance personnelle et d'insécurité intérieure. Si donc la socialisation « dure » et les grands fléaux du passé ont disparu, la vie n'en est pas devenue pour autant plus aisée, celle-ci ayant cessé d'offrir la sécurité identitaire et les appuis communautaires autrefois prévalents.

Cependant, ce n'est pas seulement la difficulté d'être à la hauteur de l'impératif d'être soi qui déprime les êtres. Depuis un demi-siècle, la société consumériste a largement préparé le terrain en recroquevillant l'individu sur lui-même et la quête des bonheurs privés. Brisant les dernières coutumes et les traditions structurantes, la révolution de la consommation abandonne les individus à eux-mêmes lesquels doivent affronter les difficultés de l'existence sans bénéficier de régulations et de soutiens collectifs. Atomisé, réduit à ses seules forces, porté à étendre indéfiniment le cercle de ses désirs, l'individu n'est plus préparé à supporter les misères de l'existence. Sous un déluge d'invitations à jouir de la vie, s'approfondit irrésistiblement l'écart entre les promesses d'Éden et le réel, les aspirations au bonheur et l'existence quotidienne. Dans la civilisation du bonheur de masse, chacun tend à se tourner davantage vers lui-même et voit tout ce qui le sépare de la plénitude, chacun tend à estimer que la vie ne ressemble pas à ce à quoi il peut prétendre. Conduisant les particuliers à juger et comparer leur vécu à l'aune de l'image d'un bonheur euphorique, toujours neuf et intense, la civilisation du bien-être nourrit, à l'échelle des masses, les frustrations et les malaises existentiels. Instrument de réflexivité négative, la socialisation individualiste et consumériste crée le sentiment de toujours manquer la part essentielle de la vie.

Un autre facteur sous-tend l'épidémie hypermoderne du mal-être : il s'agit des remaniements relatifs à l'éducation familiale. Ils sont considérables. Pour le dire brièvement, l'éducation de type traditionaliste et autoritaire a été relayée par une éducation psychologisée, « sans obligation ni sanction », tournée vers l'épanouissement de l'enfant, sa satisfaction complète, son bonheur immédiat. Non plus « dresser » et punir, mais tout faire pour que l'enfant ne soit pas insatisfait et malheureux, tout faire aussi il est vrai, dans certains cas, pour éviter les conflits épuisants avec lui et se trouver dans la situation inconfortable de dire « non ». En phase III, la contrainte parentale est assimilée à un mauvais traitement, à une « brimade », à une forme de violence condamnable parce que pouvant entraîner frustrations, complexes et autres malaises. C'est ainsi que nombre de parents n'imposent plus de règles et de cadres stables au motif qu'ils violentent la personnalité de l'enfant et occasionnent de la souffrance intérieure ; ils ne cherchent plus tant à inculquer le sens des limites, le respect et l'obéissance qu'à écouter et satisfaire les désirs de l'enfant. Si cette psychologisation de l'éducation concrétise, par excès, certaines voies ouvertes par la psychanalyse et les nouvelles pédagogies du début du vingtième siècle, elle n'a pu s'imposer socialement qu'avec l'essor de la civilisation consommationniste et ses idéaux hédonistes, le refus de frustrer l'enfant apparaissant comme le style éducatif concordant avec les valeurs du confort et du bien-être individualiste : société consumériste et éducation sans contrainte forment système. Pareilles transformations de la sphère éducative n'ont pas été sans de profondes conséquences sur la vie psychique des individus.

L'un des effets de cette éducation est qu'elle tend à priver les enfants de règles, de cadres ordonnés et réguliers nécessaires à la structuration psychique. Il en résulte une forte insécurité psychologique, des personnalités vulnérables ne disposant plus de disciplines intériorisées, de schémas structurants qui permettaient dans d'autres temps de faire face aux épreuves difficiles de la vie. C'est dans ce contexte que se multiplient des individualités désorientées, fragiles, marquées par la « faiblesse des identifications » et le manque de défenses intérieures. Tandis que l'enfant tend à perdre la capacité à surmonter les frustrations, l'adulte est de moins en moins préparé à affronter les conflits, à supporter les revers de l'existence et le choc des circonstances. À la base de la fragilité subjective hypermoderne se trouve l'absence de « boussole » et de forces intérieures aidant les êtres à résister à l'adversité ; c'est conjointement que les processus de désinstitutionnalisation et de psychologisation ont déstabilisé, déséquilibré les identités subjectives. Il se peut qu'une société qui enjoint chacun d'être soi demande trop aux individus, mais surtout, les voici, via la culture du bien-être total, dépossédés de ressources psychiques, désarmés intérieurement pour faire face aux aléas et à la complexité nouvelle de l'existence, peu ou mal préparés à se soumettre aux coups du sort. Il faut, sur ce point, revenir à Durkheim qui concluait son étude sur le suicide en ces termes : « Le malaise dont nous souffrons ne vient donc pas de ce que les causes objectives de souffrances ont augmenté en nombre ou en intensité : il atteste, non pas une grande misère économique, mais une alarmante misère morale[40]. »

La vie recommencée

Faut-il donc entonner, avec les pleureuses, le refrain de la malédiction des temps individualistes ? La situation est-elle sans issue ? Le tableau exige d'être contrasté. Si les effets destructeurs et dépressifs de la société d'hyperconsommation sont peu douteux, d'autres existent qui ouvrent des perspectives moins sombres. Notre époque génère à grande échelle la « mal-vie » et la souffrance psychique mais, en même temps, elle est celle où la plupart ont plus de chance de pouvoir redistribuer les cartes de l'existence et de repartir sur de nouvelles bases. Elle démultiplie les raisons de déprimer mais elle offre davantage d'instruments de diversions, de stimulations pour que la donne des circonstances se transforme plus vite. L'accélération de l'hypermodernité nous perd et nous sauve en même temps : parce que la vie est plus mobile et plus ouverte, les malaises individuels s'accroissent mais, dans nombre des cas, ils sont aussi moins rédhibitoires. Si les fluctuations de l'humeur sont le propre de l'âme humaine, on peut penser que nos sociétés donnent à ce phénomène un rythme plus accentué que jamais. Si plus rien n'est stable, pourquoi le malheur échapperait-il à cette loi ? Autant la consommation-monde produit des insuffisances et des déséquilibres subjectifs, autant elle s'accompagne d'une multitude de buts et d'instruments de redynamisation personnelle capables de dissiper plus vite certaines impasses de l'existence.

Il est vrai que l'éventail hypermoderne des possibles génère du mal-être, mais dans un contexte où « il se passe toujours quelque chose », la vie connaît davantage de rebonds, d'alternances, de changements fréquents. Oscillant en permanence entre pessimisme et optimisme, dépression et excitation, abattement et euphorie, sentiment de vide et projet mobilisateur, le moral de l'individu hypermoderne est en yo-yo. Tout n'est pas catastrophique dans la société du désir car Pénia se marie désormais avec Hermès, avec une plus grande mobilité subjective, avec d'innombrables « invitations aux voyages ». En ouvrant l'avenir et les options, nos sociétés réoxygènent le présent vécu, elles augmentent les possibilités d'être mis en mouvement, de rebondir, de « refaire sa vie ». Tandis que les insatisfactions foisonnent, les occasions de s'en délivrer sont plus fréquemment à notre disposition. La phase III ne garantit pas des lendemains qui chantent, mais les individus peuvent plus fréquemment qu'autrefois être mobilisés par des buts et des projets aptes à recréer de l'optimisme, à relancer la croyance dans la possibilité du bonheur. Est-ce de l'illusion ? C'est aussi et surtout une condition pour échapper à la désespérance. Ni Terre promise, ni vallée de larmes définitive, la société d'hyperconsommation est une société de désarrois et de stimulations, d'afflictions et de renaissance subjective.

8

Dionysos : société hédoniste, société anti-dionysiaque

Vers la fin des années 1960 la figure de Dionysos fait irruption sur la scène intellectuelle dans le but de conceptualiser le paysage culturel des démocraties redessinées par la poussée des valeurs hédonistiques, dissidentes et utopiques. L'idée s'impose que des aspirations et des modes de vie inédits voient le jour qui préparent un avenir en rupture avec la société technocratique et autoritaire. En lieu et place de la discipline, de la famille ou du travail, une nouvelle culture célèbre les plaisirs de la consommation et la vie au présent. Sur ce fond, une génération contestataire refusant l'autorité et la guerre, le puritanisme et les valeurs compétitives appelle à la libération sexuelle, à l'expression directe des émotions, aux expériences psychédéliques, à des manières différentes de vivre ensemble. Au principe de refoulement en vigueur dans la civilisation techno-rationnelle se substituent l'exaltation du corps, les extases sensorielles et musicales, le culte de la marijuana et du LSD. Dans un climat empreint de radicalisme utopiste, l'esprit de fête revient en force se concrétisant dans des *love in*, happenings, parades et autres concerts rock géants. Faire reculer les limites du Moi, « s'éclater », vibrer et sentir, l'esprit du temps est aux plaisirs sans restriction, à la subversion des institutions bourgeoises au nom d'une vie intense et spontanée.

Le christianisme lui-même n'échappe pas à la vague « mystique et dionysiaque » comme en témoignent les nouvelles liturgies festives revalorisant l'excès sensoriel et l'abandon de soi, la spontanéité et la sensualité. Après des siècles de mépris de la chair, surgissent des messes accompagnées de couleurs et de gaieté, de danses convulsives, de musiques jazz, de rythmes rock et folks. Via la contre-culture, « une sorte d'exaltation et même d'élan dionysiaque retrouve vigueur » dans l'Occident anémié par la répression de la fête, de la fantaisie et de la sensualité [1].

D'où la reviviscence de la métaphore dionysiaque. Évoquant la jeunesse rebelle, Roszak propose l'image des Centaures, ces adorateurs de Dionysos qui, dans leur frénésie d'ivresse, submergent l'ordre civilisé d'Apollon [2]. Au même moment, Daniel Bell caractérise la sensibilité des années 1960 comme combat contre la raison, « revanche des sens sur l'esprit », « recherche désespérée de Dionysos [3] ».

Dans un brillant essai datant de cette époque, Jean Brun s'est attaché à théoriser la résurgence de Dionysos au cœur des sociétés d'abondance en proie à l'extase du sexe, du psychédélisme ainsi qu'aux « furies de la consommation [4] ». L'ouvrage constitue le modèle de cette problématique, un maître livre pour les sociologues qui ambitionneront plus tard, avec moins de bonheur, de mettre en relief le « dionysisme post-moderne ».

Orgies de la consommation, boulimies d'images et de rythmes, érotisme forcené, frénésies de modes et de sensations : J. Brun interprète les passions qui se font jour dans les sociétés surdéveloppées comme autant de quêtes de vertiges et d'ivresses permettant de donner du goût à une existence de plus en plus fade. Car l'homme de type nouveau n'est obsédé par les « choses » qu'en apparence : ce qu'il en attend, au vrai, c'est une « surabondance d'être », des convulsions érotiques et extatiques qui le libèrent de la pesanteur de sa condition. Grisé par la consommation, immergé dans un torrent de sollicitations, à l'affût de « voyages » et d'insolite, de transgressions et de musiques enivrantes, l'homme dionysiaque n'a d'autre visée que celle de briser les limites de son Moi en se délivrant de tout centre et de toute subjectivité dans un paroxysme de sensations et de pulsations du désir. Le grand désir de Dionysos c'est de s'évader de soi, répudier l'Ego en s'immergeant dans l'informe et le chaos, en s'engloutissant dans l'océan des sensations illimitées. Se libérer de la prison du Moi, se délivrer des douleurs de l'individuation, faire exploser le *principium individuationis* : tel est le sens profond de l'homme dionysiaque, qu'il soit d'hier ou d'aujourd'hui.

Cette lecture ne manque pas de souffle. Elle montre en quoi la logique utilitaire ou instrumentale ne saurait épuiser notre relation à l'univers technologique, lequel plonge ses racines dans une démarche existentielle et « érotique » destinée à dépasser la condition tragique de l'homme. En même temps, contre un certain sociologisme réduisant la course à la consommation à des luttes de rivalités honorifiques, elle a su y reconnaître une sorte d'expérience métaphysique, une « exploration de l'existence » impliquant la question du temps, de l'espace et du soi. Ces analyses insistant sur les dimensions passionnelles, ludiques, existentielles du monde technicien méritent d'être saluées. Reste à se demander si la métaphore dionysiaque est bien celle qui correspond à l'époque qui s'annonce. L'écho qu'a rencontré cette problématique ainsi que les analyses sociologiques qu'elle a nourries exigent qu'on s'y arrête en la réexaminant à l'aune des bouleversements de la phase III.

LE SACRE DES PETITS BONHEURS

L'esprit de transgression est passé de mode, la révolution sexuelle n'est plus qu'un vieux souvenir, les thématiques de la sécurité et de la santé envahissent la vie de tous les jours : nouvel esprit du temps qui n'empêche nullement une sociologie du quotidien de convoquer le paradigme dionysiaque en soulignant la puissance de l'hédonisme et du sensualisme des mœurs. Dans une culture livrée aux plaisirs sensoriels et aux désirs de jouissance ici et maintenant, c'est toute la vie sociale et individuelle qui, nous dit-on, s'enveloppe d'un halo « orgiastique ». Hédonisme dionysiaque manifeste non seulement dans l'incandescence des fêtes et des errances sexuelles mais plus largement dans la vie quotidienne (consommation, mode, loisirs) au travers d'émotions et de sensibilités communes dominées par la « sortie extatique de soi » dans des micro-groupes. De la vie ordinaire aux grands moments d'effervescence collective, les sociétés contemporaines se caractériseraient ainsi par la forme dionysiaque interprétée comme épuisement du principe d'individuation et montée corrélative de la tribalisation affectuelle, des émotions vécues en commun, des sensibilités collectives [5].

Le quotidien ludicisé

Il est indéniable que toute une partie de l'univers hyperconsommatif offre le spectacle d'une espèce de bacchanale luxuriante. Dès la phase II, Baudrillard a bien décrit l'atmosphère festive que sécrètent les temples de la consommation à travers la profusion des objets et des stimulations répétées à l'infini. L'amoncellement des produits, les caddies remplis à ras bord, les sollicitations sans fin, tout cela contribue à créer une impression de vertige, une sorte de sensation d'orgies de la consommation. Centres commerciaux, soldes, braderies, tout incite aux désirs, tout paraît offert aux plaisirs et donné en surplus dans une négation frénétique de la rareté rappelant la corne d'abondance de Dionysos. Quelque chose comme une ambiance de débauche festive imprègne les lieux et les temps de la consommation survoltée.

Les centres-villes évoquent également une sorte d'Âge d'or généreux et festif, transformés qu'ils sont en espaces de distraction s'organisant autour des valeurs d'« ambiance », d'animation et de spectacle. La ville industrielle était conçue pour la production, la ville post-industrielle l'est pour la consommation et les loisirs. Les centres historiques sont esthétisés et convertis en scène de spectacles au moyen de rues piétonnières, fontaines, sculptures, places à l'ancienne, fêtes d'animation. Le bâti ancien est réhabilité, reconverti en musée, hôtel ou centre culturel. Les installations portuaires sont requalifiées en vue de la flânerie, du consumérisme et autres plaisirs urbains. Les berges des fleuves sont rendues aux piétons et métamorphosées en « plage urbaine ». Partout cafés et restaurants, boutiques de mode, magasins d'artisanat, galeries d'exposition, salles multiplexes transforment l'espace urbain en ville récréative prête à la consommation marchande et culturelle. Voici le temps de la cité dédiée à la convivialité oisive, au divertissement, au shopping loisir. Après la ville production, la ville hédoniste [6] qui respire la facilité, l'abondance, la négation proprement dionysiaque du travail.

Sur les murs de la ville s'exhibent le bonheur à portée de main et les images du sex-appeal. La mode sensualise les corps et les visages. Les visuels de la plage et des vacances sécrètent rêves et désirs. C'est toute la vie quotidienne qui vibre d'hymnes aux divertissements, aux plaisirs du corps et des sens. Séduction publicitaire, ville ludicisée, fièvre des loisirs, folie des vacances, autant de traits qui, à l'évidence, font signe au bonheur dionysiaque, à son univers marqué par l'abondance et les plaisirs, l'insouciance et l'absence de travail.

Loisirs et temps pour soi

Société d'hyperconsommation, cela signifie-t-il donc « revanche de Dionysos » ? Le modèle de socialité qui s'annonce est-il d'essence « orgiastique » ? Notre culture se caractérise-t-elle par un hédonisme intense commandé par la désindividualisation, les incandescences extatiques et les fusions communautaires ? Ma conviction est que cette lecture est une erreur de perspective complète, aveugle qu'elle est à la puissance sociale de la privatisation des mœurs. Sans doute, les communautarismes fleurissent, mais en même temps les attitudes et les aspirations individualistes prennent une allure de déferlante irrésistible. Plus les référentiels ludico-festifs gagnent en surface et plus la société se présente, en réalité, sous un jour radicalement *anti-dionysiaque.* Ce n'est pas aux nouvelles épiphanies du Maître des plaisirs qu'il nous est donné d'assister mais à la mise en scène ludico-hédoniste de ses funérailles. Point de réincarnation des valeurs orgiastiques mais l'invention du cosmos paradoxal de l'hypermodernité individualiste.

Dans les cultures anciennes, les hommes attendaient des

cultes dionysiaques qu'ils les libèrent de leur pesante individualité. À travers l'expérience de l'extase et des frénésies transgressives, Dionysos offrait aux mortels la joie d'échapper aux limites de l'identité individuelle et, comme le disait Euripide, le bonheur de « mettre leurs âmes en commun [7] », de ressentir le sentiment exaspéré de leur appartenance collective. Or c'est un modèle de bonheur diamétralement opposé qu'agence la société d'hyperconsommation. Aux joies collectives de la communauté rassemblée et déchaînée ont succédé les plaisirs privés de la consommation de loisirs. Voyages, tourisme, sports, télévision, cinéma, sorties entre amis : ce qui domine c'est la dissémination et la pluralisation des plaisirs choisis en fonction des goûts et aspirations de chacun. Même pratiqués et vécus en groupe, les loisirs illustrent exemplairement l'individualisation croissante des modes de vie. Nulle « sortie de soi » mais au contraire l'essor d'un temps pour soi, livré aux libres dispositions personnelles ; nulle dissolution du *principium individuationis* mais plutôt un temps récréatif où s'affirment les goûts subjectifs. L'*otium* antique était un temps de construction de soi se manifestant dans le loisir cultivé et la contemplation, la méditation et la conversation. Les bacchanales renversaient les mœurs sociales et conduisaient, dans la fête collective et extatique, à la dépossession de soi. L'univers du loisir contemporain n'est ni l'un ni l'autre : il est celui de la privatisation des plaisirs, de l'individualisation et de la commercialisation du temps libre. Tout sauf orgiastico-extatique, la logique qui triomphe est celle du temps individualiste du loisir-consommation.

Individualisation n'est pas isolement ou même retrait vis-à-vis de la communauté, l'hyperconsommateur recherchant toujours les « bains de foule », l'ambiance festive des grands spectacles, les plaisirs du *live* et des discothèques, des rues commerçantes, des restaurants et des lieux à la mode. Tantôt le « monde » fait horreur, tantôt il fonctionne comme un stimulant et un ingrédient des plaisirs consuméristes. L'hyper-individu n'est pas dionysiaque, il consomme de l'ambiance dionysiaque en instrumentalisant le collectif en vue de satisfactions privées.

Bien sûr, dans certains cas, le loisir-spectacle suscite des émotions collectives créant un lien de société. Mais on se trompe en lui attribuant une fonction de substitution à la religion. Car si le loisir peut réaffirmer de la cohésion communautaire, il est important d'en souligner le caractère labile, éphémère, souvent épidermique. D'un côté le loisir peut produire de l'unité et de la cohésion sociale. Mais d'un autre côté, il crée surtout de la déliaison, de la dissémination, de l'hétérogénéité sociale, les goûts des uns n'étant nullement partagés par les autres. *Via* le loisir, c'est le cosmos relativiste et pluraliste du « à chacun ses goûts » qui se constitue. À quelques exceptions près, c'est moins la prééminence du collectif sur le principe individuel que refabrique le loisir qu'une *division pacifique* du social faite de dispersion individualiste des goûts et des comportements.

Si nombre de loisirs se vivent en micro-groupes ou impliquent une ambiance collective, ne perdons pas de vue que c'est le domicile privé qui est le lieu privilégié des loisirs et de la détente. Parler d'une spirale de communions tribales, de socialités orgiastiques, de situations fusionnelles transcendant les comportements individualistes fait sourire lorsqu'on sait que la télévision occupe, et de loin, la plus grande partie du temps de loisir. En 2003, les Européens ont regardé la télévision en moyenne trois heures trente par jour. Les Français consacrent quarante-trois heures par semaine en moyenne à la télévision, à l'écoute de la radio, des disques et cassettes [8]. À présent, même pendant l'été, les programmes télé réussissent à conquérir le public : la durée d'écoute y est en moyenne supérieure à celle d'autres mois de l'année. À quoi s'ajoute la durée de navigation sur le Net qui sera bientôt considérablement augmentée avec la diffusion des formules d'accès illimité. Selon une étude publiée en 2005 par l'université de l'Indiana, un Américain passe en moyenne neuf heures par jour devant la télévision, l'Internet ou sur son téléphone portable. Si excès il y a, il est moins orgiaque qu'audiovisuel, téléphonique et virtuel. C'est un Dionysos de pacotille que nous sert la sociologie du quotidien, un Dionysos moins absorbé par la poursuite des jouissances débridées que par les consommations médiatiques, moins avide de bacchanales convulsives que de paisibles bonheurs domestiques. Quand les doctes de la Sorbonne célèbrent le retour en grâce des valeurs orgiastiques, le public, lui, plébiscite *Le fabuleux destin d'Amélie Poulain,* les « plaisirs minuscules » et autres petites gorgées de bière !

Une foule de loisirs vont dans ce sens. Voyages organisés, clubs de vacances, tourisme culturel, week-end en résidence secondaire, flâneries en ville, jeux de tirage et de grattage, bricolage et jardinage, activités de forme et d'entretien, autant de phénomènes à coup sûr très différents les uns des autres mais dont le moins que l'on puisse dire est qu'ils n'offrent guère le spectacle d'un dionysisme débordant. Au demeurant, celui-ci a cessé de constituer un pôle de référence de notre époque. Tandis que les dérèglements de tous les sens font de plus en plus peur, l'esprit du temps est passé du culte de W. Reich à celui du dalaï-lama, du théâtre d'Artaud au zen, des « machines désirantes » à la « sagesse ». L'idéal n'est plus de dissoudre le Moi dans des iconoclasties enivrantes mais de trouver le bonheur dans l'équilibre, accéder à l'harmonie intérieure, vivre en paix, sainement et en forme. À l'évidence nous nous situons plus dans le prolongement de la sensualité « modérée et tranquille » de l'homme démocratique dépeint par Tocqueville que dans un âge d'effervescences sensorielles et d'hédonisme maximaliste. Quelque chose comme un idéal apollinien se cherche dans la frénésie de la consommation-monde.

Ère des communautés, ère des individus

L'idée centrale que mettent en avant les thuriféraires de Dionysos est qu'une nouvelle vague de modernité nous emporte dont le propre est de ne plus être marquée par l'individu mais par sa déperdition dans des rassemblements ponctuels, des ensembles collectifs, des micro-groupes où priment les valeurs de jouissance et les émotions vécues en commun. Là où prédominait l'atomisation individualiste s'imposerait maintenant une nébuleuse de petites communautés animées d'intenses communions d'affects et de sentiments partagés. Les petits groupes, les clans et réseaux, voilà le phénomène présenté comme le signe même du caractère dépassé de l'individualisme, de la victoire du « nous » sur les trajectoires singulières, de la nouvelle prééminence du collectif sur l'individu.

Qu'il y ait des communautés, des attitudes de groupe, des sensibilités communes, voilà une observation sociologique fort peu sujette à débat. En faire une machine de guerre contre l'interprétation individualiste du social contemporain est une tout autre affaire dont il n'est guère difficile de montrer le caractère plus que fragile. Car comment ne pas souligner le fait nouveau que l'appartenance communautaire est désormais choisie, revendiquée, affichée ostensiblement comme une manière d'être soi-même, comme un vecteur d'identité personnelle ? Non plus l'assujettissement traditionnel à un englobant reçu et vécu comme une évidence, mais au contraire un processus d'auto-identification, l'affirmation d'une liberté subjective s'appropriant une réalité collective. Par quoi la référence communautaire est devenue une « technologie » du soi. C'est moins une réalité supra-singulière qui se manifeste qu'une stratégie personnelle, une instrumentalisation du groupe à des fins de valorisation et d'affirmation de soi. Au demeurant, à quoi tiennent les phénomènes de polyappartenance et le caractère instable, mobile, du néotribalisme si ce n'est précisément à la logique de l'individu désenclavé, délié, législateur de sa propre vie ? Ce n'est pas l'évasion de soi dans les émotions et fusions collectives qui prédomine mais l'*Homo individualis* disposant de lui-même jusque dans la définition sociale de soi.

Nul ne contestera le fait qu'autour des sports ou des styles musicaux, des marques ou des looks, de la consommation ou des sites d'Internet, se constituent des communautés émotionnelles d'un nouveau genre. Rappers, looks surf ou skate, communautés virtuelles, rassemblements sportifs et associations, on n'en finirait pas de dresser la liste de toutes les tribus qui se font et se défont en fonction des modes et des moments. Mais comment interpréter le phénomène ? Si, dans certains groupes de jeunes, le clanisme est indéniablement rigide et conformiste, il n'en va pas de même dans les groupes plus âgés où les loisirs et les modes de consommation sont de plus en plus dérégulés et éclectiques. En dehors de certains groupes d'âge et de religion, les pratiques de consommation et de loisirs ne donnent lieu qu'à des identifications « tribales » légères, distanciées, à des mimétismes à la carte qui sont tout sauf des signes de désindividualisation tant s'y exprime le primat des goûts et des choix personnels. Plus rien n'est imposé du dehors, les adhésions et les séparations sont libres, à géométrie variable, hors contraintes institutionnelles. D'où le caractère ponctuel, éphémère, frivole de ces identités de groupe. Derrière les « nous » communautaires c'est plus que jamais l'individu aux commandes de lui-même qui est à l'œuvre. Contre la lecture dionysienne, il faut voir dans le néo-tribalisme une étape supplémentaire du processus d'individualisation.

Bien que réels, les comportements et émotions de groupe ne doivent pas occulter la tendance lourde à la privatisation de la consommation et des loisirs, aux achats calculés et distanciés de l'individu qui supporte mal la promiscuité de la foule, qui s'irrite de l'attente aux caisses, qui partout s'informe, compare, recherche le meilleur rapport qualité/prix. Jusque dans les moments d'exubérance (soldes, fêtes, vacances) s'expriment la logique des choix individuels, la part utilitariste et réflexive du néo-consommateur, le plaisir de faire de « bonnes affaires ». Les loisirs et les temples de la consommation sont-ils des facteurs de communion ? La vérité est qu'ils ramènent davantage l'individu à lui-même qu'ils n'engendrent l'union des membres d'une même communauté.

CONFORT ET BIEN-ÊTRE SENSITIF

Le bonheur n'est évidemment pas une « idée neuve ». Celle qui l'est, c'est d'avoir associé la conquête du bonheur avec les « aisances de la vie », le Progrès, l'amélioration perpétuelle de l'existence matérielle. Dès le XVIIe siècle, le cartésianisme jette les bases intellectuelles de la civilisation prométhéenne du bonheur en annonçant le progrès à l'infini pour et par le genre humain. Refusant le dogme de la création déchue et l'assujettissement du monde visible aux décrets de l'invisible, les modernes ont créé la religion du progrès, l'idée d'une marche indéfinie vers le bonheur s'effectuant à travers la maîtrise technicienne du monde. Le paradis n'est plus dans l'autre monde, il est promis dans l'ici-bas grâce à l'intelligence et l'action inventive des hommes eux-mêmes.

Avec les modernes, le bonheur de l'humanité s'identifie avec le progrès des lois, de la justice et des conditions matérielles de l'existence. Vaincre les épidémies et allonger la durée moyenne de vie, éliminer la misère et la pauvreté, assurer la prospérité du plus grand nombre, permettre que chacun soit bien nourri, bien logé, bien vêtu : le bien-être s'impose comme un nouvel horizon de sens, la condition *sine qua non* du bonheur, un des grands buts de l'humanité n'acceptant plus de subir passivement son devenir. Ce n'est plus le changement de soi qui apparaît comme la voie royale de la félicité mais la transformation du monde, l'activité fabricatrice capable d'alléger les peines, embellir la vie, procurer toujours plus de satisfactions matérielles. De même que la modernité démocratique ne peut être séparée des valeurs de liberté et d'égalité, de même fait-elle système avec la culture du bien-être concrétisant l'idéal du bonheur terrestre ainsi que la foi dans la raison et l'action transformatrice des hommes.

Ce qu'on appelle le confort constitue indéniablement l'une des grandes figures du bien-être moderne. Mon propos n'étant pas d'en faire une analyse détaillée, je me bornerai à mettre en relief quelques-unes des métamorphoses significatives de cette culture matérielle à l'âge de l'hyperconsommation.

Si les premières manifestations du confort moderne voient le jour au XVIIIe siècle, il faut attendre la phase II pour qu'il accède au rang de valeur de masse et de mode de vie généralisé. Ce cycle marque un tournant : il coïncide avec la démocratisation et la technicisation croissante du confort dans une société qui s'attache à réglementer et normaliser les installations techniques de l'habitat en vue de la définition d'un « minimum confortable » promis à tous : superficie habitable, chauffage central, salle de bains, w.-c. intérieurs [9]. Jusqu'alors réservés à l'élite sociale, les éléments de base du confort se généralisent à la fin des années 1970 dans la foulée de l'accroissement du parc de logement, de la réduction de l'habitat insalubre, de l'amélioration des conditions d'habitation du plus grand nombre liée à l'essor des infrastructures techniques permettant d'acheminer eau, gaz et électricité. L'époque est aussi celle qui a répandu dans les foyers les produits blancs et bruns, tout un ensemble d'objets de consommation constitutifs du confort moderne domestique : cuisinière à gaz, réfrigérateur, machine à laver, aspirateur, petit électro-ménager, télévision, électrophone. Au cours des Trente Glorieuses, le confort s'est imposé comme une préoccupation de plus en plus importante, présente dans tout le corps social, un objet de consommation de masse voué à être renouvelé ainsi qu'une image paradigmatique du bonheur individualiste de masse.

Centré sur l'accumulation des biens, l'électrification et la mécanisation du foyer, ce modèle de confort est de type techniciste-quantitativiste et se rêve comme ce qui efface les contraintes, comme prothèse miraculeuse apportant hygiène et intimité, gain de temps et facilité de vie, distraction et délassement passifs. Au cœur de cette mythologie se trouvent la simplification des tâches ordinaires, l'automaticité fonctionnelle, l'absence de pénibilité et de savoir-faire spécialisée de l'utilisateur. Après le *confort-luxe* typique de la phase I bourgeoise, la phase II a promu l'imaginaire du *confort-liberté* (« la technique libère la femme ») en même temps que le *confort-évasion* dominé par les jouissances passives du « prêt-à-consommer » dont la télévision offre la meilleure illustration. Vitrine du progrès technique et de la rationalisation du quotidien, instrument d'une vie meilleure, le confort est devenu la figure centrale du bonheur-repos, des jouissances faciles rendues possibles par l'univers technique-marchand.

Du confort techniciste au bien-être émotionnel

Cette page est tournée. Un autre cycle est en cours dont l'essor ne peut être séparé de plusieurs processus parmi lesquels figurent la généralisation sociale de l'équipement de base des ménages, l'essor des nouvelles technologies de l'information et dc la communication, l'individualisation des modes de vie mais aussi la nouvelle sensibilité aux « dégâts du progrès » s'indignant des grands ensembles « inhumains », protestant contre les embouteillages, les pollutions atmosphériques et sonores. Sur ce fond, de nouvelles exigences sont nées qui dessinent une nouvelle culture du confort, le troisième âge du confort démocratique s'accompagnant d'un déplacement de valeurs, d'imaginaires, de redéfinition des normes d'usage.

Les signes de cet *aggiornamento* sont multiformes et concernent l'espace public comme l'espace domestique. En ce qui concerne le premier, la phase III voit s'affirmer la requalification des centres-villes, l'esthétisation du paysage urbain, la démolition des grands ensembles, l'amélioration des transports en commun, le souci de l'environnement, la protection des paysages et du patrimoine. Tous ces phénomènes signalent non seulement l'apparition de nouveaux territoires du confort mais aussi de nouvelles priorités moins technocratiques qui, prenant en compte la qualité du vécu des usagers, permettent une approche plus sensitive du bien-être, de l'habitat et des objets.

Une expression résume ce glissement : elle fait florès à partir des années 1970. Il s'agit de la *qualité de vie* posée comme nouvelle frontière du confort, nouvel objectif central de la phase III. Dès lors le « confort minimum » ne suffit plus, les aménagements et les innovations techniques se devant de mieux répondre aux désirs et rythmes de chacun, de contribuer au développement de l'aménité du cadre de vie dans ses multiples dimensions, esthétiques et culturelles, conviviales et écologiques, sensorielles et imaginaires. Le modèle dominant du confort moderne était technico-fonctionnaliste ; celui qui vient se veut un confort de plaisance et d'agrément, un confort plus individualisé, ressenti, intériorisé, capable de procurer des sensations agréables [10]. Il ne s'agit plus seulement d'aller plus vite, de libérer le corps des contraintes, de doter les logements d'un équipement sanitaire mais de promouvoir des dispositifs procurant des plaisirs sensitifs et émotionnels.

D'où la parfaite inadéquation du paradigme dionysiaque appliqué au cosmos hypermoderne. La phase III ne se signale pas par la résurrection de Dionysos mais par l'invention d'une nouvelle culture du confort qui, tournée vers le mieux-vivre qualitatif et les subjectivités émotionnelles, ne cesse par là même de faire régresser la figure emblématique des débordements pulsionnels. La « loi » est imparable : d'autant plus s'affirme le confort-monde, d'autant plus s'efface Dionysos. Non pas l'outrepassement du sujet dans les groupes ou le chaos pulsionnel mais l'idéal d'un cadre de vie confortable que l'individu doit pouvoir s'approprier personnellement pour s'y sentir bien ou mieux. La société d'hyperconsommation va de concert avec la personnalisation et l'émotionnalisation du confort.

L'amour du chez-soi : le confort dans le confort

Un certain nombre de transformations observables dans l'ordre urbain illustrent la nouvelle orientation du confort. Tandis que l'on rase les tours et les barres au nom d'un espace urbain à « échelle humaine », sont lancés des travaux de réhabilitation de l'habitat ainsi que des projets de revitalisation des centres-villes. Les places publiques sont « libérées » des voitures et rendues aux passants, les immeubles HLM et les berges des fleuves requalifiés. Des lignes de tramway et des pistes cyclables sont aménagées afin de désengorger et dépolluer les centres. Les villes historiques sont toilettées, mises en scène et mises en image en vue de la consommation culturelle. Les rues piétonnières se multiplient. Même les stations de métro sont relookées, réaménagées, décorées dans un souci de personnalisation et d'aménité de la vie quotidienne. L'orientation quantitativiste de la phase II a vécu ; à présent l'idéal s'identifie avec la protection du patrimoine et la recherche du bien-être urbain, avec des aménagements diversifiés permettant la réappropriation sensible, ludique et conviviale de l'espace. Au rationalisme fonctionnaliste et objectiviste fait suite un rationalisme élargi ou pluridimensionnel intégrant les aspirations humaines à l'*aemenitas* inséparable des valeurs de sensitivité et de beauté, de la mémoire et de l'imaginaire [11].

L'étalement du périurbain indique également la nouvelle prééminence de la thématique de la qualité de vie. Si notre époque est témoin d'un processus de *gentrification*, elle est surtout celle qui voit déferler une véritable « marée pavillonnaire » : plus de la moitié des Français habitent une maison individuelle avec jardin dans les périphéries pavillonnaires. Au travers du goût pour la maison individuelle ne s'exprime plus tant un classique désir d'affichage de réussite sociale que l'importance accordée à la qualité de vie se confondant avec la « tranquillité », l'autonomie de chacun, la sécurité résidentielle. Désormais banalisé, le pavillon est devenu un symbole des nouvelles exigences individualistes de liberté, d'espace habitable, de Nature (le jardin). L'intolérance à l'égard des gênes occasionnées par autrui, le goût pour l'intimité, le besoin accru de sécurité, tous ces facteurs ont entraîné le surinvestissement de la maison individuelle, le choix de vivre loin de la ville, fût-ce au prix des désagréments de l'allongement des temps de transport. Vécue comme bulle protectrice par rapport à l'extérieur, la maison est un signe parmi mille autres de la poussée d'un néo-individualisme qui ne signifie pas repli autarcique mais aspiration à l'intimité, recherche de plaisirs protégés, refus d'un environnement humain subi et asphyxiant.

En même temps, le « SMIC du confort » ne suffit plus. En phase III, les attentes se sont élevées, une attention plus grande étant portée à l'ensoleillement, à l'orientation de la maison, à la nature, à l'isolation phonique et olfactive. Tandis que la taille des logements construits tend à s'accroître, l'exigence d'espace constitue l'une des principales demandes des habitants. Chacun, désormais, souhaite vivre comme il l'entend et à son rythme grâce à la multiplication des équipements de confort et de loisirs. Aux enfants est reconnu le droit de décorer leur chambre selon leurs goûts et même la traditionnelle chambre commune commence à être battue en brèche au nom de la liberté de l'homme et de la femme. Par là même l'idée de saturation du principe d'individuation se montre pour ce qu'elle est : un simple effet rhétorique passant à côté de ce qui constitue un des grands traits majeurs de la phase III : la privatisation des modes de vie, la formidable expansion sociale des désirs d'indépendance et de bien-être des personnes. La passion dominante de l'hyperconsommateur n'est pas de se perdre dans les fusions orgiastiques mais de vivre mieux « chez soi » dans un cadre répondant aux nouvelles exigences de sécurité, d'intimité, d'épanouissement personnel.

En phase II, le confort se confondait avec la mécanisation du foyer. Le néo-consommateur ne s'en contente plus. L'époque du formica dans la cuisine-laboratoire blanche et froide s'éclipse au bénéfice de cuisines plus accueillantes, plus chaleureuses, où sont apposés des magnets gais et colorés. Équipée maintenant d'une hotte aspirante, peinte de couleurs plus vives et variées, intégrant des éléments décoratifs, combinant le bois et le high-tech, la cuisine devient séjour, lieu de vie, parfois le « cœur » de la maison. La salle de bains, naguère austère, uniquement lieu d'hygiène, commence à devenir lieu de détente et de plaisir accueillant des équipements sensualistes (douche multijets, baignoire à remous), des accessoires esthétiques et un lot de produits cosmétiques.

Dans le living que l'on veut « pratique » et convivial, une plus grande attention est portée aux qualités de décoration et à la lumière, celle-ci s'imposant comme décor en soi, élément de confort visuel. À la violence des éclairages directs succèdent les lumières tamisées et douces, les bougies et photophores qui réchauffent l'atmosphère, les lampes à halogène et les variateurs qui créent des ambiances sur mesure en modelant l'intensité de la lumière. Le cycle précédent s'est développé autour des valeurs de la fonctionnalité et de la rationalité pure. Il n'en va plus ainsi : le confort hypermoderne n'a de prix que pour autant qu'il véhicule des valeurs sensibles et tactiles, un bien-être holistique, sensitif et esthétique. Après la technicisation froide du confort, son hédonisation, sa subjectivisation, sa polysensualisation.

Le succès que remportent l'habitat végétalisé, les plantes vertes, les jardins, les balcons et fenêtres fleuris illustrent également cette évolution. En trente ans, le nombre de jardins dans l'hexagone a doublé. Le jardin individuel n'a plus pour fonction de nourrir les familles modestes ; il est devenu jardin-hédoniste, jardin-détente, espace convivial aménagé avec un souci esthétique comparable à celui qui s'exerce dans la maison. Espace esthétique, il est aussi lieu apportant les plaisirs sensoriels du voir, sentir, toucher. Non plus le « corps outil » auquel s'adressait le confort moderne mais le corps des émotions, des plaisirs esthétiques et sensitifs. Ce qui s'affirme se confond avec le désir d'un confort au carré, d'un *confort dans le confort* ne se définissant plus exclusivement par des critères objectifs d'économie de temps et d'effort mais par des qualités perçues, hédonistes, esthétiques et sensitives.

Nos contemporains passent de plus en plus de temps à la maison — quinze heures trente en moyenne par jour pour les actifs, vingt heures dix pour les inactifs —, ils y font plus de choses et investissent plus de temps, d'amour et d'argent pour son équipement et son embellissement. L'intérêt porté à l'auto-aménagement de l'habitat se lit à travers l'essor des activités et du marché du bricolage, la multiplication des commerces de bibelots, le succès des magasins consacrés à la décoration des intérieurs. Le nouveau rapport à l'ameublement traduit la même tendance. Jusqu'aux années 1980, les ménages achetaient des meubles destinés à être gardés toute la vie. Renversement de tendance : aujourd'hui, les meubles contemporains volent la vedette au mobilier de style ou rustique, en réponse aux goûts pour le nouveau et le plaisir de changer de décor. Afin que la maison ne donne pas une impression impersonnelle, l'hyperconsommateur « chine » dans les foires de brocante [12], mélange les objets, marie les styles pour composer un décor singulier, une ambiance créative « qui lui ressemble ». La décoration de la maison s'est détachée de l'impératif ostentatoire au bénéfice de la *valeur d'ambiance* : à la logique d'exposition statutaire succède une logique de séduction affectuelle, intimisée, intra-familiale.

D'où une dynamique de pluralisation des décors d'intérieur. Si les ensembles bâtis se ressemblent, la décoration des intérieurs se déstandardise, se personnalise, tend à devenir plus originale en portant la marque des goûts particuliers. Après le décor-standing, le chez-soi hédoniste et convivial sous-tendu par un *individualisme décoratif* de masse. En phase III le confort est non tant associé à la passivité du consommateur qu'à l'activité décorative et à l'appropriation personnelle de la maison.

Naturellement, les manières d'aménager le foyer ne sont pas sans lien avec les appartenances de classes ou les micro-milieux. Reste que les normes de groupe ne font plus obstacle au développement des pratiques et goûts particuliers, à ce que Martine Segalen et Béatrix Le Wita appellent des « créations familiales [13] ». Aux règles strictes du « bon goût », succèdent tendanciellement des formes « libres » de décoration et d'ameublement qui s'organisent selon des formules à géométrie variable, décloisonnées et décoordonnées, exprimant le désir de s'affirmer comme le « créateur » de son lieu de vie : l'aménagement personnalisé et les styles spécifiques de décoration ont pris le pas sur le « total look » standardisé. Individualisation du « chez-soi » ne signifie ni indépendance absolue par rapport aux différentes normes sociales ni originalité radicale mais un rapport à l'intérieur défini en termes d'amour, d'identité personnelle, de mise en scène de soi et de la famille. Dévalorisation des décors impersonnels, recherche d'une qualité d'ambiance, prépondérance de la personnalité singulière sur la règle de groupe : la phase III voit triompher la psychologisation, l'affectivisation du rapport esthétique à la maison.

Confort, connectique et sécurité

S'il est vrai que le confort, en phase III, comporte une importante dimension de satisfaction sensorielle, celle-ci ne constitue pas à elle seule le tout du phénomène. Comment le pourrait-elle dans une époque taraudée par les sentiments d'insécurité ? Aux États-Unis, les *gated communities* connaissent un franc succès au sein des classes aisées. En Europe, en France se multiplient les résidences sécurisées et les techniques de vidéosurveillance des espaces privatifs. De plus en plus d'immeubles sont dotés de « digicodes » et l'on ne compte plus les appartements avec porte blindée et système d'alarme. En même temps, les ménages qui s'installent dans le périurbain invoquent souvent parmi les premiers motifs de leur décision le désir de vivre dans un environnement social sans risques. Tandis que prospèrent les sociétés de gardiennage et de télésurveillance, que foisonnent les clôtures de jardin et les chiens de garde, s'intensifie le sentiment d'être menacé par l'autre. Dans ce contexte, le bien-être ne se conçoit plus sans système de sécurisation. Ce sont moins les affects tribaux qui redessinent la vie sociale et individuelle que les soucis sécuritaires, les désirs d'évitement, la recherche de voisinage rassurant et d'espaces privés protégés. L'hédonisation du confort ne progresse qu'en parallèle avec l'inflation des préoccupations sécuritaires.

L'Âge d'or du confort moderne s'annonçait comme promesse de bonheur, de vie facile et plus libre. Ce climat a changé, le confort hypermoderne ne se séparant plus d'une foule de dispositifs ayant charge de sécuriser, protéger, prévenir, minimiser les risques. L'imaginaire de libération indéfinie a été relayé par une culture du confort cerné de menaces et d'inquiétudes générées par le progrès lui-même. L'heure est aux « diagnostics santé de la maison » ; il faut prévenir la pollution de l'air intérieur, sensibiliser aux produits chimiques émis par les matériaux de construction, réduire l'exposition aux particules nocives, évacuer les contaminants biologiques et les polluants chimiques, choisir des matériaux bio, éliminer les tapis et moquettes, s'équiper en filtres à eau et à air. « Nos maisons nous empoisonnent » : le confort domestique se développe maintenant sur fond de sensibilisation aux risques et menaces sanitaires planant sur soi. Le confort était synonyme de vie douillette et tranquille ; il appelle de plus en plus des mesures de prévention ainsi que la vigilance active des hyperconsommateurs anxieux.

Les systèmes de sécurité ne sont pas seuls à reconfigurer le confort-monde selon un registre extra-sensoriel. Les nouveaux multimédias, le cyberespace, toutes les technologies de l'information et de la communication créent en effet un modèle de confort radicalement étranger aux valeurs sensualistes tant il est associé au virtuel, à l'opérationnalité des échanges, à l'interactivité communicationnelle. Avec le nouvel âge électronique, ce n'est plus tant sur l'élimination des efforts pénibles qu'est centré le confort que sur ce qui favorise la communication, l'instantanéité des échanges, la souplesse dans l'émission et la réception des messages.

Une nouvelle espèce de confort gagne qui s'identifie avec l'abondance informationnelle, les interactions virtuelles, l'accessibilité permanente et illimitée. Ce n'est ni au corps-machine ni au corps des sensations que s'adressent les nouvelles technologies mais à *Homo communicans* branché sur les réseaux, interconnecté, pouvant être joint en tout lieu, à tout moment. Tandis que de plus en plus de produits circulent sous forme de bits et non plus de produits manufacturés, la jouissance des choses se double maintenant de l'ivresse des télécommunications et de l'abondance numérique. Le modèle du confort-repos recule, le voici concurrencé par le bien-être-branchement ou *connectique* procurant la satisfaction de ne pas se sentir coupé du monde, d'être connecté en permanence sur l'extérieur, d'avoir un accès immédiat illimité à l'information, aux images, à la musique.

Le confort bourgeois était associé à l'indolence, à la chaleur du *home*, aux dispositifs permettant au corps de jouir de sa plénitude. À ce modèle se juxtapose dorénavant le confort dématérialisé ou digitalisé des réseaux, un confort abstrait de communication, de rencontres et d'informations délivrés du corps sensible [14]. Dans l'espace-temps d'Internet, ce n'est pas seulement le corps qui est mis entre parenthèses mais le traditionnel espace privé. Permettant de jouer avec l'identité personnelle, de tout dire impunément, d'être vu et entrer en contact instantané avec d'innombrables inconnus, le cyberespace crée un nouveau genre de confort, un confort du troisième type se signalant par des traits hyperprivés en même temps qu'hyperpublics [15].

En phase II, les biens de confort étaient plus utilisés pour économiser les efforts physiques que pour épargner le temps [16]. Si, bien sûr, les désirs d'économiser l'effort se prolongent, force est d'observer que notre époque est de plus en plus obsédée par la vitesse et la compression extrême de l'espace-temps. Télécopie, e-mail, moteur de recherche, GPS : dans l'hyperespace-temps des réseaux virtuels s'impose un temps accéléré, instantané, sans durée. Cette course contre le temps, ce temps toujours plus court, resserré au maximum, gagne un nombre croissant de secteurs de la vie sociale. TGV, restauration rapide, plats tout préparés, four à micro-ondes, télécommande, distributeurs automatiques, cybercommerce : ce que nous appelons le bien-être matériel ressemble de plus en plus à un confort-temps ignorant délais et lenteurs. Le confort qui s'annonce se rattache non tant au corps de Dionysos qu'à l'immatérialité de Khronos sous tension.

Dans ce contexte, analyser le nouveau modèle de confort par la promotion du référentiel « qualité » prenant la relève de l'ancien principe quantitatif [17] n'est pas suffisant. S'il est vrai que la problématique de la qualité est bien au cœur de la phase III, force est d'observer que l'escalade du « toujours plus » n'est nullement enterrée. Bien au contraire. Excroissance vertigineuse du nombre de pages et de sites virtuels, information pléthorique sur le cyberespace, autoroutes électroniques, démultiplication des services, abondance des photos numériques, communications en temps réel, c'est plus que jamais une dynamique hyperbolique qui sous-tend le confort de l'époque hyperconsommative. L'idéal du « mieux » n'a pas rayé d'un trait la culture du « plus » portée par l'univers techno-marchand : désormais ces deux logiques se développent simultanément.

Il faut récuser aussi bien les lectures post-modernistes que les lectures science-fictionnelles ou apocalyptiques du confort contemporain. Car celui-ci est tout à la fois high-tech et culturel, virtuel et sensible, abstrait et tactile, fonctionnel et émotionnel, dromocratique (Virilio) et esthétique. La rupture avec la première modernité est loin d'être totale, des pans entiers de notre monde ne faisant que pousser à l'extrême la dynamique prométhéenne. Ce dont nous sommes témoins est non tant l'émergence d'une culture « post-moderne » qu'une hypermodernisation du confort dominé par les surenchères du temps et de la vitesse, par l'excroissance du marché et de l'offre. Ironie de l'époque : plus sont célébrées les valeurs sensibles et plus nous sommes témoins d'une débauche de numériques, de vitesse et d'instantanéité. Le bien-être de la phase III se construit sous le signe de la synthèse hypermoderne des logiques qualitatives et des logiques conquérantes hyperboliques.

Le design polysensoriel

L'univers des objets et des formes illustre également le nouvel âge du bien-être. Le temps n'est plus où les futuristes voyaient dans la machine et l'automobile ce qui devait nous faire « assister à la naissance du Centaure ». Aujourd'hui les marques de voiture ne communiquent plus sur la vitesse : elles exaltent la sécurité, le confort, la sérénité, de nouvelles manières de vivre l'espace et le temps du voyage : « Nirvana en 5,9 secondes » (Nissan). Dans le rapport à la maison, on assiste au succès du Feng Shui. Les spas misent sur l'harmonie du corps et de l'esprit. Les produits de soins revisitent l'esprit zen avec des formes minimalistes tout en lignes épurées, sobriété et couleurs simples. Les architectes de magasins privilégient la pureté et la transparence des espaces. *Homo consumericus* ne s'est pas métamorphosé miraculeusement en maître de sagesse : simplement le chaos dionysiaque est délégitimé, détrôné par la « zen attitude ».

En même temps, le design contemporain affiche une nouvelle prédilection pour les objets enveloppés aux lignes ovoïdes créant un univers doux, maternel, accueillant. Automobile, téléphone, wagon TGV, tramway, ordinateur iMac, appareil photo, rasoir électrique : un peu partout le design renoue avec les rondeurs, les formes galbées et organiques à contre-pied du fonctionnalisme géométrique cher au Bauhaus. Si le design de la première modernité était anguleux et ascétique, celui de la seconde modernité se veut amical, féminin, non agressif, en réponse au besoin de mieux-être et d'environnement rassurant. En s'adoucissant, les formes technologiques valorisent les sensations tactiles, la détente, un confort fluide et apaisant : c'est un imaginaire de sensualisme apollinien ou eurythmique que diffuse toute une tendance du design contemporain.

Le mobilier concrétise également la nouvelle culture du confort plus centrée sur les résonances sensitives que sur l'étalage des signes riches. Dès la fin des années 1960, le confort anticonformiste fait florès qui prône un style cool, décontracté ou « avachi ». Le confort bourgeois, cossu, raide, grandiloquent est disqualifié au bénéfice des meubles bas au ras du sol, de la moquette et des coussins permettant de s'asseoir par terre : le fameux « sacco » qui prend la forme du corps lorsqu'on s'y assied date significativement de 1968. La posture anticonventionnaliste n'est plus vraiment de saison, mais l'ameublement répondant à un idéal de vie moins rigide et sophistiqué triomphe comme en témoignent les chaises pliantes et les sièges de relaxation, les meubles équipés de roulettes, les lits multifonction intégrant couchage, plan de travail et rangement, les canapés à plusieurs profondeurs se prêtant à différentes postures. Si une tendance du design contemporain privilégie l'humour et la fantaisie, une autre, de plus large audience, valorise un style simple et chaleureux à la manière des meubles scandinaves en bois blond et aux couleurs claires. Dans ce contexte, sont plébiscités les matériaux légers et naturels, les meubles pliables, superposables et modulables faciles à vivre et à déplacer, tout ce qui permet de gagner de la place. Le style bourgeois fait d'entassements et de surcharges décoratives est révolu au même titre que le fonctionnalisme aseptisé. Le design hypermoderne privilégie le léger, la mobilité et l'adaptabilité, l'association du fonctionnel et du senti, de l'épuré et du convivial, du nomadisme et du ludisme. C'est un confort psychologique et sensitif que vise le néo-design en écho au système de références de l'hyperindividu décloisonné.

Plus largement, depuis les années 1990, on voit se développer un design de type polysensoriel ayant pour but d'optimiser la dimension sensorielle des produits en apportant des impressions de confort et des sensations de plaisir. C'est ainsi que le design de produits tend à devenir un design d'expériences sensibles dont la valeur ajoutée ne réside plus seulement dans la forme visuelle mais dans la dimension sensitive des produits industriels. On ne compte plus les produits qui, au travers des matériaux utilisés, des modes de fermeture et des emballages, veulent créer des sensations tactiles, sonores et olfactives. Les produits ne se contentent plus de fonctionner efficacement, ils doivent réveiller le plaisir des sens, offrir une qualité sonore ou olfactive, fournir un supplément de réalité tactile, favoriser une expérience sensitive et émotionnelle. Il s'agit de suggérer la fonction tout en augmentant les qualités perçues ou le contact sensible du produit. Après un design froid, unidimensionnel, cloisonné, se développe un design global et expressif qui investit les sensations corporelles et le bonheur des sens. Le premier, techno-centré, imposait du dehors ses créations au public ; le second, anthropo-centré, vient en réponse aux attentes de qualité de vie, de mieux-être sensoriel dans une époque qui voit proliférer le virtuel et le numérique. À nouveau s'affirme la dualité du confort hypermoderne : d'autant plus gagne la culture déréalisée du digital, d'autant plus s'intensifie le besoin de l'épaisseur sensorielle des choses, le « soft touch », le goût et la visée de la sensualité des matériaux.

Le design intransigeant du Bauhaus s'est construit autour de la foi dans le progrès et dans la rationalité technicienne de l'ingénieur ; il exprimait une culture qui glorifiait l'efficacité pure, le dépouillement des formes, la raison conquérante, la victoire sur les forces archaïques du passé. Nous n'en sommes plus là. À l'heure de la seconde modernité marquée par l'épuisement de l'idolâtrie de l'Histoire, le design se veut moins révolutionnaire que protecteur et rassurant. Lorsque la modernisation n'a plus à combattre les éléments issus de la culture traditionnelle, l'ambition du design n'est plus tant d'ériger des symboles de modernité triomphale qu'un environnement accueillant et réconfortant, un confort hypermoderne qui réconcilie le fonctionnel et le vécu émotionnel, l'efficacité et les besoins psychiques de l'homme. L'objet n'est plus un hymne à la rationalité constructiviste et mécaniste mais au bonheur sensitif impliquant un confort à « visage humain », appropriable et habitable.

BOIRE ET MANGER

En donnant aux humains « le bonheur suprême de la bacchanale », Dionysos leur ouvrait son paradis sauvage dans les rites d'abondance et la joie des festins accompagnés de déchaînement de goinfrerie et d'ivrognerie. Ce modèle a connu une très longue vie historique : encore dans les années 1950, une « bonne table » signifiait dans les classes populaires repas nourrissant, copieux, riche plutôt qu'équilibré. Tandis que le samedi et le dimanche il fallait faire bonne chère, dans les grandes occasions de fête, la boisson devait couler à flots, la « bonne vie » au sens populaire impliquant joyeuses libations, excès des plaisirs du palais [18].

Gargantua honteux

À l'évidence, cet épicurisme gargantuesque n'est plus de mise, il a perdu son lustre, sapé qu'il est par les normes sanitaires et esthétiques de notre temps. On ne fait plus bombance, on fait des régimes. Les linéaires des supermarchés se chargent d'aliments « bio », de produits allégés, « probiotiques » et autres aliments santé. Quant aux traditionnels repas interminables du dimanche, ils nous font horreur. Manger à profusion, faire ripaille a cessé d'être une passion populaire, l'époque plébiscitant les repas équilibrés, la nourriture légère bénéfique à la santé et à la minceur. Dorénavant, on attend des aliments qu'ils améliorent la santé, renforcent la vitalité, retardent l'apparition des rides (cosméto-food), empêchent la prise de poids. De plus en plus, l'alimentation est considérée comme un moyen de prévention voire de traitement de certaines maladies : la santé, la longévité, la beauté sont devenues les nouveaux référentiels encadrant le rapport à la table.

Une tendance analogue a transformé les comportements du buveur. Les campagnes de lutte contre l'alcoolisme, le renforcement de la répression de la conduite en état d'ivresse, les nouveaux modes de vie individualistes ont changé les habitudes ancestrales : entre 1960 et 2001, la consommation d'alcool par adulte est passée de 24,6 litres par an à 15,1 litres; celle du vin de 100 litres à 58 litres. Tandis que les consommateurs réguliers de vin reculent, les consommations d'eaux minérales, jus de fruits, sodas et autres boissons sans alcool s'envolent. Le dionysisme était associé à la chaleur du vin et de l'ivresse : dorénavant, on boit frais et sucré. Partout les libations abondantes sont combattues au nom de l'hygiène de vie et de la sécurité routière. La société d'hyperconsommation s'accompagne non d'une nouvelle modulation du dionysiaque mais de sa disqualification radicale via la sensibilisation à l'égard des risques. À l'ivresse bachique visant à mettre hors de lui-même celui qui s'y adonne succède la responsabilisation du buveur, voire sa criminalisation. L'excès était assimilé à un liant social et un temps de bonheur exubérant : il est devenu une menace pour soi et les autres.

Boire avec modération, manger bio, augmenter les aliments riches en fibres, réduire les sucres et les graisses, équilibrer les repas : que reste-t-il des paroxysmes dionysiaques ? En phase III, il s'agit de s'informer, surveiller la qualité des aliments, autosurveiller le contenu des assiettes. Prendre conscience des risques, corriger ses habitudes alimentaires : voici le mangeur renvoyé à sa responsabilité de sujet. En lieu et place des ingestions hyperboliques célébrant le triomphe de l'abondance matérielle et prescrites par les rites collectifs se déploie un travail de subjectivisation par rapport à ce que l'on mange et boit, un souci diététique fondé sur l'apport des savoirs scientifiques. La culture dionysiaque est épuisée dans son principe même : le boire et le manger sont entrés dans l'ère de la réflexivité et de la responsabilité individuelle [19].

C'est pourtant au même moment que se répandent comme un raz-de-marée les boulimies et autres anarchies alimentaires. D'un côté les valeurs de minceur, de santé et d'équilibre alimentaire s'imposent en maître; de l'autre foisonnent les compulsions et frénésies du néo-mangeur. Mais rien de tout cela ne fait signe à la joie dionysiaque. Bien au contraire. Les excès de la table étaient d'origine collective, les nôtres sont individuels; ils étaient festifs, ils sont névrotiques; ils constituaient une figure du bonheur collectif, ils culpabilisent les individus prenant un caractère honteux et pathologiques dans une culture ne reconnaissant plus que le contrôle de soi.

Plaisirs gourmands et cuisine hypermoderne

Prenons garde toutefois à ne pas assimiler le modèle de l'alimentation-santé au naufrage d'*Homo gastronomicus.* Les guides de cuisine et les livres de recettes détaillant les plaisirs gourmands envahissent les rayons des libraires. Jamais la gastronomie, les « chefs », les grands restaurants, les bons vins n'ont autant été commentés, auscultés, mis en scène par les médias. En même temps le marché (vin, café, thé, fromages, pain, eau...) glisse vers des niveaux de qualité supérieure : si les vins ordinaires déclinent, ceux de qualité progressent. Partout l'offre se diversifie en phase avec une demande accrue de saveurs variées, de fraîcheur, de « naturalité ». Les labels de qualité (AOC, bio, fermier, montagne, label rouge) attirent de plus en plus les consommateurs. Contrairement à l'antienne du dépérissement du goût, on assiste, en France, à une forte valorisation de la saveur des aliments ainsi qu'à une forte remontée du référentiel plaisir [20]. Le bonheur alimentaire ne trouve plus sa pleine expression dans les banquets démesurés mais dans la sensualité de la dégustation et la quête des qualités gustatives.

L'hédonisme du mangeur hypermoderne s'exprime encore dans la valorisation de la nouveauté et de la diversité alimentaires. Sur les 30 000 restaurants recensés à Paris, plus de la moitié sont consacrés aux cuisines du monde, aux plats étrangers et exotiques. Le plaisir de l'hyperconsommateur se cherche de plus en plus dans la variété, le changement, la découverte de lieux et de plats nouveaux, dans la fantaisie et l'originalité des assiettes. Après la nouvelle cuisine des années 1970 fondée sur le refus des sauces riches et la mise en valeur des produits, la phase III met à l'honneur le *fooding*, la cuisine *world fusion* qui conjugue les saveurs, mêle les goûts et les produits par-delà les traditions. À côté de la gastronomie classique se déploient maintenant des cuisines patchwork donnant autant d'importance au contenu des plats qu'à la créativité, à la surprise des décontextualisations, à l'humour. Parfois à l'extravagance comme en témoignent les recettes « branchées » du poulet au Coca-Cola, sushis au foie gras et autres côtes de veau arrosées de limonade. Ainsi voit-on l'alimentation gagnée à son tour par la *forme-mode* transformant le repas en *entertainment*, en divertissement total, avec plats inédits, mise en scène créative de l'assiette, décoration design, musique au goût du jour. Les Anglo-Saxons nomment cette tendance *eatertainment*, comme si l'animation et le divertissement importaient autant que de prendre plaisir à la dégustation des plats.

Cuisine-mode, créative et alchimique, déstructurée et métissée : la nouvelle star de la gastronomie, Ferran Adrià, a conçu un « laboratoire » dans lequel sont expérimentés systématiquement des combinaisons gustatives inédites. Les menus sont composés de plats détraditionnalisés qui croisent les arômes en sortant les produits de leur apparence et de leur contexte habituels. L'orgie dionysiaque comme le bon goût bourgeois sont maintenant détrônés par une cuisine mi-prométhéenne, mi-ludique, dominée par les valeurs de l'invention et de l'imagination, de la déconstruction et des contrastes de textures. Dans la société d'hyperconsommation, il ne suffit plus de savourer des plats, la table doit être l'occasion d'un « voyage », d'une espèce d'expérience synesthésique donnant satisfaction aux six sens, « le sixième sens étant l'émotion, la sensibilité » (F. Adrià).

Éclipse de Dionysos ne veut pas dire régression des plaisirs sensoriels mais développement d'une culture hédoniste sous la loi de la variété, du changement accéléré, de la fantaisie-spectacle. Déjà Baudelaire signalait que « la curiosité est devenue une passion fatale, irrésistible [21] ». À cet égard, la cuisine ne fait que prolonger ce qui est déjà massivement à l'œuvre dans les jeux, les sports, la consommation en général. Un type de plaisir se meurt, d'autres naissent qui ne sont ni meilleurs, ni pires que ceux de l'âge des outrances de table. Une nouvelle civilisation du bonheur sensible s'invente : il n'y a pas à pleurer la disparition de Dionysos.

L'EFFACEMENT DU *CARPE DIEM*

Dispensateur de joies en abondance, Dionysos était le dieu qui engageait les hommes à jouir sans compter, à se laisser aller en goûtant aussi bien les plaisirs simples que les jouissances de la bacchanale extatique. Et c'est précisément cet ethos de joie que nous redécouvrons, déclarent ses nouveaux apôtres, insistant sur la nouvelle culture quotidienne qui rend un culte aux sensations immédiates, aux plaisirs du corps et des sens, aux voluptés du présent. Hédonisme pressant, sacre des sens, existence présentéiste : l'éthique qui prédomine invite, nous dit-on, à profiter de l'instant, à prendre la vie du bon côté, à jouir au maximum des plaisirs de l'existence sans se projeter dans l'avenir, sans penser au lendemain. S'accommoder du monde tel qu'il est, jouir ici et maintenant, l'époque serait témoin d'une formidable accentuation du *carpe diem*.

Disons-le tout net : on ne saurait, à mon sens, se tromper davantage sur le diagnostic. Car qu'est-ce qui, de nos jours, ne s'entoure plus de menaces, d'incertitudes et de risques? L'emploi, la planète, les nouvelles technologies, la mondialisation, la vie sexuelle, le choix des études, les retraites, l'immigration, les « banlieues », à peu près tout est susceptible d'alimenter les sentiments d'inquiétude. Tandis que l'on ne croit plus à un avenir nécessairement meilleur que le présent, montent de nouvelles peurs liées au présent et au futur. Plus le bonheur hédoniste s'affiche, plus il s'accompagne de « craintes et de tremblements » : c'est moins le *carpe diem* qui se propage que le sentiment d'insécurité. Au vrai, le culte de l'instant n'est pas devant nous : il régresse [22].

Le triomphe de Knock

Rien n'invalide autant le modèle présentéiste que l'amplification des préoccupations relatives à la santé et à la maladie. Les magazines, les débats, les émissions télévisées consacrés à la santé passionnent un public de masse ; les problèmes de la santé envahissent les conversations ordinaires ; un nombre croissant de domaines de la vie sociale et individuelle (échec scolaire, difficultés conjugales, sommeil, stress, alimentation, forme) se trouvent investis par l'expertise médicale et psychologique. Alors que les dépenses de santé obéissent à une courbe exponentielle, les modes de vie et la consommation se médicalisent. Tentaculaire, omniprésent, le processus de médicalisation de la société a transformé les attentes, les priorités, les modes d'existence de tous.

Dans pareil contexte de sanitarisation, la liste s'allonge des éléments générateurs de peurs et d'anxiétés. Ondes du téléphone mobile, OGM, sexe, cannabis, acariens, cigarettes, rayons de soleil, l'air que l'on respire, l'eau que l'on boit, la viande que l'on mange, tout de plus en plus est perçu en fonction des risques sanitaires. Les conditions sanitaires peuvent être plus sûres que jamais, les menaces sont ressenties partout, « tout fait danger ». De fait l'hédonisation des modes de vie ne se développe que sur fond de dramatisation sanitaire et hygiénique. L'émotionnalisme hypermoderne n'est pas dionysiaque, il est omniphobe.

Ce qui se traduit par des recours croissants aux médecins ainsi que par la propension à déclarer toujours plus de symptômes et de troubles de maladies. Ce n'est pas le réenchantement du monde qui s'esquisse mais l'intolérance à la douleur, la pathologisation grandissante de soi, la surconsommation médicamenteuse, l'extrême sensibilisation aux problèmes de santé. Quête d'extases sensorielles ? Au lieu de cela on voit proliférer la hantise de la maladie et de la vieillesse, les gestes de santé en vue du mieux-être, de la forme et de la longévité. Moins « s'éclater » que gérer son capital corps, se conserver en bonne santé, vieillir en « bon état » : la vigilance d'*Homo sanitas* a réussi à réduire comme jamais la déraison dionysiaque.

Le désir de santé n'est pas nouveau. Ce qui l'est c'est la place qu'occupe la prévention dans les politiques et les pratiques de la santé. Il ne s'agit plus seulement de guérir mais de prévenir les maux, intervenir en amont de l'apparition des situations critiques. Avec le bond en avant de la médecine préventive, la maladie cède la place au risque : quand « les gens bien portants sont des malades qui s'ignorent », le rôle de la médecine est de changer les habitudes de comportement vis-à-vis des conduites à risques, apprendre à se surveiller, conscientiser ceux qui ne se plaignent de rien. L'objectif poursuivi est d'étendre les soins de santé à tout un chacun, anticiper l'avenir, inquiéter les personnes avant même l'apparition des symptômes. Non pas le souci de se délivrer de soi mais s'occuper inlassablement de son corps, de sa santé, de sa forme ; non pas se fondre dans des communautés, mais changer ses comportements afin de retarder les effets de l'âge et prévenir les maladies ; non pas « brûler » la vie mais dépister les facteurs de risques, faire des exercices d'entretien, surveiller son alimentation. Ce n'est pas la délectation du *carpe diem* qui s'annonce, c'est Knock [23] : telle est l'ironie de la civilisation hédoniste qui conduit moins à déguster l'instant pur qu'à se projeter indéfiniment dans l'avenir, qui invite moins à rechercher tous les plaisirs qu'à surveiller son corps et ses habitudes, moins à vivre intensément qu'à se protéger pour allonger le temps de la vie.

On a connu, au cours des années de la contre-culture, un *individualisme de transgression* et de contestation. Plus largement, le dernier demi-siècle a été marqué par un *individualisme d'émancipation* vis-à-vis des encadrements collectifs, qu'ils soient familiaux et moraux, religieux ou politiques. Si cette dynamique d'autonomisation des acteurs se poursuit, elle n'en a pas moins cessé d'être un idéal mobilisateur, un objet de conquête, un projet de vie. Dans ce cadre, un nouveau palier d'individualisation a été franchi : il coïncide avec un *individualisme de précaution et de protection.* À la fièvre de la libération succède l'obsession de la prévention ; à l'extase de l'instant fait suite le culte de la conservation de soi. L'idéal que poursuit l'hyperindividu est moins la jouissance que la santé.

Métaphore pour métaphore, entre Dionysos et Narcisse érigés en modèles archétypaux de la culture hypermoderne, le choix n'est guère difficile. Dans la foulée de la médicalisation de la société, Narcisse a triomphé de Dionysos, un Narcisse moins nonchalant que vigilant, moins admiratif de sa beauté que soucieux de son apparence et de sa santé, moins replié sur lui-même qu'attentif aux informations et aux risques sanitaires. Narcisse ne se perd plus dans la contemplation de son image, il consulte médecins et spécialistes, adopte des stratégies de prévention, change son alimentation, renonce au tabac, se protège du soleil, pratique des activités de remise en forme, corrige son apparence physique. Narcisse n'est plus seulement *Homo estheticus* mais aussi *Homo medicus,* moins passif et hypnotisé qu'acteur informé se prenant en charge, se surveillant, transformant son aspect physique comme son hygiène de vie.

C'est pourquoi il faut s'inscrire en faux contre les sociologies qui interprètent la culture contemporaine sous le signe d'un présentéisme tout à la célébration des plaisirs vécus au jour le jour. La vérité est que les individus bombardés d'informations peu ou prou alarmistes et tiraillés entre des normes conflictuelles vivent de moins en moins dans l'insouciance de l'instant. D'un côté les sollicitations hédonistiques ; de l'autre des flots d'informations sur les risques qui nous menacent. Ici, l'exaltation des plaisirs immédiats ; là, des normes incitant à se surveiller, perdre du poids, éliminer les excès, se protéger des facteurs de risque. La société d'hyperconsommation conduit à tout, sauf à la pleine coïncidence du présent avec lui-même. Au lieu de la réconciliation avec l'instant, la phase III entraîne un rapport de plus en plus problématique et anxiogène à soi et au temps immédiat.

L'hédonisme épicurien se confondait avec la paix de l'âme et les plaisirs simples dégustés dans un instant saturé de joie. Au lieu de quoi nous avons, chaque jour un peu plus, l'attention infinie à la santé et les « plaisirs en mouvement » à prévoir et organiser. C'est ainsi que la civilisation hédoniste s'accompagne moins de légèreté de vivre que de réflexivité et de sentiment de complexité de la vie. Culture préventive, anxiété sanitaire et esthétique, tension entre les exigences du présent et celles du futur : on est loin de se repaître du moment qui passe et des plaisirs comme ils viennent, l'oisive insouciance hédoniste reculant à mesure que chacun devient un acteur autonome et informé. À l'ombre de la légèreté consumériste, une nouvelle lourdeur s'est emparée des existences.

ORGIE HARD, SEXE SAGE

Nul doute que, parmi les facteurs qui ont sous-tendu la promotion intellectuelle du paradigme dionysiaque, figure en bonne place la « révolution sexuelle » des années 1960-1970. Dès ce moment, divers observateurs mettent en relief l'état de « jungle sexuelle » dans lequel se trouvent plongées les sociétés démocratiques livrées au culte des plaisirs charnels et de la liberté en amour. Dissociation de la sexualité et de la morale, « anarchie des règles morales », chute des tabous, multiplication des partenaires, diversification des pratiques de la chair : le libéralisme sexuel qui accompagne l'essor de la société de consommation de masse a accouché du « sexe sauvage [24] ».

Éros frénétique

Nous en sommes toujours là, à ceci près que cette dynamique est désormais engagée dans une fuite en avant vertigineuse : elle est devenue hypertrophique, tentaculaire, à travers l'explosion de la production et de la consommation pornographiques dont les années 1980 donnent le coup d'envoi. En 2004, plus de 11 000 films pornographiques ont été distribués dans le monde contre environ 3 500 longs métrages classiques ; les chaînes de télévision hertziennes, câblées ou par satellite, proposent un flot grandissant de films X ; aux États-Unis, une station de radio est consacrée au sexe vingt-quatre heures sur vingt-quatre. Le Web regorge de sites pornographiques, de photos et vidéos de sexe amateur, de partouzes en ligne et de sexe à outrance. À ce jour il existerait, d'après le cabinet Websense, plus de 1,6 million de sites érotiques représentant plus de 10 % du trafic Internet dans le monde. Selon l'institut Forrester, près d'un internaute sur cinq visite l'un de ces sites au moins une fois par mois. Un Américain sur deux qui accède à Internet consulte des sites pornos pendant une à dix heures par semaine. Chaque année, les Américains louent plus de 700 millions de DVD et cassettes vidéo pornos représentant un marché de 5 milliards de dollars. Aux États-Unis et en Europe, les films classés X représentent près de 10 % des ventes et 25 % des locations de cassettes et de DVD. En 1983, le chiffre d'affaires mondial du porno était estimé à 6 milliards de dollars : il est évalué de nos jours à 40 milliards d'euros, les recettes dégagées par l'industrie du X étant supérieures à celles générées par le cinéma ou les jeux vidéo.

Le porno n'est plus cantonné dans les sex-shops et les revues spécialisées, il inonde l'écran des ordinateurs, s'imposant même à ceux qui ne souhaitent pas y avoir accès. Après le sexe caché, le mégasexe envahissant, hyperréaliste, exacerbé se déployant dans un registre de plus en plus extrême : gangbang, *fisting*, bondage, double et triple pénétration, mélangisme, orgies gays et lesbiennes. La société d'hyperconsommation est celle qui connaît l'inflation orgiaque, l'hypersexe virtuel, hard et banalisé, consommable par tous et à tout âge, à toute heure, chez soi et à distance.

En même temps se multiplient les reportages sur le boom des clubs échangistes, le nomadisme sexuel, le triolisme. On évoque le phénomène croissant des « forcenés » du sexe (échangistes, cybersexe, sadomasochistes, mélangistes), des performers de l'obscène, des « libertins » et des pratiques multipartenaires extrêmes : 7 % des Américains ont plus de 50 partenaires par an et 5 % des Français plus de 100 partenaires chaque année [25]. En 2000, les gays ont eu en moyenne 18 partenaires au cours de l'année écoulée, mais ce nombre cache une grande diversité de cas, certains reconnaissant plusieurs centaines de partenaires. Escalade porno, vagabondage frénétique des corps, *backrooms,* activités sexuelles en ligne, *chat-rooms,* échangisme, *sex group,* quelque chose comme un tremblement de terre dionysiaque serait en train d'ébranler le domaine libidinal, non sans d'immenses divergences d'appréciation : les âmes poétiques déplorent la commercialisation d'Éros et l'épuisement du discours amoureux; les autres se félicitent du développement d'un érotisme irrésistible, d'un orgiasme libidinal en pleine effervescence.

Un hédonisme bien tempéré

S'il est indéniable que la société d'hyperconsommation s'accompagne d'une pornographie excroissante, de pratiques frénétiques, de vagabondages libidinaux, tout le problème est de savoir jusqu'où et dans quelles proportions. Sommes-nous réellement en présence d'un formidable séisme, comme semble l'indiquer la montée paroxystique du hard? Douchons les hérauts de Dionysos : il n'en est rien. Qu'observe-t-on? La vie sexuelle commence plus tôt, les tabous sont faibles, presque plus rien n'est prohibé et pourtant, au final, les mœurs sexuelles hypermodernes sont tout sauf effrénées. Là est la vraie question : le phénomène le plus significatif réside moins dans l'exacerbation orgiastique que dans sa très faible diffusion sociale effective. Tout ne fonctionne pas à l'unisson : le réel social n'est pas à l'image de la scène médiatique hypersexuelle déferlant sous nos yeux.

Les faits sont éloquents. La fréquence des rapports sexuels a peu changé depuis le début des années 1970, les couples qui ont plus de cinq ans d'ancienneté déclarant une dizaine de rapports mensuels. Et le temps qui leur est consacré — autour de vingt-cinq minutes en moyenne ; entre cinq et dix minutes pour 25 % des couples — ne fait pas vraiment exploser les chronomètres ! La très grande majorité de la population (80 %) n'a eu qu'un seul partenaire au cours des douze derniers mois ; seuls 14 % des hommes et 6 % des femmes affirment avoir eu au cours de l'année écoulée au moins 2 partenaires. Entre 25 et 34 ans, les hommes déclarent en moyenne douze partenaires et les femmes cinq. Il n'y a que 22 % des hommes et 3,5 % de femmes qui déclarent avoir eu plus de 15 partenaires au cours de leur vie [26]. Les pratiques échangistes sont marginales : concernant moins de 1 % de la population, ses adeptes sont estimés entre 300 et 400 000 personnes [27]. Non seulement l'amour à plusieurs est peu répandu, mais les relations sexuelles avec un partenaire inconnu ou rencontré le jour même restent des pratiques d'extension sociale très limitée [28]. Autant de phénomènes dont il est difficile de dire qu'ils composent vraiment un tableau secoué d'orgiasme dionysiaque.

D'un côté, le sexe s'exprime de plus en plus de manière paroxystique ; de l'autre, les comportements quotidiens sont peu outranciers, peu transgressifs, peu débridés. Excroissance iconique du sexe, modération libidinale des masses : à l'exception de quelques minorités, les logiques d'excès restent cantonnées dans la seule consommation d'images et de discours. Hypertrophié dans l'imaginaire et le symbolique, le libidinal est autolimité, « sage » dans le réel. Orgie de représentations, ordre réglé des mœurs : c'est ainsi que par-delà les surenchères pornos, se poursuit le processus de civilisation d'Éros. Ni orgiaque ni puritain, le modèle qui domine est celui d'un hédonisme tempéré, peu excessif.

L'écho qu'a suscité dans le public *La vie sexuelle de Catherine M.* fournit une parfaite illustration de l'Éros paradoxal hypermoderne. Rien ne serait plus faux que d'interpréter le succès du livre comme le signe d'un besoin orgiastique de masse, le plus grand nombre de lectrices ayant assimilé l'auteur à une exception libidinale, une « bête curieuse » dont précisément elles ne partagent ni les goûts ni les pratiques jugées anti-érotiques, tristes, insipides du fait d'un technicisme quantitatif, vides de toute dimension affective et complice. Ne cherchons pas un effet de miroir : c'est au contraire l'écart existant entre les pratiques extrêmes décrites et celles du commun ainsi que la nouveauté d'un discours ostensiblement objectiviste, tenu pour une fois par une femme, qui expliquent en grande partie la fortune de l'ouvrage. Celle-ci exprime le goût du Nouveau et la forte tolérance dont bénéficie la sexualité féminine hypermoderne, non un quelconque appétit de confusion des corps. L'imaginaire hors limite fait florès ; les pratiques s'en tiennent massivement à l'écart.

Sexe, amour et narcissisme

À ce point de l'analyse, la question s'impose tout naturellement : à quoi tient pareille « modération » libidinale ? Comment se fait-il que dans une société hypersexualiste, le vagabondage des corps ne soit pas plus répandu ? Pourquoi la vie sexuelle du plus grand nombre reste-t-elle si peu débridée ? Déclin de l'idéologie de la libération des corps ? Peur du sida ? Ces explications ont bien sûr leur part de vérité. Pourtant elles ne sont pas suffisantes. D'autres facteurs beaucoup plus importants sont au principe du phénomène. Parmi ceux-ci, deux me paraissent devoir être soulignés. Il s'agit d'abord du poids de l'idéal relationnel-affectif, ensuite de l'exigence majeure de reconnaissance subjective.

Longtemps le code de l'honneur et la morale religieuse ont constitué les principales forces qui contenaient les pulsions sexuelles. Cette époque est révolue. Ce qui à présent joue ce rôle est un ordre culturel qui valorise les liens émotionnels et sentimentaux, l'échange intime entre Je et Tu, la proximité communicationnelle avec l'autre. La relative tranquillité des mœurs sexuelles hypermodernes n'est pas un résidu de puritanisme : elle se nourrit de l'idéal séculaire du sentiment et du bonheur que l'on assimile au « bonheur à deux ». Dans une société qui ne cesse pas de rendre un culte à l'idéal amoureux et dans laquelle la « vraie vie » est associée à ce que l'on goûte à deux, la relation stable et exclusive constitue toujours une fin idéale. C'est ainsi que le prix reconnu à l'amour et au sentiment, la recherche d'une intimité relationnelle, le besoin de sens intensif dans la vie et dans le rapport à l'autre travaillent, hors de tout principe moral, à privilégier le lien stable plutôt que l'éparpillement et la promiscuité sexuels. Structurellement, les codes du sentiment et de la communication intimiste sont ce qui contient les mouvements centrifuges du désir. D'un côté, l'amour apparaît comme un idéal déstabilisateur-intensificateur du désir ; de l'autre il fonctionne comme un agent d'autolimitation et de régulation des pulsions. Véritable « chaos organisateur », le code amoureux exacerbe et tout à la fois borne les errances d'Éros.

La relation sentimentale n'est pas seulement valorisée parce qu'on l'identifie à une vie riche en émotions et sens, mais aussi parce qu'elle permet de réaliser l'une des aspirations les plus profondes des êtres : être reconnu comme une subjectivité inéchangeable. Ne perdons pas de vue qu'être aimé implique être choisi, surestimé, préféré à tout autre avec toutes les satisfactions intimes que cela comporte. Bonheur d'être distingué, désiré, adoré *pour soi-même* : si l'expérience amoureuse bénéficie toujours d'une telle aura c'est qu'elle est inséparable des charmes du miroir narcissique, qu'elle flatte l'Ego de chacun, valorisé ou espérant être valorisé en tant que personne singulière. En vigueur chez les hommes comme chez les femmes, cette attente prend un relief plus marqué chez celles-ci, lesquelles ont particulièrement à cœur de ne pas faire figure d'objets sexuels interchangeables. Au principe de l'absence de goût généralement exprimé par les femmes pour les mélanges sexuels se trouve le désir prééminent de compter pour quelqu'un, le plaisir d'être objet d'une attention toute particulière, d'exister pour l'autre en tant que personne « privilégiée ». Force est d'observer que, dans les sociétés hyperindividualistes, les désirs de jouissance des sens, aussi omniprésents soient-ils, n'ont nullement fait passer au second plan l'idéal d'être sujet pour l'autre, d'être une personne irremplaçable, non substituable. Bien au contraire. La civilisation hédoniste a moins entraîné le culte d'un érotisme extrême qu'une escalade de demandes de respect, de reconnaissance individuelle, d'attention à soi.

Si cette analyse est juste, il est probable que les circulations impersonnelles du sexe ne dépasseront guère, à l'avenir, le stade de phénomènes marginaux ou périphériques. Par temps d'individualisme narcissique s'affirme avec une vigueur nouvelle l'exigence de *qualité* dans les relations intimes, laquelle requiert proximité communicationnelle en même temps que reconnaissance et valorisation subjective. Non pas un processus de dissolution du Moi dans les confusions libidinales anonymes mais au contraire son affirmation de plus en plus exigeante vis-à-vis de l'autre. Malgré les incitations perpétuelles à « s'éclater », Narcisse est venu à bout de Dionysos.

NUITS D'IVRESSE ET JOURS DE FÊTE

Bien qu'antidionysiaque, la société d'hyperconsommation n'a évidemment pas réussi à éradiquer toutes les formes d'ivresse, toutes les quêtes d'extases, de transes et de sensations exacerbées. Alcools, drogues, fêtes le montrent : délégitimation n'est pas annulation, les états paroxystiques et autres excès sensoriels étant des phénomènes secouant toujours la quotidienneté hypermoderne.

Drogues, déstructuration et criminalisation

Faire la fête, s'arracher à soi et à l'ordinaire des jours : cette passion s'illustre de bien des manières. Par l'ivresse recherchée dans l'alcool bien sûr. Même si les jeunes consomment moins d'alcool qu'autrefois, cela n'empêche pas les ivresses du samedi soir, en particulier chez les garçons : à 18-19 ans, deux garçons sur trois ont déjà connu au moins un état d'ivresse procuré de plus en plus par la consommation de drogues illicites, d'origine végétale ou chimique. En dix ans, le nombre d'adolescents ayant goûté du cannabis a doublé ; à l'âge de 18 ans, la moitié des filles et les deux tiers des garçons en ont fait l'expérience. Près de 5 % des jeunes ont déjà consommé du LSD, de la cocaïne ou de l'ecstasy ; 10 % ont fait usage de produits à inhaler. En parallèle se développe une polytoxicomanie, les usagers associant plusieurs produits, en même temps ou successivement, afin de lever leurs inhibitions et faciliter les liens relationnels. Des produits naturels ou de synthèse sans cesse croissants et à prix toujours plus bas d'un côté ; l'éclatement des encadrements moraux, les anxiétés qui se répandent, l'hédonisation des mœurs de l'autre, tout cela a provoqué une forte expansion sociale des paradis artificiels. Le moment de l'hyperconsommation est celui de la banalisation du recours aux stupéfiants.

Jouissance de l'ivresse, consommation de masse des drogues, transes dans les fêtes technos : pour indéniables qu'ils soient, ces faits n'autorisent pas à ériger Dionysos en mythe emblématique de notre époque. Loin de rendre un culte aux extases frénétiques, celle-ci se signale au contraire par la démonisation, par une croisade planétaire, une guerre totale idéologique et policière contre les stupéfiants. Dionysos était le donateur de joies et de richesses faisant signe à l'Âge d'or : aujourd'hui les drogues sont associées à l'enfer de la dépendance et à la mort, à la prison et au crime.

Des études établissent une nette corrélation entre la poussée des violences juvéniles et l'essor du marché de la drogue. Aux États-Unis, la diffusion du crack a entraîné, entre les gangs, l'usage des armes pour conquérir des parts de marché. En 1991, 56 % des détenus dans les prisons fédérales américaines et 25 % des détenus dans les prisons d'État étaient condamnés en raison de la drogue [29]. Dionysos donnait sans compter : désormais, la drogue est un marché à accaparer par la violence, une source de revenus pour la mafia et les dealers dans un état social marqué par la précarité et l'accentuation de la pauvreté dans certains segments de la population. L'explosion sociale des drogues signifie moins résurgence du bonheur dionysiaque que recul des facteurs de cohésion de la société, fracture sociale en même temps que puissance des réseaux criminels internationaux. Dans les exubérances extatiques, les collectivités traditionnelles se ressoudaient ; dorénavant la drogue favorise l'augmentation de la criminalité violente, le durcissement des systèmes répressifs, la croissance de la population carcérale.

On se trompe lorsqu'on fait état d'une irrésistible diffusion sociale des valeurs extatiques. La vérité est que nous avons plutôt affaire à une subculture privée de légitimité collective, de plus en plus mise au pilori tant par la société civile que par la puissance publique, une micro-culture fermée sur elle-même, assez fortement étanche. Rappelons que dans la population adulte, seuls 3,6 % font un usage répété (au moins dix fois dans l'année) et 1,4 % un usage régulier (dix fois par mois ou plus) du cannabis. La culture dionysiaque fonctionnait comme un système de référence valant pour tous ; elle n'est plus, au mieux, qu'un rite de passage à l'âge adulte, un style de vie marginalisé dont les pratiques dépassent peu certaines fractions de la classe d'âge des adolescents et des jeunes adultes.

Jouissance de « sortir de soi », expérience de la transe, émotions collectives dans l'effervescence des rave-parties où nombre de participants sont sous l'emprise de drogues ? C'est indéniable. À condition de ne pas perdre de vue le climat de « foule solitaire » marqué par l'absence de communication verbale, les « *bad trips* », l'épreuve de l'angoisse face au vide et à la fusion sociale impossible [30]. L'utilisation contemporaine des drogues ne se ramène pas aux seules motivations hédonistiques, elle est aussi une espèce d'« automédication » destinée à échapper à la difficulté d'être soi, de s'insérer et de communiquer. Au principe de la croissance en flèche des drogues se trouvent la poussée des forces de déstructuration sociale et psychique, la plus grande vulnérabilité émotionnelle, l'expansion des souffrances intimes générées par l'individualisation extrême des modes de vie. S'y exprime moins la joie dionysiaque débordante que le sentiment d'isolement, les relations problématiques avec soi-même et les autres. Incapable de se supporter lui-même, Narcisse se défonce en quête d'oubli de soi, de liens, de bien-être groupal.

La résurrection de la fête

La réactivation contemporaine de la fête constitue l'autre grand phénomène qui alimente le recours à la mythologie dionysiaque. Il n'y a pas si longtemps, les meilleurs observateurs ne donnaient pas cher des chances de survie de la fête dans les sociétés modernes sécularisées. Le seul destin qui semblait se profiler à l'horizon était le dépérissement des grandes allégresses collectives, leur inéluctable agonie au bénéfice des petites fêtes privées.

Le cours du monde n'a pas donné raison à ces pronostics : la fête est redevenue d'actualité. Dès la fin des années 1960, la fête connaît un retour en grâce au travers de happenings et d'immenses festivals rock et pop : en 1969, Woodstock rassemble en trois jours 500 000 personnes. En France, Mai 68 redonne ses titres de noblesse à l'idée de fête libre et spontanée. De traditionaliste qu'il était, le référentiel festif s'impose comme un idéal protestataire ou « transpolitique » animé par le refus de l'ordre établi et le désir de « changer de vie ». Plus tard, dans la foulée des revendications régionalistes et de la réhabilitation des « racines », les fêtes religieuses, traditionnelles et locales suscitent un intérêt nouveau. On annonçait la mort de la fête : elle ressuscite.

Le regain de popularité de la fête s'accompagne d'une avalanche de nouvelles manifestations. La phase III est témoin d'un déferlement de commémorations en tout genre, d'une profusion de fêtes traditionnelles de régions et de villages, d'une explosion de fêtes « thématiques » avec leur lot inévitable de spectacles musicaux, animations de rues, feux d'artifice, costumes d'époque, stands de brocante, commerces et artisanats. Fête de la Musique et du Cinéma, fête du Nautisme, des Neiges, des Fruits, fête de la Fierté végétarienne, des Lumières, des Fleurs, du Bois, partout fleurissent les néo-fêtes où se croisent le culturel et le ludique, l'historique et le touristique, le traditionnel et le commercial. En quelques décennies, on est passé de la mémoire à l'hypermémoriel, du régime du fini à l'infini : Philippe Muray vise juste qui souligne l'avènement d'un « système hyperfestif », d'une festivisation galopante de la société. Jusqu'alors les fêtes s'organisaient en fonction de principes traditionnels, religieux ou politiques ; c'est de plus en plus l'ordre marchand et le marketing de l'image urbaine ou régionale qui en commandent l'inflation proliférante. Au travers de la mise en valeur du local et de l'ancien, ce n'est rien d'autre que l'ordre hypermoderne de la fête qui s'agence, celui de la marchandisation de la culture, de la promotion médiatique, du tourisme de masse.

En même temps, tout un ensemble de fêtes enregistre une spectaculaire inflation du nombre de leurs participants. Le soir de la victoire de la France en Coupe du monde, 1,5 million de Parisiens euphoriques ont envahi les Champs-Élysées. En 1997, 1 million de jeunes se sont réunis sur l'hippodrome de Longchamp pour prier, chanter, vibrer ensemble à l'occasion de la venue du pape. La Love Parade de Berlin a pu mobiliser quelque 1,5 million de fans de techno. La troisième édition de la Nuit blanche a attiré, en 2004, 1 million de Parisiens. Les technivals, free-parties et raves drainent des milliers de jeunes. Plus s'intensifie le processus d'individualisation, plus on assiste paradoxalement à l'essor de mégafêtes dans l'espace public mais aussi dans les espaces privés. C'est ainsi que, depuis les années 1980, sont apparues des discothèques géantes pouvant recevoir plusieurs milliers de personnes qui se défoulent sur les pistes de danse inondées de volumes sonores et enveloppées d'effets spéciaux créant des impressions psychédéliques. La technologie contemporaine voit le triomphe de la miniaturisation, la fête hypermoderne, du gigantisme.

Dans ce contexte, la logique temporelle dominante de la fête ainsi que son sens social ne sont pas restés inchangés. On sait que dans sa définition la plus courante, la fête a pour objet de célébrer une divinité, un être, un événement auquel la collectivité attache une importance toute particulière. Manière de perpétuer le souvenir et de conserver vivantes les traditions, la fête avait pour centre de gravité temporelle le passé, qu'il soit de type religieux ou historique. Par rapport à ce modèle, nombre de festivités contemporaines ont ceci de caractéristique qu'elles sont moins chargées d'entretenir la vitalité des éléments essentiels de la culture collective que d'animer le présent des individus. Il ne s'agit plus tant de revivifier la mémoire que de transformer le présent en temps ludique et récréatif. Qu'est-ce que Noël sinon une montagne de cadeaux en vue du bonheur des enfants ? Qu'est-ce que le 14 Juillet sinon un jour férié voué aux loisirs ? Ce qui compte est moins le phénomène que l'on commémore que le divertissement dont il est le prétexte, moins le rappel du passé que l'hédonisation du présent. Partout les fêtes sont dominées par la logique des loisirs, des spectacles et de la consommation : la fête traditionnelle ou mémorielle a été relayée par la fête consumériste ou frivole centrée sur le présent.

Pierre Nora a noté à juste titre que les commémorations actuelles sont passées du règne de « la mémoire restreinte » à celui de « la mémoire généralisée [31] ». Cela n'empêche pas que fleurissent de nouvelles festivités ayant en commun de se déployer hors de tout référentiel mémoriel (rassemblement techno, Gay Pride, fête du Mondial ou de la Musique). Signalons, au passage, que ce sont les fêtes les moins attachées au passé, les moins riches de sens religieux ou historique qui réussissent le mieux à déclencher la liesse des masses populaires. Dans la société d'hyperconsommation triomphe la fête sans passé ni avenir [32], l'*hyperfête* autosuffisante, présentéiste, au degré zéro du sens, seulement alimentée par les passions de distraction et de consommation.

À quoi tient cette reviviscence des grandes fêtes collectives dans un temps dominé par une individualisation galopante ? Les raisons en sont peu complexes. Le phénomène s'enracine pour l'essentiel dans l'essor de la société consumériste ainsi que dans la nouvelle culture psy promouvant l'expression des affects et l'expansivité émotionnelle. En célébrant à satiété les plaisirs et les loisirs, l'ère de l'abondance a réussi, aidé en cela par les valeurs psychologiques, à substituer aux normes rigoristes et conventionnalistes un système de références centré sur le ludique, l'immédiateté récréative, la fantaisie, l'expressivité émotionnelle, le décontracté et la spontanéité. Ce que les temps modernes se sont employés à refouler (danses libres, rythmes trépidants, travestissements, déchaînement émotionnel) a pu remonter à la surface comme autant de concrétisations du « droit » au plaisir, au non sérieux, à l'explosion de la joie. Revitalisation d'*Homo festivus* : contre les principes de gravité et de respectabilité affichée, « se lâcher », se déguiser, s'éclater en musique, s'amuser comme des enfants, tout cela a gagné une nouvelle légitimité sociale.

Il y a plus. Car la fête offre l'occasion de jouir d'un type de plaisir que la consommation marchande et individualiste favorise peu, à savoir l'expérience du bonheur commun, la joie de se rassembler, de partager des émotions, de vibrer à l'unisson avec la collectivité. La néo-fête est ce qui apporte une gamme de réjouissances introuvables dans les rayons des magasins et des supermarchés : le plaisir de ressentir la liesse collective, de vivre un état d'effervescence partagée, de se sentir proche des autres. Mais c'est le cosmos du bonheur privé qui a conduit paradoxalement au besoin de goûter les joies éprouvées en commun et ce, comme une nouvelle manière de diversifier les technologies du bonheur. Il n'y a aucune contradiction entre le goût des mégarassemblements festifs et l'hypertrophie individualiste contemporaine ; il n'y a pas davantage de dépassement du *principium individuationis*, mais seulement une autre famille de consommation individualiste, consommation de foule heureuse et « unifiée », de chaleur sociétale, d'ambiance de joie collective. La fête traditionnelle avait charge de régénérer l'ordre cosmique ou de renforcer la cohésion de la collectivité : elle est au service, dorénavant, de la poursuite du bonheur des individus, bonheur d'ambiance et d'affectivité partagée, au-delà certes de la sphère des satisfactions individualistes marchandes mais néanmoins stimulé par celles-ci.

Même les fêtes marquées par les dimensions identitaires et communautaires (Journées mondiales de la Jeunesse, fêtes religieuses locales, Gay Pride) illustrent la nouvelle prépondérance de la dynamique d'individualisation, tant elles fonctionnent selon une logique de participation optionnelle, de quête de « développement personnel » et de reconnaissance particulariste. Désormais la participation aux rassemblements festifs relève d'une envie, d'un choix individuel, d'un acte de libre adhésion. Avec la société hypermoderne s'impose la fête désinstitutionnalisée et émotionnelle sous-tendue par le principe de l'individu législateur de sa vie. C'est sur fond de dérégulation institutionnelle et de crise des identités héritées que les néo-fêtes se dessinent comme autant de vecteurs d'identification communautaire des individus [33]. Elles tendent moins à régénérer l'ordre social qu'à permettre aux individus de revendiquer leurs racines, vivre une expérience de communion collective, affirmer un engagement personnel. La fête s'est mise au service de l'individu épris de chaleur communicative, d'ancrage et de réassurance communautaire. Dans la joie des sentiments partagés s'exprime la recherche d'un « nous » affectif, d'une incorporation communautaire permettant de mettre en perspective sa propre vie en la confrontant avec l'expérience des autres. Plaisir de se retrouver « entre soi », nouer des liens complices et conviviaux avec des semblables, déclarer une fierté identitaire, la fête fonctionne comme un instrument d'autodéfinition et d'affirmation de soi dans un temps où les identités collectives ne sont plus données et reçues une fois pour toutes. L'individu se cherche beaucoup plus qu'il ne se perd : voici le principe de fête réactivé par une exigence de « fierté » néo-individualiste, d'enracinement et de ré-identification de soi.

La fête sympa

La musique techno est maintenant l'un des phénomènes qui occasionnent les fêtes les plus en rupture avec l'ordre de la vie quotidienne. En dehors des lieux conventionnels et loin des pratiques du loisir de masse, toute une jeunesse prend plaisir à vivre ensemble une musique marquée par la répétition, à s'immerger dans la danse, à se laisser pénétrer par les pulsations crachées par les colonnes de son, à s'évader de soi dans l'ivresse procurée par les substances psychotropes. Orgie musicale, défonces psychédéliques, danse hypnotique, les raves peuvent apparaître comme un nouveau territoire dionysiaque livré aux transes, aux transgressions, aux dislocations de l'identité.

Mais ce qui vaut pour les rassemblements technos vaut-il pour les autres festivités ? Assurément non. L'excès est « la loi même de la fête », affirmait Caillois [34], soulignant que dans ses formes traditionnelles, celle-ci ne se concevait pas sans libations abondantes et festins pantagruéliques, lubricité et impudeur, rixes et gesticulations violentes. Encore au XIXe siècle où les réjouissances du carnaval étaient prospères, ces pratiques étaient toujours en usage. Nous n'en sommes plus là. Finis les repas où tout était englouti en grande quantité : au temps des néo-fêtes, ce qui prévaut ce sont les sandwichs et les boissons rafraîchissantes avalés en marchant dans les rues, la consommation d'alcool n'étant plus le fait que de quelques groupes de jeunes gens. Que reste-t-il, dans les mégapoles hypermodernes, des anciens paroxysmes ? Disons-le : à peu près rien. Une nouvelle espèce de fête voit le jour : la fête sage et édulcorée, délestée des débordements de la bacchanale.

Où voit-on quoi que ce soit qui ressemble aux traditionnelles débauches de jurons et d'insultes, aux grossièretés blasphématoires, aux propos obscènes et salaces, aux « bastonnades » et autres manifestations de méchanceté et d'impudeur qui accompagnaient les festivités carnavalesques [35] ? Le Carnaval, c'était le temps joyeux du « monde à l'envers » qui se traduisait par des divertissements en rupture avec les usages et la morale établie. Plus rien de tel n'est à l'œuvre. On ne s'amuse plus à proférer des insultes gratuites, à échanger des propos obscènes, à se moquer des indigents, à se lancer des œufs ou à déverser des sacs de farine sur les passants. Qui prendrait encore plaisir à trancher la tête d'un coq ou à le bombarder de pierres [36] ? Nos sociétés ont cessé de passer d'un extrême à l'autre ; nulle part n'y sont abolis les usages et les règles en vigueur dans la vie ordinaire. La fête hypermoderne n'inverse plus rien, n'abolit plus ni règle ni tabou, désormais ce sont les principes même de la vie quotidienne (sécurité, santé, hygiène de vie, respect des personnes, convivialité, politesse, pudeur) qui structurent les réjouissances collectives. Nous sommes au-delà de la transgression, des inversions et autres dilapidations : voici le temps de la fête lisse et propre, la fête *light* s'alignant sur les valeurs de fond de l'ordre quotidien. Du principe d'outrance des anciennes démonstrations festives nous ne faisons plus qu'en consommer le pâle simulacre : même l'extra-quotidien est devenu une déclinaison de l'hégémonie du quotidien.

Dans la fête dionysiaque, il s'agissait de mettre tous les sens en émoi, de faire chavirer la raison en levant tous les interdits. Mais aujourd'hui ? *Homo festivus* s'est métamorphosé en simple passant, en badaud assoiffé d'ambiance *fun*, d'animations et de spectacles. La fête hypermoderne se ramène à une immense déambulation touristique de figurants-acteurs heureux de se noyer dans la mer humaine, d'occuper la rue libérée des automobiles, d'écouter des orchestres, de regarder des spectacles folkloriques. Seuls les décibels et la marée humaine, ce que Canetti appelait « la masse ouverte », et la joie spécifique qu'elle procure [37] reconduisent quelque chose des anciennes formes d'excès. À l'ivresse du dérèglement des sens et de la dépense transgressive a succédé le bonheur bon enfant de flâner, regarder, sentir la multitude. L'heure est aux fêtes sympa ou conviviales : la déraison festive a cédé le pas à la raison distractive.

Le Carnaval était le moment du rire de fête, du rire général et sans entraves [38] se manifestant par des bouffonneries et des insultes gratuites, des moqueries et plaisanteries, des parodies et travestissements de la vie ordinaire. Ce rire populaire et collectif est épuisé : fini, comme tendance dominante, le rire agressif, le rire grivois, le rire scatologique. Le rire, irrémédiablement, se « civilise » dans la foulée de l'individualisation réflexive des mœurs. Rire à gorge déployée, le rire épais, non contenu, celui qui s'exprime avec tout le corps se fait plus rare tant il est synonyme de vulgarité. Le monde festif s'est en grande partie délesté de son ancien caractère débordant d'allégresse. On ne cherche plus beaucoup à faire rire et à jouer, faire des farces, se moquer des autres, commettre les plus grandes effronteries. Les gens marchent, écoutent les orchestres, téléphonent, parlent en petits groupes, dansent à part, font du roller : ils rient peu, ils s'observent plus qu'ils ne se parlent ou plaisantent ensemble. Au rire inextinguible de Dionysos succèdent les concerts de klaxon, les plaisirs de flâner dans la foule mobile.

La fête n'apparaît plus comme le moment privilégié du rire universel, du rire débridé : c'est dans l'espace privé, chez soi, devant la télévision que l'individu hypermoderne se montre hilare. L'homme qui rit n'est plus *Homo festivus,* c'est avant tout le consommateur de films, de variétés, de spectacles médiatiques. Ce qui n'a pas empêché Paul Yonnet de parler d'une époque « particulièrement retentissante de rires [39] ». Mais de quel rire s'agit-il ? Certainement pas du rire communicatif, du fou rire, du rire de fête et de ses gesticulations intempestives. Pour étayer sa thèse, Paul Yonnet met en avant des données statistiques, les scores d'audience réalisés par les émissions de télévision. Mais évaluer le rire contemporain au moyen de quelques éléments chiffrés s'étalant sur une durée très courte est peu convaincant. D'autres données, d'autres périodes d'observation aboutissent à des conclusions fort différentes. Au demeurant, Paul Yonnet signale lui-même que cette option du rire ne se retrouve ni en RFA, ni en Grande-Bretagne, ni en Italie, ni en Espagne [40]. Voilà une planète du rire singulièrement réduite ! Et puisque le sociologue convoque la mesure statistique, signalons au passage celle-ci, à laquelle, au demeurant, on ne prêtera d'autre valeur qu'approximative et suggestive : les Français, dit-on, ne rient plus en moyenne que cinq minutes par jour [41], soit quatre fois moins qu'il y a cinquante ans.

Vous avez dit « planète du rire » ? Si tel est le cas, qui ne voit qu'elle ne ressemble plus guère au rire débridé de Dionysos ?

9

Superman : obsession de la performance, plaisirs des sens

Si une école sociologique fait état d'une déferlante dionysiaque, une autre diagnostique, à l'exact opposé, l'irruption d'une culture s'arc-boutant sur les idéaux de compétition et de dépassement de soi. Finie la mythologie des jouissances transgressives et sensualistes, nos sociétés ne reconnaîtraient plus que l'impératif d'optimisation de soi à tout âge, en toute situation et par tous les moyens. Tandis que les athlètes, les entrepreneurs et autres supergagnants font figure de nouveaux héros, chacun est sommé d'être suractif et opérationnel en toute chose, de maximiser ses potentiels de forme et de santé, de sexualité et de beauté. Une époque s'achève : dans celle qui s'annonce, la société est continûment appelée à relever les défis de la concurrence mondialisée, la consommation à développer nos aptitudes et les individus à perfectionner leur savoir-faire et savoir-être. Se construire, exceller, augmenter ses capacités, la « société de performance » tend à devenir l'image prévalente de l'hypermodernité.

L'idéal de se surpasser et de gagner ne se limite plus à quelques sphères de la vie sociale, il envahit maintenant la société dans son ensemble, cannibalisant la consommation et les modes d'existence, l'intimité et les états d'esprit. Tous dopés, tous enjoints d'être compétitifs, de prendre des risques, d'être au top : la culture performantielle se déchaîne tous azimuts. Des stades à l'entreprise, des loisirs à l'école, de la beauté à l'alimentation, du sexe à la santé, tous les domaines sont pris dans une logique de concurrence et de perfectionnement pour le perfectionnement, tout l'espace social et même mental se trouvant remodelé par le principe d'exploitation à outrance des potentiels. Dans ces conditions, c'est une nouvelle figure métaphorique qui s'impose comme le porte-drapeau de l'esprit du temps : elle n'est autre que Superman, le superhéros aux performances exceptionnelles, toujours en pleine forme, toujours prêt à relever de nouveaux défis. Autre temps, autre mythologie : Superman a détrôné Dionysos.

Depuis plus d'une dizaine d'années, le schéma de la performance est de plus en plus mobilisé comme modèle d'intelligibilité de la vie économique, de la société et de l'agir humain. Échanger, travailler, se nourrir, se soigner, se distraire, consommer, s'embellir, faire du sport, faire l'amour, partout les pratiques contemporaines sont interprétées comme autant de manifestations de la norme performative, laquelle apparaît, en même temps, comme la principale cause de notre mal-être social et existentiel. Modernisation et individualisation extrême, tyrannie de la beauté, dopage généralisé, dictature de l'orgasme : à la barbarie sanglante pourrait succéder la « barbarie douce » du dépassement de soi et de la course effrénée aux résultats. Le concept de performance est à présent convoqué de manière si systématique, si banalisée, qu'on est en droit de penser qu'il a pris la place occupée autrefois par les thématiques de l'aliénation et de l'exploitation. Non seulement il fournit une explication claire, unifiée, totalisante du « malaise dans la civilisation », mais il permet une critique générale des petites comme des grandes activités de la vie, au moment où la grille marxiste n'est plus au goût du jour. Qu'est-ce qui nous opprime ? De quoi souffrons-nous ? Chaque époque propose une clé de déchiffrement des malheurs de l'existence : la domination de classe ne fait plus recette, nous lui avons substitué le harcèlement déshumanisé des normes techniciennes, la course généralisée à l'excellence.

Cette problématique soulève à mes yeux toute une série de questions. En lisant certaines analyses, on a parfois le sentiment que toute la texture de la société et de la vie se trouve phagocytée par l'idéal compétitif. Est-ce réellement le cas? Jusqu'où a-t-il envahi les motivations et les préoccupations quotidiennes? L'exigence profonde de l'individu hypermoderne est-elle vraiment d'être mieux que soi et plus que soi ? L'idée de société dopante permet-elle de rendre compte des tensions paradoxales qui traversent la phase III ? Je ne le crois pas. Nombre de faits illustrent indéniablement le nouveau statut de la performance, mais ce concept est parfois employé de manière si extensive, si « élastique » qu'il en devient une idée attrape-tout en même temps qu'un sésame explicatif de la société contemporaine. C'est contre cette tendance instituant peu à peu un nouveau prêt-à-penser que ce chapitre a été écrit. Ce qui a conduit à reprendre à nouveaux frais la lecture des aventures et mésaventures de Superman.

VIE PROFESSIONNELLE, VIE PRIVÉE

L'entreprise est le lieu où s'expérimente avec le plus d'effets humains et sociaux la culture compétitive à l'heure de la globalisation des marchés et de la financiarisation de l'économie. Tandis que les bouleversements macro-économiques de la mondialisation entraînent une intensification des impératifs de compétitivité et de rentabilité à court terme des entreprises, celles-ci ont adopté de nouveaux schémas d'organisation du travail. On en connaît les principes clés : polyvalence, équipes autonomes, juste-à-temps, qualité, satisfaction du client, autant de modèles qui signalent un changement d'univers porteur de nouveaux référentiels de performance.

Management par l'excellence, organisation en réseau, système Toyota, entreprise intelligente : les expressions ne manquent pas qui désignent la rupture avec le modèle fordiste de l'ancienne modernité. Quelle que soit la formule utilisée, l'important est que la compétitivité ne repose plus exclusivement sur l'augmentation de la production et de la réduction des coûts. Les marchés se gagnent de plus en plus en privilégiant la qualité, la *mass customization*, le niveau de service, la réactivité maximale aux évolutions de la demande, la diminution des délais, l'amélioration continue. Pour y parvenir, les discours manageriaux privilégient des schémas centrés sur les potentiels de l'individu. À la conception mécaniciste ou impersonnelle du productivisme à l'ancienne mode, succèdent les hymnes à l'autonomie et à l'initiative, à la flexibilité et à la créativité. Chacun est convié à évaluer et perfectionner ses compétences, mais aussi à s'investir personnellement, s'engager dans un progrès continu, être participatif, être impliqué. L'injonction à enrichir ses aptitudes s'adresse à tous les niveaux de l'entreprise : les managers eux-mêmes sont concernés, le coaching devant permettre l'amélioration de la capacité d'écoute et de réflexion, la résolution des problèmes, l'aptitude à juger et à décider. L'époque qui sacralisait l'organisation « scientifique » du travail ou les records des travailleurs communistes est derrière nous. C'est non seulement le savoir-faire mais aussi le « savoir-être », les sentiments, toutes les composantes de la personnalité individuelle qui doivent être optimisées. Avec le management hypermoderne, l'efficience est sortie de son moment taylorien, technocratique, objectiviste, les potentiels de l'individualité devenant facteurs de performance. Ce n'est pas tant une société de performance qui prend corps qu'un nouvel âge d'efficacité s'accompagnant de critères de plus en plus éclatés et qualitatifs [1].

Il y a plus. Aux yeux d'un certain nombre d'observateurs, c'est non seulement l'espace objectif de l'entreprise mais l'espace mental lui-même qui se construit maintenant sous les auspices de la compétition et du défi lancé à soi-même. Tandis que la figure de l'entrepreneur gagne une nouvelle légitimité sociale, les idéaux de compétition, d'initiative et de dépassement de soi s'imposeraient à ce point comme des normes générales de comportement qu'ils ont réussi à pénétrer et remodeler les mœurs et les rêves. Les anciennes utopies sont mortes, ce qui « enfièvre » l'époque est un style d'existence dominé par la « gagne », la réussite, la compétition, le moi performant. Être le meilleur, exceller, se surpasser : voilà la société démocratique « convertie » au culte de la performance, « vecteur d'un épanouissement personnel de masse [2] ».

Est-il besoin de rappeler cette évidence ? Les mythologies sociales sont une chose, les aspirations et les conduites individuelles, autre chose. Or, à trop braquer le projecteur sur la rhétorique de la performance, on en vient à passer sous silence les comportements et les attentes réelles vis-à-vis du travail. Là est le risque et la limite d'une approche de ce genre. Autant les pressions accrues à la compétitivité sont indéniables, autant l'idée d'une époque convertie à la religion des challenges et de la compétition est très peu convaincante. Le « culte de gagner » est-il vraiment embrassé par l'individu hypermoderne ? La prise de risque, les défis, le dépassement de soi s'imposent-ils comme des « disciplines de salut personnel » ? Au moins en ce qui concerne la relation au travail, on a toutes les raisons d'en douter.

Travail et temps libre

À compter des années 1980, la presse s'est largement fait l'écho des *yuppies* et autres passionnés de la gagne : l'imaginaire social des battants est en place. Mais dans quelle mesure ce modèle est-il partagé, intériorisé par les masses ? Obsession de la performance ? Fièvre de l'agir pour l'agir ? Ce n'est pas exactement cette image que reflètent la passion collective des vacances, l'attente des week-ends et des « ponts », le désir de trouver un meilleur équilibre entre travail et vie privée, le goût du farniente, l'attachement à la retraite. Une des épitaphes fort prisées au XIXe siècle était : « Le travail fut sa vie. » Aujourd'hui le sentiment qui domine est plutôt : « Y a pas que le boulot dans la vie. » Selon Joffre Dumazedier, le travail a cessé d'être l'activité la plus importante pour les deux tiers des individus [3]. Dans la société d'hyperconsommation, ceux-ci placent leurs intérêts et leurs plaisirs avant tout dans la vie familiale et sentimentale, dans le repos, les vacances et les voyages, les occupations de loisirs et autres activités associatives [4]. Au vrai, c'est le temps hors travail qui s'impose comme le temps le plus attractif, le plus chargé de valeurs essentielles. La liturgie des challenges peut enflammer les inconditionnels du travail mais tout indique qu'il n'en est pas ainsi pour le plus grand nombre trouvant la voie de l'accomplissement personnel davantage dans les jouissances du temps libre et de la vie relationnelle que dans l'activisme professionnel.

Ces observations ne doivent en aucun cas être l'occasion de donner du crédit aux thèses qui analysent le travail comme une valeur en voie de disparition. Dans les sociétés méritocratiques et marchandes, les individus continuent massivement de se définir par leur fonction professionnelle, laquelle constitue un pôle de référence majeure, un vecteur central de structuration de la vie personnelle et sociale. Même si les bonheurs privés polarisent de plus en plus les aspirations des individus, le travail reste un incontournable médiateur de l'estime de soi, le producteur de l'essentiel de l'identité sociale. Fin de la « religion du travail » signifie tout, sauf disparition de l'importance qu'on lui accorde. Le désarroi ou l'humiliation éprouvée par les chômeurs de longue durée l'atteste : l'identité et le statut social sont toujours dominés par le travail salarié. Simplement celui-ci n'est plus le centre de gravité de la vie ; à ses côtés, s'affirment maintenant les idéaux de la vie privée, les exigences du loisir et de l'épanouissement intime.

Si dans nos sociétés le rôle du travail est irremplaçable, cela tient aussi, paradoxalement, à la société d'hyperconsommation elle-même en tant que système structuré par la marchandisation quasi totale des modes de vie et des expériences individuelles. Comment, dans ces conditions, accéder au bien-être et aux jouissances des loisirs sans le travail rémunérateur ? Parce qu'un nombre croissant d'activités humaines se trouve sous la coupe du rapport marchand et parce que l'hédonisme consumériste s'impose comme système de valeur omniprésent, tout invite à penser que la course à l'augmentation des revenus se poursuivra irrésistiblement.

Il est vrai que le mouvement dit de « simplicité volontaire » prônant l'autolimitation des désirs et des achats, le « désencombrement », le recentrage sur les « valeurs essentielles » rencontre aujourd'hui un certain écho en Amérique du

Nord. Je doute fort pourtant que son audience puisse dépasser le cercle réduit de quelques adeptes, tant l'offre marchande ne cesse de créer de nouveaux désirs d'acquisition et tant la jouissance des « choses » est consubstantielle à l'idée moderne de bien-être et de vie bonne. Si, en 2005, une majorité de salariés français souhaitaient conserver leur temps de travail actuel, il n'en demeure pas moins que la thématique « travailler plus, pour gagner plus » a refait surface non seulement dans le débat public mais aussi dans les aspirations de certaines catégories professionnelles. Lorsque les salariés se déclarent favorables à l'idée de pouvoir travailler plus, ils ne traduisent pas la montée en puissance de la norme performantielle mais la formidable expansion de la consommation-monde et les besoins d'argent qu'elle entraîne. Dans la société d'hyperconsommation, l'impératif premier n'est pas de se dépasser, il est de pouvoir bénéficier de revenus confortables pour participer de plain-pied à l'univers des satisfactions marchandisées. Si des intellectuels et quelques groupes utopistes exaltent un mode d'existence moins assujetti à l'argent et aux marchandises, il y a peu de chance que cette sagesse frugale puisse triompher face à la puissance séductrice des bonheurs « faciles » martelés par le cosmos consumériste.

Heureux au travail ?

En dépit de l'écho que rencontre la thématique de la souffrance au travail, l'écrasante majorité des Français et des Européens expriment un haut niveau de satisfaction à l'égard du travail. Sondage après sondage, la même réponse revient qui ne laisse pas d'étonner : 9 Français sur 10 se déclarent heureux ou très heureux dans leur travail. À quoi tient pareil plébiscite digne des hautes heures de l'époque soviétique ? Le bonheur vraiment ? Ce n'est pas crédible. Lorsqu'on demande aux salariés de qualifier leur travail, moins de 1 sur 3 cite « le plaisir ». Même l'élite des grandes écoles se montre peu dévorée par la passion du travail, la majorité de ses membres considérant « qu'il vaut mieux ne rien faire que de travailler à condition de disposer du capital nécessaire [5] ». Seul un tiers des salariés reconnaît dans le travail un moyen de s'épanouir, de développer sa personnalité. En réalité, c'est moins l'activité même du travail qui procure de la satisfaction que les facteurs dits « extrinsèques » : sécurité, relations sociales, salaires, avantages sociaux, amélioration du niveau de vie [6]. À n'en pas douter, les scores massifs de la satisfaction au travail ne sont pas la photographie fidèle de l'état de bonheur des salariés, ils traduisent surtout la difficulté à reconnaître ses difficultés professionnelles ou un sentiment d'échec dans une société où l'individu est posé comme seul responsable de sa situation.

Même si certains cadres vivent la compétition, le risque ou le temps marqué par l'urgence comme des moyens de réalisation personnelle, c'est faire fausse route que de diagnostiquer un mouvement de conversion de masse des salariés à l'ethos performantiel. En réalité, les travailleurs hypermodernes voient dans les nouvelles techniques de gestion du personnel non tant des promesses de bonheur que des normes génératrices d'insécurité professionnelle, de difficultés et de pressions accrues. Beaucoup plus subis que voulus, les préceptes du nouveau management sont assimilés aux risques de licenciement et au recul des protections collectives, à l'augmentation des pénibilités [7] et à la dégradation des rapports de travail [8]. Menaces de licenciement, *burn out*, montée du stress, intensification des charges et rythmes de travail, peur permanente de ne pas être à la hauteur des nouvelles tâches : plutôt qu'objet de ferveur, le nouvel âge d'efficacité est associé à l'inquiétude de l'avenir, aux contraintes et pressions accrues pesant sur les salariés. Si les hymnes à la compétitivité et à l'implication subjective font florès, ils sont tout sauf appréhendés comme des disciplines de salut personnel, tant ils s'accompagnent d'insécurité professionnelle et identitaire, de défaillance de l'estime de soi, de « souffrance au travail [9] ». Plus les entreprises mettent en avant un modèle de performance individuelle, moins celui-ci suscite adhésion et enthousiasme. Non pas culte mais peur de la performance. C'est l'anxiété, le stress, la crise subjective ainsi que la défiance à l'égard de l'entreprise qui progressent plutôt que la rage de vaincre de Superman.

Ce rapport négatif à la norme performantielle devrait se prolonger dans la mesure où la société d'hyperconsommation ne cesse de propager à grande échelle les idéaux de qualité de vie et de mieux-être. Si une minorité occupant des emplois supérieurs et gratifiants peut se reconnaître dans le modèle du gagneur, tel n'est pas le cas de la majorité davantage concernée par les plaisirs de la vie privée et consumériste. N'en déplaise à ceux qui pensent que le modèle du battant s'est généralisé, ce n'est pas demain que l'on verra le « travailleur forcené par goût » et « hypertendu par choix » devenir un idéal social prédominant. La société hypermoderne ne se définit pas par le triomphe unilatéral de la performance mais par la dualisation des normes et des pôles de référence organisant la vie sociale. Disjonction entre performance et qualité de vie, discordance entre dépassement de soi et hédonisme : c'est du fond même de la phase III que s'élèvent les digues contrariant l'héroïsme de Superman.

On se trompe en affirmant que l'obsession des objectifs et de l'excellence happe toutes les préoccupations, y compris celles qui concernent l'équilibre et le bien-être personnel. Dans la société traversée par la dynamique d'individualisation, d'autres soucis se font jour parmi lesquels les exigences de respect et de reconnaissance de soi ne sont pas les moins significatives. À présent, les salariés sont de plus en plus nombreux qui se plaignent d'être ignorés, mal évalués par la hiérarchie, trop peu respectés par les usagers ou les clients. Ce malaise n'est pas minime : le manque de reconnaissance arrive en deuxième position, derrière la surcharge, comme facteur de risque portant atteinte à la santé mentale au travail. Bien sûr, la détresse en milieu professionnel est à rattacher aux contraintes et pressions accrues du travail, cependant l'intensification du travail n'explique pas tout. Ce sont également les idéaux de mieux-être et d'accomplissement de soi diffusés à satiété par la phase III qui sont à la source des nouveaux désarrois dans l'entreprise. La société d'hyperconsommation a considérablement élargi l'exigence de bien-être, laquelle ne se limitant plus au confort matériel domestique englobe maintenant le rapport de soi à l'autre, la valorisation et la reconnaissance de soi au travail.

Dilatation des territoires du bien-être qui ne va pas sans blessures du bonheur : à mesure que s'étend l'imaginaire du confort, s'accroît irrésistiblement le sentiment déprimant d'être mal traité ou mal considéré par les autres. Le manque ressenti de reconnaissance de soi apparaît dans une large mesure comme l'envers de la médaille de la société s'organisant autour d'une quête éperdue de mieux-être. De là, toute une série de paradoxes. Plus se répand la culture d'efficacité, plus on assiste à la psychologisation des attentes de bien-être au travail ; plus l'individu s'impose comme foyer de référence, plus s'aiguise le besoin d'être valorisé par l'autre et plus se diffusent les souffrances liées au manque de reconnaissance ; plus l'entreprise en réseau favorise les liens fonctionnels, plus augmente l'importance de la valorisation symbolique de soi.

De là également l'importance nouvelle accordée au bon climat dans l'entreprise, au style des relations de travail. Les sondages révèlent qu'1 salarié sur 2 en France juge prépondérante l'*ambiance* au travail. Désormais l'atmosphère dans l'entreprise arrive en tête des préoccupations des salariés, devant « un salaire légèrement supérieur ou des possibilités d'évolution de carrière [10] ». La recherche du mieux-être n'est plus circonscrite à la vie privée, elle s'est étendue, non sans de cruelles déceptions, à la vie professionnelle elle-même. L'individu hypermoderne n'embrasse que de loin la religion des records, son souhait premier étant de « se sentir bien » dans son environnement professionnel, travailler dans un cadre « sympa », respectueux des personnes et des mérites de chacun. Alors que s'intensifie l'obligation de « faire plus avec moins », c'est la qualité de vie au travail qui est plébiscitée, illustrant le processus de psychologisation de l'idéal du bien-être.

Aujourd'hui, en matière de rapport des hommes au travail, plus rien n'est homogène et régulier, l'implication de soi dans l'activité professionnelle portant la marque de l'immense vague d'individualisation. Si d'aucuns assimilent le travail à un gagne-pain obligatoire et fastidieux, à une activité vis-à-vis de laquelle ils montrent peu d'attachement, d'autres, au contraire, y trouvent un stimulant, un sens, un intérêt considérable. Cette fragmentation sociale de l'identification au travail ne résulte pas seulement de la tertiarisation de l'économie, elle s'enracine aussi dans la société d'hyperconsommation qui, célébrant les jouissances de la vie privée, favorise des trajectoires plus personnalisées, des priorités diverses entre le pôle privé et le pôle professionnel de l'existence. De là résulte la diversification des modes et des degrés d'investissement de soi dans la vie professionnelle. Distanciation ici, attachement passionnel là : la phase III s'accompagne de pluralisation et de subjectivisation des manières de se rapporter au travail [11]. De même que s'approfondissent les inégalités économiques, de même se creusent les inégalités subjectives en matière d'implication professionnelle. Dans la société d'hyperconsommation détraditionnalisée, ce n'est ni l'obsession de l'agir pour l'agir, ni le pur désinvestissement professionnel qui dominent mais l'hétérogénéisation croissante des formes d'engagement vis-à-vis du travail et l'instabilité des investissements personnels.

Tout en apparence sépare les marathoniens du travail et ceux qui privilégient la qualité de vie relationnelle dans l'entreprise ou les plaisirs de la vie privée. Le clivage est indéniable : il n'est pas absolu pour autant. Car les gagnants et autres fonceurs ne se mobilisent plus aujourd'hui au nom d'une fin extérieure à eux-mêmes, leur motivation essentielle étant de ressentir des sensations fortes, de vivre sous tension permanente, de se rendre maître du temps [12]. En dépit de tout ce qui les oppose, l'individu affairé et l'individu distancié traduisent, chacun à leur manière, le triomphe de l'individu psychologisé centré sur la quête de jouissances et d'émotionnalités subjectives. Les uns dans le travail, les autres hors de l'entreprise. Mais, souterrainement, l'idéal hédoniste de la civilisation consumériste fait partout son œuvre, y compris chez ceux qui sont tout entiers absorbés par l'agir performantiel et la rentabilisation à outrance du temps. Sous la bannière de la course à la vitesse, ce n'est pas tant un néo-ascétisme productiviste qui se dessine qu'un narcissisme émotionnel cherchant par les voies les plus diverses à se « shooter », intensifier le rapport au temps, éprouver les sensations de l'instant.

CORPS PERFORMANTS ET CORPS PARESSEUX

Le sport constitue une autre sphère particulièrement significative de l'univers concurrentiel hypermoderne. À présent les athlètes, les compétitions sportives, les records chiffrés sont omniprésents dans les médias ; de plus en plus les sports à risque, les sports d'aventure, les exploits en solitaire, « l'extrême » font la une de l'information : à travers le sport, la phase III apparaît comme une société fascinée par les défis, la passion de vaincre, l'optimisation des capacités du corps. Gagner, exceller, rechercher la performance par tous les moyens : avec le sport contemporain, les pratiques exprimant le dépassement de soi sont devenues un fait de société majeur.

Jamais la compétition sportive n'a déclenché autant de passions collectives. Jamais non plus elle n'a donné lieu à autant de pratiques par excès comme l'illustre exemplairement le phénomène du dopage. Il n'est bientôt plus un jour sans que la presse ne fasse état des pratiques de dopage dans le monde de l'athlétisme, du football ou du cyclisme. Et il est admis maintenant qu'1 athlète sur 2 était dopé lors des jeux Olympiques d'Atlanta en 1996. Ampleur sans précédent du phénomène qui tient également au fait de son expansion chez les plus jeunes et à tous les niveaux de pratiques. Aux États-Unis où la consommation de stéroïdes anabolisants commence dès l'âge de 8 ans, 11 % des garçons de 11 à 12 ans en sont des utilisateurs. Selon une étude internationale publiée en 1997, 5 à 15 % des amateurs adultes se dopent ; entre 650 000 et 3 millions de sportifs amateurs français ont recours à des substances dopantes [13]. Dans l'Union européenne, 6 % des usagers des centres de fitness font un usage régulier de produits dopants [14]. Autant de données qui accréditent l'idée d'une « société dopante » hantée par les fantasmes d'optimisation des performances.

Voici donc Superman transformé en véritable « pharmacie ambulante », médicalisé à l'extrême mais aussi soumis à tel point aux excès du surentraînement qu'il présente de plus en plus de désordres biologiques, de pathologies, fractures et autres traumatismes. L'accomplissement de performances exceptionnelles dans le sport n'expose pas seulement aux risques physiques, il engendre une fragilisation mentale se concrétisant dans la dépression, le surmenage, les troubles alimentaires, les addictions et toxicomanies. Glorieux dans l'enceinte des stades, revendiquant l'équilibre et la santé parfaite, Superman, comme Narcisse, n'en est pas moins vulnérable, déséquilibré, candidat à la dépendance [15]. Parce que la recherche de l'excellence corporelle ne va pas sans risques d'excès et de déséquilibres, même Superman peut être mis en échec physique et psychologique.

L'euphorie sportive

Dans ce contexte sportivophile, les rencontres de haut niveau soulèvent un enthousiasme, une ferveur collective dont aucune autre sphère de la vie sociale n'offre l'équivalent. Pouvant jeter dans la rue des centaines de milliers de personnes, les grandes compétitions provoquent d'incroyables explosions de joie collective : « C'est le plus beau jour de ma vie », déclarait un quidam après la victoire de la France à la Coupe du Monde de football. Force est de le constater : la spirale du bien-être consumériste n'a en rien éradiqué l'admiration que les hommes vouent au « toujours mieux » et au dépassement de soi. Bien au contraire.

Qu'est-ce qui, dans le spectacle sportif, transporte à ce point les masses hypermodernes ? À quoi tient pareil paroxysme émotionnel ? Selon Paul Yonnet, le moteur du sport-spectacle s'alimente de la double « carburation » de l'incertitude et de l'identification. Ce qui rend le sport-spectacle hautement mobilisateur en affect est d'un côté sa capacité à créer du suspense entre des quasi-égaux qui s'affrontent, de l'autre son pouvoir de créer ou d'intensifier des sentiments d'appartenance groupale [16]. Cette analyse éclaire à coup sûr le phénomène, cependant elle n'en épuise pas le mystère. D'autres dimensions sont en jeu.

Si le public se déchaîne de la manière que l'on sait, c'est aussi parce qu'il se trouve en présence de manifestations exceptionnelles de « vouloir victorieux » se concrétisant à travers des facultés et des activités corporelles optimisées. Il est difficile ici de ne pas songer à ce que Nietzsche appelait « volonté de puissance » en tant que volonté de « se rendre maître, d'augmenter en quantité, en force [17] ». Les foules ne vibrent pas seulement parce que sont mobilisées des ressources identificatrices, mais aussi parce que se donne à voir le « rendement maximal du corps humain », des performances physiques hors du commun, un vouloir vaincre porté à son faîte. S'il y a de l'identification (logique de similitude), il y a aussi de la dissemblance portée par les athlètes dont les aptitudes hors normes les hissent à un autre niveau que nous (logique d'altérité). Impossible de comprendre l'effervescence émotionnelle qui entoure les grandes rencontres sportives sans prendre en compte le rapport à ce qui ne nous ressemble pas, à la dissemblance des champions du stade avec le commun des mortels.

« Le but n'est pas le bonheur, c'est la sensation de puissance », disait Nietzsche [18]. Reste que pour le plus grand nombre il y a un vrai bonheur à admirer la puissance la plus élevée, à être témoin du « grand style », c'est-à-dire la capacité à « se rendre maître du chaos que l'on est soi-même, à forcer son propre chaos à devenir forme [19] ». Il ne s'agit pas ici, à proprement parler, du plaisir esthétique pur procuré par l'élégance ou l'harmonie des corps mais plutôt d'une espèce d'« état d'ivresse esthétique » créé par le spectacle du dépassement de soi, du summum de la mobilisation des forces et de la maîtrise parfaite : toute perfection « éveille par contiguïté la félicité aphrodisiaque [20] ».

Société dopante, sport loisir et corps paresseux

Loin de se limiter au sport de haut niveau, l'esprit performantiel s'immisce maintenant dans certaines activités de loisir. Dans une époque où les salles de forme, la musculation à domicile, les suppléments nutritionnels connaissent un large succès, le body-building et les pratiques qui lui sont apparentées (jogging, aérobic, régimes, chirurgie esthétique) ont pu être analysés comme des manifestations d'un nouveau narcissisme obsédé de records, de muscles, de surenchères anatomiques [21]. Dès lors l'hyperindividualisme ne se définirait plus tant par l'hédonisme que par les désirs de performativité corporelle, par un activisme stakhanoviste s'inscrivant dans la droite ligne des valeurs puritaines. « Souffrir en se distrayant » : c'est au lait de cet ascétisme recyclé que se nourriraient les Supermans et Superwomans des temps hypermodernes.

Ces analyses comportent une large part de vérité. Il est indéniable que l'idéal du corps mince, jeune, musclé pousse les individus à « travailler » et manager leur corps, à exercer sur celui-ci des autocontraintes sévères aux antipodes du laisser-aller sensualiste. La norme tyrannique de la minceur conduit les femmes, en particulier, à contrôler en permanence leur poids et leur alimentation, à vouloir remodeler leur silhouette au point de les faire ressembler à des « forçats de l'apparence ». Cela étant, signaler ces pratiques néo-productivistes ne suffit pas : encore faut-il en évaluer la surface sociale. Jusqu'à quel point l'impératif de performance s'est-il diffusé dans les comportements des plus nombreux? Les motivations qui sont à la base des nouvelles pratiques d'activités physiques et sportives sont-elles réellement dominées par la passion de la victoire et des scores? Tout indique qu'il n'en va pas ainsi.

Qu'une certaine proportion de pratiquants se montrent assoiffés de musculation, de classement ou d'extrême ne doit pas cacher le mouvement de fond de l'évolution du sport contemporain, lequel est marqué, tout au contraire, par le recul des valeurs compétitives et le goût prononcé pour des activités plus libres, moins contraignantes, axées sur le loisir et l'évasion. Le succès grandissant des sports de glisse ainsi que l'essor des pratiques de type multisport illustrent cette mutation. Nés en réaction contre les performances chiffrées, les sports de glisse reposent sur des motivations centrées sur le plaisir, l'émotion, les sensations immédiates. Une nouvelle sensibilité sportive triomphe qui, rejetant la mesure traditionnelle des gestes sportifs, plébiscite les plaisirs sensitifs et « icariens », l'aventure, l'esthétique des sensations. En même temps, la pluriactivité et le « zapping sportif » ne cessent de gagner du terrain dans le but de parer à l'ennui, varier les horizons et les plaisirs. Par où l'activité sportive s'aligne, elle aussi, sur les comportements nomades, éclectiques, expérientiels de l'hyperconsommation. Sports *fun*, multi-pratiques sportives : l'époque est à la survalorisation des référentiels sensitifs, ludiques et conviviaux, beaucoup plus qu'à ceux du gagneur. C'est principalement l'aventure des sens, la recherche des nouveautés et de l'évasion qui est au principe de l'âge *fun* du sport.

Finalement l'accouplement du sport loisir et de l'idéal performatif apparaît comme un processus relativement limité, nullement voué à s'accroître indéfiniment. Le phénomène central tient dans l'annexion du sport par les forces de l'individualisation et de la marchandisation, dans sa formidable transformation en style de vie-loisir, en système mode « léger », en produit de consommation payante. Ne cessant plus de segmenter le marché, de diversifier l'offre, de lancer de nouveaux produits, de croiser les anciennes disciplines — ce que l'on appelle aujourd'hui l'« hybridation sportive » (roller-basket, VTT, parapente, surf des neiges) —, le sport est devenu une parfaite illustration de l'ère de l'hypermarchandise. Non pas la généralisation de l'impératif du dépassement de soi, mais la généralisation de l'impératif du changement récréatif et marchand sous l'égide du système mode.

Sans doute le sport loisir n'est-il pas toujours étranger au désir de surmonter ses limites : on fait du jogging chronomètre en main, on surveille le cadran de son vélo d'appartement, on s'épuise pour gagner une partie de tennis amicale [22]. Mais le poids de ces motivations est faible comparé à la priorité accordée aux nouvelles attentes du sport loisir et du sport santé : maintien de la forme, hygiène de vie, plaisirs de la découverte, détente, contact avec la nature et les autres. Le néo-sportif n'est pas obsédé d'exploit : ce qu'il vise au premier chef c'est entretenir son corps, se sentir bien ou mieux. Non pas des valeurs héroïques, mais des valeurs de distraction, de conservation de soi, de réconciliation avec soi. Ce que révèle le nouvel univers sportif n'est autre que l'expansion sociale de l'imaginaire du mieux-être.

On sait qu'au cours de la phase III, la pratique sportive s'est largement diffusée au sein de la population. Plus des deux tiers des Français déclarent pratiquer au moins une discipline sportive et 5,5 millions de personnes entre 15 et 75 ans participent à des compétitions en étant membre d'un club ou d'une association. Cela suffit-il pour soutenir la thèse d'une culture boulimique de records et d'excellence ? Je n'en crois rien. Ne perdons pas de vue que les adeptes de la pratique intensive à visée compétitive restent minoritaires. La Grande-Bretagne et la France ne comptent qu'un tiers de pratiquants réguliers ; dans d'autres pays méditerranéens, c'est moins de 15 % de la population sportive qui se déclarent des pratiquants réguliers. Parmi les jeunes adultes français qui pratiquent un sport, 25 % le font régulièrement et 60 % occasionnellement.

L'effort et la discipline dont font preuve nos contemporains sont si loin de correspondre aux normes d'hygiène de vie que des campagnes de sensibilisation ont dû être lancées en faveur de l'activité physique pour prévenir l'obésité et les maladies coronariennes. Comment qualifier notre époque de « société de performance » lorsque l'obésité est décrétée nouvelle « épidémie » menaçant la santé publique [23] ? Un adulte américain sur 4 ne fait aucun exercice ; 60 % des adultes américains ne pratiquent aucune activité physique régulière. Faut-il rappeler que 10 % des Français déclarent être totalement sédentaires et que près de la moitié des Français ont un niveau d'activité physique inférieur à l'équivalent de trente minutes quotidiennes de marche rapide. Nous en sommes là : en propageant les valeurs de confort et les désirs immédiats, la société d'hyperconsommation a entraîné une inactivité physique de masse ainsi qu'un immense processus de déstructuration ou de relâchement des disciplines corporelles. Si l'individu hypermoderne rêve d'un corps parfait, au quotidien il mange trop, se nourrit mal, est de plus en plus sédentaire.

Ce sont donc à nouveau des logiques paradoxales qui se trouvent à l'œuvre dans la phase III. Alors que de plus en plus d'individus sont attirés par les spectacles télédiffusés des sports de compétition, ceux-ci déclinent au profit du sport loisir. Le public s'enflamme à l'occasion des grandes rencontres sportives, mais il le fait confortablement installé devant l'écran de télévision. Les régimes et la diététique font florès mais sur fond de faible résistance aux tentations alimentaires, de tendances anarchiques et boulimiques. La société d'hyperconsommation n'est pas seulement celle des excès de la performance, elle est plus encore celle des excès de l'inactivité physique et du loisir spectaculaire, de la *junk food* et autres désordres alimentaires. C'est moins une société de dopage qui nous régit qu'une société de consommation de modèles et d'images d'excellence. Sous le déferlement de la performance apparaît le « triomphe de la paresse [24] ».

SE DÉPASSER OU SE SENTIR BIEN ?

Au-delà des territoires de l'entreprise et du sport, ce sont, nous dit-on, toutes les sphères de la vie quotidienne qui nous confrontent à l'impératif performantiel, l'ensemble de la vie sociale baignant désormais dans l'idéologie du dépassement de soi. Les loisirs ? Nombre d'entre eux fonctionnent, à l'instar du travail productif, selon une logique de forcing, d'exploitation intensive du temps, de l'espace et du corps. Les médias ? Ils mettent en scène, via les programmes de téléréalité, un univers fait de vainqueurs et de vaincus où il faut être le meilleur, réaliser des performances pour devenir la star de demain. Les nouveaux objets de consommation ? À l'ancien modèle centré sur la passivité du consommateur, se substitue un modèle de communication incitant l'individu à agir, à se prendre en charge, à devenir le « démiurge de lui-même [25] ».

La beauté ? De plus en plus, les discours des marques pour le corps s'emparent de termes scientifiques, de chiffres et de statistiques dans le but de prouver l'efficacité optimale des produits [26]. En même temps, le corps féminin, célébré par la publicité, renforce l'obsession de la jeunesse et des mensurations parfaites. Ce qui conduit Superwoman à agir sans cesse sur elle-même, à vouloir vaincre ses rides et corriger sa silhouette. À la beauté décorative succède une beauté activiste ou prométhéenne exigeant réparations (chirurgie esthétique), efforts et restrictions (activités physiques, régimes), entretien et prévention (alimentation saine, hydratation et régénération de la peau). Régimes, consommations cosmétiques, chirurgie esthétique : en phase III, l'optimisation de l'apparence (anti-âge, anti-rides, anti-poids) apparaît comme une obsession de masse.

Les sphères de la santé, de l'alimentation et des médicaments illustrent également les passions démiurgiques de la performance. À la fin des années 1980, le guide *300 médicaments pour se surpasser physiquement et intellectuellement* [27] donne un relief « scandaleux » à l'impératif de se dépasser, de « réussir ou simplement tenir » : se doper, avoir recours à des produits tonifiants et stimulants est présenté comme plus ou moins indispensable dans un temps de compétition généralisée. De plus en plus, l'exigence de l'amélioration de nos potentiels et de l'excellence en toute chose tend à se banaliser : tandis que la quête de la santé s'apparente à une demande de corps parfait, le marché enregistre le succès des « alicaments », des boissons reconstituantes et autres produits enrichis en vitamines et minéraux en vue du moi performant. En même temps, les « pilules de la performance » se multiplient qui promettent la conservation de la jeunesse, l'augmentation de la libido, l'élimination des difficultés sociales et relationnelles des individus, la victoire sur le malheur. Jeunesse éternelle par la DHEA, puissance phallique par le Viagra, tranquillité intérieure par le Prozac ou le Deroxat, voici la consommation pharmacologique mobilisée au service de l'excellence compétitive. En 1926, Wendell Phillips déclarait : « Nous ne connaîtrons pas de superman sans super-santé [28] » : nous y sommes, la santé n'étant plus définie seulement comme absence de maladie ou d'infirmité mais, selon l'OMS, « comme un état de complet bien-être physique, mental et social ». « Santé exubérante » que Superman cherche à acquérir par les nouvelles « pilules chimiques du bonheur ».

Si nombre d'athlètes deviennent des consommateurs d'anabolisants ou d'hormones stéroïdes, les consommateurs « ordinaires », de leur côté, veulent se surpasser en prenant des substances chimiques qui aident à améliorer les compétences, à rester compétitif, à renforcer les capacités individuelles dans une société de concurrence généralisée. Tandis que se brouillent les frontières de la santé et de l'alimentation, de la médecine et du dopage, c'est tout un chacun qui cherche maintenant à être « au top », au maximum de son potentiel à tout âge et dans toutes les circonstances. C'est ainsi que le dopage sportif ne représenterait plus que la pointe extrême de la « société dopante », celle où les volontés de perfectionnement de soi sont devenues omniprésentes [29].

Ce n'est pas tout. Car société de performance, cela signifie au plus profond, pour les philosophes de mouvance heideggerienne, la société où les nouvelles technologies et la raison instrumentale ont réussi à créer en quelque sorte une nouvelle espèce anthropologique. Dans des analyses fameuses, Heidegger a caractérisé la modernité par la disparition du règne des fins au seul bénéfice de l'intensification des moyens techniques ou encore par le principe d'efficacité et de productivité appliqué à toute chose [30]. En bref l'empire de la performance généralisée. Radicalisant cette lecture, des auteurs contemporains considèrent que la maîtrise pour la maîtrise n'a pas seulement fait dépérir les anciennes logiques de sens, elle tend à ruiner l'ancrage charnel de l'existence et la « saveur du monde ». Déjà l'image télévisuelle nous éloigne du monde, remplaçant l'expérience des sens par une téléprésence désincarnée [31]. Plus radicalement encore, le cyberespace favorise une communication abstraite dans laquelle l'autre n'est plus qu'information, identité virtuelle sans corps ni visage. Ce vers quoi conduit l'univers des hautes vitesses technologiques ne serait ainsi rien d'autre que la déréalisation du monde, le dépérissement accéléré des sensations tactiles et sensibles, la digitalisation des expériences humaines. « Perte du monde et du corps », désincarnation du visuel et plus largement des plaisirs, c'est un corps décorporisé, « spectral [32] », que génère l'univers de la performance.

Sur ce fond, Superman est dépeint comme pure volonté, pure tension vers le dépassement de soi comme si l'activisme effréné, le déploiement de la puissance pour la puissance, la course à la réussite et à l'argent avaient réussi à absorber toute l'énergie des subjectivités. Les jouissances sensibles, les voluptés charnelles et esthétiques, voilà ce qui fait naufrage. Dans le déchaînement de la technique, l'opératoire a remplacé les voluptés sensorielles, le virtuel le réel, l'exploitation outrancière des potentiels les plaisirs paresseux. Exit les vagabondages et les dilettantismes du plaisir, l'hédonisme a cessé d'être d'actualité, il ne relève plus que d'une « anthropologie désormais dépassée [33] ». C'est ainsi que dans la civilisation de l'affairement et du virtuel, Superman apparaît comme un héros décorporé.

« Mieux-être » et corps des sensations

Il est difficile de nier que tout un ensemble de phénomènes contemporains signale une mise en apesanteur du corps, un recul de l'ancrage corporel de l'existence. Mais quelle est l'étendue réelle de cette logique ? Est-elle en passe d'enterrer les valeurs sensualistes ? Tout indique que telle n'est pas la voie dans laquelle se trouve engagé l'hyperconsommateur.

On sait qu'au cours de la phase III, les techniques désignées sous le nom de « mieux-être » ont connu un succès croissant. Sauna et hammam, thalassothérapie, techniques de relaxation, yoga et zen, massages en tout genre, eutonie et réflexologie, la société d'hyperconsommation est contemporaine d'une avalanche de techniques ayant pour but de procurer le plaisir « d'être bien dans son corps et dans sa tête ». Dans cette nébuleuse psycho-corporelle à visée hédoniste, il s'agit de « réveiller la sensibilité endormie », « se recentrer sur sa respiration », « redécouvrir son corps », « amplifier et entrer en contact avec les sensations » : « l'âge d'être » se présente comme une nouvelle manière d'associer le physique et le psychologique, d'élargir la conscience pour mieux ressentir son corps. Plutôt qu'à la désincarnation des plaisirs, on assiste à l'avènement d'une nouvelle culture du corps et du bien-être : le *bien-être sensation.*

Le bien-être moderne était fonctionnel, objectiviste, mécaniste : celui de la phase III apparaît comme un bien-être qualitatif et réflexif, centré sur le corps vécu, l'attention à soi-même, l'accroissement du registre des sensations intimes (relaxation, respiration, visualisation, forme, calme et équilibre). Le constat est peu douteux : dans la société d'hyperconsommation, l'« héroïsme » du dépassement de soi est très largement supplanté par les passions narcissiques de goûter les plaisirs du mieux-être, de se sentir, tout simplement, bien.

Les sports de glisse illustrent également, à travers la recherche du « vertige » et des plaisirs cœnesthésiques, cette promotion du corps des sensations. C'est se tromper que de mettre en parallèle les sports *fun* et le virtuel, les deux phénomènes étant censés exprimer une « même volonté de dématérialiser le monde [34] ». Comment ne pas voir que surfer sur le Net n'a rien de commun avec surfer sur la neige ou sur les vagues : seul le mot est semblable. Dans un cas le corps sensitif est mis entre parenthèses, dans l'autre il en est au contraire l'acteur central. Ce n'est pas l'effacement du corps qui triomphe mais une nouvelle dynamique de corporéisation des plaisirs. Qu'une abstraction croissante s'empare de certaines pratiques ne doit pas occulter la poussée des nouvelles offres et demandes de pratiques sensualistes du corps.

Les pratiques d'hygiène et les soins cosmétiques vont dans le même sens. Si l'ancienne modernité a célébré la propreté et l'hygiène comme des obligations morales et sociales, le moment hypermoderne exalte, lui, « le plaisir d'être propre », la volupté des ablutions, les gels douche aromatiques, les sels de bain aux huiles essentielles, les bains moussants et effervescents. De même, les marques et les publicités de cosmétiques servent des discours sur la volupté de s'occuper de soi-même et le plaisir de « renouer avec sa sensorialité ». Les produits de soins vantent certes l'optimisation de l'efficacité des actifs mais aussi une mise en beauté « 100 % plaisir », la qualité des sensations, le plaisir comme facteur de réussite des traitements. Au moins dans l'ordre du discours, le référentiel technicien « pur et dur » recule devant un modèle de consommation conjuguant efficacité et hédonisme, santé et beauté, hygiène et esthétique, volontarisme et soins-plaisir [35]. L'arraisonnement du monde ne progresse que parallèlement au sacre de la sensualisation des plaisirs consuméristes.

À peu près tous les domaines de la consommation sont touchés par cette dynamique. Ainsi les vêtements de sport marient de plus en plus performance et esthétique : plus les articles de sport cherchent à donner une image de champion et plus s'impose l'impératif du look mode (couleurs variées, fantaisie, élégance et séduction des tenues). Il en va de même pour la lingerie féminine qui, autrefois associée à la norme hygiéniste, est devenue un élément de mode à part entière redessiné par les idéaux hédonistes et sensoriels, sexy et ludiques, glamour et poétiques. À l'instar des dessous féminins, les lunettes sont vendues fréquemment comme des produits mode ou fantaisie. Partout, les marchés de la consommation signalent le recul de la stricte « efficacité » au profit d'un processus d'hybridation où la performance technicienne ne vaut que mixée avec ce qui procure le plaisir des sens et de l'apparence, l'hyperconsommateur se montrant de plus en plus sensible à l'image personnelle, au style, à l'esthétique des produits. Le positionnement « fonctionnel » ne suffit plus : la phase III est beaucoup moins synonyme de déréalisation-désensualisation du monde que de cosmétisation généralisée des signes, des objets et des corps.

Il est vrai que, dans le même temps, le boom de la chirurgie esthétique apporte des arguments aux tenants de la performance. Ainsi voit-on se multiplier les compulsions à l'égard de la chirurgie esthétique, des femmes, même jeunes, subissant opération sur opération à la recherche d'une impossible perfection physique. Mais ces pratiques ne doivent pas cacher d'autres démarches dont la visée ne relève pas de l'obsession performative. Comme le note Jean-Claude Hagège, il ne manque pas de demandes qui sont « raisonnables » et précises, rares étant les femmes qui, s'adressant à un chirurgien, veulent ressembler à un top model ou rajeunir de vingt ans. Les objectifs sont plus modestes : il ne s'agit pas d'atteindre une perfection esthétique mais de corriger un défaut trop voyant, présenter un visage plus lisse, gagner une meilleure confiance en soi, être davantage en accord avec sa pleine personnalité [36]. Autant de motivations qui traduisent moins l'idolâtrie de la perfection que la dilatation de l'idéal de confort étendu au domaine psychologique ou émotionnel. Mettre en avant l'idéal performatif n'est pas ici convaincant tant il est vrai que le but poursuivi est, par-delà l'amélioration de l'apparence physique, le bien-être intérieur.

De même qu'on est témoin d'une forte demande d'embellissement des corps, de même assiste-t-on, plus largement, à l'esthétisation des goûts et du cadre de vie. Les exemples sont légion : expansion sociale des désirs de luxe, essor des marchés de qualité, attachement au patrimoine, aux paysages naturels et culturels, passion des voyages et du tourisme culturel, mais aussi requalification de l'espace urbain, décoration des magasins et des espaces intérieurs, multiplication des livres d'art et des guides touristiques, ambiance musicale omniprésente, passion des looks, des spectacles et des images : autant de phénomènes qui sont le signe de l'expansion sociale des désirs de beauté, d'une esthétisation des comportements et des aspirations du plus grand nombre. Avec la phase III, s'affirme un type d'individualité à la sensibilité esthétique, une « artialisation » des styles de vie et de la consommation marquée par la distance vis-à-vis du strict utilitaire et la visée d'expériences faites pour le plaisir [37].

Partout, à mesure que l'abondance permet à chacun de

choisir parmi les éléments innombrables de l'offre, les goûts se singularisent et se diversifient en même temps que le registre esthétique modèle une consommation chargée d'attentes hédoniques, sensorielles et imaginaires. Par-delà la dématérialisation du monde progresse ce qu'on pourrait appeler un *érotisme élargi*, polysensualiste et esthétique avide de délectations qualitatives et de sensations renouvelées dans des domaines de plus en plus larges de la vie. D'autant plus se propage un certain « ascétisme » hygiéniste, d'autant plus s'intensifie une dynamique de psychologisation et d'esthétisation des plaisirs. À l'heure de l'artialisation de la vie quotidienne, *Homo aestheticus* s'est emparé d'*Homo consumericus*.

Si donc la société d'hyperconsommation est témoin du développement de l'idéologie et des pratiques du dépassement de soi, elle est, plus encore, celle qui consacre le corps des sensations, un nouvel imaginaire du bien-être intégrant les dimensions esthétiques et sensitives, psychologiques et existentielles. Il s'ensuit que l'individualisme contemporain se présente sous un double aspect, sensualiste et performatif, narcissique et prométhéen, esthétique et boulimique. Son modèle n'est ni Dionysos ni Superman, c'est Janus à deux faces, un Janus hybride, hypermoderne, « exploitant » tous azimuts les potentialités ouvertes par ces deux grandes finalités de la modernité que sont l'efficacité et le bonheur terrestre.

Médicalisation, prudence et souffrance

Il est indéniable que les modèles de la réussite et du dépassement de soi se sont démocratisés dans la « France dopée [38] » des deux dernières décennies. Mais l'idée n'est juste qu'à la condition de ne pas confondre cette dynamique avec le tout de la culture hyperconsommative. Car si la norme de la compétition extrême se répand, d'autres référentiels, à bien des égards *contraires*, s'imposent avec une emprise autrement plus considérable sur les existences quotidiennes : il s'agit de l'idéologie de la santé et de la prévention des risques.

L'individu veut-il améliorer ses performances, se surpasser, en prenant des compléments nutritionnels et des cocktails psychostimulants ? Il s'attache surtout à consulter de plus en plus de médecins, à médicaliser ses habitudes de vie, manger sain et biologique, réduire les consommations excessives de calories et de sel, changer ses modes de vie à risque. La société d'hyperconsommation est circonstanciellement dopante, mais elle est structurellement hantée par les soucis de prévention et de « maintenance sanitaire ». Dépistage des maladies, analyses et examens, régimes, élimination du tabac, exercices d'entretien physique, autant de phénomènes qu'il est indu de ramener à l'idéal du dépassement de soi. C'est une passion autre qui, en réalité, envahit les esprits et s'insinue progressivement dans tous les secteurs de la vie quotidienne : elle n'est autre que l'*entretien* de soi, la *préservation* de la santé. Plus que Superman, c'est Hygie, déesse de la santé que vénère l'individu des temps hypermodernes en passe de se transformer en hypocondriaque bien portant.

Santé obsessive dont témoigne également, depuis la fin des années 1970, le foisonnement des médecines douces ou naturelles. C'est par centaines que se comptent maintenant les thérapies alternatives ; l'engouement pour les plantes bat son plein avec plus de 6 Français sur 10 qui en consomment ; l'homéopathie est utilisée occasionnellement par 75 % des Français et régulièrement par 1 ménage sur 3 ; 4 Américains sur 10 ont recours aux thérapies non conventionnelles. Si l'une des figures de l'hypermodernité est la performance techno-scientifique, une autre est la peur et la déception qu'elle génère. Alors que les sciences médicales et pharmaceutiques « font des miracles », un grand nombre d'individus voient leurs attentes insatisfaites face aux risques iatrogènes, face aussi à ce qu'ils perçoivent comme une déshumanisation technicienne des pratiques de la santé. C'est pour répondre à ces carences ou à ces attentes déçues que les médecines alternatives proposent des approches se proclamant douces, naturelles et holistiques. Les passions effrénées du dépassement de soi sont loin d'être devenues dominantes : la phase III voit plutôt s'affirmer les craintes liées à la démiurgie techno-scientifique et corrélativement le culte des soins naturels, « la régulation du système nerveux sympathique », « l'harmonisation des fonctions organiques ».

On a souvent rattaché, non sans raison, le succès des thérapies complémentaires à la montée des maladies chroniques ainsi qu'au besoin croissant des individus d'être écoutés, considérés dans leur globalité, pris en compte comme des personnes singulières. Mais le phénomène traduit également un scepticisme grandissant face aux effets de la scientifisation et un refus de l'« agressivité » des médicaments chimiques. Dans ces conditions, ce n'est pas l'« homme plus », obsédé par le dépassement de ses limites, qui est la figure dominante de demain, mais le « principe de précaution », la recherche de thérapeutiques non iatrogènes, la diversification des besoins et des services médicaux proposés. Nous n'entrons pas dans l'âge triomphal de la performance : au vu des multiples protestations et critiques qui s'élèvent contre la science médicale occidentale, nous assistons plutôt à son désenchantement, à l'érosion de son monopole, à sa mise en concurrence avec d'autres thérapeutiques. Plus nos vies dépendent des exploits de la techno-science et plus notre pseudo-Superman fait confiance à *Panacée*, la déesse grecque des plantes médicinales. Avec la phase III, on est passé du stade de la performance « simple » au stade de la performance « réflexive » posée comme un problème [39].

Il est vrai que le nouvel évangile du naturel n'empêche nullement la formidable escalade de la consommation de médicaments psychotropes. Mais quelle en est la raison ? L'intensification croissante des principes performantiels chargeant les individus du poids d'une responsabilité impossible à assumer suffit-elle à expliquer cette forme de médicalisation ? La réponse est trop courte : elle néglige le phénomène majeur que constitue le nouveau rapport des individus au bien-être et à la souffrance subjective. Si la surconsommation de psychotropes traduit la fragilité de l'individu hypermoderne, elle révèle aussi la démarche consumériste d'être soulagé sans attendre des souffrances du mal-être. En phase III, l'hyperconsommateur a de moins en moins de moyens symboliques pour donner un sens aux difficultés qu'il rencontre dans la vie : dans un temps où la souffrance n'a plus le sens d'une épreuve à surmonter, l'exigence se généralise d'effacer au plus vite, chimiquement, les troubles dont on est affligé et qui apparaissent comme un simple dysfonctionnement, une anomalie d'autant plus insupportable que s'impose le bien-être comme idéal de vie prééminent. La banalisation du recours aux médicaments psychotropes peut être interprétée comme le signe de l'extension du bien-être physique à la sphère morale, comme la poussée de l'idéal du confort phagocytant maintenant le domaine psychique. C'est dans ce contexte que les patients se comportent comme des consommateurs qui dictent leur prescription au médecin en vue d'un soulagement rapide et sans effort. La nouveauté en la matière réside dans l'intolérance grandissante vis-à-vis du malaise intérieur ainsi que dans la spirale des demandes consuméristes à l'endroit du bien-être psychologique. La « médicalisation de l'existentiel [40] » est moins la réponse à la dictature de la performance que l'effet de la puissance de l'imaginaire du bien-être et de la qualité de vie englobant désormais le champ psychique.

La consommation palliative

Qu'est-ce qui met en mouvement perpétuel l'hyperconsommateur ? Et dans cette fièvre acheteuse quelle place revient aux visées performatives du soi ? On présente celles-ci comme prépondérantes : elles ne constituent, au vrai, qu'une goutte d'eau dans la marée montante de l'hyperconsommation. Ce sont des facteurs d'un tout autre genre qui alimentent le torrent consumériste, au premier rang desquels figure, on l'a vu, la consécration sociale des valeurs hédonistes et sanitaires. Mais il y en a d'autres : soulignons en particulier le délitement des liens sociaux, le recul des sentiments d'appartenance à une communauté, la montée de l'incertitude, la fragilisation de la vie professionnelle et affective, le relâchement des liens familiaux. Tous ces facteurs ont fortement accentué, au cours de la phase III, le sentiment d'isolement des êtres, l'insécurité intérieure, les expériences d'échec personnel, les crises subjectives et intersubjectives. En un mot le mal-être. Le signalent notamment la multiplication des suicides, la croissance de la toxicomanie, des psychotropes et des demandes psychiatriques. Mais aussi l'engouement des Français pour les animaux familiers [41], les clubs de célibataires, le développement du marché des rencontres en ligne. C'est cet état de solitude, de détresse, de malheur subjectif qui sous-tend en partie les furies consommatives, celles-ci permettant de « se faire plaisir », de s'offrir de petits bonheurs compensant le manque d'amour, de liens ou de reconnaissance. Plus les liens sociaux et interindividuels deviennent fragiles ou frustrants, plus s'accroît la mal-vie et plus le consumérisme fait rage comme refuge, évasion, petite « fugue » palliant la solitude et les sentiments d'incomplétude. Destinée à « remonter le moral », à « s'aimer soi-même », la consommation en phase III se définit, sur ce plan encore, sur le mode émotionnel. *Homo psychologicus* est devenu le grand multiplicateur d'*Homo consumericus.*

Les moteurs de l'hyperconsommation sont multiples et ses fonctions « thérapeutiques » ou dérivatives ne sauraient en épuiser le sens. Elles n'en sont pas moins fondamentales. Ersatz de la vie à laquelle on aspire, l'hyperconsommation se développe à mesure que se propagent les « consciences malheureuses » et que le cours du monde semble échapper au contrôle des hommes. Lorsque les liens sociaux se relâchent, lorsque les capacités d'influer sur les tendances lourdes du monde ne sont plus crédibles, la consommation représente un domaine choisi et « maîtrisé » par les sujets, un univers à soi où se cherchent incessamment des éléments de bonheur. Hyperconsommation : non pas technique au service du dépassement de soi, mais recherche d'un « temps à soi » où l'on prend « soin de soi », manière de choisir et de trouver des satisfactions compensatoires, moyen d'appropriation subjective de pans entiers de notre existence privée.

SEXE-MACHINE ?

Le sexe est souvent présenté comme un autre continent emblématique de la suprématie de Superman. Lecture qui, au demeurant, est loin d'être nouvelle. Dès les années 1950, les meilleurs observateurs notaient déjà l'annexion de l'ordre sexuel par la dynamique consommationniste. Assimilées à un amusement facile à se procurer, à un plaisir frivole valant pour lui-même, les relations sexuelles ont tendance à se muer en « biens de consommation » que l'on peut choisir à son gré, sans véritable engagement, un peu comme dans un libre-service [42]. Mais cet alignement d'*Homo sexualis* sur *Homo consomator* émancipé des anciennes traditions répressives ne s'est effectué que sous le joug de nouvelles impositions collectives génératrices de conformisme et de craintes, de « compétitions anxieuses » et d'« occupations angoissantes [43] ». Si le sujet libidinal moderne bénéficie du desserrement des contraintes traditionnelles, il n'en est pas moins dirigé par de nouveaux modèles standardisés, tels que l'obligation de se montrer libre, parvenir au maximum de la jouissance, être à la hauteur des standards de la performance érotique. Dans les périodes antérieures, prédominait la norme de la pruderie ; nous aurions maintenant une « liberté imposée », une « persécution » inédite qui n'est autre que la sexualité et « l'orgasme obligatoire [44] ».

Cette problématique a fait florès : sous des plumes diverses, elle n'a pas cessé de parler haut, s'affichant comme une victoire intellectuelle remportée de haute lutte contre les illusions de la conscience idéologique. Depuis cinquante ans, les textes fourmillent qui assimilent la libération sexuelle au « chantage à l'érection permanente », au « stakhanovisme de l'hédonisme [45] », à la « tyrannie du génital [46] », à la dictature du coït. Vous pensiez avoir gagné la liberté ? Erreur complète pour autant que notre culture nous enjoint méthodiquement de tout expérimenter, de nous débarrasser de nos blocages et inhibitions, de jouir au top, de devenir des espèces d'athlètes de la libido. Sous l'apparence de la permissivité progresserait, en vérité, la férocité des normes de l'excellence mesurable, un hédonisme quantitatif et obligatoire réussissant plus à complexer les individus qu'à les désinhiber.

C'est ainsi que le droit au plaisir encensé par la génération rebelle est devenu sommation, une « corvée [47] », une sorte de productivisme de la jouissance analogue dans le principe à celui qui ordonne le monde industriel. Et de même que l'économie libérale génère le stress des résultats et l'angoisse du chômage, de même la nouvelle économie libidinale crée en grand la panique des échecs et des pannes, l'épouvante d'être un sous-doué de la chair, de ne pas ressembler à Superman (Superwoman) en amour.

Après le temps de la transgression, celui de la marchandisation d'Éros ; après l'âge du péché, celui du sexe performant, hypertechnique et opérationnel. Les librairies regorgent d'ouvrages mode d'emploi pour nous transformer en amant expert. Le porno ramène à l'état zéro les paroles et les sentiments en mettant en valeur les exploits des recordmen des positions et des combinaisons, du nombre et de l'érection. Depuis les années 1990, on assiste au développement de la consommation du « crystal méthamphétamine », un stimulant de composition synthétique utilisé surtout dans certains milieux gays pour des « marathons sexuels ». Des techniques promettent l'allongement et l'élargissement du pénis, le Viagra la puissance érectile à tout âge, de nouveaux préservatifs des rapports sexuels de durée plus longue. Aux États-Unis, le *sex design* fait fureur qui propose le « rajeunissement vulvaire », le resserrement du diamètre du vagin, l'augmentation du « point G » par injection de collagène pour décupler les sensations de plaisir. À l'époque du « sexploit », chacun est incité à devenir une sorte de performer, de Superman de la libido adepte du zéro-défaut. L'impératif performantiel n'est plus cantonné dans l'entreprise et le sport, il s'est emparé de la planète sexe.

Que reste-t-il, dans ces conditions, des jeux délicats et poétiques de l'amour ? À l'heure du porno et de la sexologie, nous n'avons plus, déclarent les déçus de la permissivité, qu'un érotisme hyperréaliste et obsessionnel, déshumanisé, délesté de la dimension relationnelle à l'autre. La logorrhée émancipatrice et l'hédonisme culturel se sont conjugués pour miner le contenu affectif de la sexualité, ramenant celle-ci à un savoir-faire technicien, à des relations contractuelles, pauvres et dépoétisées, vides d'imagination et d'affect [48]. Tandis que se répandent la « désérotisation du monde » et l'impersonnalité du rapport à l'autre, la phase III transforme les individus en « carencés de l'amour », en sujets calculateurs, incapables de nouer de réels liens affectifs entre eux [49]. Au tableau des exploits de Superman pourrait figurer maintenant celui d'avoir décapité le doux Cupidon.

L'amour, toujours

Sans doute, les images et les discours du sexe-machine sont-ils devenus envahissants, mais cela signifie-t-il que les mythologies du cœur soient épuisées ? En aucune manière. Chaque saison livre sa moisson de romans d'amour ; les films d'amour connaissent toujours un succès phénoménal — *Titanic* a pulvérisé les records du box-office — ; Céline Dion chante inlassablement l'amour. Dans les magazines féminins fleurissent les articles sur l'amour dans le couple, la fidélité, la jalousie, la déception. Les amours et désamours des célébrités alimentent la presse *people*. À l'évidence le sentiment constitue toujours une thématique majeure de la production et de la consommation culturelle. Hier comme aujourd'hui, le public des démocraties hypermarchandes est friand d'imaginaires passionnels. La promotion sociale d'*Homo eroticus* n'a nullement provoqué le naufrage des attentes et du discours amoureux.

Où voit-on l'éclipse du sentiment et l'assèchement du contenu affectif des relations lorsque les ruptures dans le couple occasionnent de véritables drames intimes ? Bien sûr, la phase III est marquée par le développement du nombre de ménages d'une seule personne. Pour autant, ni l'idéal du couple, ni le désir de vivre un « grand amour », ni les rêves secrets du Prince charmant n'ont disparu [50]. Bien au contraire, ils sont omniprésents. Le « modèle fusionnel » de l'amour est épuisé, non l'idéal amoureux [51]. Près de 2 femmes sur 3 considèrent qu'on ne peut avoir des rapports sexuels avec quelqu'un sans l'aimer [52] ; 3 Français sur 4 se déclarent très amoureux du partenaire avec lequel ils ont des rapports depuis moins de deux ans [53]. Même chez les adolescents, les relations intimes ne peuvent échapper à une référence, fût-elle légère, aux sentiments et à l'amour pour voiler la nudité de la pulsion, les filles exprimant le désir que les garçons reconnaissent, en l'exprimant par des mots, ce qu'ils ressentent [54].

Faut-il soutenir, dans le sillon de Barthes, que l'indécence du sexe a été remplacée par « l'obscénité du sentimental [55] » ? Ce n'est pas vraiment ce qui apparaît le jour de la Saint-Valentin où les pages de journaux se remplissent de déclarations enflammées. Ce n'est pas non plus ce que révèlent les messages du cœur qui voyagent de plus en plus sous forme numérique. La vérité est qu'il n'y a aucune dépréciation des « je t'aime » : tout au plus s'énoncent-ils après et non plus avant l'échange sexuel. La « mort des affectivités » n'est rien d'autre qu'un lieu commun de l'époque hyperindividualiste : on assiste moins à un processus de désentimentalisation qu'à l'affectivisation grandissante des rapports entre les êtres.

On caricature la culture hypermoderne en entonnant le refrain de l'appauvrissement du travail de la pensée et des capacités subjectives de symbolisation, écrasés qu'ils seraient par le culte des sensations corporelles immédiates. De fait, il y a aujourd'hui infiniment plus de paroles et de réflexivité au sujet des sentiments que dans les communautés villageoises traditionnelles où les discours amoureux étaient pauvres, stéréotypés, peu verbalisés [56]. Et il n'est peut-être pas inutile de rappeler que la disjonction du sexe et du sentiment était autrement plus marquée quand les belles rhétoriques romantiques faisaient bon ménage avec la fréquentation assidue des bordels. L'inflation des représentations « objectivistes » du sexe est galopante mais elle est concomitante d'une vague sans précédent de psychologisation des comportements et des discours. Dans la presse, les articles sont légion qui dissèquent les ressorts de la vie amoureuse ; à la télévision, les hommes et les femmes témoignent publiquement de leurs chagrins ; nombreux sont les hommes et les femmes qui ont des confidents avec lesquels ils parlent de leur vie affective. Aucune époque n'a sans doute autant exprimé par des mots, analysé, mis en débat les méandres des sentiments : 1 personne sur 2 déclare avoir parlé de « sentiments et d'amour » avec son partenaire lors du dernier rapport sexuel [57]. Ce n'est pas tant la désymbolisation et le collapsus affectif qui qualifient la phase III que la psychologisation de masse de la sexualité et de la vie de couple.

Mais si l'idée de culture anti-sentimentale résiste mal à l'épreuve des faits, il n'en demeure pas moins vrai que des transformations profondes sont à l'œuvre qui portent la marque de la société d'hyperconsommation. De plus en plus d'hommes et de femmes reconnaissent leur difficulté à aimer longtemps et se montrent sceptiques quant à la possibilité d'aimer la même personne « pour toute la vie ». À cet égard, le plus remarquable n'est pas tant le sexe pour le sexe et l'augmentation relative des partenaires sexuels que la multiplication des histoires amoureuses elles-mêmes. On va moins finalement d'aventure sexuelle en aventure sexuelle que d'histoire amoureuse en histoire amoureuse. D'un côté, l'idéal amoureux constitue un cran d'arrêt à la consommation-monde ; de l'autre, la vie sentimentale tend à s'aligner sur la temporalité éphémère et accélérée de l'hyperconsommation. Point d'annulation de la dimension affective mais une vie amoureuse en passe d'être structurée comme le turbo-consumérisme, par la dérégulation du mythe de l'amour éternel, la disqualification des idéaux sacrificiels, la progression des relations temporaires, de l'instabilité et du zapping des cœurs. Consommativité sentimentale qui est tout sauf euphorique tant elle s'accompagne de sentiment de vide, de déception, de rancœur, de blessures intimes. Si donc il y a une consommation hédoniste, il existe aussi une dimension sismographique de l'hyperconsommation dominée par l'alternance répétée du bonheur et de la tristesse, de l'exaltation et de l'abattement.

Sexe-exploit, sexe émotionnel

Revenons aux comportements sexuels proprement dits. Est-il vrai que ceux-ci soient, de nos jours, redessinés par le modèle compétitif ? Est-ce sous l'égide de Super(wo)man et de ses records que se déploie la vie sexuelle hypermoderne ?

Côté féminin, rien n'est moins sûr. Bien sûr une grande majorité de femmes contemporaines considèrent que la satisfaction érotique est indispensable ou très importante dans la poursuite du bonheur. Mais de la valorisation du pôle sexuel de la vie à celle de la performance, il y a un pas que rien n'autorise à franchir, les femmes ne montrant généralement pas un enthousiasme débordant pour le sexe quantitatif ou opératoire. Elles en rejettent plutôt le principe, celui-ci étant assimilé à une obsession machiste entraînant plus la réification de leur personne qu'une réponse satisfaisante à leur désir. Le point est à souligner : suscitant l'indifférence [58], l'ironie ou l'ennui, le sexe performantiel, délesté de la dimension subjective et émotionnelle, ne rencontre guère d'échos dans l'univers féminin. Au moins chez les femmes, force est d'observer que son emprise est des plus réduites, n'ayant pas réussi à détrôner le primat du rapport affectif à l'autre.

En ce qui concerne les hommes, il est vrai que les critères comptables s'affirment avec une évidence autrement plus ostensible. Mais ce phénomène est-il nouveau ? On peut en douter tant la dimension performantielle semble consubstantielle à la sexualité masculine [59]. Dès lors, la nouveauté serait moins dans la promotion du sexe-exploit narcissique que dans celle d'un nouvel idéal de virilité contraint de prendre en compte la dimension du désir féminin. Longtemps, la virilité s'est définie « en soi », indépendamment de la capacité à assouvir le désir féminin. Ce n'est plus le cas aujourd'hui où la satisfaction féminine est prescrite. Sans doute s'agit-il d'un nouvel impératif sexuel : encore convient-il de ne pas l'assimiler purement et simplement à un narcissisme opératoire fermé au sens de l'autre. De fait, l'imaginaire d'excellence technicienne et l'imaginaire relationnel progressent de concert : ce n'est pas une sexualité monadique qui triomphe mais un modèle fondé sur la dimension intersubjective, intégrant l'altérité désirante de l'autre.

Dans le cadre de la vie sexuelle, l'individualisme contemporain ne coïncide pas avec le « chacun pour soi » mais, bien au contraire, avec un idéal d'échanges des plaisirs, d'écoute du désir de l'autre, d'attention à ses rythmes et à ses préférences. Il est devenu « normal » de parler, en situation intime, de sa libido, les amants exprimant désormais leurs attentes et leurs goûts, se « corrigeant » l'un l'autre. Plus qu'une injonction à la performance, c'est un idéal de réciprocité hédoniste doublé d'un modèle de communication interpersonnelle qui qualifie la culture érotique en hypermodernité.

Le formidable succès du Viagra est souvent présenté comme le signe de l'idéologie triomphante de Superman adepte du dopage généralisé. Mais cette explication reste très partielle, la petite pilule bleue fonctionnant pour le plus grand nombre non comme une médecine de la performance, mais comme un outil thérapeutique destiné à pallier une défaillance vécue comme une entrave majeure à une vie amoureuse complète, au bien-être psychique et identitaire. L'obsession des records est seconde quand ce qui compte est de corriger des insuffisances qui portent atteinte à la vie relationnelle et à l'affirmation du soi masculin. Pression sociale à la performance ? Ce n'est pas l'essentiel. Révélant plutôt l'ampleur sociale des difficultés sexuelles en même temps que la disparition des attitudes de résignation face aux handicaps de l'âge, la ruée vers le Viagra est un signe de la dilatation hypermoderne des besoins et des demandes de bien-être émotionnel. « Pilule du bonheur », le Viagra est moins à rattacher aux désirs de dépassement des limites qu'aux désirs de confiance en soi, de *confort* hédoniste, d'*équilibre* psychologique et identitaire.

L'*aggiornamento* de l'imaginaire du bien-être s'exprime également dans les changements masculins vis-à-vis du modèle donjuanesque. En effet, nombreux sont les signes qui indiquent dans les nouvelles générations un essoufflement de l'obsession des conquêtes féminines au bénéfice de la valorisation de la vie à deux, des sentiments et de la qualité relationnelle [60]. Don Juan assoiffé de performances amoureuses chiffrées n'est plus le modèle de l'individu hypermoderne : tout se passe comme si, privilégiant désormais le relationnel, l'écoute de soi-même et la communication intimiste, les hommes avaient moins à cœur de se poser en recordmen de la séduction. Sur ce plan, contrairement à ce que laissent penser de trompeuses apparences, la phase III enregistre moins le triomphe de l'imaginaire performantiel que sa régression.

Et si les déconstructeurs de la tyrannie du plaisir étaient les premiers mystifiés ? Car que signifient les revendications féminines au plaisir si ce n'est le refus d'une vie sexuelle se ramenant à une obligation ou à un rituel fastidieux, refus d'un corps soumis au seul plaisir de l'autre ? Les problématiques qui mettent l'accent sur le plaisir obligatoire et l'obsession comparative prennent la partie pour le tout, l'écume pour la vague de fond, car c'est d'abord d'une expression des nouvelles prétentions au bonheur individuel qu'il s'agit. Pourquoi parler de dictature de l'orgasme quand l'enjeu est de vivre une sexualité non atrophiée, pleinement elle-même ? Qu'y a-t-il de despotique dans le fait d'exalter la finalité hédonistique de la sexualité ? N'est-ce pas là ce qui fait sa principale valeur ? Le contresens est manifeste : ce qui structure la nouvelle culture libidinale, ce n'est pas le diktat du quantitatif mais la recherche qualitative des instants vécus. Si cette analyse est juste, il faut interpréter la révolution sexuelle comme l'une des forces qui ont servi, non à mettre en orbite le stakhanovisme libidinal, mais à promouvoir l'imaginaire de la qualité de vie des personnes.

Misère sexuelle et jouissance sensuelle

Le bilan que dressent divers observateurs de l'Éros contemporain n'est guère réjouissant. Les uns signalent le « déclin d'Éros » ; d'autres font état d'une sexualité narcissique, indifférente à autrui ; d'autres encore présentent un tableau carrément apocalyptique d'une époque dans laquelle les êtres sont désespérés, déprimés, frustrés, seuls avec leurs désirs toujours plus inassouvis. Misère sexuelle et affective qui tient à l'alignement de l'ordre érotique sur l'ordre économique. De même que le libéralisme économique produit une nouvelle pauvreté, de même le libéralisme sexuel engendre un néopaupérisme tant libidinal qu'affectif. Dans cet univers hyperconcurrentiel, seuls quelques-uns tirent profit de la libéralisation des mœurs, les plus nombreux étant condamnés à l'isolement, à la frustration, à la honte de soi. Comme si l'« horreur économique » ne suffisait pas, voilà qu'elle se double maintenant d'horreur libidinale [61]. Au bout du compte, l'individualisme et le libéralisme culturel n'ont fait qu'isoler un peu plus les êtres, les rendre égocentriques, incapables de faire le bonheur de l'autre. Loin d'avoir favorisé le bonheur des sens, la révolution sexuelle a provoqué un formidable développement des frustrations et du mal-être. Libération des corps, déréliction des êtres.

Il y a du vrai dans ces lectures sombres. En particulier, il est peu douteux que la misère sexuelle des individus soit plus difficile à assumer dès lors que les appels au plaisir inondent la vie quotidienne. Plus la norme de l'épanouissement érotique triomphe, plus elle est génératrice de frustrations chez ceux qui en sont exclus. Mais toute la question est de savoir si cela autorise à affirmer, comme Allan Bloom, que la libération des corps « nous a fait beaucoup plus de mal que de bien [62] ». L'ordre sexualiste et hyperindividualiste mène-t-il donc, tout uniment, vers l'enfer de la solitude, de l'insatisfaction et de l'anxiété ? Sensationnaliste, ce diagnostic fait problème : centré sur des données réelles mais nullement générales, sa faiblesse tient de surcroît au fait qu'il se construit sans prendre en compte la longue durée historique, seule capable de mettre en relief les bouleversements de grande portée enregistrés par la vie sexuelle féminine.

Comment accréditer pareil catastrophisme lorsqu'une majorité de personnes se déclare satisfaite de sa vie sexuelle ? Même s'il faut se montrer prudent au sujet des résultats livrés par les sondages, ils n'en sont pas moins significatifs. Depuis une vingtaine d'années, le degré de satisfaction des hommes à l'égard de leur vie sexuelle reste stable, mais celui des femmes progresse fortement à tous les âges : 3 femmes sur 4 déclarent avoir atteint l'orgasme lors de leur dernier rapport amoureux [63]. S'il y a une époque où le sexe était une « corvée » c'est surtout derrière nous qu'il faut la chercher, lorsque les mariages se formaient sans attirance, lorsque la sexualité récréative dans le couple était souvent absente, lorsque nombre de femmes, terrorisées à l'idée de « tomber » enceintes, ne parvenaient pas au plaisir. Par rapport à ces époques, le changement est notoire : toutes les enquêtes dont on dispose montrent que les femmes, dans le rapport amoureux, sont devenues plus actives et plus hédonistes ; en même temps, la durée du coït et des préliminaires a augmenté [64]. Si l'on considère la question sous l'angle du féminin, tout invite à penser que le sexe apparaît, en tout cas plus qu'autrefois, comme une source de joies et de plaisirs.

Inquiétude de ne pas « être à la hauteur » des normes de l'excellence ? Hantise de se sentir inférieur aux autres en raison du déferlement des sondages, des chiffres et des mesures dont chacun prend désormais connaissance ? Ces effets, indéniablement, existent. Mais dans quelles proportions ? Là est la question. N'y a-t-il donc que « dégâts » et « enfer » à l'horizon du sexe « émancipé » ?

Envisageons la question sous l'angle des rapports entre les deux sexes. Il est vrai que face à des femmes plus libres, plus « expérimentées » mais aussi plus exigeantes, les hommes peuvent se montrer anxieux quant à leur virilité. Ce phénomène, toutefois, n'est pas sans limite, les craintes masculines ne dépassant généralement guère les premiers temps de la relation. D'autre part, si les angoisses et les « pannes » se multiplient, comment douter que les relations sexuelles ont plus de chances d'être satisfaisantes avec des femmes actives, désinhibées, qu'avec des femmes les considérant comme un pensum ? Si la sexualité en temps libéral crée de l'anxiété comparative, elle favorise aussi une sexualité plus sensualiste, plus récréative, plus ludique. Au bout du compte, ce n'est pas l'obsession des records, montée en épingle par les médias, qui qualifie le moment hypermoderne mais plutôt l'hédonisation et la diversification des comportements sexuels des plus nombreux. N'accablons pas l'âge du sexe-plaisir de tous les maux. Soyons honnêtes : qui souhaite réellement revenir en arrière ?

Limites de la révolution sexuelle

Interrogé sur lui-même, l'individu hypermoderne déclare un haut degré de bonheur. Il n'en va pas autrement au sujet de la vie sexuelle, 9 Français sur 10 s'affirmant satisfaits ou très satisfaits de leur vie sexuelle présente [65]. Pourtant un décalage existe entre ces réponses et des phénomènes signalant une marée montante de difficultés et de frustrations. Les troubles de l'érection et de l'éjaculation précoce concernent respectivement 20 % et 25 % des Français ; 25 % des hommes et 46 % des femmes sont sujets à des baisses de désir ; 18 % des 20-24 ans et des 60-64 ans n'ont eu aucun partenaire sexuel au cours des douze derniers mois ; 13 % des hommes entre 20 et 24 ans et 18 % des femmes du même âge n'ont eu aucune relation sexuelle depuis cinq ans [66]. Au bout de quelques années de vie de couple, il n'y a plus qu'un individu sur deux qui se déclare très satisfait [67]. Un tiers des couples n'a plus ou presque plus de relations sexuelles. À l'évidence, au royaume du sexe triomphant, les « mal lotis » et les laissés-pour-compte du plaisir constituent toujours d'importants bataillons.

Il est de bon ton, dès lors, de jeter l'anathème sur la « révolution sexuelle », accusée d'être incapable de faire notre bonheur. Est-ce lui rendre justice ? En réalité, la révolution sexuelle apparaît autant comme un succès que comme un échec. Son bilan est paradoxal : plus d'individus peuvent jouir d'une sexualité heureuse, décomplexée, diverse, mais en même temps, un plus grand nombre se sent déçu et frustré. Le bonheur érotique est plus accessible aux femmes et aux homosexuels mais les multiples manifestations de misère sexuelle ne cessent de démentir le triomphalisme des sondages et des promesses d'épanouissement des sens.

Finalement, nous ne sommes pas tant témoins de l'échec de la révolution sexuelle que des limites strictement indépassables que rencontre le projet politique d'épanouissement libidinal universel. L'illusion était de croire qu'il pouvait y avoir un progrès illimité, une marche en avant ininterrompue, irréversible, universelle, vers le bonheur érotique. Dans les sociétés individualistes où la vie sexuelle est dégagée des impositions collectives, les exclusions, frustrations et insatisfactions ne sont pas des anomalies, elles sont des réalités inéliminables parce que résultant de la dynamique même de l'individualisation. Dès lors que les individus se gouvernent eux-mêmes, ils sont des sujets décisionnaires mais aussi, fatalement, des victimes qui subissent les lois de l'amour et du hasard, les mécanismes des préférences et des rejets, des attractions et des répulsions, des liaisons et des déliaisons. Lois de la concurrence interindividuelle, des libres inclinations et aversions des individus qui créent d'inévitables « perdants ». C'est ce qu'il y a de juste dans l'idée d'« extension du domaine de la lutte » (Michel Houellebecq). Si la révolution sexuelle a fait tomber les principes victoriens encadrant les comportements individuels, elle n'a pu, naturellement, réussir à impulser le désir de tous pour tous, l'harmonie ou la concordance des appétits, l'égale désirabilité de chacun. Les masques sont tombés : tout à l'évidence n'est pas politique. Il est impossible de penser le bonheur érotique comme le produit mécanique d'une libération collective, tant il dépend de la séduction des personnes, des préférences et des goûts individuels, de l'alchimie des corps et des âmes singuliers. Il est clair que la révolution qui promettait de mettre fin à la misère sexuelle n'ira pas jusqu'au bout d'elle-même : ces limites ne tiennent pas au despotisme de la performance, elles résultent de la culture des individus autonomes, disposant d'eux-mêmes sur un « marché » dérégulé.

Ne nous y trompons pas : ce qui entrave l'accomplissement libidinal, ce ne sont pas les normes athlétiques du sexe mais beaucoup plus crûment l'absence de vie sexuelle, la solitude et aussi les baisses de désir de l'autre, les incompréhensions dans le couple, le désenchantement amoureux. La satisfaction que l'on tire de sa vie sexuelle n'est pas seulement fonction du nombre d'orgasmes : elle est liée au désir de l'autre, aux liens de complicité, au charme de la séduction, à l'intensité des sentiments éprouvés pour l'autre. Autant de phénomènes que le temps généralement met à mal. C'est ainsi que la satisfaction érotique recule avec la durée du couple, avec la banalité des jours, avec la « routinisation » des relations et les blessures subies par chacun. Ne cherchons pas l'explication de la lassitude du sexe ou de l'évanouissement du désir dans les diktats de l'hédonisme obligatoire quand la raison se trouve principalement dans l'œuvre corrosive du temps lui-même. Tyrannie de Superman ? Elle est encore loin d'être en état de rivaliser avec la puissance plus sourde mais inégalée de Khronos.

10
Némésis : surexposition du bonheur, régression de l'envie

L'époque qui comprime l'espace-temps est aussi celle qui tend à dissoudre les anciennes frontières séparant l'espace privé de l'espace public. Exit les vieilles pudeurs de la subjectivité, désormais la vie personnelle est ce qui s'étale en plein jour inondant par grandes vagues la scène médiatico-politique. On était des consommateurs d'objets, de voyages, d'informations, voilà que nous sommes de surcroît des surconsommateurs d'intimité.

Les manifestations du phénomène sont nombreuses : déferlement du porno professionnel et amateur, biographies à scandale, conversations téléphoniques en public, internautes filmés par des caméras installées chez eux, mais aussi émissions de télévision où les individus révèlent le plus secret d'eux-mêmes, jeux de télé-réalité où les faits et dits quotidiens des participants sont retransmis en continu au public. La phase I a vu naître les stars sublimes du cinéma; la phase III est contemporaine de la promotion des célébrités quelconques qui n'ont à être que ce qu'elles sont dans la banalité des jours et la mise en scène de l'authenticité du moi. Aux superproductions hollywoodiennes s'ajoutent dorénavant les shows du moi, les zooms sur l'intimité dans un temps où les hyperconsommateurs veulent moins admirer des figures idéales qu'éprouver des émotions au spectacle d'êtres « proches » dont le vécu les concerne plus directement.

Dans ce contexte, les fantasmes, le banal, l'érotisme, le ressenti subjectif, tout devient objet à exprimer et à consommer à profusion. « Tout montrer, tout dire, tout voir » . voilà ce qui a conduit à qualifier la société d'hyperconsommation de « société transparente », au moment où les individus semblent n'avoir plus rien à cacher à un public dont l'un des sujets préférés est devenu le dévoilement des états d'âme. Après le sensationnalisme des faits divers et les scoops de la vie politique, notre époque est magnétisée par l'exhibitionnisme de l'intimité de l'homme ordinaire.

Jusqu'où se répand cette « pornographie de l'âme » ? La question se pose quand le sexe et les perversions, les phobies et les obsessions ne constituent plus des obstacles à la mise en lumière de soi. Mais ce qui vaut pour Éros vaut-il pour tous les recoins de la psyché ? Tous les interdits portant sur l'intime ont-ils sauté ? Nullement. Je voudrais, dans le présent chapitre, analyser une dimension de la vie subjective qui, échappant très largement au processus de publicisation du moi, reconduit une logique de l'inavouable. Cet aspect de la vie psychologique n'est autre que l'envie.

L'envie est le sentiment de déplaisir que l'on éprouve parfois à la vue des qualités ou du bonheur d'autrui ; elle désigne la joie malsaine prise au malheur de celui-ci, le souhait de le voir privé de ses avantages non tant pour les acquérir que pour qu'il cesse de jouir d'un bonheur sans nuage. Or, hier comme aujourd'hui, « l'envie est une passion timide et honteuse que l'on n'ose jamais avouer [1] » : le fait est là, elle n'apparaît pas dans le concert des grandes orgues de l'exhibitionnisme contemporain. Point de zooms, point de grand déballage : l'envie est ce que l'on tient secret. Il n'y a plus de gêne à pleurer en public, à parler de ses amours et de ses penchants sexuels : mais qui avoue se réjouir d'assister à la ruine du bonheur d'autrui ? Qui reconnaît avoir l'âme remplie de fiel ? Qui accepte d'être identifié comme un être plein d'envie par la personne qu'il envie ? Nous plaçant en situation d'infériorité par rapport aux autres, ce sentiment est proprement inavouable. Il constitue une des pierres d'achoppement sur lesquelles se heurte le processus de surexposition de soi.

Daniel Bell s'étonnait que l'idée d'envie ait été si peu « exploitée » dans la littérature sociologique [2]. De même, dans l'ouvrage qu'Helmut Schoeck a consacré à cette question, celui-ci notait que le concept d'envie avait été largement « refoulé » du discours des sciences sociales et politiques, tout se passant comme s'il y avait une « répugnance à étudier l'envie [3] ». Bien sûr, il n'en a pas toujours été ainsi ; simplement, sur ce sujet, les Maîtres ont été peu suivis. Autant Pénia, Dionysos ou Narcisse ont été fréquemment mobilisés comme clés de lecture de la modernité consumériste, autant Némésis, la puissance divine chargée de représenter, chez les Grecs, le principe de l'envie, est restée une figure périphérique.

Ce diagnostic est-il toujours d'actualité ? Il est permis d'en douter. Rawls et Nozick ont consacré d'importants développements à cette question [4]. René Girard a construit une théorie générale de la convoitise [5]. Raymond Boudon a proposé un modèle néo-individualiste de la comparaison envieuse dans les sociétés modernes [6]. Jean-Pierre Dupuy soutient que l'envie « hante la littérature économique actuelle [7] ». Divers signes montrent que Némésis est de retour sur la scène de la philosophie et des sciences sociales.

Les pages qui suivent voudraient s'inscrire dans ce mouvement de « réhabilitation » du problème de l'envie. L'intention qui les anime est d'essayer d'analyser la manière dont la société d'hyperconsommation « traite » et oriente les penchants malfaisants qui habitent l'individu. Jules Renard notait qu'« il ne suffit pas d'être heureux, encore faut-il que les autres ne le soient pas ». Ce sentiment est de partout et de toujours. Mais la question se pose, au moins depuis Tocqueville et Nietzsche, de savoir s'il est vrai que les démocraties travaillent à en accroître ou au contraire à en réduire l'importance. Quel type d'hostilités rentrées favorise le capitalisme de consommation ? Derrière les flonflons sympathiques de l'humanitarisme et du caritatisme de masse, faut-il donner raison à ceux qui entendent le tonnerre des haines et envies effrénées de tous contre tous ?

LE MAUVAIS ŒIL

Aussi loin que nous remontions dans l'histoire des sociétés humaines, le poison de l'envie est connu, nommé, en même temps qu'objet de crainte. Dans toutes les civilisations et toutes les langues connues, l'homme en proie à l'envie est condamné, pris pour cible dans les contes, les légendes et les proverbes [8] ; partout, des croyances sauvages à l'Ancien Testament (Caïn et Abel), la jalousie et la convoitise sont désignées comme des passions ravageuses, des menaces, de terribles fléaux. Mais si ce sentiment est une constante de la nature humaine et de la vie en société, on est en droit de penser que toutes les civilisations ne lui accordent pas la même importance, toutes ne favorisent pas de la même manière le développement de l'individu envieux.

Considéré sous cet angle, c'est dans les sociétés primitives et les communautés rurales traditionnelles que l'envie trouve sa forme la plus cohérente, la plus accentuée, la plus socialement structurée. C'est qu'elle y apparaît comme le principe général et systématisé qui explique les événements malencontreux s'abattant sur les hommes. Dans ces cultures, les malheurs dont souffrent les hommes ne sont jamais pensés comme le fruit du hasard ou d'un pur déterminisme naturel : ils sont censés provenir de la méchanceté et de la jalousie des autres. L'envie est à l'œuvre dans toute infortune qui survient à quiconque. C'est pourquoi les rites et croyances sont nombreux qui sont destinés à se protéger contre ceux qui sont habités par des dispositions malveillantes. Du fait de la puissance de ces représentations et de ces systèmes sociaux symboliques, Éric Wolf parle, à ce sujet, d'une « envie institutionnalisée [9] ».

Chez les Indiens Hopis et les Navahos, chez les Sukumas et les Lovedu d'Afrique, les calamités sont attribuées aux pratiques de sorcellerie mises en œuvre par les êtres rongés par l'envie [10]. Chez les Azandé d'Afrique, si un malheur survient, cela ne peut être dû qu'à la méchanceté d'un voisin qui, possédé par la haine et la rancœur, a ensorcelé sa victime. Derrière tout événement malheureux se cache la sorcellerie motivée par la malveillance et l'hostilité des hommes. Pour expliquer la maladie, la mort, un accident, une mauvaise récolte, on met en avant le « mauvais œil », la magie maléfique inspirée par de noirs sentiments et la joie maligne de nuire, de causer des préjudices ; tout ce qui arrive de mauvais est imputable aux dispositions haineuses de quelqu'un, aux voisins qui nous portent rancune et nous ensorcellent [11]. Par où les sociétés de tradition peuvent être tenues pour des sociétés véritablement « obsédées » par l'envie.

Dans les communautés villageoises traditionnelles la peur de l'envie qu'on inspire à autrui est omniprésente. Le voisin étant considéré plus souvent comme un ennemi que comme un ami, chacun vit dans la crainte de la médisance et de la calomnie, du mauvais œil d'autrui, des pratiques de la magie agressive. Les événements heureux font craindre l'amertume et la jalousie des autres ; d'où une multitude d'attitudes socialement prescrites ayant pour but de tenir les sentiments destructeurs à distance : faire des cadeaux, ne pas étaler sa fortune, ne pas se vanter de ce que l'on possède, voire, comme en Chine ancienne, déprécier sa situation en s'abaissant soi-même. Personne ne doit exploser de joie à l'occasion d'un événement heureux, tirer orgueil de ses biens ou d'un quelconque avantage, faire sentir que sa situation est meilleure que celle des autres. Dans les communautés paysannes traditionnelles, il convient de garder secret les événements heureux, feindre le dénuement, habiller pauvrement ses enfants, cacher son état de grossesse ou en parler comme d'une maladie. De même convient-il de ne pas louer les autres, ne pas s'extasier devant leurs biens, ne pas faire de compliments, pareilles attitudes étant perçues comme des manifestations des penchants envieux [12].

Pareille prégnance de la peur de l'envie n'est pas détachable, selon Foster, d'un système de pensée ou d'une vision du monde dans laquelle toute augmentation individuelle de biens (richesse, honneur, pouvoir, santé, affection) n'est possible qu'aux dépens des autres : le plus des uns se paie inévitablement par un moins chez les autres [13]. Quand la somme des biens est considérée comme fixe, personne ne regarde d'un bon œil ce que l'autre obtient, tous ont à craindre le ressentiment des autres. Chez les Azandé, on admet que les jeunes craignent et envient les vieux, les vieux les jeunes, les moins bien lotis les plus favorisés. Dans la maisonnée, les occasions de rancune sont fréquentes entre frères et sœurs, entre époux et épouses, et l'on redoute par-dessus tout les malédictions du père et de la mère, des oncles et des tantes [14]. L'image d'une quantité de richesses limitée et non extensible serait l'une des sources principales du poids social et individuel de l'envie.

C'est ainsi que les cultures traditionnelles du « face à face » ont favorisé la suspicion de tous contre tous, la psychose des sortilèges motivés par la rancœur d'autrui. Les visions romantiques de la chaleureuse et sympathique communauté chères au XIXe siècle doivent être battues en brèche : loin que dominent les sentiments de solidarité et de belle fraternité, ce sont les sentiments malveillants et les soupçons qui occupent la première place, le moindre avantage personnel étant censé exciter l'animosité des parents et voisins.

QUAND LE BONHEUR S'AFFICHE

Cette modélisation sommaire de la question de l'envie dans l'univers social traditionnel permet de rendre sensible le fossé qui nous en sépare. C'est en effet à l'exact opposé de ce type de mentalité et de régulation collective que fonctionnent nos sociétés. Dans « le monde que nous avons perdu », des normes sociales impératives existaient, qui avaient charge de contenir le déchaînement des convoitises d'autrui. Il n'en est plus ainsi : à la différence de ces époques, les sociétés contemporaines ont fait sauter toutes les digues de « protection », tout se passant comme si les mœurs hyperindividualistes avaient réussi à nous affranchir de la peur immémoriale des passions envieuses.

L'univers des mass media offre une illustration frappante

de ce renversement en ce qu'ils ne cessent d'exhiber insolemment et à très grande échelle tout ce qu'il y a d'enviable en ce bas monde. À commencer par la publicité qui se donne comme une scénographie luxuriante du bonheur et des voluptés du monde. Certaines annonces vantent même leurs produits en promettant aux acquéreurs qu'ils réussiront à inspirer l'envie des autres. John Berger y reconnaît le ressort de la publicité, laquelle serait ce medium qui garantit aux consommateurs d'être *glamourous*, c'est-à-dire envié pour leur bonheur [15]. Ce qui faisait peur est devenu argument de vente, sentiment traité avec ironie et désinvolture.

Quotidiennement, la télévision, les magazines, la presse *people* étalent le spectacle de ceux qui incarnent la plénitude de la vie. Au moyen de photos et de reportages superlatifs, les médias ne font pas seulement briller les modèles de la vie heureuse, ils s'emploient à rendre plus beaux les plus beaux, plus désirables les plus désirables, plus heureux les plus heureux. À une logique traditionnelle de dissimulation succède une logique de surexposition des images du bonheur hors du commun. Les Grecs considéraient que les dieux trouvaient déplaisants les manifestations de triomphe et les trop grands succès soulevant les hommes au-dessus de leur condition de mortels. Les médias hypermodernes, eux, donnent un relief sans précédent aux Olympiens (stars, top models, play-boys, sportifs, milliardaires, etc.) qui semblent vivre à un niveau supérieur d'existence. Désormais on ne consomme pas seulement des choses, on surconsomme le spectacle hyperbolique du bonheur des personnages célébroïdes.

L'envie neutralisée

Considérant l'univers de la consommation ainsi que ses mécanismes dans les sociétés postindustrielles, Daniel Bell évoque une « institutionnalisation de l'envie [16] ». L'expression est-elle adéquate ? Au vrai, la publicité ne s'attache nullement à stimuler la convoitise : elle exalte la *positivité* des nouveautés, des désirs et des jouissances. Tout ce qui est agressif est évacué au bénéfice de la « fraîcheur de vivre » et des voluptés à cueillir sans se préoccuper d'autrui. Ici, « tout le monde il est beau, tout le monde il est gentil » : la publicité ne fonctionne pas comme un levier des sentiments malveillants mais comme un instrument de légitimation et d'exacerbation des jouissances individualistes. Elle ne nous focalise pas sur l'autre mais sur nous-mêmes. Nul n'est menacé, nul n'est blessé, tout le monde étant en droit de prétendre au bonheur par le truchement des biens marchands. Dans les cultures traditionnelles, les croyances se caractérisaient par un imaginaire de jeu à somme nulle ; l'imaginaire que véhicule la publicité relève au contraire d'un jeu de type « gagnant-gagnant ». Ce qu'entraîne la publicité ce n'est pas la rage envieuse mais la fringale consumériste pour soi. Elle n'institutionnalise pas la joie mauvaise, elle ramène à soi, accélère les mouvements du désir, déculpabilise l'acte de consommer. Non pas la douleur de ce que les autres possèdent, mais l'euphorie des nouveautés et l'impatience d'acquérir ce dont on manque. La publicité est non tant un multiplicateur qu'un réducteur d'envie.

Aussi bien peut-on voir dans la presse magazine ce qui met entre parenthèses les sentiments envieux. C'est si vrai que la surexposition des Olympiens n'enclenche nulle part les passions haineuses du public. Bien au contraire. On aime les stars, on se réjouit de leurs joies, on souffre de leur malheur : nul ne souhaite secrètement leur chute. Plus on les voit malheureuses, plus on compatit ; plus elles resplendissent, plus on s'en réjouit ; plus on suit leurs amours, plus on les aime. En fabriquant des êtres dont la présence, à force de répétition, est devenue familière et presque intime, les mass media ont transformé les stars en personnages composant une espèce de famille élargie : elles font partie de notre vie et de nos rêves. Parce qu'elles nous sont proches nous les aimons ; parce qu'elles sont, malgré tout, loin de nous, nous n'éprouvons envers elles ni jalousie, ni rancœur, ni désir secret d'assister à leur naufrage.

La spectacularisation du bonheur va bien au-delà des grandes célébrités. En phase III se multiplient les émissions de télévision centrées sur les individus ordinaires dont les plus beaux rêves sont exaucés sous les yeux du public. « Stars à domicile », « Rêve d'un jour » : la télévision se présente comme une instance magique et généreuse, sorte de Père Noël qui prodigue cadeaux et voyages, efface les dettes, aide les déshérités, organise des rencontres exceptionnelles : rien que du bonheur. Les jeux d'argent et les shows caritatifs vont dans le même sens : les heureux gagnants explosent de joie, les donataires sont émus aux larmes, les donateurs exultent de faire le bien. Dans la société d'hyperconsommation, le bonheur d'autrui est devenu un formidable objet de consommation de masse délesté des tourments de l'envie.

Jamais autant d'individus n'ont manifesté autant de goût à être spectateur de la félicité de leurs semblables. Loin de se réduire à un individu calculateur tourné vers ses seules jouissances égoïstes, l'hyperconsommateur trouve du plaisir à être témoin du bonheur des autres. Ces sentiments d'empathie peuvent être épidermiques et fugitifs, ils n'en sont pas moins réels. N'en déplaise aux détracteurs des médias, ceux-ci favorisent davantage les sentiments de sympathie que les déchaînements de la méchanceté envieuse.

Il est vrai qu'en même temps le public se montre friand des malheurs qui affectent les *beautiful people*. On explique parfois ce goût par la joie insidieuse de voir les personnalités les plus en vue frappées des mêmes maux que nous. Cependant, d'autres explications peuvent être avancées. Comme Adam Smith et Nietzsche l'ont noté, rien n'est plus insupportable que de prendre conscience qu'on est seul à souffrir. En étant spectateur des infortunes des célébrités, il nous est donné une preuve supplémentaire, en « gros plan », que le malheur est chose universellement partagée. Cette banale vérité apparaît alors avec une évidence accrue. Ce n'est pas tant la joie maligne de voir disparaître le bonheur de l'autre qui est à l'œuvre que la satisfaction apaisante de savoir que nous ne sommes pas seuls à être meurtris. À quoi s'ajoute une autre dimension qui n'avait pas échappé à Lucrèce. Dans un texte illustre, Lucrèce soulignait combien il est doux d'assister au spectacle de l'infortune dont on est soi-même exempt. Ce n'est pas que les souffrances des autres nous donnent du plaisir mais « on se plaît à voir quels maux [n]ous épargnent [17] ». Nous apprécions mieux notre condition présente en sentant que nous échappons au pire.

Dire le bonheur

Les conversations de la vie ordinaire témoignent également de cette suspension de la crainte de l'envie des autres. Ainsi n'est-on plus tenu de garder secret ce qui nous rend heureux et de bouder notre plaisir en l'enveloppant de restrictions. Faire étalage de ses joies a gagné droit de cité : les vacances peuvent être « géniales », nos enfants « les plus beaux », notre métier « passionnant », ce qu'on a vécu « fantastique, fabuleux, incroyable ». Finalement nous avons moins peur de déclencher les sentiments de convoitise et de jalousie que de laisser imaginer que nous ne sommes pas heureux. Voudrions-nous exciter délibérément l'envie d'autrui que nous ne nous y prendrions pas autrement.

On reconnaît sans gène avoir de la chance, être privilégié, être comblé par sa vie intime ou professionnelle. S'il est de mauvais goût d'afficher un luxe tapageur, il ne l'est pas de montrer un bonheur ostentatoire. Il est devenu normal d'exprimer sa joie en formules superlatives, de se dire chanceux sans avoir immédiatement à « toucher du bois » pour conjurer le mauvais sort. À l'évidence nous ne redoutons plus de provoquer des réactions d'envie de la part d'autrui. Les anciennes digues protectrices sont tombées : nous avons gagné le droit de vivre en ignorant l'envie d'autrui.

Peur de l'envie et modernité

L'émancipation vis-à-vis de la peur de l'envie qu'on inspire à autrui ne s'est évidemment pas réalisée en un jour sous la seule action de l'univers consumériste. Le mouvement vient de loin, les tendances lourdes de la modernité y ayant puissamment contribué. Parmi celles-ci, le processus de rationalisation scientifique, la désacralisation ou démagification du monde occupe une place de premier plan. À mesure que s'est imposée l'idée qu'« aucune puissance mystérieuse et imprévisible n'interfère dans le cours du monde [18] » et que la nature n'obéit pas à des volontés humaines mais à des lois impersonnelles, la sorcellerie et la magie maléfique ont cessé d'être des systèmes régulateurs des croyances et des conduites humaines. Ce point est essentiel pour notre question. La fin du monde de la sorcellerie a en effet contribué à l'émergence d'un nouveau mode d'appréhension de la réalité d'autrui pour autant que les malheurs n'ont plus pu être expliqués à partir des malédictions provoquées par la haine et l'envie des hommes. Le désenchantement du monde n'a évidemment rien changé à la nature des sentiments malveillants des hommes, mais il a réussi à réduire la crainte qu'ils inspirent depuis le fond des âges.

Le second grand facteur historique qui mérite d'être souligné n'est autre que l'invention et l'épanouissement de l'idéologie économique caractéristique des temps modernes individualistes. Celle-ci en effet a substitué à la condamnation morale des « vices privés » (jalousie, convoitise, vanité, etc.) leur apologie en tant qu'instrument du développement des richesses matérielles et de l'ordre public [19]. Les compétitions envieuses étaient traditionnellement considérées comme un danger ou une menace mortelle, elles sont maintenant pensées comme des facteurs de progrès permettant d'échapper à la pauvreté et à la violence. À partir de quoi, les cultures modernes se sont moins attachées à conjurer l'envie qu'à favoriser ce qui est susceptible de l'aiguiser. Une civilisation nouvelle est née dans laquelle il est devenu pensable et louable de vivre comme si l'envie n'existait pas ou ne comportait aucun danger destructeur [20].

C'est sur fond de ces bouleversements séculaires que le capitalisme de consommation a parachevé le processus d'érosion de la crainte de l'envie. En propageant une culture qui encourage à vivre pour soi et à s'aimer soi-même, les sociétés consuméristes ont remplacé l'obsession de l'envie par l'exhibitionnisme du bonheur, la peur des médisances par l'indifférence à autrui. Dès lors que la poursuite du bonheur s'est imposée comme une norme légitime distillée par une mythologie omniprésente, la peur d'éveiller l'envie d'autrui a cessé de constituer une structure mentale et idéologique majeure. Désormais, de la convoitise d'autrui on se moque ou l'on en rit : l'âge triomphal de la consommation peut être considéré comme le fossoyeur de cette terreur immémoriale.

CONFIANCE, BONHEUR ET ENVIE

Avec l'essor de la société d'hyperconsommation, les manières de se représenter le bonheur et le malheur d'autrui ont connu de notables changements. Dans les communautés traditionnelles, parce que la peur de l'envie poussait les individus à cacher leurs avantages, la pente conduisait à surestimer le bien des autres. C'est ainsi que les individus étaient souvent persuadés que les autres bénéficiaient d'une condition meilleure qu'eux-mêmes [21]. Sur ce plan encore, la tendance s'est inversée.

Comme on le sait, dans les nombreuses enquêtes réalisées auprès des Européens, ceux-ci se disent massivement heureux (90 %). Les Français n'échappent pas à cette tendance : en 2004, 3 Français sur 10 se déclaraient très heureux dans la vie, 6 sur 10 plutôt heureux, 8 sur 10 heureux dans leur vie amoureuse. 50 % des Français affirment qu'ils sont plus heureux qu'ils ne l'étaient il y a cinq ans. Tandis que s'éclipse la peur de l'envie d'autrui montent les déclarations de masse du bonheur personnel.

Mais en même temps, seule une minorité pense que leurs compatriotes sont vraiment heureux. À la question : « Avez-vous l'impression que la plupart des gens, dans ce pays, sont satisfaits de la vie qu'ils mènent ? », 70 % des Français répondent que les autres ne le sont pas cependant que 64 % déclarent qu'eux-mêmes sont satisfaits ; 79 % pensent que les autres souffrent de stress mais seuls 45 % disent en souffrir personnellement [22]. Interrogés par l'IFOP en 2005, 81 % des salariés français se déclarent satisfaits de leur situation personnelle, mais 70 % affirment que « les salariés français ne sont pas satisfaits de leur situation professionnelle ». De même 69 % sont optimistes sur l'avenir de leur entreprise, mais 27 % seulement le sont sur la situation du pays. Avec l'individualisation extrême des mœurs prévaut le sentiment « je suis plutôt heureux, les autres ne le sont pas ».

Comment expliquer le fait que les individus s'estiment en général plus heureux que les autres ? Plus qu'une réponse dictée par le « terrorisme » de l'idéologie du bonheur, il s'agit ici d'une évaluation en quelque sorte raisonnée. En ce qui concerne le regard porté sur autrui, notre appréciation repose sur une prise en compte de faits bruts (perte d'emploi, grande maladie, pauvreté, solitude) qui, synonymes de malheur, sont considérés « objectivement », indépendamment du vécu des acteurs. Comment juger les autres heureux lorsque le monde offre le spectacle désolant de tant de misères ? Et face à celles-ci, n'est-il pas évident que ma condition est meilleure ? Même si je suis victime de l'un de ces maux, n'y a-t-il pas toujours des drames plus épouvantables ? En se comparant aux plus mal lotis, comment ne pas se déclarer plus heureux qu'eux ? Comment ne pas voir que notre vie n'est pas la pire de toutes ? En inversant la maxime de La Bruyère, tout se passe comme si les Français pensaient : « il y a une espèce de honte à ne pas se déclarer heureux à la vue de certaines misères ». Où l'on voit que la réponse des individus est moins l'expression d'un vécu intime qu'une sorte de déduction raisonnable à partir de leurs connaissances des clignotants noirs du monde. Il faut moins y reconnaître un déterminisme idéologique mécaniste qu'une manifestation de l'individualisme informé et réflexif.

Si les individus se déclarent heureux, cela tient également au fait que les moments heureux sont montés en épingle, surévalués par rapport aux séquences moins satisfaisantes de l'existence. Même si présentement je n'ai pas le moral, n'est-il pas vrai qu'en d'autres jours, à d'autres heures, la vie s'est montrée plus souriante ? Ce sont ces moments meilleurs qui sont retenus et poussent les Européens, malgré tout, à se dire en général heureux. Cette réponse n'est pas « vraie » en ce qu'elle est de type réflexive alors qu'en ce domaine n'est pertinente que l'expression du vécu le plus subjectif. Elle n'est pas tout à fait fausse non plus, pour autant que ces moments de satisfaction sont réellement vécus.

Il y a plus. Répondre « je ne suis pas heureux » est désespérant, toute ma vie apparaissant comme un échec complet. En revanche dire « je suis heureux ou assez heureux » est une manière de se persuader que, tout bien pesé, ma vie a malgré tout du bon. Par où nous avons affaire à une espèce de méthode Coué spontanée destinée à contrer les effets déprimants d'un jugement-bilan négatif sur soi-même. Les individus se disent heureux parce que reconnaître le contraire n'est « pas bon pour le moral ». Dans la société d'hyperconsommation, les individus ne se protègent plus contre le mauvais œil d'autrui mais contre leurs propres jugements négatifs qui, trop rédhibitoires, leur renvoient une image affligeante d'eux-mêmes. Il s'agit, pour l'essentiel, d'une attitude qui vise à conjurer le découragement, à garder confiance en soi-même.

Confiance, suspicion et envie

On l'a vu ci-dessus, dans les communautés traditionnelles, les hommes vivaient dans un environnement social marqué par la crainte de la magie malveillante et de l'envie pernicieuse qu'on inspire à autrui. La suspicion à l'égard du voisin y était de règle. Est-ce différent de nos jours ? À première vue non, la majorité des Européens considérant que le sens moral décline, que l'entraide n'est plus ce qu'elle était, qu'on n'est jamais assez prudent quand on a affaire aux autres : seuls deux Français sur dix pensent que « l'on peut faire confiance à la plupart des gens [23] ». Et l'on n'ignore pas combien diverses minorités (les immigrés, les drogués, les personnes atteintes du sida, les jeunes des cités difficiles, les personnes d'autres races) sont l'objet d'une méfiance particulièrement vive de la part d'une grande partie de la population. Cette crise de confiance « horizontale » se double, qui plus est, d'une crise au niveau de la confiance « verticale ». Un nombre grandissant de personnes considèrent que les hommes politiques ne tiennent pas parole et ne sont intéressés que par leur réélection ; de plus en plus la classe politique est suspectée, jugée malhonnête, incapable de résoudre les problèmes fondamentaux de la société. Enfin les médias, les entreprises, les élites économiques cristallisent une forte méfiance des individus. Autant d'aspects qui ont conduit à parler d'une « société de défiance généralisée ».

Mais ce tableau est incomplet. A. Giddens a souligné combien est importante dans nos sociétés la confiance envers les personnes inconnues, de même que celle concernant les savoir-faire professionnels et techniques [24]. De plus, s'il est vrai que les sociétés hypermodernes enregistrent un constant affaiblissement de la confiance verticale, on assiste, dans le même temps, à l'essor d'activités sociales (vie associative, bénévolat) qui supposent des niveaux élevés de confiance [25]. Enfin, si la circonspection vis-à-vis des autres en général est très répandue, il n'en va pas de même de la manière dont on perçoit les « proches » : envers les membres de la famille, les amis, les voisins, collègues de travail, c'est la confiance qui domine [26]. À la peur de l'envie des proches qui pesait sur les anciennes cultures s'est substituée une tendance à l'augmentation du sentiment de confiance mutuelle [27]. Un fait parmi d'autres qui indique que l'hyperindividualisme ne se réduit pas à la rivalité méfiante de chacun contre tous.

Mais si la confiance envers les proches progresse, la confiance envers nous-mêmes se dégrade. Moins le voisin est assimilé à un ennemi, plus les individus ont des doutes sur eux-mêmes. Dans certaines anciennes sociétés on cherchait à s'abaisser pour ne pas provoquer l'envie d'autrui. Désormais c'est l'ordre libéral et consumériste de la société qui travaille à accentuer l'image négative de nous-mêmes. Ce qui nourrit la crainte n'est plus la convoitise d'autrui mais, d'un côté, les lois anonymes du marché et la précarité de l'emploi ; de l'autre, nos capacités à être à la hauteur des objectifs exigés. Nos méfiances les plus aiguës ne renvoient plus à des personnes mal intentionnées, mais à des mécanismes anonymes qui, loin de nous, cherchent non tant à nous nuire qu'à être toujours plus efficaces et compétitifs. De moins en moins rattachées à l'envie, les craintes qui viennent n'en sont pas moins obsédantes.

LES MÉTAMORPHOSES DE L'ENVIE

Au cours du XIXe siècle, Chateaubriand, Stendhal, Tocqueville, Nietzsche se sont interrogés sur l'envie et son inscription dans les sociétés modernes démocratiques. Je rappellerai seulement ici l'interprétation de Tocqueville, celle qui est probablement la plus célèbre. La « loi » qu'énonce Tocqueville est la suivante : « Lorsque les conditions deviennent égales... l'envie, la haine et le mépris du voisin, l'orgueil et la confiance exagérée en soi-même envahissent pour ainsi dire le cœur humain et en font quelque temps leur domaine [28]. » Tant que les hommes vivaient dans des systèmes aristocratiques, personne ne songeait à remettre en cause l'ordre des choses en se révoltant contre son sort. Tout bascule avec la démocratie. Chaque individu devenant l'égal des autres peut se comparer à eux et tend à trouver insupportable le moindre privilège dont jouit son voisin. « Ils ont détruit les privilèges gênants de quelques-uns de leurs semblables ; ils rencontrent la concurrence de tous... Quand l'inégalité est la loi commune d'une société, les plus fortes inégalités ne frappent point l'œil ; quand tout est à peu près de même niveau, les moindres le blessent [29]. » En instituant l'égalité et en permettant à un plus grand nombre de goûter à un plus grand nombre de jouissances matérielles, la société démocratique n'a fait que répandre les comparaisons envieuses et intensifier les ressentiments de tous.

L'interprétation selon laquelle la modernité démocratique favorise l'envie et le niveau général des frustrations se prolonge de nos jours avec le renfort de la grille du « désir mimétique ». Principe de départ : le désir n'a pas d'objet privilégié, il est toujours imitation d'un autre désir ; on ne désire pas les choses pour elles-mêmes mais parce qu'un autre les désire. Principe deux : faisant converger les désirs vers un même objet, l'Autre devient tout à la fois modèle, rival et obstacle. Principe trois : lorsque celui qui copie et celui qui est imité se rapprochent, les désirs mimétiques s'aiguisent et les rivalités s'amplifient d'autant plus qu'elles portent sur des différences dérisoires. Moins donc les écarts sont profonds entre les hommes, plus ils s'imitent et plus se déchaînent les jalousies, les convoitises et les regards envieux. Cruelle leçon : loin de préparer une paix harmonieuse, l'égalité et le bien-être démocratiques travaillent à amplifier les désirs rivaux et les sentiments d'amertume [30].

La thèse de la propagation de l'envie dans les sociétés affluentes ne manque pas d'avocats. Dans les années 1950, David Potter a développé le concept d'« *invidious proximity* [31] ». V. Packard signalait que l'obsession du niveau social développait la rivalité et les « sentiments bas » chez les déclassés américains [32]. D. Bell parle d'une « institutionnalisation de l'envie ». Dans le sillon de René Girard, P. Dumouchel et J.-P. Dupuy soulignent « l'enfer mimétique » et l'exacerbation des tourments de l'envie qui accompagnent la dissolution moderne des différences [33]. Ce diagnostic est-il exact dans les sociétés d'hyperconsommation ? Il est permis d'en douter.

Considérons le rapport des individus aux biens marchands lesquels, de très longue date, ont été des motifs d'envie de tout premier plan. Nul n'en disconviendra : divers phénomènes contemporains témoignent de la prégnance des rivalités envieuses relatives aux biens de consommation. Les adolescents vivent mal le fait de ne pas avoir accès aux marques qu'arborent leurs camarades. Dans les quartiers les plus défavorisés, se multiplient les actes de vandalisme, la « haine », la « rage » des jeunes d'être pauvres, différents des autres, exclus de la consommation-monde. Rien n'empêche, de surcroît, de penser que ces sentiments ont de beaux jours devant eux au moment où les rapports marchands sont omniprésents, au moment aussi où les inégalités économiques se renforcent.

Cependant, d'autres phénomènes révèlent une non moins évidente atténuation de ces réactions d'hostilité. Ils ne sont plus très nombreux ceux qui, dans les classes moyennes, étouffent de rage devant la voiture, le logement, le mobilier ou la chaîne hi-fi possédés par leur voisin. Quelle femme est rongée d'envie à la vue de la toilette portée par une autre femme ? En phase III, les objets de consommation ont perdu une grande partie de leur traditionnel pouvoir d'exciter les réactions d'hostilité. Les désirs consuméristes prolifèrent, la joie malveillante de voir l'autre privé de ses avantages matériels régresse. La thèse classique selon laquelle l'envie se déchaîne d'autant plus que se diffuse le bien-être matériel et que progresse l'état social démocratique demande à être corrigée [34]. La vérité est que la société d'hyperconsommation précipite moins « l'enfer des choses » qu'elle ne nous en éloigne.

Les individus, naturellement, ne sont pas devenus « meilleurs ». Simplement, à mesure qu'ils accèdent en grand nombre au « minimum confortable », ils contemplent avec moins d'aigreur les différences matérielles qui existent entre eux-mêmes et leurs voisins. Lorsque la consommation émotionnelle l'emporte sur la consommation statutaire, les individus sont plus autocentrés, davantage mus par la recherche d'expériences existentielles positives que par le désir négatif de voir autrui dépossédé de ses avantages matériels. Aujourd'hui, ce que l'autre possède comme biens matériels est moins à même de nous porter ombrage et d'empoisonner notre existence : ce qui importe c'est d'« être plus », sortir plus, vivre des expériences renouvelées et euphorisantes. Le régime d'hyperconsommation a réussi à émousser les frustrations matérielles sinon de tous, du moins d'un nombre croissant d'individus.

La diffusion de masse des produits de consommation et l'individualisation des modes de vie sous-tendent cette évolution. Revenons à la mode vestimentaire. Le changement est très significatif. La démocratisation du prêt-à-porter ainsi que la démultiplication des looks et des styles légitimes ont permis à l'immense majorité de participer d'une manière ou d'une autre à la mode en réduisant l'inégalité hiérarchique des apparences. Ne créant plus une image infériorisante de soi, le vêtement, même bon marché, n'est plus vécu de manière humiliante. Tout le monde n'a pas accès aux marques prestigieuses, mais porter des vêtements moins onéreux n'est plus signe d'indignité sociale ni même d'exclusion du champ de la mode. Parce que les inégalités vestimentaires ne sont plus blessantes, parce que les looks les plus disparates ont droit de cité, parce que l'importance de l'apparence vestimentaire est sur une pente déclinante, les sentiments de rancœur, en ce domaine, ont notoirement diminué. Dans ce contexte pluraliste et décentré, les individus — à l'exception des adolescents — n'éprouvent plus guère de plaisir à susciter l'envie des autres en arborant la dernière tendance. Pour les plus nombreux, l'important n'est pas de provoquer l'envie mais de porter ce qu'ils aiment, ce qui leur va, ce qui exprime leur personnalité et leurs goûts.

De surcroît, dans une époque marquée par l'affaiblissement des cultures de classes, les goûts et les aspirations sont moins socialement homogènes, détraditionnalisés qu'ils sont par la dynamique d'individualisation et de pluralisation. Dans ces conditions, si la plupart des individus désirent disposer d'un pouvoir d'achat accru, ils ne rêvent pas nécessairement d'adopter la manière dont les mieux lotis ou leurs « voisins » conduisent leur existence et aménagent leur cadre de vie. C'est ainsi qu'il devient fréquent de se sentir « allergique » aux choix consommatoires des autres. Tout simplement nous ne partageons pas leurs goûts esthétiques et la manière dont ils vivent est si loin de ce que nous valorisons qu'elle n'est pas capable d'exciter notre envie. En diversifiant les goûts, les esthétiques et les modes d'existence, en légitimant des systèmes de valeur hétérogènes, la société d'hyperconsommation a fortement contribué à réduire le déplaisir devant la façon dont les autres proches ou moins proches gèrent leur budget et aménagent leur environnement quotidien.

Luxe et comparaison provocante

Les dépenses de luxe témoignent d'une même tendance à l'affaiblissement du rôle de l'envie. Dans sa thèse célèbre, Veblen souligne que le moteur de la consommation dispendieuse n'est autre qu'une « course à l'estime, à la comparaison provocante ». L'emporter sur les autres, s'attirer

« l'estime et l'envie des semblables », voilà les motifs de fond qui poussent à l'acquisition des biens somptuaires [35]. Nul ne niera que ces inclinations sont toujours à l'œuvre : on a même toutes les raisons de penser qu'elles se poursuivront à l'avenir par l'intermédiaire, notamment, des « nouveaux riches » et autres catégories de snobs. Cependant d'autres types d'achats onéreux voient le jour qui, se nourrissant de motivations plus personnelles, visent avant tout des expériences plus raffinées, sensualistes et esthétiques. Le but est alors de jouir intimement de la différence avec les masses, de goûter des plaisirs rares et pour eux-mêmes plutôt que d'exciter la convoitise d'autrui. Vivre le luxe pour soi au lieu d'en faire étalage : la phase III se distingue par le recul des comparaisons éclaboussantes au profit d'un néo-aristocratisme « intérieur », de l'expérience émotionnelle des choses belles, d'un érotisme élargi au champ des biens marchands [36].

Est-il besoin de rappeler que l'âge moderne démocratique naissant a été le théâtre au XVIIIe siècle d'une « querelle » fameuse opposant les partisans du luxe à ses adversaires rédhibitoires ? Force est d'observer que ces disputes mémorables ne rencontrent plus qu'un sourd écho. Ce n'est pas que les critiques du gaspillage aient disparu, simplement elles visent plus, de nos jours, l'hypertrophie du consumérisme de masse que les excès du luxe. À l'indignation morale suscitée par le faste des privilégiés succède l'inquiétude nourrie par les pollutions industrielles et la dévastation des ressources naturelles de la planète ; aux flèches traditionnelles lancées contre le superflu et la vanité font suite les protestations contre la dégradation du goût, des paysages et de la qualité de vie. Vivre mieux en « prenant le temps », *slow food*, goût des marques et des produits de qualité : ce ne sont plus tant les biens coûteux qui alimentent les réquisitoires que le manque de temps, l'accélération généralisée, la vie sans qualité. Tout se passe comme si le luxe avait perdu sa capacité à provoquer le ressentiment, l'hostilité ouverte, le désir de dépouiller les riches.

La génération de la contre-culture assimilait le luxe au monde compassé des bourgeois et des « croulants ». Aujourd'hui les jeunes sont saisis d'une fringale de produits haut de gamme et le grand public adore contempler sur le petit écran les sagas des nantis, les rituels surannés des nobles, les grandes soirées chic et les palaces, les croisières et les demeures somptuaires. Le luxe faisait démodé, il est à la mode ; il était signe d'aliénation, le voici marqueur de qualité de vie. De plus en plus les individus sont demandeurs de labels de qualité, ils s'achètent des marques de luxe « accessibles » et font de temps à autre des « folies » dispendieuses, en rupture avec l'ethos populaire traditionnel de la consommation. Le droit démocratique au luxe s'est substitué à ses anciennes dénonciations : nous vivons le temps de la légitimation et de la démocratisation de masse des désirs de luxe. Autant de transformations qui signalent le recul de l'hostilité envieuse à l'égard des biens précieux. Dans la société d'hyperconsommation, il ne s'agit plus tant de combattre des privilèges en ôtant des biens aux nantis que d'y accéder à des fins de jouissances privées émotionnelles.

Envie existentielle et envie générale

L'envie est-elle donc à ranger au rayon des antiquités ? L'idée est absurde. Dans le monde du travail, du spectacle et de la politique, des arts et des lettres, partout le succès des uns favorise la rancœur des autres, partout les jalousies et les joies mauvaises fleurissent. Mais ce ne sont plus tant les différences de richesse qui provoquent les sentiments malveillants que les catégories de biens dont la caractéristique est précisément de ne pouvoir être achetés. Prestige, célébrité, talent, victoire, promotion professionnelle, beauté, séduction, conquête amoureuse, bonheur d'être aimé, voilà ce qui inspire l'envie dans les temps hypermodernes. Lorsque règne la consommation-monde, ce sont les biens qui ne s'achètent pas qui nourrissent les passions tristes. Bien sûr, les bonheurs et satisfactions d'autrui ont toujours été les éléments déclencheurs des réactions d'envie : simplement, cette vérité s'impose avec une évidence plus « pure ». Nous voici clairement dans une époque d'envie postmatérialiste ou existentielle.

Schoeck avait raison d'affirmer qu'une société d'où serait absente toute forme d'envie n'est guère pensable tant celle-ci paraît consubstantielle à l'existence humaine. Le manque de confiance en soi, le sentiment d'impuissance, les échecs, l'insatisfaction à l'égard de notre vie sont autant d'expériences qui ouvrent la voie aux rancœurs. Parce que la vie nous blesse et nous rend malheureux, comment le spectacle du bonheur d'autrui pourrait-il ne pas apparaître d'une manière ou d'une autre comme une « agression » ? Comment les afflictions de l'autre pourraient-elles ne pas nous consoler de nos maux ? Cette vieille vérité « humaine, trop humaine » demeure inchangée : rien ne permet de penser que demain il en sera autrement.

De même que « l'envie particulière » se poursuit, de même « l'envie générale », celle que ressentent les défavorisés à l'égard des plus avantagés[37] ne s'est pas évaporée. Les revenus exorbitants des élites économiques provoquent des tollés. L'impôt sur les grandes fortunes bénéficie toujours d'un large soutien populaire même si son rendement est des plus faibles. Les individus ne manquent pas qui se réjouissent des déboires des personnages les plus en vue. Et les lynchages médiatiques auxquels on assiste sont moins commandés par un esprit de justice que par la volonté d'offrir des « têtes » à l'envie malsaine du public. En haute altitude, le panorama de l'envie présente toujours autant de reliefs.

Le recul de l'envie

Pour réelle qu'elle soit, la persistance des sentiments mauvais ne doit pas cacher, à l'échelle historique, un changement de régime visible non seulement dans les passions collectives mais aussi dans les motivations subjectives. L'abolition de la propriété privée n'est plus à l'ordre du jour et les grandes utopies égalitaristes ne font plus recette, l'imaginaire de la révolution ayant été balayé par le culte individualiste de l'argent et de l'épanouissement intime. Bien sûr, la condamnation du monde libéral redonne de la voix, mais, sans solution de rechange crédible, sa rhétorique n'est plus vraiment capable de mobiliser les haines vengeresses contre le système établi. L'univers de la marchandise est stigmatisé, tous souhaitent y participer. De même qu'on observe un apaisement de la conflictualité sociale et politique [38], de même assiste-t-on, en phase III, au recul du ressentiment à l'égard des plus favorisés. Si les premières démocraties modernes ont développé « l'envie, la jalousie et la haine impuissante » (Stendhal), les nôtres sont témoins d'une réduction des rancœurs et des hostilités vis-à-vis des nantis. L'hyperconsommateur individualiste souffre plus de lui-même qu'il ne souffre de la prospérité insolente des autres, laquelle suscite plus de curiosité ou d'indifférence que de rage destructrice. Ce qui n'empêche nullement la reviviscence des protestations et des critiques radicales du néo-libéralisme : simplement elles se nourrissent davantage d'indignation morale que d'indignation-envie.

Analysant le cas américain, E. Luttwak rattache la régression du ressentiment à l'endroit des super-riches à l'influence omniprésente de l'héritage calviniste. Parce que la richesse dans la doctrine calviniste est signe de faveur divine, les gagnants suscitent le respect et les perdants se déprécient du fait précisément de ne pas réussir économiquement [39]. Soit. Mais comment ne pas remarquer que les nations européennes moins dominées par la tradition protestante connaissent une évolution qui, pour être plus hésitante, n'en est pas moins parallèle ? De ce côté-ci de l'Atlantique également s'amenuisent les convoitises suscitées par les hypergagnants. Même si, en Europe de l'Ouest, les grandes inégalités de fortune sont toujours des cibles privilégiées de la critique, les individus tendent de plus en plus à « s'en prendre à eux-mêmes plutôt qu'au système [40] », chacun étant rendu responsable de sa réussite ou de son échec. À mesure que les régulations collectives s'effacent devant les normes de l'individu se gouvernant tout seul, l'envie destructrice cède le pas à une culture blessant l'estime de soi des perdants. À la guerre de tous contre tous succède la remise en cause dépréciative de soi par soi.

Selon Descartes, « il n'y a aucun vice qui nuise tant à la félicité des hommes que celui de l'envie [41] ». On peut douter qu'il en soit toujours ainsi. Dans les temps hyperindividualistes, ce qui empoisonne le plus l'existence n'est pas le bien qui arrive aux autres mais notre propre infortune. Les sollicitations en surnombre et les offres de bonheur ne font certes pas disparaître l'envie mais ils en réduisent la puissance envahissante, chacun se préoccupant davantage de sa vie propre que de celle des autres. Rien n'est plus important désormais que de vivre « plus », nous sentir mieux, connaître de nouvelles expériences, ne pas passer à côté de ce qui nous est « promis ». Par là, il devient difficile de soutenir, à l'instar de Friedrich Logau, qu'« envier et être envié sont nos principales activités sur cette terre [42] ». Juste peut-être dans les sociétés holistes, cette appréciation ne l'est plus dans les époques hyperindividualistes, le souci du bonheur privé l'emportant sur le regard que l'on porte sur la félicité des autres. La vérité est que nous savons de mieux en mieux évaluer notre propre bonheur sans le comparer à celui d'autrui. Tout bonheur n'est pas de comparaison : dans la société hyperindividualiste, la quête des jouissances privées se suffit à elle seule.

Les sociétés traditionnelles ont favorisé le développement de l'envie et les démocraties modernes naissantes ont poursuivi ce travail. Par quoi, les « civilisations de honte » au même titre que les « civilisations de culpabilité [43] » peuvent être considérées comme des civilisations d'envie. Sur ce plan, la société d'hyperconsommation marque une rupture. Non seulement la peur de l'envie ne commande plus les représentations sociales et individuelles, mais les désirs de voir priver autrui de ses avantages occupent une moindre place dans l'économie psychique des individus. La société du narcissisme est parvenue, peut-être pour la première fois, à atténuer la force de l'envie ressentie par Némésis.

Ne nous réjouissons pas trop vite de voir reculer les affres de l'envie. La joie mauvaise s'atténue, l'*indifférence* à l'autre progresse. Et bien d'autres tourments assaillent l'hyperindividu souffrant de solitude, d'anxiété, de doutes sur lui-même. Un mal a chassé l'autre. Il n'y a pas de progrès du bonheur.

11

Homo felix : *grandeur et misère d'une utopie*

Les Modernes, affirmait Nietzsche, se plaisent à dire qu'ils ont « inventé le bonheur [1] ». Même si, en ces termes, le propos est éminemment discutable, il n'en demeure pas moins qu'à compter du XVIIIe siècle, la question du bonheur acquiert une signification nouvelle ainsi qu'un relief exceptionnel dans le paysage de la vie intellectuelle et culturelle. Luttant contre la croyance en la corruption de la nature humaine, réhabilitant l'épicurisme, les plaisirs et les passions, les hommes des Lumières ont élevé le bonheur terrestre au rang d'idéal suprême. De livre en livre, le même postulat est énoncé : l'homme est né pour être libre et heureux. Première des lois naturelles, la recherche du bonheur apparaît comme l'activité la plus cruciale, la plus urgente qui soit, en même temps qu'elle devient un objet de débats passionnés, un problème inlassablement analysé : « La grande affaire et la seule qu'on doive avoir, c'est de vivre heureux [2] », écrit Voltaire.

Devant la négligence avec laquelle les hommes, généralement, traitent cette « affaire », les moralistes considèrent qu'il est de leur devoir d'employer tous les moyens pour éclairer leurs semblables sur les conditions physiques, morales et affectives permettant de gagner la vie heureuse. Voilà la morale érigée en science du bonheur, la seule qui soit vraiment utile aux hommes. Morale du bonheur mais aussi rêves de félicité : les discours utopiques qui imaginent une société autre, réconciliée avec le bonheur, se multiplient; romans et poèmes, chansons et pièces de théâtre le mettent en scène [3] ; même le cadre de vie (demeures d'habitation, intérieurs, jardins, mobilier, modes, bibelots, décoration) concrétise le nouveau primat reconnu aux plaisirs et à la vie épanouie [4]. La sécularisation du monde est allée de concert avec la sacralisation du bonheur dans l'ici-bas.

Les plus grands espoirs sont placés dans le progrès des sciences dont on pense que le but n'est plus strictement spéculatif mais utilitaire. À partir de Bacon et Descartes, le projet prométhéen des Modernes est clairement dessiné : la connaissance valorisée est celle qui permet d'améliorer continûment le bien-être des hommes à travers une « infinité d'artifices ». Puissance de la science : grâce à ses applications techniques, les hommes pourront jouir aisément des « fruits de la terre », conserver la santé, prolonger leur temps de vie, vaincre les misères de l'existence. Une vision optimiste de l'avenir, fondée sur le progrès cumulatif des connaissances et des techniques s'élabore, qui sera systématisée dans les grandes philosophies de l'histoire des XVIIIe et XIXe siècles. De Turgot à Condorcet, de Hegel à Spencer, s'impose une conception nécessitariste du progrès, l'idée que l'histoire avance inévitablement du moins bien vers le mieux. À contrepied des pensées traditionnelles de la décadence, les Modernes ont assimilé l'histoire à un progrès continu et illimité conduisant vers la justice, la liberté et le bonheur. L'histoire universelle a un sens : il n'est autre que le progrès à l'infini de l'humanité, la marche de celle-ci vers le bonheur le plus complet. Les connaissances élimineront les préjugés, les hommes deviendront meilleurs à mesure qu'ils seront plus éclairés, les techniques amélioreront l'existence matérielle et allongeront l'espérance de vie : « L'âge d'or du genre humain n'est point derrière nous, il est au-devant [5]. » La grande et bonne nouvelle est que la dynamique de l'histoire nous prépare un avenir nécessairement heureux, toujours meilleur. Avec les Modernes, *Homo felix* a cessé d'être une promesse s'adressant aux seuls sages, il est devenu l'horizon du genre humain inscrit dans la loi même de l'évolution historique.

L'idéologie du capitalisme de consommation constitue une figure tardive de cette foi optimiste dans la conquête du bonheur par la technique et la profusion des biens matériels. Simplement, le bonheur n'est plus pensé comme futur merveilleux mais comme présent radieux, jouissance immédiate toujours renouvelée, « utopie matérialisée [6] » de l'abondance. Non plus la promesse d'un salut terrestre à venir, mais le bonheur tout de suite, délesté de l'idée de ruse de la raison et de la positivité du négatif. La plénitude exaltée par les temps consuméristes ne relève plus d'une pensée dialectique : elle est euphorique et instantanéiste, exclusivement positive et ludique. Le discours prophétique a été relayé par le sacre du présent hédoniste véhiculé par les mythologies festives des objets et des loisirs.

Ce qui n'empêche pas que le XXe siècle s'est accompagné d'une crise profonde de la religion séculière du progrès. Commencées aux XVIIIe et XIXe siècles, les réfutations de l'idée de progrès sont montées en puissance à la suite des deux guerres mondiales, des exterminations de masse, du totalitarisme, du péril atomique, et plus récemment des dégradations des écosystèmes et des menaces biotechnologiques. Aux promesses progressistes ont succédé les visions pessimistes, la techno-science étant assimilée à une machine satanique produisant plus de dévastations que de bienfaits. Les philosophes promettaient l'Éden ici-bas; d'aucuns, aujourd'hui, annoncent que le pire est à nos portes, quasiment certain. De nos jours, les innovations provoquent plus d'inquiétude ou de scepticisme que d'enthousiasme, partout s'expriment les doutes sur le progrès ainsi que des demandes de protection et de limites : la foi dans un avenir nécessairement meilleur et plus heureux s'est dissoute [7].

Tandis que la confiance envers le futur s'essouffle, montent les peurs écologiques, les appels à un autre type de développement économique mais aussi de nouveaux mouvements religieux, de nouvelles aspirations spirituelles. Autant de phénomènes qui apparaissent comme le signe d'une crise de la culture matérialiste du bonheur. Les merveilles technologiques se multiplient, la planète est en danger. Le marché offre de plus en plus de moyens de communication et de plus en plus de distractions, l'anxiété, la solitude, le doute sur soi font des ravages. Nous produisons et consommons toujours plus, nous ne sommes pas plus heureux pour autant. Se pourrait-il que la voie empruntée par la civilisation techno-marchande soit une impasse fatale ? Se pourrait-il que le culte moderne d'*Homo felix* soit l'instrument de notre plus grand malheur ?

BONHEUR ET ESPOIR

C'est au nom du bonheur que se déploie la société d'hyperconsommation. La production des biens, les services, les médias, les loisirs, l'éducation, l'aménagement urbain, tout se pense, tout s'agence en principe en vue de notre plus grand bonheur. Dans ce contexte, guides et méthodes pour mieux vivre foisonnent, la télévision et les journaux distillent des conseils de santé et de forme, les psys aident les couples et les parents en difficulté, les gourous se multiplient qui promettent la plénitude. Se nourrir, dormir, séduire, se détendre, faire l'amour, communiquer avec ses enfants, garder le tonus : quelle sphère échappe encore aux recettes du bonheur ? On est passé du monde clos à l'univers infini des clés du bonheur : voici le temps du *coaching* généralisé et du bonheur mode d'emploi pour tous.

Faut-il se féliciter de cette inflation de sollicitudes et de promesses de plénitude ? Dans un livre récent, Pascal Bruckner avance l'idée qu'à force d'avoir fait du bonheur un idéal suprême, celui-ci est devenu un système d'intimidation, une « injonction terrifiante » dont nous sommes tous les victimes. C'est ainsi que le droit au bonheur s'est transformé en impératif d'euphorie créant la honte ou le malaise chez ceux qui s'en sentent exclus. À l'heure où règne la « félicité despotique », les individus ne sont plus seulement malheureux, ils ressentent de la culpabilité à ne pas se sentir bien [8].

Cette analyse comporte indéniablement une part de vérité : elle pointe justement la pression nouvelle qu'exerce l'idéal d'épanouissement personnel sur les manières de percevoir et de juger notre vie. Le point est peu contestable : en érigeant le bonheur en norme omniprésente, notre époque rend plus difficile encore l'épreuve de l'échec du bonheur. Cette interprétation va-t-elle pour autant au fond des choses ? Je n'en suis pas convaincu.

Est-il fondé d'assimiler la déferlante de l'idéal de plénitude à une pathologie moderne, à la « perversion de la plus belle idée qui soit [9] » ? Sommes-nous témoins du remplacement du droit démocratique par une contrainte « despotique » ? La vérité est que nous avons moins affaire à un « mécanisme pervers » qu'à une dynamique implacable sous-tendue par le développement même du règne de l'individu et du marché. Lorsque l'individu est posé comme valeur première, le bonheur s'impose d'emblée comme idéal suprême : ce processus n'a fait que s'amplifier. Loin d'être une déviation aberrante, l'obsession contemporaine de plénitude représente l'accomplissement parfait, irrésistible du programme de la modernité individualiste et marchande. Et ce ne sont certainement pas les appels à « se moquer du bonheur » qui changeront quoi que ce soit. Rien n'arrêtera la promotion tous azimuts de l'épanouissement subjectif. Toujours plus de marché, toujours plus de stimulations à mieux vivre ; toujours plus d'individu, toujours plus d'exigence de bonheur : ces phénomènes sont strictement solidaires. Il ne s'est point opéré de renversement de logique, ce qui se déploie étant un effet cohérent, pléthorique, ultime de la civilisation individualiste-marchande ouvrant continûment son éventail d'offres et de promesses en vue d'une vie meilleure.

Imaginons un instant notre monde délivré de la « tyrannie » du bonheur. Les hommes en seraient-ils vraiment plus heureux ? On peut en douter. Nous ne souffrons pas parce qu'un mécanisme pervers nous a convaincus qu'il fallait être heureux : l'échec, la solitude, les blessures sentimentales, l'ennui, la pauvreté, la maladie, la mort de nos proches, toutes ces expériences portent en elles le malheur indépendamment de toute imposition idéologique et du « devoir de félicité » en particulier. Dès lors que l'individu est dégagé des contraintes communautaires, sa quête irrésistible du bonheur ne peut que rendre problématique et insatisfaisante son existence : tel est le destin de l'individu socialement indépendant qui, sans soutien collectif et religieux, affronte seul et démuni les épreuves de la vie.

Sagesse de l'illusion

Cette offre excroissante de bonheur constitue-t-elle une nouvelle terreur ? N'y a-t-il pas une autre face de la médaille ? Comment ne pas voir que cette débauche de propositions édéniques a également pour effet d'injecter des raisons d'espérer dans une amélioration de notre sort ? C'est trop cultiver l'art du paradoxe que d'affirmer : « l'homme heureux est celui qui n'a plus rien à espérer [10] ». Bien sûr, avec l'espérance montent les illusions et les déceptions, mais qu'est-ce qu'une vie sans rêves d'un mieux ou d'un autrement ? Espérons-nous trop ? Peut-être, mais pour le commun des mortels et la vie comme elle va, le degré zéro de l'espérance est mille fois pire : il signifie désespoir, accablement rédhibitoire. Le bonheur à venir ne se confond pas avec un bonheur illusoire car il est aussi ce qui permet de donner confiance dans la vie, de nous projeter dans l'avenir avec quelque optimisme. Le philosophe peut bien dire que « la sagesse est de désespérer », la vie, elle, exige l'espoir et aucune société n'est possible sans un corps de mythes, d'images et de croyances faisant miroiter un mieux possible. Sur ce plan, Nietzsche a raison : l'illusion, les fictions, les simulacres sont nécessaires à la vie parce qu'il faut que la vie inspire confiance. Par là, c'est faire fausse route que d'assimiler les promesses de la société d'hyperconsommation à un système d'intimidation et de culpabilisation quand celles-ci sont d'abord un complexe de mythes, de rêves, de significations imaginaires qui, impulsant buts et confiance dans l'avenir, favorise la réoxygénation d'un présent souvent à bout de souffle. Si, comme on le verra, il y a une illusion de la sagesse, il y a aussi une sagesse de l'illusion.

Raisons d'espérer qui sont d'autant plus nécessaires que

notre époque est gagnée par un large sentiment d'impuissance à diriger le cours du monde. L'hypertrophie de la mythologie eudémoniste a charge de contrebalancer ce sentiment de dépossession en renforçant l'idée que le malheur n'est pas une fatalité, qu'il existe des voies sinon pour être heureux, du moins pour aller moins mal. Par quoi, ce magma de significations et d'images euphoriques fonctionne non tant comme un « stupéfiant collectif » que comme une incitation à renouveler les cadres et les éléments de nos existences, stimulation à « changer de vie ». Suscitant de nouveaux centres d'intérêt et de nouvelles perspectives, il est moins dogme ou machine d'obligation que mise en mouvement des existences en même temps qu'instrument de réappropriation subjective de celles-ci.

CONSOMMATION DESTRUCTRICE ET CONSOMMATION RESPONSABLE

Le procès intenté à la civilisation du bonheur consumériste dépasse de beaucoup le cadre des misères subjectives. La voici maintenant reconnue coupable de dégrader l'écosphère au point de faire peser sur l'avenir de l'humanité des menaces véritablement cataclysmiques. Tournée vers les jouissances et les intérêts immédiats, indifférente aux conséquences sur le long terme, la poursuite frénétique de la production et des satisfactions matérielles est dénoncée, chaque jour un peu plus, comme une entreprise folle qui provoque la pollution de l'environnement, l'érosion de la biodiversité, le réchauffement du climat. « La maison brûle » : si rien n'est fait, nous serons bientôt incapables d'assurer un avenir vivable à nos enfants. Sous les dehors d'*Homo felix*, ce n'est rien d'autre finalement que la puissance pour la puissance qui se déchaîne, nous faisant courir droit vers l'abîme. C'est ainsi que de plus en plus les anathèmes lancés contre la modernité productiviste et consumériste passent du rouge au vert : vices privés, désastres écologiques; bonheur présent, enfer des générations futures; paradis promis de l'abondance, puissance d'apocalypse.

Le constat dressé est alarmant. Au rythme actuel de croissance, dans un siècle, toutes les ressources en combustibles fossiles seront épuisées. Les dégradations de l'environnement sont telles que « la capacité des écosystèmes à répondre aux demandes des générations futures ne peut plus être considérée comme acquise [11] ». Pour faire face à pareils défis, certains appellent à la relance du nucléaire, lequel a le mérite de ne pas générer d'effets de serre. D'autres privilégient le développement des énergies renouvelables. De toute manière, il est impératif de réduire sans attendre notre consommation boulimique de pétrole, de gaz et de charbon afin de limiter les émissions de CO_2. L'heure est à la maîtrise ou à la limitation du consumérisme pour cette raison de fond que les consommateurs sont devenus les premiers responsables de l'effet de serre, les premiers pollueurs de la planète [12]. En phase II, le consommateur était perçu comme une victime ou un pantin aliéné ; il est maintenant au ban des accusés et désigné comme un sujet à informer et éduquer, investi qu'il est d'une mission de tout premier plan : sauver la planète en changeant ses gestes de tous les jours et en « consommant durable ». Le principe responsabilité ne s'adresse plus exclusivement aux producteurs mais aux consommateurs eux-mêmes en remettant en cause le principe d'abondance selon lequel chacun a droit à consommer une quantité d'énergie sans limite. Économiser l'énergie, éliminer les gaspillages, prendre conscience des effets négatifs de nos modes de vie sur l'environnement : la phase III est celle où s'affirme l'exigence du consommateur responsable et citoyen.

Une société d'hyperconsommation durable ?

La question se pose : les menaces qui pèsent sur l'écosphère et nos ressources fossiles portent-elles en germe une rupture prochaine avec la société d'hyperconsommation? Les limites de la nature conduisent-elles à la disparition des « buts immodérés » de l'hyperconsommation et de sa « fête humaine frivole joyeuse [13] » ? L'après-phase III a-t-elle déjà commencé ? À observer la dynamique de l'économie mondiale, force est d'observer que tel n'est pas le scénario qui se prépare, au moins pour les décennies qui viennent.

Que voit-on ? La croissance énergétique en Europe est relativement faible, mais elle est très vigoureuse aux États-Unis. Du fait du décollage économique de la Chine, de l'Inde et d'autres pays émergents, la demande d'énergie va augmenter considérablement au cours des prochaines décennies. La consommation de la Chine devrait dépasser celle de l'Europe en 2010 et celle de l'Amérique du Nord en 2020. Selon le Conseil mondial de l'Énergie, la demande mondiale pourrait doubler d'ici 2050. La consommation d'énergie dans le monde progresse d'environ 2 % l'an et ce rythme devrait se poursuivre jusqu'en 2020. L'enterrement de la société d'hyperconsommation n'est manifestement pas pour demain, l'époque étant plutôt témoin de son élargissement planétaire.

Bien sûr la dégradation de la biosphère et les limites des ressources naturelles conduiront inévitablement à des modes de production et de consommation moins prédateurs et destructeurs. Le processus est déjà en marche : alors qu'en 1971 l'économie mondiale consommait l'équivalent de 560 litres de pétrole pour créer 1000 dollars de PIB, elle n'en utilisait que 380 en 2002. ; ce chiffre pourrait tomber à 300 en 2020. Mais le passage à une économie plus « sobre » ne signifie pas fin de la société d'hyperconsommation. Sur le plus long terme un autre avenir est pensable qui serait marqué d'un côté par la décroissance de la consommation des énergies fossiles, de l'autre par la croissance de la consommation d'énergies renouvelables et propres. Un changement qui devrait s'accélérer sous la triple impulsion des progrès technologiques, de la prise de conscience des populations, des réglementations publiques. Autant de processus qui permettraient de concilier développement économique et protection de l'environnement. Dans ces conditions, les défis énergétiques et écologiques que nous affrontons pourraient constituer la condition du développement soutenable de la société d'hyperconsommation plutôt que les causes de sa disparition.

Ces changements annoncent d'autant moins la sortie de la société d'hyperconsommation que la structure de la production et de la consommation se modifie en faveur des activités de service. Entre 1990 et 2003, la consommation des services a plus augmenté que la consommation totale. À présent, en France, la consommation des services représente la moitié des dépenses des ménages. Or ce type de consommation est plus économe en énergie, moins dévorateur de ressources naturelles. L'écologie industrielle, les technologies propres, mais aussi la tertiarisation de l'économie et la dématérialisation de la consommation sont des phénomènes majeurs qui préparent non tant la rupture avec la phase III qu'une configuration de celle-ci compatible avec la durabilité environnementale.

Demain, irrésistiblement, ce sont les pays du Sud qui entreront dans le système de la consommation-monde, notre époque ne disposant d'aucun système alternatif global et crédible à la commercialisation généralisée des modes de vie. Tandis que les altermondialistes martèlent « le monde n'est pas une marchandise », les rapports marchands ne cessent de gagner de nouvelles régions du monde et de nouvelles sphères de la vie. La recherche du bonheur par la voie des biens et des services marchandisés n'en est qu'au début de son aventure historique. Santé, loisirs, jeux, transport, culture, communication, information, protection de la nature, c'est l'intégralité des besoins qui sera annexée par la logique de la marchandise, installant la phase III sur toute la planète. Il faut se rendre à l'évidence, la société d'hyperconsommation s'impose comme notre seul horizon, rien n'arrêtera l'expansion de la consommation payante à toutes nos activités, l'omnimarchandisation du monde. S'il existe différentes politiques économiques ou sociales, il n'existe pas, pour l'heure, de solution de rechange à la société d'hyperconsommation.

Hyperconsommation et alterconsommation

Certains changements de comportements contemporains sont parfois présentés comme le signe avant-coureur du dépassement de la société d'hyperconsommation. Des sondages signalent que 15 à 20 % des consommateurs peuvent être considérés comme des « alterconsommateurs » qui optent pour des produits éthiques, refusent l'identification aux marques, achètent des aliments bio, s'interrogent sur l'impact environnemental des produits : autant de comportements qui témoignent d'un souci d'être acteur « responsable » plutôt que « victime » passive du marché. Acceptant l'idée de payer plus cher pour des produits qui préservent l'environnement, s'informant sur les conditions sociales dans lesquelles les articles sont fabriqués, s'employant à minimiser leur consommation d'énergie (maison écologique, transport, etc.), ces consommateurs nouveau genre s'impliquent personnellement dans leur mode de consommation. Si la phase III favorise la « folie acheteuse », elle voit se développer, en parallèle, un consommateur engagé, « responsable », pour qui l'acte d'achat ne doit pas être séparé d'une interrogation éthique ou citoyenne. La société d'hyperconsommation se trouve-t-elle rongée de l'intérieur par ces nouvelles attitudes ? Est-elle témoin d'aspirations et de comportements qui minent l'excroissance consumériste ?

Il est indéniable que ces groupes d'acheteurs représentent une dissidence vis-à-vis du modèle frénétique de la surconsommation. Ils veulent consommer « différemment », refusent d'acheter pour jeter, dénoncent les excès du packaging, se montrent soucieux du développement durable, critiquent la recherche systématique de la nouveauté, délaissent les grandes marques pour des produits moins chers. Force est d'observer, pourtant, qu'ils ne constituent nullement un groupe de « déconsommateurs ». Leur visée n'est pas de sortir de l'univers consumériste : preuve en est qu'ils dépensent plus que la moyenne des consommateurs sur nombre de références de produits. Ce qui leur importe, c'est de consommer « mieux », choisir des produits de meilleure qualité, plus respectueux de l'environnement. Il s'agit d'acheter « intelligent » comme un sujet, non comme un pantin-consommateur.

Par là, « l'alterconsommateur » ne fait qu'illustrer l'une des tendances de l'hyperindividualisme contemporain marqué par la suspicion à l'égard des grandes institutions, la réflexivité des comportements individuels, les quêtes qualitatives. Une pente de la société d'hyperconsommation pousse à la frénésie du « toujours plus, toujours nouveau » ; une autre sous-tendue par l'information, la dynamique de l'autonomie subjective, les visées de qualité de vie et d'identité personnelle conduit les individus à refuser un consumérisme sans conscience, formaté et « sous influence ». Privilégiant la qualité de vie, désireux d'échapper au conditionnement publicitaire, soucieux d'exercer un contrôle sur leur vie quotidienne en s'émancipant du conformisme de masse, les « alterconsommateurs » ne s'opposent pas à la société d'hyperconsommation : ils en sont l'une de ses manifestations exemplaires, sans doute appelées à s'amplifier. Ce mouvement ne constitue nullement une ébauche de sortie de la phase III : en accentuant l'individualisation des dépenses, en diversifiant et fragmentant les modes de consommation, en contraignant les industriels à ouvrir plus encore leur politique de segmentation des marchés, l'alterconsumérisme ne fait qu'accomplir l'essence de la société d'hyperconsommation.

Frugalité et bonheur

Les remises en cause du productivisme et du consommationnisme effrénés ne sont pas seulement jugées impératives pour assurer la survie de la planète : elles sont parfois considérées comme les seules solutions socialement justes ainsi que les plus souhaitables en fonction de l'idéal du bonheur et du mieux-vivre. D'abord, selon les adversaires de la mondialisation libérale, celle-ci a entraîné un creusement vertigineux des inégalités entre les pays riches et les pays pauvres, entre la fortune de quelques super-riches et le niveau de vie misérable de milliards d'individus. Rompre avec la société de croissance est présenté comme la seule solution capable de restaurer un minimum de justice sociale. Ensuite, la croissance forcenée est dévastatrice de l'équilibre mental et sociétal en ce qu'elle rend esclave de l'argent et des marchandises, réduit l'importance de la vie sociale, atrophie les biens relationnels. « Moins de biens et plus de liens » proclament ceux qui, aujourd'hui, appellent à sortir du développement et de l'économisme.

Reconnaissons-le, sur le plan du bonheur, les critiques de l'hyperconsommation ne sont pas sans fondement. Nous disposons d'un nombre sans cesse accru d'objets et de loisirs : on ne voit pas la société plus radieuse pour autant. On consomme trois fois plus d'énergie que dans les années 1960 : à qui fera-t-on croire qu'on est trois fois plus heureux ? L'idée est juste : le Produit Intérieur Brut n'est pas le Bonheur National Brut [14], la vie bonne ne peut se confondre avec la fuite en avant consumériste.

Cela étant, le projet d'une société réorientée par ce qu'une école de pensée appelle la « décroissance conviviale » ou le « post-développement [15] » constitue-t-il un programme souhaitable ? Tout invite à penser le contraire : pareils bouleversements exigeraient des mesures si autoritaristes qu'on ne saurait les appeler de nos vœux. Qui ne voit que la situation en matière d'emploi et de finances publiques serait pire que celle que nous connaissons ? Et dans le détail, quelles consommations devraient être « sacrifiées » ? À quoi faudrait-il renoncer ? Question redoutable car qu'est-ce qui est utile et qu'est-ce qui est superflu en ce domaine ? Où passe la frontière séparant les vrais des faux besoins ? Autant il est légitime que la loi interdise ou freine certaines consommations par une politique de taxation, autant on ne peut accepter l'idée qu'elle veuille redéfinir de part en part la vie bonne en ce qui concerne les besoins humains. Vouloir réaliser le bonheur des individus malgré eux ne peut entraîner que des résultats calamiteux pour ne pas dire terrifiants. Avec toutes ses imperfections, le marché reste, sur ce plan, la moins mauvaise des solutions, la mieux adaptée à une société d'individus reconnus libres. « L'anti-développement » ou la société de décroissance apparaît comme un modèle non seulement irréaliste mais non souhaitable. S'il est vrai que « plus n'est pas mieux », n'en concluons pas que « moins » soit la solution à nos maux.

Si justifiées soient-elles, les critiques de l'hyperconsommation ne doivent pas conduire à ériger « la sobriété voire une certaine austérité dans la consommation matérielle [16] » en système global de vie, en clé universelle de l'épanouissement collectif et individuel. Une vie frugale et « rationnelle », sans luxe ni frivolité d'aucune sorte, est-elle vraiment ce à quoi nous aspirons ? C'est oublier que l'on ne consomme pas seulement pour satisfaire des besoins « premiers » mais aussi pour rêver, se distraire, paraître, découvrir d'autres horizons, « alléger » l'existence quotidienne. Gardons-nous de perdre de vue cette « récréation psychologique [17] » qui marque nos modes de consommation. Une part de nos bonheurs est faite de plaisirs « inutiles », de jeu, de superficialité, d'apparences, de facilités plus ou moins insignifiantes. Cette part non morale d'*Homo felix* qui nourrit la logique d'hyperconsommation n'a pas à être éradiquée et ce, parce qu'elle répond au besoin humain de bonheurs faciles ou légers. La société d'hyperconsommation a beaucoup de vices, mais elle n'a pas tous les vices : elle prend l'homme tel qu'il est, multiple, futile et contradictoire, avec ses désirs de distractions et d'évasions certes sans grande noblesse mais qui, pourtant, font partie de la vie. *Ecce homo.*

Il est sans doute nécessaire de corriger la société d'hyperconsommation, de la réorienter selon des voies moins inégalitaires et plus « responsables » : pas au point, cependant, d'en renverser l'économie « légère » au bénéfice d'une espèce d'ascétisme rationnel. Où l'on verrait, une fois de plus, que l'enfer est pavé des meilleures intentions.

LA SAGESSE OU LA DERNIÈRE ILLUSION

Le bonheur est la valeur centrale, le grand idéal que célèbre sans répit la civilisation consumériste. Mais cette permanence de la mythologie eudémoniste n'empêche nullement la variabilité de ses contenus ou de ses thèmes. À observer le cours du dernier demi-siècle, il est ainsi possible de distinguer, très schématiquement, trois modèles ou trois moments qui ont structuré l'imaginaire social du bonheur à l'heure de la consommation de masse.

À compter des années 1950, un premier modèle de réalisation de soi s'est construit autour de deux pôles majeurs : la vie matérialiste et la vie affective, les « choses » et le cœur, la mythologie de la consommation et celle de l'amour [18]. Deux systèmes de référence qui, parallèlement, ont véhiculé une « *micro-utopie concrète* » de masse ou un « utopisme de la vie privée [19] ». Il n'est pas inutile de souligner que ce modèle bipolaire n'a rien perdu de son attrait, un demi-siècle plus tard.

Dans la foulée des années de la révolte adolescente, une seconde mythologie voit le jour. Elle s'arc-boute sur l'exaltation de la libération individuelle, en opposition frontale avec les normes du consommable et de la morale traditionnelle. Dénonçant les faux besoins et la répression sexuelle, le moment contestataire donne la priorité à l'authenticité du moi et à l'émancipation des corps. Même le terme « bonheur » ne fait plus recette tant il est associé aux contraintes familialistes et bourgeoises. On lui préfère la jouissance, la fête, le désir sans restriction. Pendant une courte récréation, un second modèle a consacré une *utopie transgressive et transpolitique* [20].

Avec la phase III, l'idéologie du bonheur connaît un nouvel *aggiornamento.* À la division bonheur consumériste/ bonheur amoureux, s'ajoute maintenant le clivage opposant bonheur matérialiste et bonheur spirituel, bonheur-mouvement et bonheur-équilibre. Témoignent de ce modèle « psycho-spirituel », l'essor de nouvelles formes de religiosité, le regain d'intérêt pour les voies spirituelles et les traditions mystiques, le succès des sagesses anciennes. Ouvrages et stages, instituts et ateliers fleurissent qui offrent des pratiques psycho-corporelles ou psycho-ésotériques destinées au perfectionnement personnel. En parallèle, le bouddhisme, la mystique, les littératures religieuses ou spirituelles connaissent un notable succès. À quoi s'ajoute un nouvel engouement pour la philosophie vécue et les sagesses antiques. Autant de phénomènes qui illustrent ce que d'aucuns nomment un

« changement de paradigme [21] », un « Nouvel Âge » se caractérisant par la recherche de la « sagesse » ou l'autoperfectionnement spirituel [22].

À contre-pied de la conception matérialiste du bonheur, ces démarches spirituelles sont centrées sur la quête de l'équilibre intérieur, l'harmonisation du corps et de l'esprit, l'expansion et l'approfondissement de la conscience. L'important n'est pas tant de changer le monde que de changer le soi, éveiller la conscience à des potentiels inexploités, inventer un nouvel art de vivre réconciliant l'individu avec lui-même. La sagesse faisait figure d'idéal obsolète : la voici à nouveau sur le devant de la scène. C'est une *micro-utopie psycho-spirituelle* qui voit le jour, redessinant la mythologie du bonheur individualiste au cœur de la société d'hyperconsommation.

La sagesse light

Tout semble opposer diamétralement la conception du bonheur matériel et celle du bonheur spirituel. L'une met l'accent sur l'acquisition des biens marchands, l'autre sur le perfectionnement de la conscience ; l'une donne la priorité à l'avoir, l'autre à l'être. Mais ce qui est vrai au niveau des principes l'est-il sur les autres plans ? Ces dichotomies sont-elles aussi profondes, aussi radicales que l'affirment les adeptes de la sagesse *new age* ? On a quelques raisons d'en douter, ces derniers participant, par bien des côtés, de ce qu'ils refusent.

Les « valeurs essentielles » sont célébrées, mais c'est en réalité le changement, les modes, la mobilité des engouements, la curiosité épidermique qui dirigent les nouvelles quêtes de sens. Valorise-t-on la cohérence avec soi-même ? Cela n'empêche pas les adeptes d'adopter sans cesse de nouvelles méthodes, de changer d'école et de maîtres, de passer d'un « produit spirituel » à l'autre à l'instar de l'hyperconsommateur volatile. Les médias applaudissent le fait que le Prozac soit remplacé par la sagesse philosophique : encore faut-il préciser de quelle nature est ce retour en grâce de la philosophie. Sans doute les néo-lecteurs cherchent-ils dans les livres de sagesse les voies qui peuvent les rapprocher du bonheur, mais ils veulent y parvenir avec facilité, confortablement, tout de suite, sans efforts de volonté, sans les « exercices spirituels » soutenus que prescrivaient les maîtres de l'Antiquité [23]. On « essaie » Sénèque ou Épicure comme on va voir un film ou comme on « fait » un voyage : désormais même la sagesse fonctionne comme un « produit de salut à efficacité immédiate [24] ». Centrée sur l'immédiateté et l'émotionnel, la sagesse qui vient est une sagesse *light* en concordance parfaite avec l'hyperconsommateur expérientiel : c'est moins à une « révolution spirituelle » que nous avons affaire qu'à l'une des figures de la consommation-monde.

Il s'agissait, dans les sagesses anciennes, de dépouiller totalement l'homme, de dépasser le moi replié sur sa stricte individualité en le délivrant de ses vains appétits. Elles impliquaient un changement total de vie passant par des exercices spirituels répétés, l'indifférence au monde, une vraie performance ascétique. On en est fort loin. Que cherche-t-on auprès des maîtres de vie, sinon des recettes pour maximiser nos jouissances et nos potentiels psychologiques les plus divers ? Aux idéaux de renoncement au monde ont succédé les techniques de *self help* censées procurer tout à la fois réussite matérielle et paix intérieure, santé et confiance en soi, puissance et sérénité, énergie et tranquillité, autrement dit le bonheur intérieur, sans qu'il y ait besoin de renoncer à quoi que ce soit d'extérieur (confort, succès professionnel, sexe, loisirs). L'individu hyperconsommateur aspire aux avantages du monde moderne, l'harmonie intérieure en plus. La sagesse se confondait avec le non-attachement et la dépossession de soi (bouddhisme) : nous voulons la pleine réalisation de l'Ego. Il est moins question de changer de style d'existence que de s'adapter à notre monde en y vivant confortablement, sans stress ni anxiété. L'objectif est de rendre l'existence matérialiste plus qualitative et plus équilibrée : nous voici à l'heure de l'imaginaire du confort intégral, matériel et émotionnel, consommatoire et psychologique. Sous l'étiquette des sagesses anciennes, c'est la quête individualiste du bonheur mondain qui se prolonge.

Non pas un « changement de paradigme » mais la dynamique de pluralisation des mythologies du bonheur individualiste.

Illusion de la sagesse

Il est fréquent de présenter la nouvelle faveur dont bénéficient les spiritualités religieuses et laïques comme un bouleversement considérable qui, nous délivrant des fausses promesses de l'avoir, nous ouvre les voies de la félicité authentique. Alors que la poursuite des biens matériels engendre insatisfactions et frustrations, l'aventure psycho-spirituelle procure, elle, un plein épanouissement riche de sens et d'harmonie tant avec soi qu'avec le cosmos. Au cœur de l'incroyable supermarché que constitue la nébuleuse néo-spirituelle, s'affirme la primauté de l'expérience intérieure comme condition du bien-vivre. Pour tous les mouvements du Potentiel Humain, il suffit de rendre notre pensée harmonieuse et il en ira de même dans notre vie. Apprenons à nous aimer, modifions nos pensées et la vie deviendra gaie, prospère, pleine de santé. Le « nouveau paradigme » se construit selon le schéma syllogistique suivant : ce qui nous arrive est le miroir de notre attitude intérieure ; or nous pouvons changer et maîtriser notre conscience ; donc le bonheur nous appartient, il s'apprend, il est intégralement entre nos mains. Nous pouvons être aussi heureux que nous décidons de l'être : tel est le credo inlassablement repris par les maîtres en spiritualité et développement personnel.

Par quoi, sous les dehors d'un psychologisme triomphant, c'est bel et bien la *pensée magique* qui fait retour dans l'univers contemporain. L'hyperconsommateur est devenu un demandeur de néo-magie, de remèdes miracles fondés sur la toute-puissance de la conscience, de formules et de rituels incantatoires garantissant que le bonheur est chose qui dépend entièrement de nous.

Ne le cachons pas : comment ne pas rester interdit devant cette cascade de programmes de béatitude véhiculant autant de naïvetés que de fausses promesses ? Car s'il est une chose qu'enseigne l'expérience de la vie c'est que nous sommes bien incapables de nous rendre maîtres du bonheur. Si le nouvel état de grâce de la spiritualité traduit de nouvelles aspirations, il n'en est pas moins porteur d'un aveuglement pouvant confiner à l'obscurantisme. Retour aux Anciens ? La démarche a ses vertus, à condition qu'elle ne s'accompagne pas du refoulement de l'enseignement des Modernes, d'une dénégation de leurs irremplaçables leçons dévoilant les illusions du pouvoir de la conscience et de la sagesse.

Nul mieux que Rousseau n'a su mettre en évidence les dilemmes insurmontables de la question du bonheur. Être incomplet, incapable de se suffire à lui seul, l'être humain a besoin d'autrui pour connaître le bonheur. Mais parce que celui-ci est inséparable du rapport à l'autre, l'individu est inévitablement voué aux déceptions et aux blessures de la vie. Dépendant des autres pour être pleinement heureux, mon bonheur est nécessairement fugitif et instable. Sans l'autre, je ne suis rien, avec l'autre je suis à sa merci : le bonheur auquel l'homme peut accéder ne peut être qu'un « frêle bonheur [25] ». La leçon est lumineuse : parce qu'on ne peut être heureux seul, nous ne sommes pas maîtres du bonheur. Il nous « arrive » ou nous quitte en grande partie sans nous, il est par excellence ce que nous ne possédons pas. Forte est l'emprise de l'autre sur notre bonheur, faible notre puissance à en contrôler le cours. Éphémère, hélas, est l'expérience de la félicité.

Naturellement, nul ne rejettera l'idée selon laquelle le travail de soi sur soi, les spiritualités religieuses ou philosophiques puissent réconforter, redessiner nos horizons, nous aider à mieux vivre. Cela étant, grande est l'illusion qui consiste à croire qu'un système de pensée ou une méthode de quelque ordre que ce soit puisse fournir la solution absolue, durable, définitive à l'énigme du bonheur. C'est occulter au plus profond ce qui, sous le nom d'inconscient, désigne l'impossibilité d'une pleine et entière possession de soi par soi. Chaque jour en apporte la preuve : l'homme n'est pas « maître et possesseur de lui-même », la conscience est impuissante à façonner le vécu subjectif tel que nous le rêvons. S'il est indéniable que nombre de satisfactions dépendent de nous, les fluctuations du plaisir, nos joies profondes et le bonheur de vivre ne sont pas des « choses » dont nous disposons à loisir : nous ne les gouvernons pas, ce sont des sentiments qui « vont et viennent », en grande partie sans nous. Le bonheur se rencontre, il n'est pas à nos ordres. C'est ainsi que la foi dans la possibilité de maîtriser notre propre bonheur par l'action de la conscience résonne comme l'une de nos dernières illusions, une illusion à laquelle l'homme, probablement, ne renoncera jamais tout à fait.

Parce qu'il y a inévitablement une part de « reçu », d'inconscient, d'incontrôlable dans l'expérience du bonheur, c'est moins moi qui le choisis que lui qui me choisit. Sorte d'état de grâce, « il vient quand il veut, non quand je veux [26] ». De là, les limites de toutes les doctrines qui enseignent les voies du bonheur en surévaluant le pouvoir de la conscience sur les états vécus. Tout ce que nous pouvons en attendre — ce n'est pas peu — est un remède provisoire, une béquille à durée limitée. Mais ne nous y trompons pas, les écoles de sagesse seront toujours d'une « efficacité » des plus réduites, comparée à celle des dispositions psychologiques ou métapsychologiques des individus, le bonheur et la joie de vivre étant plus un « état d'esprit », un « don reçu » que le résultat de l'éveil et de la transformation de la conscience.

Tandis que se poursuit la domination technico-scientifique du monde, se perpétue l'impuissance à gouverner le bonheur. Notre pouvoir sur les choses suit une courbe exponentielle, celui que nous exerçons sur la joie d'exister fait du surplace. Le projet de puissance illimitée des Modernes touche manifestement ici à ses limites : le bonheur ne progresse pas, il échappe obstinément à la maîtrise des hommes. On ne peut plus, certes, séparer tout à fait la quête du bonheur des réalisations du monde technicien et cependant un abîme continue de séparer la marche de ces deux univers. L'homme prométhéen ressemble toujours à un nain assis sur des épaules de géant : il nous reste à vivre avec la conscience que le bonheur est l'immaîtrisable, le fugitif, l'imprévisible, l'indépassable énigme d'aujourd'hui et sans doute de demain.

ÉTHIQUE ET ESTHÉTIQUE : UNE NOUVELLE BARBARIE ?

Parallèlement à la biosphère, le monde de l'esprit ou de la culture apparaît comme un autre grand continent dévasté par le capitalisme de consommation. Le réquisitoire comprend de nombreux griefs. À quoi ressemble une culture phagocytée par les médias de masse si ce n'est à un océan de fadaises et d'insignifiance ? Que reste-t-il de la vie de l'esprit lorsque triomphent le zapping et le divertissement généralisés ? Tandis que s'affaiblit l'autorité symbolique de la vie intellectuelle, les industries de programme prospèrent, les parcs à thème et les jeux drainent les masses, le temps passé devant la télévision augmente : l'âge glorieux de la culture s'est effacé au bénéfice de l'empire de l'*entertainment*.

Il y a peu encore, les artistes et les hommes de lettres ambitionnaient de créer des œuvres immortelles ; il importe maintenant d'être « connu », apparaître dans les médias, vendre en grand nombre des produits à durée de vie limitée. La culture classique se donnait pour but d'élever l'homme, les industries culturelles s'attachent à le distraire. La « valeur esprit » dont parlait Valéry [27] a été remplacée par la « valeur animation » exploitée systématiquement au service de la valeur marchande.

Face aux dégâts provoqués par la consommation-monde, de nombreux intellectuels stigmatisent la montée d'une nouvelle « barbarie », un nihilisme destructeur de tout ce qui faisait l'humanité de l'homme. Les uns évoquent une « désymbolisation généralisée » se caractérisant par la réduction nihiliste de l'homme à un individu calculateur, délivré de tout souci des valeurs et des idéaux, exclusivement motivé par l'argent et ses intérêts propres [28]. D'autres soulignent la barbarie douce d'une époque relativiste qui, récusant le critère objectif de l'excellence, refuse d'établir une différence hiérarchique entre culture durable et culture de consommation passagère [29]. Michel Henry interprète les médias, et la télévision en particulier, comme la « pratique par excellence de la barbarie [30] ». Bernard Stiegler dénonce la logique de « prolétarisation du consommateur » s'étendant à tous les modes d'existence individuelle, à toutes les facultés humaines qu'elles soient mentales, affectives ou esthétiques [31]. Tout ce qui vit se précipiterait ainsi vers un horizon déshumanisé et nihiliste peuplé de troupeaux humains standardisés aussi inconsistants qu'assoiffés de satisfactions vulgaires. La sphère transcendante des idéaux, les savoir-vivre, les désirs d'élévation, tout cela a été liquidé par la consommation industrielle, par un univers devenu intégralement marchand. Société d'hyperconsommation et barbarie intellectuelle, morale et esthétique, c'est tout un.

Le culte de l'efficience et de l'argent a indéniablement détrôné le prestige ancien de la « pensée méditante » ; le principe de jetabilité s'est substitué à celui de la durabilité ; l'attitude consumériste ou touristique gagne des domaines autrefois enveloppés de vénération. Est-on en droit, pour autant, de qualifier le stade hypermarchand d'univers « décadent », rebarbarisé, nihiliste ?

Barbarie esthétique ?

Notre époque est témoin d'un déferlement d'images vulgaires et pornographiques. Elle l'est également d'une foule de happenings et de performances qui, pulvérisant les visées du beau et de l'œuvre durable, élèvent le « fais n'importe quoi [32] » à son accomplissement parfait. Partout, les rues commerçantes, les lieux touristiques, les boutiques d'art et d'artisanat offrent les mêmes articles kitsch, les mêmes bijoux de pacotille, les mêmes statuettes exotiques. En même temps, l'attitude proprement esthétique ou contemplative a été supplantée par une consommation d'images sans cesse renouvelées, moins regardées qu'avalées à grande vitesse. Que ce soit devant la télévision ou au musée, s'impose l'hyperconsommateur avec ses conduites de zapping, sa boulimie décontractée, sa curiosité inattentive ou touristique. Triomphe du commercial, du jetable, de la dispersion : *Homo aestheticus* est-il une espèce en voie de disparition ?

Si réels soient-ils, ces phénomènes ne représentent pas le tout du rapport contemporain des individus aux expériences esthétiques. La sensibilité paysagère, le « culte des monuments », la fréquentation des musées, le goût pour la décoration des intérieurs illustrent la place grandissante des appétits esthétiques. Rappelons également que le cinéma, la musique, la mode, le luxe, le tourisme sont au cœur de l'économie de la phase III : c'est de plus en plus une *esthétique de la consommation* qui ordonne les activités de loisir. De surcroît, on assiste à la multiplication des ateliers d'écriture et des manuscrits d'auteurs « amateurs », à l'essor de la pratique musicale, à une augmentation considérable du nombre de peintres et de photographes, d'artistes professionnels et amateurs, d'artisans d'art, de dessinateurs, graphistes et designers. La démocratisation des expériences esthétiques caractérise davantage l'univers hyperindividualiste que la misère de la sensibilité au beau.

Même si les œuvres ne sont plus contemplées dans le recueillement, même si le rapport à l'art est largement soumis à la logique nomadique de l'hyperconsommation, il n'en demeure pas moins que l'expérience esthétique fonctionne pour un nombre croissant de personnes comme un ingrédient du bonheur. Contrairement aux thèses qui affirment le conditionnement régressif de la sensibilité, la vérité est que la société d'hyperconsommation a enrichi les capacités esthétiques des individus, la distance du regard, la sensibilité au beau hors de toute perspective utilitaire. La phase III est contemporaine d'une consommation esthétique de masse, d'une demande accrue d'art et de beauté, de styles et d'expériences esthétiques dans toutes les dimensions de l'existence. Plus l'efficacité techno-marchande gouverne le monde, plus l'offre est esthétisée et plus la demande se trouve marquée par les désirs de goûter aux joies des « impressions inutiles [33] ».

Barbarie morale ?

Les voix sont légion qui s'élèvent contre le naufrage d'une civilisation dans laquelle se déchaînent l'égoïsme du chacun pour soi, l'argent-roi, la délinquance, la grande criminalité économique et financière. Ces phénomènes accompagnant l'individualisation extrême de notre époque sont peu contestables. Mais un autre versant existe qui empêche d'assimiler unilatéralement l'hyperindividualisme à un processus décadentiel. La logique des intérêts individuels domine-t-elle ? Sans aucun doute. Mais en même temps les élans de solidarité envers les déshérités, les dons versés en faveur des victimes de maladies ou de catastrophes atteignent des sommets. Pourquoi critique-t-on l'instrumentalisation des valeurs par le marketing ? Pourquoi le commerce équitable peut-il rencontrer un certain écho auprès de l'opinion ? Comment expliquer la multiplication des associations et des bénévoles ? Tous ces phénomènes, comme bien d'autres, indiquent que la société d'hyperconsommation n'a pas réussi à dissoudre de part en part la valeur des principes moraux.

L'enthousiasme politique s'est éteint, non les sentiments moraux. Il faut tordre le cou à l'idée rebattue selon laquelle la consommation-monde est porteuse de délégitimation de toutes les valeurs, de cynisme et de relativisme généralisés. Loin que règne le « tout se vaut », la plupart des individus ont des convictions morales qui s'expriment par des réactions d'indignation ainsi que par différentes sortes de comportements « responsables » ou altruistes. Nous assistons non tant au dépérissement nihiliste des idéaux qu'à une nouvelle régulation sociale de l'éthique compatible avec l'individu hypermoderne. Les idéaux du Bien et du Juste sont tout sauf morts : même s'ils ne construisent pas un monde à leur image, ils permettent néanmoins de juger, de critiquer, de corriger certains excès ou dérives du cosmos individualiste-consumériste.

La vérité est que notre époque est moins témoin de la dépréciation de toutes les valeurs que d'une reviviscence de l'interrogation morale liée au recul de l'emprise du politique et des grands systèmes de sens. À mesure que s'accroît la puissance de la technique et du marché, le domaine éthique se trouve largement réinvesti, redignifié, réactivé, comme l'illustrent les débats portant sur les biotechnologies, l'avortement et l'euthanasie, le mariage gay, l'adoption des enfants par les homosexuels, le port du voile islamique, le harcèlement moral. Point de disparition catastrophique des valeurs mais l'essor de morales en conflit, la démultiplication des systèmes de valeur, la diversité des conceptions du bien qu'il faut interpréter comme un approfondissement de l'autonomie de la sphère morale, le signe d'une société libérale pluraliste dans laquelle les valeurs et leur traduction sociale sont émancipées de l'autorité de l'Église et de la tradition [34]. D'un côté, on assiste à l'affaiblissement du pouvoir de la démocratie sur elle-même, de l'autre au parachèvement de la volonté de prise en charge par la société et les individus des règles qui fondent leur action. Non pas « mort des valeurs » mais effondrement des règles morales hétéronomes et corrélativement individualisation du rapport à la sphère éthique. La société hyperindividualiste ne se réduit pas au culte obsessionnel des plaisirs privés, elle est aussi celle où il revient à l'individu de se déterminer sur ce qu'il doit faire en inventant les règles de sa propre conduite. Consensus autour des valeurs humanistes démocratiques, essor de la réflexivité éthique : la culture de la phase III ne peut être assimilée à un état de barbarie nihiliste.

L'ESPRIT DE CONSOMMATION : JUSQU'OÙ ?

Les plus pessimistes considèrent que le désastre a déjà eu lieu. Il est d'une profondeur abyssale. Nos systèmes d'éducation sont délabrés, incapables qu'ils sont non seulement de transmettre l'héritage culturel mais d'alphabétiser correctement une proportion importante de jeunes. L'autorité de la culture s'est effondrée : que demeure-t-il de la dignité de la pensée dans une époque où l'idéal est de « s'éclater » ? Quel avenir autre que la barbarie intellectuelle se dessine lorsque le principe d'animation remplace le principe d'excellence, lorsque la vie intellectuelle est assimilée à une « prise de tête », lorsque la « télé-poubelle » enthousiasme les masses ? La société d'hyperconsommation, nous dit-on, a gagné : elle ne cessera plus d'étendre son empire dévastateur, répandant le conformisme généralisé, la paresse de l'esprit, l'inculture, la superficialité et l'incohérence des êtres. Finis les significations et les idéaux élevés, les seuls buts dans lesquels se reconnaissent les individus étant la dépense futile, le bien-être et la santé. Face à cette mutation, les uns parlent d'un état « d'après-culture [35] » ; d'autres, plus radicalement, évoquent une immense crise des significations, une phase de désagrégation et de décomposition accélérée qui prive les individus des normes, des valeurs, des motivations nécessaires au fonctionnement de la société [36]. D'autres encore soulignent l'entrée dans la « post-histoire » coïncidant avec une humanité « réanimalisée et infantilisée », tout ce qui constituait l'homme à proprement parler — le travail, la lutte à mort, le conflit, la contradiction — étant tombé en déshérence [37]. Dans la cité des Lettres, le catastrophisme est la chose du monde la mieux partagée.

Pour le dire sans détour, ces lectures me paraissent foncièrement inacceptables. Elles le sont non par manque d'esprit d'observation de leurs auteurs mais parce qu'elles se montrent aveugles aux forces antagonistes à l'œuvre dans le présent, aux tensions entre les valeurs, aux attentes, demandes et motivations antinomiques qui nourrissent l'époque. Que la société d'hyperconsommation s'accompagne d'une crise de la culture, de l'école, de la politique est peu douteux. Mais ce processus n'est pas irrésistible ; des dynamiques contraires sont en marche qui autorisent à refuser les radiographies unilatérales qu'affectionne la classe intellectuelle et qui rendent inintelligible la puissance d'autocorrection des sociétés individualistes.

L'humanité est-elle frappée du syndrome de « non-pensée », est-elle atteinte de léthargie avancée, d'« extases somnambuliques » ? Ne songe-t-elle plus qu'à consommer, se divertir, se conserver en vie ? N'y a-t-il aucun contre-pouvoir à la fuite en avant des besoins consuméristes ? Il suffit d'observer les nouvelles demandes d'éducation, les critiques pédagogiques qui se multiplient, les querelles autour de l'École et de la « baisse de niveau » pour se convaincre du contraire.

Que signifient ces réactions sinon un impératif de prise en charge formatrice qui ne relève en rien de la planète consumériste ? La célébration des jouissances subjectives est une pente majeure de notre époque, mais il en est une autre qui pousse dans une tout autre direction : il s'agit du devoir de formation des jeunes, de leur structuration intellectuelle, de l'acquisition des savoirs fondamentaux comme condition de l'autonomie individuelle. Quelle que soit la lunaparkisation de la culture, le souci éducatif de préparation à l'avenir s'accroît en raison d'une époque dominée par l'incertitude et le risque. L'utopie de l'épanouissement personnel peut rayonner : cela n'empêche pas que reste entière l'exigence d'éducation, laquelle passe nécessairement par l'accès au savoir, l'imposition de contenus et de méthodes, des apprentissages plus ou moins contraignants. Le cycle de la foi dans la permissivité et dans la spontanéité subjective est clos. Une page est tournée : nous sommes devant les limites et les contradictions du tout-hédonisme. Même si les pratiques éducatives sont loin de tirer toutes les conséquences de cette exigence de formation, la cause est entendue : l'hédonisme libéral est incapable de fournir le fondement et les cadres d'un système d'éducation digne de ce nom. La conscience du problème ne fait pas défaut, la manière de le résoudre est toute à inventer.

Pourquoi nombre de parents empêchent-ils leurs enfants d'avaler à haute dose les programmes de télévision ? Pourquoi s'inquiète-t-on des effets des jeux vidéo, de l'emprise des marques sur les adolescents et plus généralement sur les individus ? C'est que l'engloutissement de soi dans l'univers hédoniste et médiatique est assimilé à l'appauvrissement de soi, à une existence sans intériorité, à l'anéantissement du sujet en tant qu'être de réflexion et de perfectibilité. En dépit de toutes les incitations au bonheur, l'ordre consumériste n'est légitime que pour autant qu'il ne fait pas obstacle à l'autonomie réflexive des individus, à l'exigence de formation et de perfectionnement des sujets. Il n'est pas vrai que le principe de plaisir soit devenu la mesure de toute chose, l'alpha et l'oméga de la vie.

C'est également se tromper que d'affirmer que la phase III a réussi à fabriquer des individus n'aspirant plus qu'à se divertir et vieillir en bonne forme. Le système de référence hédoniste et médical peut être dominant, il n'est pas exclusif. Créer, construire, entreprendre, se dépasser, faire mieux, toutes ces valeurs et ces aspirations continuent d'orienter peu ou prou les existences. Des crans d'arrêt, des contre-tendances sont à l'œuvre qui empêchent le programme de l'hyperconsommation d'aller jusqu'au bout de lui-même. Face aux principes immanents de divertissement-conservation, s'opposent les logiques transcendantes d'invention du nouveau et du dépassement de soi. Malgré les sirènes de la vie facile et narcissique, le désir de se transcender soi-même n'a nullement été éradiqué de la vie de l'être-sujet. La « monstruosité post-humaine », l'absorption intégrale de l'économie psychique par le turbo-consumérisme ne sont que des fictions sensationnalistes, de nouvelles illustrations typiques des visions décadentistes des Modernes.

Nul ne contestera les profondes répercussions psychologiques du passage d'une culture organisée par le refoulement à une culture fondée sur le droit à l'expression libre de tous les désirs, à la jouissance parfaite et sans limite. Mais cette mutation est-elle synonyme d'un processus d'« égalitarisation des jouissances » sous le signe de « l'impératif de la satisfaction accomplie[38] » ? Comment ne pas remarquer qu'au royaume du plein épanouissement se creuse une forte dichotomie entre ceux dont la motivation principale est de démultiplier les jouissances matérielles et distractives et ceux dont les buts dans l'existence impliquent toujours effort et méthode, audace et risque, invention et création ? À cet égard, l'avenir de la démocratisation de la consommation pourrait bien être systématiquement inégalitaire, le plus grand nombre aspirant aux satisfactions faciles du bien-être, cependant qu'une espèce d'hyperclasse adopte des règles de vie plus « austères » marquées par le désir de relever les défis, de créer et de surmonter les obstacles. Ce n'est pas seulement le « degré de mobilité [39] » des êtres qui institue les nouvelles différenciations sociales, ce sont aussi les manières de se rapporter au travail, aux jouissances de la consommation, aux buts de la vie. On a dépeint la société d'hyperconsommation comme étant celle de la généralisation de normes hédonistiques, celle de la fusion des valeurs méritocratiques et des valeurs de la contre-culture, des bourgeois et du rebelle [40]. Pourtant ce mouvement de « réconciliation des opposés » est en partie un processus en trompe l'œil tant il est contemporain d'un réagencement de nouveaux clivages, d'états d'esprit, de buts existentiels dissemblables. Pour la première fois, la « classe des loisirs » n'occupe plus le sommet de la pyramide sociale : dorénavant plus on est en haut de la hiérarchie, plus on travaille et moins la consommation est le principe axial de la vie. À l'ancienne logique du loisir ostentatoire succède une débauche d'activisme et de volontarisme professionnel chez les nouvelles élites consacrant la plus grande partie de leur énergie au travail considéré comme un « jeu », une expérience enrichissante, un instrument de développement personnel. Sous le style « bohème », cool et décontracté, il s'agit toujours de « gagner », de donner le meilleur de soi-même, d'être fier de ses réalisations, de se transcender. Même si la société d'hyperconsommation consacre les loisirs, la détente et la facilité, elle n'a nullement mis fin aux dispositions humaines à créer, dominer et se surpasser.

On n'a pas manqué de l'observer : la société du bien-être complet est aussi celle où se multiplient paradoxalement les passions de la conquête et du risque. La consommation n'est manifestement pas la motivation première des grands hommes d'affaires : ils travaillent « comme des fous », négligent les plaisirs et le confort de la tranquillité afin de satisfaire leur passion du pouvoir, de la domination et du risque. À un tout autre niveau, la phase III est le théâtre du succès de la mythologie de l'« aventure », de la multiplication des prises de risque, des exploits en tout genre réalisés par les adeptes de l'« extrême » (escalade, trekking, traversées en solitaire, etc.). La société de jouissance n'a nullement broyé les motivations à aller au bout de ses limites et de ses forces, à affronter risques et dangers. Elle a plutôt contribué à constituer le risque en épreuve personnelle et choisie indépendamment de toute culture de classe. La dynamique hyperindividualiste ne coïncide pas seulement avec une fringale de biens marchands, elle pousse également un plus grand nombre de sujets à s'inventer des défis, prendre des risques comme manière de vivre plus intensément, briser les routines, susciter un sentiment de renouveau, ressentir des sensations fortes, se prouver à soi-même ce dont on est capable [41]. Démocratisation du bien-être et essor des pratiques à risque marchent de concert : par-delà leurs oppositions manifestes, ils sont des expressions du nouvel individualisme expérientiel. Sous quels habits se présentera demain l'amour de l'extrême ? Quoi qu'il en soit, tout indique que l'âge du bien-être émotionnel prépare moins la résorption de ces passions que leur expansion sociale.

Archaïsmes ?

Peut-on tenir les « résistances » au tropisme consommationniste pour de simples « résidus » culturels, des survivances « archaïques » vouées à disparaître sous le rouleau compresseur de la phase III ? Je suis convaincu du contraire. Même si le capitalisme d'hyperconsommation a bouleversé le rapport à soi, aux autres et à la culture, il n'a pas réussi à créer une humanité posthistorique, les volontés d'apprendre, comprendre, progresser, se transcender étant toujours à l'œuvre, fussent-elles très inégalement réparties entre les hommes et se présentant sous des formes entièrement nouvelles. En dépit de la puissance du consumérisme, il en sera de même demain. Je soulignerai seulement deux raisons à l'appui de cette thèse.

D'abord, les sciences dont le rôle ne cesse de croître représentent des disciplines exemplaires de formation intellectuelle, des écoles de rigueur et de rationalité, un appel sans fin à comprendre, prouver, progresser dans la voie de la vérité. Mobilisant l'effort et la discipline démonstrative, la science est inséparable d'une dynamique de transcendance toujours interrogative, toujours ouverte. Irrésistiblement elle ouvre les questions, relance l'interrogation et l'esprit critique. Elle constitue, ce faisant, l'une des grandes forces d'avenir qui empêchera la culture d'être entièrement phagocytée par le règne du spectacle et de la facilité consumériste.

Ensuite, dans la mesure où les sociétés ouvertes reposent sur la valorisation de l'innovation, de la création, de la réussite économique, il est peu probable que les jouissances du bien-être puissent constituer la seule exigence des individus, la seule voie de réalisation personnelle. Parce que des valeurs de référence autres que le bien-être organisent l'univers néo-individualiste, elles continueront d'aimanter, d'une manière ou d'une autre, les existences. Une petite minorité ? Peut-être, mais ce n'est pas sûr. De toute façon, entreprendre, risquer, découvrir, inventer, créer resteront pour nombre d'individus des moyens irremplaçables pour s'affirmer, gagner l'estime de soi et des autres, intensifier le rapport à soi et au temps vécu. L'identité individuelle et la valorisation de soi continueront de se chercher, au moins pour ceux-là, par ce qui exige travail, effort, mouvement de se dépasser, c'est-à-dire au-delà du principe de plaisir consommatoire. Si une pente de l'hyperindividualisme conduit à des demandes hyperboliques de récréation et de conservation de soi, une autre encourage la construction méritocratique [42] et « l'expansion de soi ». Notre époque favorise la première dynamique : rien ne dit qu'il en sera toujours ainsi.

Gardons-nous de confondre les contre-pouvoirs au raz-de-marée consumériste avec des vestiges d'un autre âge. La vérité est que la société d'hyperconsommation ne peut exister que pour autant que sa tendance lourde se trouve contrariée par des principes antagonistes. Parviendrait-elle à éliminer l'esprit critique, l'exigence éthique, le désir de création, les efforts pour se transcender soi-même, qu'elle cesserait par là même de fonctionner. La société d'hyperconsommation a besoin de contradictions, de résistances, de limites à son propre univers : ce qui s'oppose aux normes de l'hyperconsommation doit être posé comme la condition de son développement.

Moyennant quoi, ce n'est pas tant sur la spirale des besoins marchands que doit porter la critique que sur les institutions de base ayant charge, idéalement, d'« armer » les individus, de les former en leur donnant les outils nécessaires pour penser, agir et se perfectionner. L'hypertrophie consumériste et médiatique est finalement moins porteuse de menaces que les défaillances de nos systèmes d'éducation. Promouvoir des programmes télévisuels de qualité, mettre en place des politiques culturelles ambitieuses, tout cela est excellent mais il y a quelque naïveté à croire que ces mesures puissent être à même de constituer de réels contrepoids à la consommation débridée. La vérité est que seuls des intérêts et des passions d'un autre genre pourront dresser des remparts face au déferlement hyperconsommatif. Des médias plus « culturels », moins soumis au diktat de l'Audimat ne sont pas à la hauteur de la tâche. Si un « salut » existe, il réside dans l'invention ou le perfectionnement de dispositifs permettant le développement de goûts et de passions autres que la consommation. Nous avons moins à diaboliser l'épidémie consumériste qu'à chercher les moyens qui engageraient les êtres à se diriger vers des buts plus divers. Qu'est-ce qui peut conduire les hommes à ne pas chercher le bonheur exclusivement dans les biens marchands sinon des désirs et des centres d'intérêt autres : travail, création, engagement public ? L'exigence de l'avenir est à l'invention de nouveaux modes d'éducation et de travail permettant aux individus de trouver une identité et des satisfactions ailleurs que dans les paradis passagers de la consommation.

L'APRÈS-HYPERCONSOMMATION

Dire qu'il n'existe pas, à ce jour, de solution de remplacement à la phase III ne signifie nullement qu'elle représente une espèce de « fin de l'histoire ». Les réflexions qui précèdent sont peut-être à même de jeter quelque lumière sur ce que signifierait une sortie de la société d'hyperconsommation.

Avec le capitalisme de consommation, l'hédonisme s'est imposé comme une valeur suprême et les satisfactions marchandes comme la voie privilégiée du bonheur. Tant que la culture de la vie quotidienne sera dominée par ce système de référence, sauf à affronter un cataclysme écologique ou économique, la société d'hyperconsommation poursuivra irrésistiblement sa course. Mais que de nouvelles manières d'évaluer les jouissances matérielles et les plaisirs immédiats voient le jour, qu'une autre manière de penser l'éducation s'impose et la société d'hyperconsommation fera place à un autre type de culture. La mutation à venir sera portée par l'invention de nouveaux buts et sens, de nouvelles perspectives et priorités dans l'existence. Lorsque le bonheur sera moins identifié à la satisfaction du plus grand nombre de besoins et au renouvellement sans borne des objets et des loisirs, le cycle de l'hyperconsommation sera clos. Ce changement socio-historique n'implique ni renoncement au bien-être matériel, ni disparition de l'organisation marchande des modes de vie ; il suppose un nouveau pluralisme des valeurs, une nouvelle appréciation de la vie cannibalisée par l'ordre de la consommation versatile.

Qui peut dire le temps qu'il faudra pour qu'une conscience d'un autre type se lève, pour que naissent de nouveaux horizons, de nouvelles manières d'évaluer la fuite en avant consumériste ? Si la réponse à cette question est hors de notre portée, il n'en demeure pas moins que des signes existent qui, si disparates soient-ils, indiquent des désirs d'orientation inédite, des recherches d'un « autrement » par rapport aux mirages et à la centralité de la consommation. N'ayons pas la naïveté de croire que ces « dissidences » suffiront à faire changer de cap : elles signalent seulement que la multiplication et le renouvellement perpétuel des biens marchands ne peuvent être tenus pour la seule et principale vocation de l'homme. Un jour viendra où la recherche du bonheur dans la consommation n'aura plus le même pouvoir d'attraction, la même positivité : la quête de la réalisation de soi finira par se dégager de la course sans fin aux plaisirs consommatoires.

L'heure à coup sûr n'a pas sonné et le temps sera long avant que ne devienne sensible tout ce que la frénésie consommative comporte de chimérique. Néanmoins ce moment, inévitablement, surviendra. De même que l'option consumériste est une invention historique datée, de même son futur ne sera pas éternel. Selon l'hypothèse avancée ici, c'est paradoxalement moins d'une révolution du mode de production que d'une révolution des valeurs ou d'une mutation culturelle réévaluant la place des jouissances immédiates qu'il faut attendre pareil bouleversement. Un renversement dans la hiérarchie des valeurs qui n'annoncerait pas le règne du Surhomme mais plus certainement des démocraties post-consuméristes dans lesquelles l'hédonisme ne constituerait plus le principe axial ou structurant de la vie. À ce moment, acquérir, acheter, renouveler indéfiniment les marchandises ne sera plus considéré comme la voie privilégiée du bonheur. Un après-hédonisme qui inéluctablement aura des répercussions sur les systèmes d'éducation et de formation, sur les manières de penser et de préparer l'avenir, sur les conceptions de la vie bonne. *Homo consomator* n'aura pas disparu : il aura perdu son imaginaire luxuriant et sa centralité triomphale. Les anthropologues d'un lointain avenir pourront alors se pencher avec curiosité sur cette civilisation éclairée où *Homo sapiens* rendait un culte à un dieu aussi dérisoire que fascinant : la marchandise éphémère.

L'ÉCLECTISME DU BONHEUR

Nombreuses sont les raisons qui conduisent à penser que la culture du bonheur marchand ne peut être tenue pour un modèle de vie bonne. Sont-elles suffisantes, toutefois, pour en invalider radicalement le principe ?

Parce que l'homme n'est pas Un, la philosophie du bonheur se doit de faire droit à des normes ou des principes de vie antithétiques. Nous avons à reconnaître la légitimité de la légèreté hédonistique en même temps que l'exigence de la construction de soi par la pensée et l'agir. La philosophie des Anciens cherchait à former un homme sage restant identique à lui-même, voulant toujours la même chose dans la cohérence avec soi et le rejet du superflu. Est-ce réellement possible, réellement souhaitable ? Je ne le crois pas. Si, comme le souligne Pascal, l'homme est un être fait de « contrariétés », la philosophie du bonheur n'a à exclure ni la superficialité ni la « profondeur », ni la distraction futile ni l'édification difficile de soi. L'homme change au cours de sa vie et nous n'attendons pas toujours les mêmes satisfactions de l'existence. C'est dire qu'il ne saurait y avoir d'autre philosophie du bonheur que désunifiée et pluraliste : une philosophie moins sceptique qu'éclectique, moins définitive que mobile.

Dans le cadre d'une problématique « dispersée », ce n'est pas tant le consumérisme lui-même qui est à dénoncer que son excroissance ou son impérialisme faisant obstacle au développement de la diversité des potentialités humaines. Par où la société hypermarchande est moins à mettre au pilori qu'à corriger et encadrer. Tout n'est pas à rejeter, beaucoup est à réaménager et à rééquilibrer afin que l'ordre tentaculaire de l'hyperconsommation n'écrase pas la multiplicité des horizons de la vie. En ce domaine, rien n'est joué, tout est à inventer et à construire sans modèle assuré. Tâche ardue, nécessairement incertaine et sans fin, la conquête du bonheur ne pouvant connaître de terme.

Ce qui est vrai pour la société l'est pour l'individu : l'homme marche vers un horizon qui s'évapore à mesure qu'il pense s'en rapprocher, toute solution apportant avec elle de nouveaux dilemmes. Chaque fois le bonheur est à réinventer et nul ne détient les clés qui ouvrent les portes de la Terre promise : nous ne savons que piloter à vue et rectifier au coup par coup, avec plus ou moins de succès. Nous luttons pour une société et une vie meilleure, nous recherchons inlassablement les voies du bonheur, mais ce qui nous est le plus précieux, la joie de vivre, comment ignorer qu'elle nous sera toujours donnée par surcroît ?

APPENDICES

NOTES

1. Les trois âges du capitalisme de consommation

1. Sur ces points, l'ouvrage classique d'Alfred D. Chandler, *La main visible des managers*, Paris, Économica, 1988.
2. *Ibid.*, p. 325-332.
3. *Ibid.*, p. 304-316.
4. Richard S. Tedlow, *L'audace et le marché. L'invention du marketing aux États-Unis*, Paris, Odile Jacob, 1997.
5. Cf. Patrice Carré, « Les ruses de la "fée électricité" » in *Du luxe au confort* (sous la direction de Jean-Pierre Goubert), Paris, Belin, 1988.
6. R. S. Tedlow, *op. cit.*, p. 79-83.
7. Suzan Strasser, *Satisfaction Guaranteed. The Making of the American Mass Market*, New York, Pantheon Book, 1989, p. 87-88 et 35.
8. Michael B. Miller, *Au Bon Marché 1869-1920. Le consommateur apprivoisé*, Paris, Armand Colin, 1987.
9. William Leach, *Land of Desire. Merchants, Power and the Rise of New American Culture*, New York, Vintage Books, 1994.
10. M. B. Miller, *op. cit.*
11. Philippe Moati, *L'avenir de la grande distribution*, Paris, Odile Jacob, 2001.
12. Vance Packard, *L'art du gaspillage*, Paris, Calmann-Lévy, 1962.
13. Henri Lefebvre, *La vie quotidienne dans le monde moderne*, Paris, Gallimard, 1968.
14. Gilles Lipovetsky, *L'ère du vide*, Paris, Gallimard, 1983.

2. Au-delà du standing : la consommation émotionnelle

1. Jean Baudrillard, *La société de consommation*, Paris, SGPP, 1970. Également, Pierre Bourdieu, *La distinction*, Paris, Éditions de Minuit, 1979.
2. Jean Baudrillard, *op. cit.*, p. 107.
3. Ernest Dichter, *Handbook of Consumer Motivations*, New York, McGraw-Hill, 1964.

4. Vance Packard, *Les obsédés du standing*, Paris, Calmann-Lévy, 1960.

5. C'est au moment où la consommation se déleste de sa dimension antagoniste intersubjective que se multiplient, en particulier aux États-Unis, les procès engagés par les consommateurs qui, mécontents et se posant en victimes, déposent des plaintes pour vice de fabrication en vue de l'obtention de fortes compensations financières. Chaque année, aux États-Unis, quelque 2 millions de plaintes sont déposées contre les entreprises. Moins les luttes symboliques ont de relief et plus le nombre de conflits judiciarisés en rapport avec la consommation augmente. Escalade de la judiciarisation impulsée également par les entreprises dans le combat contre la contrefaçon et plus récemment contre le téléchargement illicite et le piratage des CD et des DVD. Le « champ de lutte » n'a pas disparu, il s'est déplacé : aux rivalités statutaires a succédé l'action judiciaire des victimes en vue de leur indemnisation ainsi que la lutte répressive contre les fraudes bafouant les droits de la propriété intellectuelle.

6. Rappelons que le logement est devenu le premier poste de dépense des ménages français : il représentait en 1999 plus de 30 % du budget des ménages contre 20 % au début des années 1960.

7. Pour l'illustration littéraire du phénomène *yuppie*, Bret Easton Ellis, *American Psycho*, Paris, Seuil, 1998.

8. Thorstein Veblen, *Théorie de la classe de loisir*, Paris, Gallimard, Tel, 1970, p. 27.

9. Sur cette opposition, Pierre Bourdieu, *op. cit.*, p. 198-230.

10. Ce processus a précédé le stade III, notamment au travers de l'automobile dont le succès n'est pas séparable de sa capacité à affranchir l'usager des contraintes du transport collectif; voir Paul Yonnet, « La société automobile », *Le Débat* n° 31, 1984, p. 144-145.

11. La part des dépenses de santé dans le PIB a doublé depuis les années 1960. Entre 1980 et 1995, les dépenses médicales ont doublé en volume.

12. En 2000, la recherche d'informations médicales était la première activité des internautes américains sur le Web.

13. Pascale Weil, *À quoi rêvent les années 90*, Paris, Seuil, 1993.

14. Victor Scardigli, *La consommation, culture du quotidien*, Paris, PUF, 1983, p. 191-194. Sur « l'expropriation » du corps du malade, Roland Gori, Marie-José Del Volgo, *La santé totalitaire. Essai sur la médicalisation de l'existence*, Paris, Denoël, 2005.

15. Édouard Zarifian, *Des paradis plein la tête*, Paris, Odile Jacob, 1994. Également David Le Breton, *L'adieu au corps*, Paris, Métailié, 1999, p. 51-62.

16. Bernard Andrieu, *Les cultes du corps*, Paris, L'Harmattan, 1994, p. 67-75.

17. Lucien Sfez, *La santé parfaite. Critique d'une nouvelle utopie*, Paris, Seuil, 1995.

18. Pierre Bourdieu, *op. cit.*, p. 257.

3. Consommation, temps et jeu

1. Jean Baudrillard, *op. cit.*, p. 123.

2. Certaines évaluations avancent l'hypothèse que les dépenses réelles de

loisir pourraient représenter un quart du budget des ménages, devenant ainsi le premier poste de dépense, devant le logement; cf. Gérard Mermet, *Francoscopie 2001,* Paris, Larousse, 2000, p. 390.

3. Olivier Donnat, *Les pratiques culturelles des Français,* Paris, La Documentation française, 1998, p. 62-63; Jean Viard, *Le sacre du temps libre,* Paris, Éditions de l'Aube, 2004, p. 93.

4. En France, les dépenses consacrées aux jeux représentent 6 % du PIB.

5. Jeremy Rifkin, *L'âge de l'accès. La révolution de la nouvelle économie,* Paris, La Découverte, 2000.

6. Joseph Pine et James Gilmore, *The Experience Economy : Work Is Theatre and Every Business a Stage,* Cambridge, MA, Harvard Business School Press, 1999; Michael Wolf, *The Entertainment Economy — All Business Is Show Business. A Review of Entertainment Economy,* New York, Time Books, 1999; sur l'avènement de l'économie de l'expérience, Alvin Toffler, *Le choc du futur,* Paris, Denoël, 1971, p. 250-270. Cette problématique est reprise par J. Rifkin, *op. cit.,* p. 182-216.

7. Bernard et Véronique Cova, « L'hyperconsommateur, entre immersion et sécession », in *L'individu hypermoderne* (sous la direction de Nicole Aubert), Paris, Erès, 2004, p. 199-213.; Jean Viard, *op. cit.,* p. 106-115.

8. Paul Yonnet, *Travail, loisir,* Paris, Gallimard, 1999, p. 75.

9. L'observateur Cetelem 1999.

10. William Severini Kowinski, *The Malling of America : An Inside Look at the Great Consumer Paradise,* New York, Morrow, 1985, p. 349-350.

11. L'expression de consommation expérientielle a été introduite en marketing par Morris Holbrook et Elizabeth Hirschman, « The experiental aspects of consumption. Consumer fantaisies, feelings and fun », *Journal of Consumer Research,* vol. 9, n° 2, 1982. Sur le marketing expérientiel, G. Ritzer, *Enchanting a Disenchanted World : Revolutionizing The Means of Consumption,* Pine Forge Press, 1999; Olivier Badot et Marc Dupuis, « Le réenchantement de la distribution », *Les Échos-L'Art du Management,* 18 avril 2001; Bernard Cova, « Expérience et marketing », *Business Digest,* n° 129, avril 2003; Yves Evrard et Christophe Bénavent, « Extension du domaine de l'expérience », *Décisions Marketing,* n° 28, 2002.

12. Sigmund Freud, *Essais de psychanalyse,* Paris, Payot, Petite Bibliothèque Payot, p. 45. Au XVIIIe siècle, une ample littérature a déjà souligné les liens unissant le plaisir avec la diversité et le changement, voir Robert Mauzi, *L'idée du bonheur dans la littérature et la pensée française au XVIIIe siècle,* Paris, Albin Michel, 1994, chap. 10.

13. Alvin Toffler, *op. cit.,* chap. X.

14. Par où la phase III fonctionne selon deux logiques contraires, la consommation ludique se développant parallèlement à la consommation anxieuse ou méfiante (qualité du produit, danger des marchandises, des OGM, etc.).

15. Anne Godignon et Jean-Louis Thiriet, « Pour en finir avec le concept d'aliénation », *Le Débat,* n° 56, septembre-octobre 1989.

16. Guy Debord, *La société du spectacle,* Paris, Champ Libre, 1971, p. 15.

17. Raoul Vaneigem, *Traité de savoir-vivre à l'usage des jeunes générations,* Paris, Gallimard, 1967, p. 159.

18. Claude Lévi-Strauss, « La technique du bonheur aux U.S.A. », *L'âge d'or*, n° 1, 1946.
19. Philippe Muray, *Après l'histoire*, Paris, Les Belles Lettres, tome I, 1999 ; tome II, 2000 ; également *Exorcismes spirituels*, III, Paris, Les Belles Lettres, 2002.
20. Roger Caillois, *Les jeux et les hommes*, Paris, Gallimard, Idées, 1967, p. 61.
21. *Ibid.*, p. 62.
22. À bien des égards, elles se *renforcent*, comme en témoigne l'essor des publications, des programmes télévisés, des objets, des lieux, des loisirs, des jeux destinés explicitement aux enfants et aux différentes catégories d'âge.
23. Eugen Fink, *Le jeu comme symbole du monde*, Paris, Minuit, 1966, p. 229.
24. *Ibid.*, p. 228.

4. L'ORGANISATION POST-FORDIENNE DE L'ÉCONOMIE

1. La formulation classique de la question se trouve chez Daniel Bell, *Vers la société post-industrielle*, Paris, Robert Laffont, 1976. À présent, les secteurs des services emploient plus de 77 % de la main-d'œuvre et représentent 75 % de la valeur ajoutée produite par l'économie américaine, J. Rifkin, *op. cit.*, p. 112. Le « tertiaire » qui concentrait, en France, 48,8 % de l'emploi en 1970 en regroupait 73 % en 2000.
2. Philippe Delmas, *Le maître des horloges*, Paris, Odile Jacob, 1991, p. 115.
3. Entretien avec Pierre Rosanvallon, « Où va l'industrie française ? », *Le Débat*, n° 28, janvier 1984.
4. Dominique Turpin, « Marketing : les stratégies japonaises », *Revue française de gestion*, n° 91, novembre-décembre 1992.
5. Un exemple classique est fourni par les campagnes de publicité « Génération Pepsi ». Dès les années 1950 et surtout 1960, Pepsi-Cola a adopté une stratégie de segmentation du marché ne reposant plus sur le terrain des prix mais sur la jeunesse et un certain style de vie. Sur ce point, Richard S. Tedlow, *L'audace et le marché. L'invention du marketing aux États-Unis*, Paris, Odile Jacob, 1997, en particulier pour la « guerre des colas », p. 53-142.
6. Jusqu'en 1955, le Coca-Cola n'était disponible que dans la célèbre petite bouteille en verre immortalisée par Andy Warhol. Ce n'est qu'à partir du milieu des années 1970 que la firme a pris un tournant, choisissant une politique de diversification systématique qui aboutira à une large palette de produits, de conditionnements et de formats, cf. R. Tedlow, *op. cit.*
7. Ce point est développé dans mon livre *L'empire de l'éphémère*, Paris, Gallimard, 1987, 2e partie.
8. Sur ces points, ainsi que sur les autres aspects de la transformation de la grande distribution, voir l'excellent livre de Philippe Moati, *L'avenir de la grande distribution*, *op. cit.*
9. À présent, la rentabilité d'un nouveau produit dépend pour une grande part de son degré d'innovativité, cf. R. Cooper et E. Kleinschmidt, « New products : what separates winners from losers ? », *Journal of Product*

Innovation Management, 4, 1987, p. 169-184; également B. Zirger et M. Maidique, « A model of new product development : an empirical test », *Management Science*, 36, 1990, p. 867-883.

10. Jean-Claude Andréani, « Marketing du produit nouveau : 95 % des produits nouveaux échouent », *Revue française du marketing*, n° 182, 2001/2, p. 5-11.

11. Élyette Roux, « Temps du luxe, temps des marques » *in* Gilles Lipovetsky et Élyette Roux, *Le luxe éternel*, Paris, Gallimard, 2003, p. 112.

12. Céline Abecassis-Moedas, « L'évolution du rôle des acteurs dans la filière. Application à la conception de nouveaux produits d'habillement », in *De l'idée au marché* (coordonné par Alain Bloch et Delphine Manceau), Paris, Vuibert, 2000, p. 330.

13. Françoise Benhamou, *L'économie de la culture*, Paris, La Découverte, 2004, p. 69.

14. Pierre Veltz, *Le nouveau monde industriel*, Paris, Gallimard, 2000. Du même auteur, *Mondialisation, villes et territoires*, Paris, PUF, 2005.

15. Tous ces points sont analysés par Delphine Manceau, « L'annonce préalable de nouveaux produits : préparer le marché ou gêner les concurrents » in *De l'idée au marché*, *op. cit.*, p. 49-68.

16. Vance Packard, *L'art du gaspillage*, *op. cit.*

17. Naomi Klein, *No Logo*, Paris, Leméac/Actes Sud, 2000.

18. Sur les défis du discount, Jean-Noël Kapferer, *Ce qui va changer les marques*, Paris, Éditions d'Organisation, 2005.

19. Ces exemples sont empruntés à Nicolas Riou, *Pub fiction*, Paris, Éditions d'Organisation, 1999.

5. Vers un turbo-consommateur

1. Robert Rochefort, *La société des consommateurs*, Paris, Odile Jacob, 1995, p. 83.

2. *Ibid*, p. 75-100.

3. George Katona, *La société de consommation de masse*, Paris, Hommes et Techniques, 1966, p. 3-36.

4. Robert Castel, *Les métamorphoses de la question sociale*, Paris, Fayard, 1995, p. 336.

5. Entre le milieu des années 1950 et la fin des années 1970, on peut déjà observer une réduction des particularités du monde ouvrier, la répartition de leurs dépenses budgétaires se rapprochant de la répartition moyenne, cf. Henri Mendras, *La Seconde Révolution française*, Paris, Gallimard, Folio essais, 1994, p. 373.

6. Sur la grande distribution comme « avatar commercial du fordisme », Philippe Moati, *L'avenir de la grande distribution*, *op. cit.* p. 23-68.

7. Le premier supermarché voit le jour aux États-Unis en 1930 sous l'enseigne King Cullen. L'innovation consiste à réunir sous un même toit, à l'écart des rues commerçantes et avec des investissements réduits au minimum, les produits alimentaires vendus initialement par des spécialistes différents.

8. C'est en 1916 qu'apparaît le premier magasin en libre-service sous

l'impulsion de Clarence Saunders, avec l'enseigne Piggly Wiggly. Cette formule est introduite en France en 1948 par Goulet Turpin ; Étienne Thil, *Les inventeurs du commerce moderne,* Paris, Arthaud, 1966.

9. Gilles Lipovetsky, *L'ère du vide, op. cit.*

10. Toutes ces caractéristiques sont décrites avec brio par J. Baudrillard, *La société de consommation, op. cit.*

11. Au début des années 1960, Edgar Morin écrit déjà : « La culture de masse oriente la recherche du salut individuel dans le loisir » : ce qui est nouveau, ajoute-t-il, « ce sont les progrès d'une conception ludique de la vie » ; E. Morin, *L'esprit du temps,* Paris, Grasset, 1962, p. 92-93.

12. Entre 1961 et 1981, le nombre de personnes parties en vacances au moins une fois par an a triplé, passant de 10 à près de 30 millions. En 1974, 1 Français sur 2 est parti en vacances.

13. À la fin de la Seconde Guerre mondiale, les Américains n'avaient pratiquement pas de dettes ; au début des années 1960, 2 familles sur 3 avaient une forme ou une autre de dette à rembourser. Les attitudes positives vis-à-vis du crédit aux consommateurs deviennent majoritaires ; G. Katona, *op. cit.,* p. 202-216. Également John K. Galbraith, *L'ère de l'opulence,* Paris, Calmann-Lévy, 1970, p. 188-199.

14. Vance Packard, *La persuasion clandestine,* Paris, Calmann-Lévy, 1958, p. 102-109.

15. Edgar Morin, « Salut les copains », *Le Monde,* 6 et 7 juillet 1963, repris dans *Sociologie,* Paris, Fayard, Points, 1994, p. 399-407.

16. En 1956, le pouvoir d'achat des 13-19 ans américains était évalué à 7 milliards de dollars, l'adolescent « moyen » disposant de 11 dollars par semaine, cf. David Halberstam, *Les fifties. La révolution américaine des années 50,* Paris, Seuil, 1995, p. 351. Le pouvoir d'achat des jeunes Français était estimé en 1966 à 5 milliards de francs.

17. Dès 1966, 42 % des 15-20 ans disposent d'un électrophone, Anne-Marie Sohn, *Âge tendre et tête de bois. Histoire des jeunes des années soixante,* Paris, Hachette-Littératures, 2001, p. 68.

18. En 1967-1968, deux auditeurs sur trois possédaient un poste à transistor, cité par Jean-François Sirinelli, « Le coup de jeune des sixties » in *La culture de masse en France de la Belle Époque à aujourd'hui* (sous la direction de Jean-Pierre Rioux et J.-F. Sirinelli), Paris, Fayard, 2002, p. 127.

19. Ludovic Tournès, « Reproduire l'œuvre : la nouvelle économie musicale » in *La culture de masse, op. cit,* p. 253-255.

20. Le marché du disque était évalué à 18 millions en 1956, 41 en 1963, 130 en 1975. Dans les années 1960, 60 à 70 % des achats de disques étaient effectués par les jeunes. Il s'est vendu 750 000 cassettes en 1967 et 18 millions en 1979 ; voir Ludovic Tournès, *art. cit.,* p. 243-245.

21. Claude Fischler, *L'homnivore,* Paris, Odile Jacob, Points, 1993, p. 212-216.

22. François Bellanger, Bruno Marzloff, *Transit. Les lieux et les temps de la mobilité,* Paris, Éditions de l'Aube, 1996.

23. Marc Augé, *Non-lieux,* Paris, Seuil, 1992.

24. François Bellanger, Bruno Marzloff, *op. cit.,* p. 179 et 203.

25. Sur les long-courriers, les équipements électroniques destinés au

confort et aux distractions des passagers sont identiques en valeur à ceux destinés au pilotage de l'avion.

26. Luc Gwiazdzinski, *La ville 24 heures sur 24*, Paris, Éditions de l'Aube, 2002.

27. Edward N. Luttwak, *Le turbo-capitalisme*, Paris, Odile Jacob, 1999.

28. Sur tous ces points, Luc Gwiazdzinski, *op. cit.*; du même auteur, *La nuit, dernière frontière de la ville*, Paris, Éditions de l'Aube, 2005.

29. Bernard Stiegler, *Mécréance et discrédit*, Paris, Galilée, 2004, p. 169.

30. Sur la thématique de l'immédiateté et de l'urgence, Zaki Laïdi, *Le sacre du présent*, Paris, Flammarion, Champs, 2000; Nicole Aubert, *Le culte de l'urgence*, Paris, Flammarion, 2003. J'ai proposé une interprétation de l'économie contemporaine du temps dans « Temps contre temps ou la société hypermoderne » *in* Gilles Lipovetsky et Sébastien Charles, *Les temps hypermodernes*, Paris, Grasset, 2004.

31. Zaki Laïdi, *op., cit.* Également Jean Chesneaux, *Habiter le temps*, Paris, Bayard, 1996.

32. Zaki Laïdi, *op. cit.*, p. 217.

33. Richard Hoggart, *La culture du pauvre*, Paris, Minuit, 1970, p. 130-131. Également, Pierre Bourdieu, *La distinction*, Paris, Minuit, 1979, p. 443-444.

34. Pierre Bourdieu, *ibid.*, p. 190-193.

35. En 2000, le pouvoir d'achat direct des enfants de 8 à 15 ans était compris entre 12 et 15 milliards de francs. On estime que les 7-12 ans exercent une influence sur 40 % des dépenses des familles. Par ce nouveau rôle, les enfants pouvaient générer quelque 600 milliards de francs par an.

36. R. Rochefort, *op. cit*, p. 128. Également, du même auteur, *Le consommateur entrepreneur*, Paris, Odile Jacob, 1997.

37. R. Rochefort (1995), p. 128.

38. J'ai analysé cette question dans *Le crépuscule du devoir*, Paris, Gallimard, 1992.

6. Le fabuleux destin d'*Homo consumericus*

1. H. Marcuse, H. Lefebvre, J. Baudrillard, G. Debord en sont les figures les plus représentatives.

2. Les limites que rencontre à présent le processus de commercialisation des besoins ne sont plus extérieures mais inhérentes à la modernité, constitutives d'elle-même (les droits de l'homme). Dimension fondamentale qui empêche que l'intégralité des réalités et expériences humaines ne tombe dans le tout-consommable.

3. Sur tous ces points, cf. l'étude remarquable d'Yves Lambert, *Dieu change en Bretagne*, Paris, Cerf, 1985, tout particulièrement p. 355-383.

4. Françoise Champion et Martine Cohen, « Recompositions, décompositions. Le renouveau charismatique et la nébuleuse mystique-ésotérique depuis les années soixante-dix », *Le Débat*, n° 75, mai-août 1993.

5. Danièle Hervieu-Léger, *Le pèlerin et le converti*, Paris, Flammarion, 1999, p. 180-181.

6. Cf. le numéro spécial d'*Esprit*, « Le temps des religions sans Dieu », juin 1997.

7. *De l'émotion en religion* (sous la direction de Fr. Champion et D. Hervieu-Léger), Paris, Centurion, 1990. Également Jean-Louis Schlegel, *Religions à la carte,* Paris, Hachette, 1995, p. 103-126.

8. Pierre Rosanvallon, *La question syndicale,* Paris, Calmann-Lévy, 1988, p. 29-59.

9. J. Baudrillard, *La société de consommation, op. cit.*, p. 294.

10. Sur la modernité réflexive, Ulrich Beck, *La société du risque. Sur la voie d'une autre modernité,* Paris, Aubier, 2001. Également, Antony Giddens, *Les conséquences de la modernité,* Paris, L'Harmattan, 1994, p. 43-51.

11. Ce concept est emprunté à Albert Hirschman, *Face au déclin des entreprises et des institutions,* Paris, Éditions Ouvrières, 1972.

12. Pierre Alphandery, Pierre Bitoun, Yves Dupont, *L'équivoque écologique,* Paris, La Découverte, 1991. Également Suren Erkman, « L'écologie industrielle, une stratégie de développement », *Le Débat,* n° 113, janvier-février 2001.

13. Sur les nouvelles postures oppositionnelles, Philippe Raynaud, « Les nouvelles radicalités », *Le Débat* n° 104, mars-avril 1999. Et Marcel Gauchet, *La démocratie contre elle-même,* Paris, Gallimard, 2002, p. 315-325.

14. C'est ainsi que les actions dites de « résistance culturelle » (barbouillage des panneaux publicitaires, logos détournés, dégonflage des pneus de 4 × 4, « raids » sur Internet) tendent à se mouler dans des formes empruntées à la civilisation ludico-marchande (humour, animations gadgétisées, « kidnapping » du clown Ronald de McDonald's, parodies de messe dans l'« église de la Très-Sainte-Consommation »). Pendant la désobéissance civile, le « spectacle » continue : l'anti-pub est encore chargée d'esprit publicitaire.

15. Marcel Gauchet, *op. cit.*, p. 321-325.

16. On ne peut, de surcroît, détacher la nouvelle fortune des droits de l'homme de l'expansion de l'univers consommationniste. En élevant la recherche des bonheurs privés en norme de vie, celui-ci a contribué à disqualifier les grandes visions du devenir sacrifiant l'individu sur l'autel de l'Histoire et de la Nation, il a dignifié l'axe du présent social et corrélativement l'individu et ses droits comme fondement ultime et norme organisatrice de la vie publique.

17. Jeremy Rifkin, *L'âge de l'accès,* Paris, La Découverte, 2000, p. 309-325.

18. Philippe Muray, *Après l'histoire* II, Paris, Les Belles Lettres, 2000, p. 166 et 178-179.

19. José Ortega y Gasset, *La révolte des masses,* Paris, Gallimard, 1967.

20. Nietzsche, *La volonté de puissance,* Paris, Gallimard, Tel, tome I, p. 229 et 234.

21. Guy Debord, *La société du spectacle, op. cit.*, p. 141-142.

22. Jean Baudrillard, *Pour une critique de l'économie politique du signe,* Paris, Gallimard, 1972, p. 211.

23. Cité dans *Sciences humaines,* n° 108, août-septembre 2000, p. 10.

24. Olivier Donnat, *Les pratiques culturelles des Français,* Paris, La Documentation française, 1998, p. 217-222.

25. *Ibid.*, p. 17-24 et p. 45-51.

26. Philippe Breton, *L'utopie de la communication,* Paris, La Découverte, 1997, p. 160.

27. François Ascher, *Métapolis ou l'avenir des villes*, Paris, Odile Jacob, 1995, p. 138-140.
28. D. Kanter et Ph. Mirvis, *The Cynical American*, Jossey, Bass, 1989.
29. Sébastien Roché, *Le sentiment d'insécurité*, Paris, PUF, 1993. Voir également Jean de Maillard, *Le marché fait sa loi*, Paris, Fayard, 2001.
30. En 2004, la France comptait quelque 12 millions de bénévoles. Quant aux niveaux de confiance mutuelle, ils varient d'un pays à l'autre. Le lien est probable entre un haut niveau de vie et un haut degré de confiance interindividuelle, Ronald Inglehart, *La transition culturelle*, Paris, Economica, 1993, p. 39-47.
31. Sur ces points, le lecteur peut se reporter à mon ouvrage, *Le crépuscule du devoir*, Paris, Gallimard, 1992, p. 142-150.
32. Ce qui ne veut pas dire que l'amour ne porte pas l'empreinte de l'hyperconsommation. C'est en effet de plus en plus par des achats et des dons de cadeaux que s'exprime l'amour des parents envers les enfants (Noël, anniversaire, loisirs). L'amour dans le couple suivra-t-il ce modèle ? Déjà la Saint-Valentin est devenue la seconde occasion de l'année en importance, après Noël, pour offrir des cadeaux.

7. PÉNIA : JOUISSANCES MATÉRIELLES, INSATISFACTION EXISTENTIELLE

1. Tibor Scitovsky, *L'économie sans joie*, Paris, Calmann-Lévy, 1978, p. 43-67.
2. *Ibid.*, p. 130-138.
3. *Ibid.*, p. 207-226.
4. *Ibid.*, p. 251-265.
5. Albert Hirschman, *Bonheur privé, action publique*, Paris, Fayard, 1983, p. 49-76.
6. *Ibid.*, p. 77-80 et 111-115.
7. *Ibid.*, p. 13-34.
8. Le réveil contemporain des spiritualités s'enracine, dit-on parfois, dans la déception éprouvée à l'égard du monde de « l'avoir ». À la vérité, les protestations des néo-croyants contre la consommation sont limitées et surtout très inégales. L'insatisfaction tient surtout à un univers dépouillé des dieux, désenchanté, où les idéologies ne fournissent plus de système d'unité, de certitude, d'intelligibilité du monde vécu. C'est de cette incertitude hypermoderne, et non de la consommation malheureuse, que montent les nouvelles formes du croire. Sur ce point, Danièle Hervieu-Léger, *Religion pour mémoire*, Paris, Cerf, 1993, p. 106-109.
9. Sur les logiques qui sont au principe de la déception relative à l'art contemporain, Anne Cauquelin, *Petit traité d'art contemporain*, Paris, Seuil, 1996.
10. Via ses sites de rencontre, Internet est également à l'origine d'un nouveau genre de déception résultant du décalage entre les possibilités infinies et les « résultats » inférieurs aux espérances, entre les fantasmes démultipliés et le réel, entre l'être virtuel avec qui l'on communique et la personne en chair et en os.

11. John Kenneth Galbraith, *Le Nouvel État industriel*, Paris, Gallimard, 1968, p. 205-225.
12. Henri Lefebvre, *La vie quotidienne dans le monde moderne*, Paris, Gallimard, 1968.
13. Benjamin R. Barber, *Djihad versus McWorld*, Paris, Desclée de Brouwer, 1996, p. 47-60.
14. Stuart Ewen, *Consciences sous influence. Publicité et genèse de la société de consommation*, Paris, Aubier, 1983.
15. Naomi Klein, *No logo*, Leméac-Actes Sud, 2001. Également, B. Barber, *op. cit.*
16. Robert Leduc, *Le pouvoir publicitaire*, Paris, Bordas, 1974, p. 61-67.
17. En dépit de son expansionnisme, l'influence de la publicité marchande reste, dans nombre de sphères, moins importante que la « publicité » orale faite par les consommateurs eux-mêmes. L'achat d'un livre, la décision de voir tel film, le choix d'un lieu de vacances sont davantage déterminés par la force du bouche-à-oreille que par celle de la persuasion publicitaire.
18. Jean Adès, Michel Lejoyeux, *La fièvre des achats*, Paris, Les Empêcheurs de penser en rond/Le Seuil, 2002, p. 46-48.
19. Il est vrai que le phénomène n'est pas universel. C'est ainsi que le taux d'épargne des ménages américains est particulièrement bas, ayant atteint un niveau voisin de zéro en 2000. En même temps, ceux-ci sont deux fois plus endettés que leurs homologues français. Mais cette « anomalie » américaine a beaucoup moins à voir avec la puissance des incitations publicitaires qu'avec le désencadrement des pratiques du crédit à la consommation : usage discrétionnaire de la carte de crédit accordé par les banques et les entreprises de distribution aux particuliers, importance des prêts au logement, *equity withdrawal*. Cette analyse est présentée par Jean-Luc Gréau, *L'avenir du capitalisme*, Paris, Gallimard, 2005, p. 49-58.
20. Jean Adès, Michel Lejoyeux, *op. cit.*, p. 79-80.
21. Voir également, Gilles Lipovetsky, *L'empire de l'éphémère*, Paris, Gallimard, p. 226-234.
22. Les nouvelles tendances publicitaires sont bien analysées par Nicolas Riou, *Pub fiction*, Paris, Éditions d'Organisation, 1999.
23. En 2000, la campagne Benetton montrant des portraits de condamnés à mort américains a suscité de vives protestations ainsi que le retrait de ses articles des 400 magasins de la chaîne de distribution Sears. À la suite de quoi Benetton a remercié O. Toscani et renoncé à ses publicités à scandale.
24. Jean-Marie Domenach, *Le retour du tragique*, Paris, Seuil, Points, 1967, p. 249.
25. Daniel Cohen, *Nos temps modernes*, Paris, Flammarion, 1999, p. 64. Une évaluation identique se trouve déjà chez Pierre Kende, *L'abondance est-elle possible ?*, Paris, Gallimard, 1971, p. 88, note 1.
26. Pierre Bourdieu, *La distinction*, *op. cit.*, p. 190-199.
27. Au début des années 2000, la France comptait quelque 3,5 millions de personnes vivant sous le seuil de pauvreté ; 3,4 millions de salariés, dont 80 % de femmes, touchaient un salaire inférieur au SMIC. Les bas salaires (deux tiers du salaire médian) et les très bas salaires (moitié du salaire médian) concernaient respectivement, en 2001, 17 % et 9 % des salariés.

28. Le concept est développé par Robert Castel, *Les métamorphoses de la question sociale*, Paris, Fayard, 1995.
29. Didier Lapeyronnie, *L'individu et les minorités. La France et la Grande-Bretagne face à leurs immigrés*, Paris, PUF, 1993, p. 274.
30. François Dubet, *La galère : jeunes en survie*, Paris, Fayard, 1987, rééd. Seuil, Points, 1993.
31. Serge Paugam, *La société française et ses pauvres*, Paris, PUF, « Quadrige », 2002, p. 230-239.
32. Judith Lazar, « La violence contagieuse? Représentation symbolique et réalité », *Le Débat*, n° 94, 1997, p. 161.
33. Hugues Lagrange, *Demandes de sécurité. France, Europe, États-Unis*, Paris, Seuil, 2003.
34. Robert Castel, *op. cit.*, p. 468.
35. Serge Paugam, *La disqualification sociale*, Paris, PUF, Quadrige, 2000.
36. Jean Fourastié, *Les Trente Glorieuses*, Paris, Fayard, Pluriel, 1979, p. 246.
37. Chiffres rapportés par *Le Monde*, 24-25 octobre 2004.
38. Annick Le Pape, Thérèse Leconte, *Prévalence et prise en charge médicale de la dépression*, Credes, septembre 1999.
39. Alain Ehrenberg, *La fatigue d'être soi*, Paris, Odile Jacob, 1998.
40. Émile Durkheim, *Le suicide* (1897), Paris, PUF, 1979, p. 445.

8. Dionysos : société hédoniste, société anti-dionysiaque

1. Harvey Cox, *La fête des fous. Essai théologique sur les notions de fête et de fantaisie*, Paris, Seuil, 1971, p. 72.
2. Theodore Roszak, *Vers une contre-culture*, Paris, Stock, 1970, p. 60-65.
3. Daniel Bell, *Les contradictions culturelles du capitalisme*, Paris, PUF, 1979, p. 138-154.
4. Jean Brun, *Le retour de Dionysos*, Paris, Les Bergers et les Mages, 1976 (1re éd. 1969).
5. Les analyses de Michel Maffesoli illustrent au plus près ce type de problématique.
6. Guy Burgel, *La ville aujourd'hui*, Paris, Hachette-Pluriel, 1993, p. 119-129; Alain Cluzet, *Au bonheur des villes*, Éditions de l'Aube, 2002, p. 131-137.
7. Cité par Maria Daraki, *Dionysos et la déesse terre*, Paris, Flammarion, Champs, 1994, p. 70.
8. Olivier Donnat, *Les pratiques culturelles des Français*, *op. cit.*, p. 62.
9. Olivier Le Goff, *L'invention du confort*, Lyon, Presses Universitaires de Lyon, 1994.
10. Claudette Sèze, « La modification », in *Confort moderne. Une nouvelle culture du bien-être, Autrement*, n° 10, 1994.
11. Cette dynamique ne va pas sans un risque de disneylisation des centres historiques transformés en décor de théâtre ou ville carte postale. Au nom de la qualité de vie s'agence la ville commercialisée qui, livrée à la consommation d'ambiance et d'animation, se rapproche du parc à thème. Voir Alain Bourdin, *La métropole des individus*, Éditions de l'Aube, 2005, p. 70-84.

12. La visite d'un magasin ou d'une foire de brocante est devenue la sortie culturelle numéro un des Français. Cf. Gérard Mermet, *Francoscopie 2001*, Paris, Larousse, p. 396.
13. Martine Segalen et Béatrix Le Wita, « Éditorial » in *Chez-soi, Autrement*, n° 137, 1993, p. 12.
14. David Le Breton, *L'adieu au corps*, Paris, Métailié, 1999.
15. Philippe Breton, *L'utopie de la communication*, Paris, La Découverte, 1997, p. 155.
16. Tibor Scitovsky, *L'économie sans joie*, *op. cit.*, p. 164-165.
17. Claudette Sèze, *art. cit.*, p. 119-123.
18. Richard Hoggart, *La culture du pauvre*, Paris, Minuit, 1970, p. 70-73.
19. Sur les transformations du mangeur, François Ascher, *Le mangeur hypermoderne*, Paris, Odile Jacob, 2005 ; Jean-Pierre Poulain, *Sociologie de l'alimentation. Les mangeurs et l'espace social alimentaire*, Paris, PUF, 2002 ; Jean-Pierre Corbeau, Jean-Pierre Poulain, *Penser l'alimentation. Entre imaginaire et rationalité*, Paris, Privat, 2002 ; Claude Fischler, *L'homnivore*, Paris, Odile Jacob, 1990.
20. Patrick Babayou, Jean-Luc Volatier, « Les consommateurs veulent plus de saveurs dans leur assiette », Crédoc, *Consommation et modes de vie*, n° 113, décembre 1996.
21. Baudelaire, « Le peintre de la vie moderne », *Œuvres complètes*, Paris, Gallimard, Bibliothèque de la Pléiade, 1951, p. 879.
22. Gilles Lipovetsky, « Temps contre temps ou la société hypermoderne » *in* Gilles Lipovetsky et Sébastien Charles, *Les temps hypermodernes*, Paris, Grasset, 2004, p. 101-106.
23. Pierre Aïach, « Les voies de la médicalisation » *in* Pierre Aïach, Daniel Delanoë, *L'ère de la médicalisation*, Paris, Anthropos, 1998, p. 17-20. Également, Nicolas Postel-Vinay, Pierre Corvol, *Le retour du Dr. Knock. Essai sur le risque cardiovasculaire*, Paris, Odile Jacob, 2000.
24. Vance Packard, *Le sexe sauvage*, Paris, Calmann-Lévy, 1969.
25. Dominique Folscheid, *Sexe mécanique*, Paris, La Table Ronde, 2002, p. 43-44.
26. *Les comportements sexuels en France*, sous la direction d'Alfred Spira, Paris, La Documentation française, 1993, p. 141 et 135. Ces données ne sont qu'approximatives, les hommes ayant tendance à exagérer le nombre de leurs conquêtes, les femmes à le minimiser.
27. Daniel Welzer-Lang, « La planète échangiste à travers ses petites annonces », *Panoramiques*, n° 34, 1998, p. 112.
28. Florence Haegel, « Les pratiques sexuelles » in *Sofres, Opinion publique, 1986*, Paris, Gallimard, 1986.
29. Hugues Lagrange, *Demandes de sécurité*, Paris, Seuil, 2003, p. 22.
30. Béatrice Mabilon-Bonfils, « Une nouvelle forme de participation politique ? » et Stéphane Hampartzoumian, « Du plaisir d'être ensemble à la fusion impossible », *La fête techno*, Autrement, Paris, 2004.
31. Pierre Nora, « L'ère de la commémoration » in *Les lieux de mémoire*, Paris, Gallimard, Quarto, 1997, p. 4715.
32. Les fêtes tristes n'échappent plus à cette logique : un an après la disparition de Lady Di, « l'effet » avait disparu. La princesse n'entrera manifestement pas dans le panthéon des dieux à célébrer.

33. Marlène Albert-Llorca, « Renouveau de la religion locale en Espagne » *in* Grace Davie et Danièle Hervieu-Léger, *Identités religieuses en Europe*, Paris, La Découverte, 1996. Également Danièle Hervieu-Léger, *Le pèlerin et le converti*, Paris, Flammarion, 1999.
34. Roger Caillois, *L'homme et le sacré*, Paris, Gallimard, Idées, 1950, p. 124.
35. Julio Caro Baroja, *Le carnaval*, Paris, Gallimard, 1979.
36. *Ibid.*., p. 77-83.
37. Elias Canetti, *Masse et Puissance*, Paris, Gallimard, 1966, p. 17-20.
38. Mikhaïl Bakhtine, *L'œuvre de François Rabelais et la culture populaire du Moyen Âge et sous la Renaissance*, Paris, Gallimard, 1970 ; Georges Minois, *Histoire du rire et de la dérision*, Paris, Fayard, 2000, p. 135-243.
39. Paul Yonnet, *Travail, loisir*, *op. cit.*, p. 200.
40. *Ibid.*, p. 214.
41. Gérard Mermet, *Francoscopie 1993*, Paris, Larousse, 1992, p. 241.

9. Superman : obsession de la performance, plaisirs des sens

1. Luc Boltanski et Ève Chiapello, *Le nouvel esprit du capitalisme*, Paris, Gallimard, NRF Essais, 1999. Pierre Veltz, *Le nouveau monde industriel*, Paris, Gallimard, 2000.
2. Alain Ehrenberg, *Le culte de la performance*, Paris, Calmann-Lévy, 1991, p. 13-19.
3. Entretien avec Jean Daniel, « L'irrésistible ascension du temps libre », Collections du *Nouvel Observateur*, *Ce qui ne sera jamais plus comme avant*, p. 6.
4. Sans doute, une proportion non négligeable de personnes vit mal le passage à la retraite. Reste que la plupart se disent heureux de ne plus être astreints au travail.
5. Sondage *Le Monde*-Médias PA, « L'élite des grandes écoles est fatiguée », *Le Monde*, 23 octobre 1991.
6. Roger Sue, *Temps et ordre social*, Paris, PUF, 1994, p. 198-200.
7. Philippe Askenazy, *Les désordres du travail. Enquête sur le nouveau productivisme*, Paris, Seuil, 2004.
8. En 2002, près d'un travailleur européen sur trois reconnaissait être affecté par le stress au travail. 10 % de salariés souffrent de dépression ou d'anxiété ; 9 % des Européens déclarent avoir été l'objet d'une intimidation ou d'un harcèlement moral au travail.
9. Christophe Dejours, *Souffrance en France*, Paris, Seuil, 1998. Jean-Pierre Le Goff, « Que veut dire le harcèlement moral ? », *Le Débat*, n°s 123 et 124, 2003.
10. Sondage *Rebondir*-Sofres, *Rebondir*, octobre 2000.
11. Bernard Perret, *L'avenir du travail*, Paris, Seuil, 1995, p. 179-180.
12. Nicole Aubert, *Le culte de l'urgence*, Paris, Flammarion, 2003.
13. Isabelle Queval, *S'accomplir ou se dépasser. Essai sur le sport contemporain*, Paris, Gallimard, 2004, p. 229-230. Suzanne Laberge et Guy Thibault, « Dopage sportif : attitudes de jeunes athlètes québécois et significations dans le contexte d'une éthique postmoderne », *Loisir et société*, vol. 16, n° 2, 1993.

14. Stéphane Mandard, « Le dopage dans les salles de musculation est en voie de banalisation », *Le Monde*, 14 novembre 2003.
15. Sur ces effets et le sport comme dopage, Isabelle Queval, *op. cit.*, p. 231-240.
16. Paul Yonnet, *Systèmes des sports*, Paris, Gallimard, 1998, p. 53-111.
17. Nietzsche, *La volonté de puissance*, T. 1, Paris, Gallimard, 1995, p. 230.
18. *La volonté de puissance, op. cit.*, p. 234.
19. Cité par Luc Ferry, *Homo Aestheticus*, Paris, Grasset, 1990, p. 246.
20. *La volonté de puissance, op. cit.*, p. 382.
21. Jean-Jacques Courtine, « Les stakhanovistes du narcissisme », *Communications*, n° 56, 1993.
22. Isabelle Queval, *op. cit.*, p. 12 et 199.
23. En 2003, la France comptait environ 20 millions d'adultes obèses ou en surpoids. De 5 % en 1980, le pourcentage d'enfants en surpoids ou obèses est passé à 16 % en 2000. Selon un rapport de l'Inserm présenté en 2005, l'obésité affecte en France 11 % des adultes et 4 % des enfants, soit un doublement en cinq ans. En Europe, la prévalence d'adultes en surpoids est estimée à 30 %. Aux États-Unis, 50 % de la population est en surpoids ; le taux d'obésité est passé de 11,8 % en 1990 à 20,1 % en 2000.
24. Alain Cotta, *L'ivresse et la paresse*, Paris, Fayard, 1998, p. 734-756.
25. Alain Ehrenberg, *op. cit.*, p. 163-168.
26. Élisabeth Tissier-Desbordes, « Le corps hypermoderne » *in* Nicole Aubert, *L'individu hypermoderne*, Paris, Erès, 2004.
27. Paris, Balland, 1988.
28. Cité par Petr Skrabanek, *La fin de la médecine à visage humain*, Paris, Odile Jacob, 1995, p. 44.
29. Cf. Isabelle Queval, *op. cit.*, p. 255-265.
30. Heidegger, *Essais et conférences*, Paris, Gallimard, 1958.
31. Bernard Andrieu, *Les cultes du corps*, Paris, L'Harmattan, 1994, p. 147-149.
32. David Le Breton, *L'adieu du corps, op. cit.* Paul Virilio, *Cybermonde, la politique du pire*, Paris, Textuel, 1996.
33. Anne Godignon et Jean-Louis Thiriet, « De la servitude volontaire. Réflexions sur l'agir moderne », *Le Débat*, n° 59, mars-avril 1990, p. 150.
34. Pascal Bruckner, *L'euphorie perpétuelle*, Paris, Grasset, 2000, p. 113.
35. Pascale Weil, *À quoi rêvent les années 90, op. cit.*
36. Jean-Claude Hagège, *Séduire. Chimères et réalités de la chirurgie esthétique*, Paris, Albin Michel, 1993, p. 83-99 et 158-162.
37. Le concept d'artialisation est développé par Alain Roger, *Court traité du paysage*, Paris, Gallimard, 1997. Pour des vues parallèles à celle de l'artialisation de l'hyperconsommation, Yves Michaud, *L'art à l'état gazeux. Essai sur le triomphe de l'esthétique*, Paris, Stock, 2003 ; François Ascher, *Le mangeur hypermoderne, op. cit.*, p. 205-239.
38. Je reprends le titre d'un numéro de la revue *Esprit*, juillet-août 1989.
39. Sur le processus réflexif de la modernité avancée, Ulrich Beck, *La société du risque, op. cit.*, 2001.
40. Sur ce point, Édouard Zarifian, *Des paradis plein la tête*, Paris, Odile Jacob, 1994, p. 193-219.

41. Plus d'1 ménage sur 2, en France, possède au moins un animal de compagnie. On compte à ce jour 56,5 millions d'animaux domestiques.
42. Helmut Schelsky, *Sociologie de la sexualité*, Paris, Gallimard, 1966, p. 215-232.
43. David Riesman, *La foule solitaire*, Paris, Arthaud, 1964, p. 208.
44. Helmut Schelsky, *op. cit.*, p. 212 et p. 203.
45. André Béjin, « Le pouvoir des sexologues et la démocratie sexuelle » in *Sexualités occidentales* (sous la direction de Philippe Ariès et André Béjin), Paris, Seuil, Points, 1982, p. 227.
46. Pascal Bruckner et Alain Finkielkraut, *Le nouveau désordre amoureux*, Paris, Seuil, 1977, p. 40.
47. Jean-Claude Guillebaud, *La tyrannie du plaisir*, Paris, Seuil, 1998, p. 107-131.
48. Allan Bloom, *L'amour et l'amitié*, Paris, De Fallois, 1996, p. 9-32.
49. Tony Anatrella, *Le sexe oublié*, Paris, Flammarion, Champs, 1990.
50. Jean-Claude Kaufmann, *La femme seule et le Prince charmant*, Paris, Nathan, 1999.
51. Serge Chaumier, *La déliaison amoureuse. De la fusion romantique au désir d'indépendance*, Paris, Armand Colin, 1999.
52. *Les comportements sexuels en France*, sous la direction d'Alfred Spira, Paris, La Documentation française, 1993, p. 145.
53. Michel Bozon, « Le désir peut-il durer ? », *Panoramiques*, n° 34, 1998, p. 49.
54. Hugues Lagrange, *Les adolescents, le sexe, l'amour*, Paris, Syros, 1999, p. 160 et 177-178.
55. Roland Barthes, *Fragments d'un discours amoureux*, Paris, Seuil, 1977, p. 207-211.
56. Edward Shorter, *Naissance de la famille moderne*, Paris, Seuil, 1977, p. 175-178 ; Jean-Louis Flandrin, *Les amours paysannes. XVIe-XIXe siècle*, Paris, Gallimard, 1993, p. 243-246.
57. *Les comportements sexuels en France*, *op. cit.*, p. 185. Sur les confidents, cf. p. 173.
58. Ce qu'écrit Maureen Dowd à propos du Viagra est éloquent : « Mes copines ont plutôt envie d'une pilule qui change le comportement de l'homme une heure après l'amour, une pilule qui fasse qu'il téléphone le lendemain matin, par exemple », cité par Sylvie Kauffmann, « Viagra, la pilule qui ne change pas l'homme après l'amour », *Le Monde*, 2 mai 1998.
59. Voir notamment Jean Bottéro, « Tout commence à Babylone » in *Amour et sexualité en Occident*, Paris, Seuil, Points, 1991, p. 23-25 ; Robert Van Gulik, *La vie sexuelle dans la Chine ancienne*, Paris, Gallimard, 1971, p. 180 ; Jean-Noël Robert, *Éros romain*, Paris, Hachette, 1998, p. 260-261 ; John Boswell, *Christianisme, tolérance sociale et homosexualité*, Paris, Gallimard, 1985, p. 115 ; Alain Corbin, « La petite Bible des jeunes époux » in *Amour et sexualité en Occident*, *op. cit.*, p. 239.
60. Gilles Lipovetsky, *La troisième femme*, Paris, Gallimard, NRF essais, 1997, p. 57-62.
61. Les romans de Michel Houellebecq en donnent la plus frappante illustration.

62. Allan Bloom, *op. cit.*, p. 16.
63. *Les comportements sexuels en France, op. cit.*, p. 157 ; Nathalie Bajos, Michel Bozon, Alexis Ferrand, Alain Giami, Alfred Spira, *La sexualité au temps du sida*, Paris, PUF, 1998.
64. Dans les années 1940, le rapport Kinsey signalait que la durée moyenne des préliminaires se situait autour de douze minutes. Le coït avait une durée moyenne de deux minutes. Cf. Edward Shorter, *op. cit.*, p. 307-308.
65. *Les comportements sexuels en France, op. cit.*, p. 201 ; Michel Bozon, *art. cit.*, p. 48.
66. *Ibid.*, p. 165-166.
67. Michel Bozon, *art. cit.*, p. 48.

10. NÉMÉSIS : SUREXPOSITION DU BONHEUR, RÉGRESSION DE L'ENVIE

1. La Rochefoucauld, Maxime 27.
2. Daniel Bell, *Les contradictions culturelles du capitalisme, op. cit*, p. 33, note 23.
3. Helmut Schoeck, *L'envie. Une histoire du mal*, Paris, Les Belles Lettres, 1995, p. 155.
4. Robert Nozick, *Anarchie, État et utopie*, Paris, PUF, 1988, p. 294-302.
5. René Girard, *Mensonge romantique et vérité romanesque*, Paris, Grasset, 1961 ; *Des choses cachées depuis la fondation du monde*, Paris, Grasset, 1978.
6. Raymond Boudon, *Effet pervers et ordre social*, Paris, PUF, 1979, p. 131-155.
7. Jean-Pierre Dupuy, *Libéralisme et justice sociale*, Paris, Hachette Pluriel, 1997, p. 60.
8. Helmut Schoeck, *op. cit.*, p. 8.
9. Cité par Helmut Schoeck, *ibid.*, p. 76.
10. Helmut Schoeck, *ibid.*, p. 57-67.
11. Sur tous ces aspects, les magnifiques analyses de E. E. Evans-Pritchard, *Sorcellerie, oracles et magie chez les Azandé*, Paris, Gallimard, 1972, p. 96-154.
12. George M. Foster, « The anatomy of envy : a study in Symbolic Behavior », *Current Anthropology*, vol. 13, n° 2, avril 1972.
13. George M. Foster, « Peasant society and the image of limited good », *American Anthropologist*, vol. 67, n° 2, avril 1965.
14. Evans-Pritchard, *op. cit.*, p. 137-138 et 144-145.
15. John Berger, *Ways of Seeing*, Londres, British Broadcasting Corporation/Penguin Books, 1972, p. 131-148.
16. Daniel Bell, *op. cit.*, p. 33.
17. Lucrèce, *De la nature*, Livre II, v. 1-14.
18. Max Weber, « Le métier et la vocation de savant » in *Le savant et le politique*, Paris, UGE, 1959, p. 70.
19. Louis Dumont, *Homo aequalis*, Paris, Gallimard, 1977 ; Paul Dumouchel, « L'ambivalence de la rareté » *in* Paul Dumouchel et Jean-Pierre Dupuy, *L'enfer des choses*, Paris, Seuil, 1979, p. 139-151.

20. Helmut Schoeck, *op. cit.*, p. 20 et 51.
21. Helmut Schoeck, *op. cit.*, p. 77.
22. Hélène Riffault, *Les valeurs des Français*, Paris, PUF, 1994, p. 31.
23. Jean Stoetzel, *Les valeurs du temps présent : une enquête européenne*, Paris, PUF, 1983, p. 22 et 189 ; Hélène Riffault, *op. cit.*, p. 30.
24. Antony Giddens, *Les conséquences de la modernité*, *op. cit.*, p. 85-98.
25. Les taux de participation à des réseaux formels ou informels varient selon les pays, mais ils sont parfois très élevés. Un seul exemple : en 1992, 92 % des Suédois adultes appartenaient au moins à une organisation volontaire.
26. Hélène Riffault, *op. cit.*, p. 31.
27. Ronald Inglehart, *La transition culturelle dans les sociétés industrielles avancées*, Paris, Economica, 1993, p. 39-47.
28. Tocqueville, *De la démocratie en Amérique*, Paris, Gallimard, 1961, t. I, vol. II, p. 14.
29. Tocqueville, *ibid.*, p. 144.
30. René Girard, *Mensonge romantique et vérité romanesque*, *op. cit.*, p. 138-162.
31. David Potter, *People of Plenty. Economic Abundance and the American Character*, Chicago, University of Chicago, 1954.
32. Vance Packard, *Les obsédés du standing*, *op. cit.*, p. 284-285.
33. Paul Dumouchel, Jean-Pierre Dupuy, *L'enfer des choses*, *op. cit.*
34. Sur ce point, Raymond Boudon, *op. cit.*, p. 152-155.
35. Thorstein Veblen, *Théorie de la classe de loisir*, , *op. cit.*, p. 23-24.
36. Gilles Lipovetsky, « Luxe éternel, luxe émotionnel », *in* G. Lipovetsky et Élyette Roux, *Le luxe éternel*, Paris, Gallimard, 2003.
37. Cette distinction conceptuelle est avancée par John Rawls, *Théorie de la justice*, Paris, Seuil, 1987, p. 574.
38. Marcel Gauchet, *La démocratie contre elle-même*, Paris, Gallimard, 2002, p. 230-235.
39. Edward N. Luttwak, *Le turbo-capitalisme*, *op. cit.*, p. 39-49.
40. Edward N. Luttwak, *ibid.*, p. 45.
41. Descartes, *Les passions de l'âme*, art. 184.
42. Cité par Helmut Schoeck, *op. cit.*, p. 230.
43. Ruth Benedict, *Le chrysanthème et le sabre*, Paris, Philippe Picquier, « Picquier Poche », 1995. Sur le ressentiment et la culpabilité dans l'histoire, Nietzsche, *La généalogie de la morale*, 1re et 2e dissertation.

11. *HOMO FELIX* : GRANDEUR ET MISÈRE D'UNE UTOPIE

1. Nietzsche, *Ainsi parlait Zarathoustra*, Prologue 5.
2. Voltaire, « Lettre à Madame la Présidente de Bernière » (1722), cité par Robert Mauzi, *L'idée du bonheur dans la littérature et la pensée françaises au* XVIIIe *siècle*, *op. cit.*, p. 80.
3. Paul Hazard, *La pensée européenne au* XVIIIe *siècle*, Paris, Fayard, 1963, p. 23-34.
4. André Corvisier, *Arts et sociétés dans L'Europe du* XVIIIe *siècle*, Paris, PUF, 1978 ; Alphonse Dupront, *Qu'est-ce que les Lumières ?*, Paris, Gallimard, Folio,

1996, p. 278-322 ; Jean Starobinski, *L'invention de la liberté 1770-1789*, Genève, Skira, 1964.

5. Claude-Henri de Saint-Simon, *De la réorganisation de la société européenne* (1814), cité par Pierre-André Taguieff, *Du progrès*, Paris, Librio, 2001, p. 76.

6. Jean Baudrillard, « L'Amérique ou la pensée de l'espace », in *Citoyenneté et urbanité*, Paris, Esprit, 1991, p. 156.

7. Krysztof Pomian, « La crise de l'avenir », *Le Débat*, n° 7, décembre 1980 ; Pierre-André Taguieff, *L'effacement de l'avenir*, Paris, Galilée, 2000.

8. Pascal Bruckner, *L'euphorie perpétuelle*, *op. cit.*

9. *Ibid.*, p. 17.

10. André Comte-Sponville, *Le mythe d'Icare. Traité du désespoir et de la béatitude*, Paris, PUF, 1988, p. 22.

11. Rapport sur l'état des écosystèmes de la planète, voir Hervé Kempf et Philippe Pons, « L'épuisement de la nature menace le progrès », *Le Monde*, 1er avril 2005.

12. Jean-Marc Jancovici, « Climat, énergie : les impasses du futur », *Le Débat*, n° 130, 2004. Sur les contributeurs aux émissions de CO_2, Hervé de Treut et Jean-Marc Jancovici, *L'effet de serre*, Paris, Flammarion, 2004, p. 139-162.

13. Hans Jonas, *Le principe responsabilité*, Paris, Cerf, 1990, p. 253.

14. Michel Godet, *Le choc de 2006. Démographie, croissance, emploi*, Paris, Odile Jacob, 2004, p. 297.

15. Serge Latouche, *Survivre au développement*, Paris, Fayard, 2005.

16. *Ibid..*, p. 95.

17. Raymond Ruyer, *Éloge de la société de consommation*, Paris, Calmann-Lévy, 1969, p. 91.

18. Edgar Morin, *L'esprit du temps*, *op. cit.*, p. 171-179.

19. Edgar Morin, *Sociologie*, Paris, Fayard, 1984 ; Seuil, Points essais, 1994, p. 333 ; David Riesman, *L'abondance, à quoi bon ?*, Paris, Laffont, 1969, p. 359.

20. Gilles Lipovetsky, « Changer la vie ou l'irruption de l'individualisme transpolitique », *Pouvoirs*, n° 39, 1986.

21. Marilyn Ferguson, *Les enfants du Verseau*, Paris, Calmann-Lévy, 1981.

22. Jean Vernette, *Nouvelles spiritualités et nouvelles sagesses*, Paris, Bayard, 1999 ; Françoise Champion, « Thérapies et nouvelles spiritualités », *Sciences humaines*, n° 106, juin 2000 ; Luc Ferry, *L'homme-Dieu ou le sens de la vie*, Paris, Grasset, 1996.

23. Pierre Hadot, *Études de philosophie ancienne*, Paris, Les Belles Lettres, 1998 et *Qu'est-ce que la philosophie antique ?*, Paris, Gallimard, Folio essais, 1995.

24. Françoise Champion et Louis Hourman, « Nouveaux mouvements religieux et sectes », *in* Françoise Champion et Martine Cohen, *Sectes et démocratie*, Paris, Seuil, 1999, p. 85.

25. Je reprends ici la lecture très convaincante de Tzvetan Todorov, *Le jardin imparfait*, Paris, Grasset, 1998, en particulier p. 294-296.

26. « Une pensée vient quand " elle " veut et non quand " je " veux », Nietzsche, *Par-delà le bien et le mal*, I, 17.

27. Paul Valéry, *Regards sur le monde actuel*, Paris, Gallimard, Folio essais, 2002, p. 211.

28. Dany-Robert Dufour, Patrick Berthier, « Vers un nouveau nihilisme ? », *Le Débat*, n° 123, janvier-février 2003.

29. Alain Finkielkraut, *La défaite de la pensée*, Paris, Gallimard, 1987 ; Jean-François Mattéi, *La barbarie intérieure*, Paris, PUF, 1999.

30. Michel Henry, *La barbarie*, Paris, Grasset, Le Livre de Poche, 1987, p. 158.

31. Bernard Stiegler, *Mécréance et discrédit*, Paris, Galilée, 2004.

32. Thierry de Duve, *Au nom de l'art*, Paris, Minuit, 1989, p. 107-144.

33. Paul Valéry, « Notion générale de l'art », *Œuvres*, Paris, Gallimard, Bibliothèque de la Pléiade, tome I, p. 1406.

34. Sylvie Mesure et Alain Renaut, *La guerre des dieux. Essai sur la querelle des valeurs*, Paris, Grasset, 1996, p. 139.

35. George Steiner, *Dans le château de Barbe-Bleue. Notes pour une redéfinition de la culture*, Paris, Seuil, 1973.

36. Cornelius Castoriadis, *La montée de l'insignifiance*, Paris, Seuil, 1996.

37. Philippe Muray, *Après l'histoire*, II, *op. cit.*

38. Charles Melman, *L'homme sans gravité. Jouir à tout prix*, Paris, Gallimard, 2005, p. 138.

39. Zygmunt Bauman, *Le coût humain de la mondialisation*, Paris, Hachette, 1999, p. 132.

40. David Brooks, *Les bobos*, Paris, Le Livre de Poche, 2000.

41. David Le Breton, *Passions du risque*, Paris, Métailié, 1991.

42. Marcel Gauchet, *La démocratie contre elle-même*, *op. cit.*, p. 144-145.

INDEX *

* Établi par Benoît Farcy.

DEUXIÈME PARTIE

Plaisirs privés, bonheur blessé

nrf essais

NRF Essais n'est pas une collection au sens où ce mot est communément entendu aujourd'hui ; ce n'est pas l'illustration d'une discipline unique, moins encore le porte-voix d'une école ni celui d'une institution.

NRF Essais est le pari ambitieux d'aider à la défense et restauration d'un genre : l'essai. *L'essai est exercice de pensée, quels que soient les domaines du savoir : il est mise à distance des certitudes reçues sans discernement, mise en perspective des objets faussement familiers, mise en relation des modes de pensée d'ailleurs et d'ici. L'essai est une interrogation au sein de laquelle la question, par les déplacements qu'elle opère, importe plus que la réponse.*

Éric Vigne

(Les titres précédés d'un astérisque ont originellement paru dans la collection Les Essais.)

Raymond Abellio *Manifeste de la nouvelle Gnose.*

* *Theodor W. Adorno Essai sur Wagner (Versuch über Wagner* ; traduit de l'allemand par Hans Hildenbrand et Alex Lindenberg).

Svetlana Alpers *L'atelier de Rembrandt. La liberté, la peinture et l'argent (Rembrandt's Enterprise. The Studio and the Market ; traduit de l'anglais [États-Unis] par Jean-François Sené).*

Svetlana Alpers *La création de Rubens* (*The Making of Rubens* ; traduit de l'anglais [États-Unis] par Jean-François Sené).

Bronislaw Baczko *Comment sortir de la Terreur. Thermidor et la Révolution.*

Bronislaw Baczko *Job mon ami. Promesses du bonheur et fatalité du mal.*

Alain Bancaud *Une exception ordinaire. La magistrature en France 1930-1950.*

Gilles Barbedette *L'invitation au mensonge. Essai sur le roman.*

Jean-Pierre Baton et Gilles Cohen-Tannoudji *L'horizon des particules. Complexité et élémentarité dans l'univers quantique.*

Pierre Birnbaum *Géographie de l'espoir. L'exil, les Lumières, la désassimilation.*

Michel Blay *Les raisons de l'infini. Du monde clos à l'univers mathématique.*

Luc Boltanski *La condition fœtale. Une sociologie de l'engendrement et de l'avortement.*

Luc Boltanski et Ève Chiapello *Le nouvel esprit du capitalisme.*

Luc Boltanski et Laurent Thévenot *De la justification. Les économies de la grandeur.*

Jorge Luis Borges *Entretiens sur la poésie et la littérature suivi de Quatre essais sur J. L. Borges* (*Borges the Poet* ; traduit de l'anglais États-Unis] par François Hirsch).

Pierre Bouretz *Les promesses du monde. Philosophie de Max Weber.*

Pierre Bouretz *Témoins du futur. Philosophie et messianisme.*

Pierre Bouretz *Qu'appelle-t-on philosopher ?*

* Michel Butor *Essais sur les Essais.*

Roberto Calasso *Les quarante-neuf degrés* (*I quarantanove gradini* ; traduit de l'italien par Jean-Paul Manganaro).

* Albert Camus *Le mythe de Sisyphe. Essai sur l'absurde.*

* Albert Camus *Noces.*

Pierre Carrique *Rêve, vérité. Essai sur la philosophie du sommeil et de la veille.*

Barbara Cassin *L'effet sophistique.*

* Cioran *La chute dans le temps.*

* Cioran *Le mauvais démiurge.*

* Cioran *De l'inconvénient d'être né.*

* Cioran *Écartèlement.*

* Jean Clair *Considérations sur l'état des beaux-arts. Critique de la modernité.*

Élisabeth Claverie *Les guerres de la Vierge. Une anthropologie des apparitions.*

Robert Darnton *Édition et sédition. L'univers de la littérature clandestine au* XVIII*e siècle.*

Philippe Delmas *Le bel avenir de la guerre.*

Daniel C. Dennett *La stratégie de l'interprète. Le sens commun et l'univers quotidien* (*The Intentional Stance* ; traduit de l'anglais [États-Unis] par Pascal Engel).

Vincent Descombes *Le complément de sujet. Enquête sur le fait d'agir de soi-même.*

Jared Diamond *Le troisième chimpanzé. Essai sur l'évolution et l'avenir de l'animal humain* (*The Third Chimpanzee. The Evolution and Future of the Human Animal* ; traduit de l'anglais [États-Unis] par Marcel Blanc).

Jared Diamond *De l'inégalité parmi les sociétés. Essais sur l'homme et l'environnement dans l'histoire* (*Guns, Germs, and Steel. The Fates of Human Societies* ; traduit de l'anglais [États-Unis] par Pierre-Emmanuel Dauzat).

Jared Diamond *Effondrement. Comment les sociétés décident de leur disparition ou de leur survie* (*Collapse. How Societies Chose to Fail or Succeed* ; traduit de l'anglais [États-Unis] par Pierre-Emmanuel Dauzat).

Alain Dieckhoff *L'invention d'une nation. Israël et la modernité politique.*

Michel Dummett *Les sources de la philosophie analytique* (*Ursprünge der analytischen Philosophie* ; traduit de l'allemand par Marie-Anne Lescourret).

* Mircea Eliade *Briser le toit de la maison. La créativité et ses symboles* (textes traduits de l'anglais par Denise Paulme-Schaeffner et du roumain par Alain Paruit).

* Mircea Eliade *Occultisme, sorcellerie et modes culturelles* (*Occultism, Witchcraft and Cultural Fashions* ; traduit de l'anglais [États-Unis] par Jean Malaquais).

Pascal Engel *La norme du vrai. Philosophie de la logique.*

* Etiemble et Yassu Gauclère *Rimbaud.*

Gérard Farasse *L'âne musicien. Sur Francis Ponge.*

Jean-Marc Ferry *La question de l'État européen.*

Alain Finkielkraut *La mémoire vaine. Du crime contre l'humanité.*

Michael Fried *La place du spectateur. Esthétique et origines de la peinture moderne* (*Absorption and Theatricality. Painting and Beholder in the Age of Diderot* ; traduit de l'anglais [États-Unis] par Claire Brunet).

Michael Fried *Le réalisme de Courbet. Esthétique et origines de la peinture moderne II* (*Courbet's Realism* ; traduit de l'anglais [États-Unis] par Michel Gautier).

Michael Fried *Le modernisme de Manet. Esthétique et origines de la peinture moderne III* (*Manet's Modernism or, The Face of Painting in the

1860s ; traduit de l'anglais [États-Unis] par Claire Brunet).

Ilan Greilsammer *La nouvelle histoire d'Israël. Essai sur une identité nationale.*

Frédéric Gros *États de violence. Essai sur la fin de la guerre.*

Pierre Guenancia *L'intelligence du sensible. Essai sur le dualisme cartésien.*

Jürgen Habermas *Droit et Démocratie. Entre faits et normes* (*Faktizität und Geltung. Beiträge zur Diskurstheorie des Rechts und des demokratischen Rechtsstaats* ; traduit de l'allemand par Rainer Rochlitz et Christian Bouchindhomme).

Jürgen Habermas *Vérité et justification* (*Wahrheit und Rechtfertigung. Philosophische Aufsätze* ; traduit de l'allemand par Rainer Rochlitz).

Jürgen Habermas *L'avenir de la nature humaine. Vers un eugénisme libéral ?* (*Die Zukunft der menschlichen Natur. Auf dem Weg zu einer liberalen Eugenik ?* ; traduit de l'allemand par Christian Bouchindhomme).

Pierre Hadot *Le voile d'isis. Sur l'histoire de l'idée de nature.*

François Hartog *Mémoire d'Ulysse. Récits sur la frontière en Grèce ancienne.*

Stephen Hawking et Roger Penrose *La nature de l'espace et du temps* (*The Nature of Space and Time* ; traduit de l'anglais [États-Unis] par Françoise Balibar).

Nathalie Heinich *États de femmes. L'identité féminine dans la fiction occidentale.*

Raul Hilberg *Exécuteurs, victimes, témoins. La catastrophe juive 1933-1945* (*Perpetrators Victims Bystanders. The Jewish Catastrophe 1933-1945* ; traduit de l'anglais [États-Unis] par Marie-France de Paloméra).

Raul Hilberg *Holocauste : les sources de l'histoire* (*Sources of Holocaust Research* ; traduit de l'anglais [ÉtatsUnis] par Marie-France de Paloméra).

Christian Jouhaud *Les pouvoirs de la littérature. Histoire d'un paradoxe.*

Ian Kershaw *Hitler. Essai sur le charisme en politique* (*Hitler* ; traduit de l'anglais par Jacqueline Carnaud et Pierre-Emmanuel Dauzat).

Ben Kiernan *Le génocide au Cambodge 1975-1979. Race, idéologie et pouvoir* (*The Pol Pot Regime. Races, Power, and Genocide in Cambodia under the Khmer Rouge, 1975-79* ; traduit de l'anglais [États-Unis] par Marie-France de Paloméra).

* Alexandre Koyré *Introduction à la lecture de Platon* suivi de *Entretiens sur Descartes.*

Julia Kristeva *Le temps sensible. Proust et l'expérience littéraire.*

Thomas Laqueur *La fabrique du sexe. Essai sur le corps et le genre en Occident* (*Making Sex. Body and Gender from the Greeks to Freud* ;

traduit de l'anglais [États-Unis] par Michel Gautier).

Thomas Laqueur *Le sexe en solitaire. Contribution à l'histoire culturelle de la sexualité* (*Solitary sex. A cultural history of Masturbation* ; traduit de l'anglais [*États*-Unis] par Pierre-Emmanuel Dauzat).

J.M.G. Le Clézio *Le rêve mexicain ou la pensée interrompue.*

Jean-Marc Lévy-Leblond *Aux contraires. L'exercice de la pensée et la pratique de la science.*

Jacqueline Lichtenstein *La tache aveugle. Essai sur les relations de la peinture et de la sculpture à l'âge moderne.*

* Gilles Lipovetsky *L'ère du vide. Essais sur l'individualisme contemporain.*

Gilles Lipovetsky *Le crépuscule du devoir. L'éthique indolore des nouveaux temps démocratiques.*

Gilles Lipovetsky *La troisième femme. Permanence et révolution du féminin.*

Gilles Lipovetsky *Le bonheur paradoxal. Essai sur la société d'hyperconsommation.*

Nicole Loraux *Les expériences de Tirésias. Le féminin et l'homme grec.*

Nicole Loraux *La voix endeuillée. Essai sur la tragédie grecque.*

Giovanni Macchia *L'ange de la nuit. Sur Proust* (*L'angelo della notte ; Proust e dintorni* ; traduit de l'italien par Marie-France Merger, Paul Bédarida et Mario Fusco).

Gérard Mairet *La fable du monde. Enquête philosophique sur la liberté de notre temps.*

Christian Meier *La naissance du politique* (*Die Entstehung des Politischen bei den Griechen* ; traduit de l'allemand par Denis Trierweiler).

* Yves Michaud, *Violence et politique.*

Jonathan Moore (sous la direction de) *Des choix difficiles. Les dilemmes moraux de l'humanitaire* (*Hard Choices. Moral Dilemmas in Humanitarian Intervention* ; traduit de l'anglais [États-Unis] par Dominique Leveillé).

Pierre Pachet *La force de dormir. Essai sur le sommeil en littérature.*

Thomas Pavel *La pensée du roman.*

* Octavio Paz *L'arc et la lyre* (*El arco y la lira* ; traduit de l'espagnol [Mexique] par Roger Munier).

* Octavio Paz *Conjonctions et disjonctions* (*Conjunciones y Diyunciones* ; traduit de l'espagnol [Mexique] par Robert Marrast).

* Octavio Paz *Courant alternatif* (*Corriente alterna* ; traduit de l'espagnol [Mexique] par Roger Munier).

* Octavio Paz *Deux transparents. Marcel Duchamp et Claude Lévi-Strauss* (*Marcel Duchamp, Claude Lévi-Strauss o el nuevo Festín de*

Esopo ; traduit de l'espagnol [Mexique] par Monique Fong-Wust et Robert Marrast).

* Octavio Paz *Le labyrinthe de la solitude* suivi de *Critique de la pyramide* (*El laberinto de la soledad* ; *Posdata* ; traduit de l'espagnol [Mexique] par Jean-Clarence Lambert).

* Octavio Paz *Marcel Duchamp : l'apparence mise à nu* (*Apariencia desnuda, la obra de Marcel Duchamp. El Castillo de la Pureza. * water writes always in * plural* ; traduit de l'espagnol [Mexique] par Monique Fong).

Philip Pettit *Républicanisme. Une théorie de la liberté et du gouvernement* (*Republicanism. A Theory of Freedom and Government* ; traduit de l'anglais par Patrick Savidan et Jean-Fabien Spitz).

Jackie Pigeaud *L'Art et le Vivant.*

Joëlle Proust *Comment l'esprit vient aux bêtes. Essai sur la représentation.*

Hilary Putnam *Représentation et réalité (Representation and Reality* ; traduit de l'anglais [États-Unis] par Claudine Engel-Tiercelin).

David M. Raup *De l'extinction des espèces. Sur les causes de la disparition des dinosaures et de quelques milliards d'autres* (*Extinction, Bad Genes or Bad Luck ?* ; traduit de l'anglais [États-Unis] par Marcel Blanc).

Jean-Pierre Richard *L'état des choses. Études sur huit écrivains d'aujourd'hui.*

Rainer Rochlitz *Le désenchantement de l'art. La philosophie de Walter Benjamin.*

Rainer Rochlitz *Subversion et subvention. Art contemporain et argumentation esthétique.*

Rainer Rochlitz *L'art au banc d'essai. Esthétique et critique.*

* Emir Rodriguez Monegal *Neruda le voyageur immobile* (*El Viajero inmovil* ; traduit de l'espagnol par Bernard Lelong).

Claude Romano *Le chant de la vie. Phénoménologie de Faulkner.*

Philippe Roussin *Misère de la littérature, terreur de l'histoire. Céline et la littérature contemporaine.*

Marc Sadoun *De la démocratie française. Essai sur le socialisme.*

Marc Sadoun (sous la direction de) *La démocratie en France, tome 1 : Idéologies ; tome 2 : Limites.*

Elias Sanbar *Figures du Palestinien. Identité des origines, identité de devenir.*

Jean-Paul Sartre *Vérité et existence.*

Jean-Marie Schaeffer *L'art de l'âge moderne. L'esthétique et la philosophie de l'art du XVIII*[e] *siècle à nos jours.*

Jean-Marie Schaeffer *Les célibataires de l'art. Pour une esthétique sans mythes.*

Dominique Schnapper *La communauté des citoyens. Sur l'idée moderne de nation.*

Dominique Schnapper *La relation à l'Autre. Au cœur de la pensée sociologique.*

Dominique Schnapper *La démocratie providentielle. Essai sur l'égalité contemporaine.*

Jerome B. Schneewind *L'invention de l'autonomie. Une histoire de la philosophie morale moderne* (*The Invention of Autonomy. A History of Modern Moral Philosophy* ; traduit de l'anglais [États-Unis] par Jean-Pierre Cléro, Pierre-Emmanuel Dauzat et Évelyne Meziani-Laval).

John R. Searle *La redécouverte de l'esprit* (*The Rediscovery of the Mind* ; traduit de l'anglais [États-Unis] par Claudine Tiercelin).

John R. Searle *La construction de la réalité sociale* (*The Construction of Social Reality* ; traduit de l'anglais [États-Unis] par Claudine Tiercelin).

Jean-François Sirinelli (sous la direction de) *Histoire des droites en France, tome 1 : Politique, tome 2 : Cultures, tome 3 : Sensibilités.*

Wolfgang Sofsky *Traité de la violence* (*Traktat über die Gewalt* ; traduit de l'allemand par Bernard Lortholary).

Wolfgang Sofsky *L'ère de l'épouvante. Folie meurtrière, terreur, guerre* (*Zeiten des Schreckens. Amok, Terror, Krieg* ; traduit de l'allemand par Robert Simon).

Jean-Fabien Spitz *Le moment républicain en France.*

Jean Starobinski *Le remède dans le mal. Critique et légitimation de l'artifice à l'âge des Lumières.*

George Steiner *Réelles présences. Les arts du sens* (*Real Presences. Is there anything in what we say ?* ; traduit de l'anglais par Michel R. de Pauw).

George Steiner *Passions impunies* (*No passion spent* ; traduit de l'anglais par Pierre-Emmanuel Dauzat et Louis Évrard).

George Steiner *Grammaires de la création* (*Grammars of creation* ; traduit de l'anglais par Pierre-Emmanuel Dauzat).

George Steiner *Maîtres et disciples* (*Lessons of the Masters* ; traduit de l'anglais par Pierre-Emmanuel Dauzat).

* Salah Stétié *Les porteurs de feu et autres essais.*

Ian Tattersall *L'émergence de l'homme. Essai sur l'évolution et l'unicité humaine* (*Becoming Human. Evolution and Human Uniqueness* ; traduit de l'anglais [États-Unis] par Marcel Blanc).

* Miguel de Unamuno *L'essence de l'Espagne* (*En torno al Casticismo* ; traduit de l'espagnol par Marcel Bataillon).

Jean-Marie Vaysse *L'inconscient des Modernes. Essai sur l'origine métaphysique de la psychanalyse.*

Patrick Verley *L'échelle du monde. Essai sur l'industrialisation de l'Occident.*

Paul Veyne *René Char en ses poèmes.*

Michael Walzer *Traité sur la tolérance* (*On Toleration* ; traduit de l'anglais [États-Unis] par Chaïm Hutner).

Bernard Williams *L'éthique et les limites de la philosophie* (*Ethics and the Limits of Philosophy* ; traduit de l'anglais par Marie-Anne Lescourret).

Yosef Hayim Yerushalmi *Le Moïse de Freud. Judaïsme terminable et interminable* (*Freud's Moses. Judaism Terminable and Interminable* ; traduit de l'anglais [États-Unis] par Jacqueline Carnaud).

Levent Yilmaz *Le temps moderne. Variations sur les Anciens et les contemporains.*

Composé et achevé d'imprimer
par la Société Nouvelle Firmin-Didot
à Mesnil-sur-l'Estrée, le 9 mars 2006.
Dépôt légal : mars 2006.
Numéro d'imprimeur : 77408.

ISBN 2-07-077737-5 Imprimé en France.

141277